基金犯罪十讲

TEN LECTURES ON INVESTMENT FUNDS MARKET CRIME

谢杰　钱列阳　主编

法律出版社
LAW PRESS · CHINA
—— 北京 ——

图书在版编目(CIP)数据

基金犯罪十讲 / 谢杰,钱列阳主编. -- 北京:法律出版社,2024

ISBN 978-7-5197-9000-4

Ⅰ.①基… Ⅱ.①谢… ②钱… Ⅲ.①基金-经济犯罪-中国-文集 Ⅳ.①D924.334-53

中国国家版本馆 CIP 数据核字(2024)第 070929 号

基金犯罪十讲
JIJIN FANZUI SHIJIANG

谢　杰
钱列阳　主编

策划编辑 冯雨春　李　军
责任编辑 李　军
装帧设计 李　瞻

出版发行 法律出版社
编辑统筹 法律应用出版分社
责任校对 王晓萍
责任印制 刘晓伟
经　　销 新华书店

开本 710 毫米×1000 毫米　1/16
印张 23.25　**字数** 370 千
版本 2024 年 6 月第 1 版
印次 2024 年 6 月第 1 次印刷
印刷 保定市中画美凯印刷有限公司

地址:北京市丰台区莲花池西里 7 号(100073)
网址:www.lawpress.com.cn
投稿邮箱:info@lawpress.com.cn
举报盗版邮箱:jbwq@lawpress.com.cn
销售电话:010-83938349
客服电话:010-83938350
咨询电话:010-63939796

书号:ISBN 978-7-5197-9000-4
定价:98.00 元
凡购买本社图书,如有印装错误,我社负责退换。电话:010-83938349

主编简介

主编 **谢 杰**

上海交通大学凯原法学院副教授、证券犯罪研究中心执行主任，法学博士、博士后。兼任上海汉盛律师事务所律师、上海国际经济贸易仲裁委员会（上海国际仲裁中心）仲裁员、上海期货交易所监察委员会委员、上海市法学会刑法学研究会理事、上海市律师协会刑法与刑事辩护业务研究委员会委员、广州仲裁委员会仲裁员、上海市涉案企业合规第三方监督评估机制专业人员名录库（第一批）成员等。主要研究方向为证券期货及衍生品监管、金融刑法、法律经济学等。

在*International Journal of Law, Crime and Justice*、《法学》、《清华法学》等SSCI、CSSCI期刊发表英文、中文论文30余篇，多篇论文被人大复印报刊资料全文转载。在最高人民法院《刑事审判参考》、最高人民检察院《刑事司法指南》、《人民检察》、《检察日报》等发表法律实务论文200余篇。独著、合著*Financial Market Crime: A Legal & Economic Analysis*、*Criminal Regulation of Capital Market: Theory & Practice*、《操纵资本市场犯罪刑法规制研究》、《资本市场刑法》、《中国刑法的规范解释》、《财经犯罪刑法理论与实务》、《证券期货犯罪刑法理论与实务》、《市场滥用犯罪与刑事合规》、《内线交易犯罪刑法规制研究》、《证券合规：证券市场虚假陈述法律规制与合规风控》等英文、中文专著20余部。

代理与辩护的金融市场重大典型案件

某上市公司及其实际控制人欺诈发行股票、违规披露重要信息案（创业板退市第一案）

某上市公司及其实际控制人欺诈发行证券、违规披露、不披露重要信息、操纵证券市场案

“沪港通”市场操纵第一案

某私募基金实际控制人背信运用受托资金案

某私募基金管理人尾市操纵第一案

某交易商实际控制人期货市场操纵案

某私募基金实际控制人内幕交易案

某部委司长内幕交易、受贿案

某上市公司实际控制人内幕交易案

某境外公司实际控制人非法经营期货案（涉案金额600余亿元）

某网贷实际控制人集资诈骗案（集资金额700亿元）

某纳斯达克上市公司实际控制人集资诈骗案

某上市公司与某证券公司标的额6亿元保荐、承销合同仲裁案

某香港公司与某深圳公司标的额5亿元港币清盘诉讼（香港高等法院）

某香港上市公司股东与实际控制人标的额2亿元港币股权转让纠纷诉讼（香港高等法院）

某开曼公司与某香港公司标的额7亿元股权转让仲裁案（香港国际仲裁中心）

主编　钱列阳

北京紫华律师事务所创始人、主任，律师

北京大学法学硕士

擅长领域：刑事辩护，侧重于金融犯罪的辩护和研究

曾承办的部分主要案件

“中国私募第一人”徐某操纵证券市场案

原铁道部部长刘某某受贿、滥用职权案

刘某庆涉税案

e租宝张某集资诈骗案

现任

中国证券投资基金业协会第一届法律专业委员会委员

中国行为法学会司法分会副会长

中国犯罪学学会常务理事

北京市公安局法律专家咨询委员会委员

兼任

北京大学法学院法律硕士研究生兼职导师

中国人民大学律师学院客座教授、兼职导师

清华大学法学院法律硕士专业学位研究生联合导师
清华大学法学院金融犯罪研究中心秘书长
清华大学法学院中国司法研究中心兼职研究员
上海交通大学凯原法学院证券犯罪研究中心副主任
中国政法大学刑事司法学院校外导师
中华女子学院法律系荣誉教授
中国人民公安大学客座教授
北京联合大学应用文理学院客座教授、硕士研究生导师
烟台大学法学院兼职教授
西南政法大学客座教授
中国青年政治学院兼职法律硕士导师
北京大学法学院“列阳奖学金”捐赠人
中国人民公安大学“紫华金融犯罪研究基金”捐赠人
吉林大学研究生校外合作导师
吉林大学法正刑事辩护研究中心研究员

社会荣誉

2015年荣获ALB“中国十五佳诉讼律师”等荣誉称号
2018年荣获CCTV财经论坛“纪念改革开放四十周年 · 2018财经年度卓越人物奖”
2020年被海淀司法局授予“2020年度优秀律师事务所主任”
2021年获得“第一届海淀区领军律师”荣誉
2024年荣获钱伯斯大中华地区中国（中资所）律师榜“证券：诉讼业界贤达”称号

已出版的专著

大律师之精彩刑辩系列之一《道与术》
《三思而行——钱律师与青年刑辩律师的交谈》
紫华金融犯罪法律丛书《证券期货犯罪十六讲》
《金融犯罪的辩护逻辑》
《市场滥用犯罪与刑事合规》
《银行业务犯罪十二讲》

成 员
（按章节先后排序）

黎昊阳

上海交通大学法律硕士，上海汉盛律师事务所执业律师，国家级心理咨询师。具有多年司法系统工作经验，转职律师后专注于金融犯罪辩护、企业合规及企业风控，曾参与多起非法吸收公众存款案件、集资诈骗案件的刑事辩护工作，包括“小牛资本集团集资诈骗案”“金畅集团非法吸收公众存款案”等。

张贤达

法学博士，美国福特汉姆大学访问学者，广东际唐律师事务所金融商事法律部主任、律师，深圳市福田律师学院讲师，点睛网讲师。2015年受邀到美国福特汉姆大学从事中外法律制度比较研究课题的研究工作。2016年12月被中国政法大学“律师刑事辩护规范化”研究课题组任命为课题组副组长及收案阶段负责人。2018年作为执行主编参与编撰并出版《刑事辩护规范化——文书卷宗示范》一书。2019年，作为创始人率团队研发出我国第一款律师刑事辩护办案系统“律小牛刑事辩护智能办案辅助系统”。2020年，作为副主编参与编撰并出版《建筑房地产企业刑事高频风险防控实务》《公司刑商事法律风险防控实务》等多部专业著作。

擅长领域：金融犯罪、互联网犯罪、商事犯罪的预防与辩护。

詹世琳

上海交通大学凯原法学院硕士研究生。

王语嫣

上海交通大学凯原法学院硕士研究生。

叶立明

北京浩天（上海）律师事务所高级合伙人、管委会委员、浩天全国刑事业务委员会程序法组牵头合伙人、浩天研究院金融犯罪研究中心主任。叶律师拥有法学和工商管理硕士学位，同时具有基金从业资格、证券从业资格、上市公司独立董事资格。兼任中国民主建国会上海市委律师委员会副主任、上海市律师协会金融工具专业委员会委员、上海资本市场人民调解委员会专家调解员、上海市浦东新区司法局“名优律师”法律援助服务专家组成员、中国中小企业协会合规委员会委员暨《中小企业合规评价认证标准》及《〈认证标准〉适用指南》起草人，同时兼任上海交通大学凯原法学院、上海财经大学法学院兼职硕士生导师，合规研究中心特聘研究员、证券犯罪研究中心特聘研究员。多年来凭借过硬的法学理论功底、精湛的专业技能，以及尽职尽责的工作态度，换来无数次的客户好评。叶律师擅长商事争议解决案件，以及涉金融及资本市场的刑事业务、刑民交叉业务及合规业务，曾获上海律师协会青年律师领军人才奖，第三届上海律师学术大赛“辩护词”类优胜奖，并获评钱伯斯（Chambers）大中华区推荐律师榜单（2023）“证券诉讼领先个人”。

许菁菁

上海交通大学刑法学专业研究生，主要研究方向为内幕交易等金融犯罪。

杨思凡

北京紫华律师事务所基金刑事业务部主任、律师，高级企业合规师，东南大学法学学士，中国人民大学法律硕士。长期从事金融领域犯罪案件辩护及企业刑事法律风险防控，专注于基金犯罪、银行业务犯罪、证券犯罪案件辩护，参与办理某公募基金经理操纵证券市场案、某资产管理公司投资总监职务侵占案、某基金管理人非法吸收公众存款案等案件的辩护工作。

徐梦芸

江西和常律师事务所律师，上海交通大学法律硕士，具有经济犯罪侦查、金融刑法复合专业背景，多篇论文在省级论坛获奖。曾在某地级市公安局从警两年，现担任多家党政单位法律顾问，深耕于刑事辩护、政府法律顾问领域。

景一杰

上海交通大学凯原法学院硕士研究生。

丁　统

上海交通大学凯原法学院硕士研究生。

黄婧如

华东政法大学法学学士（国际金融法律专业），上海交通大学法律硕士（金融刑法方向），现为上海市宝山区人民法院法官助理，从事民事审判业务。

龙俊霖

上海交通大学法律硕士，目前就职于某省会城市检察院司法人员职务犯罪侦查部门，检察官助理。曾参与办理某市公安局局长包庇、纵容黑社会性质组织罪案，某法院司法审判人员窝案等省内具有重大社会影响的刑事案件。

目　录

CONTENTS

第一讲

基金犯罪导论

《财经》杂志早在2000年就以“基金黑幕”为题对基金公司滥用资金管理权与信息优势操纵市场、“老鼠仓”交易等基金领域的违法犯罪问题进行专题报道，引发市场、学者、监管层强烈关注。[①] 在《刑法修正案（七）》增设利用未公开信息交易罪之后，以利用未公开信息交易罪为代表的基金犯罪正式成为刑法理论与实务深入研究的法律概念。

笔者认为，基金犯罪是指发生于基金市场的犯罪，或者以基金这一金融工具为行为对象的犯罪。当然，只有严重侵犯基金市场机制的犯罪类型才属于刑法的规制范畴。同时，基金市场作为投资市场的重要平台，其与证券、期货、衍生品市场的联动关系决定了刑法界定金融市场中的特定行为对象应当注重限定性与关联性。限定性意味着相关基金犯罪行为必须与金融市场中的基金产品具有密切的限定关系；关联性意味着基金基于投资关系可能投资于证券，或者以证券为基础的期货（期权）以及其他以证券为基础的衍生工具（远期合约、互换合约等），基金犯罪完全可能与证券期货犯罪等交叉重合。

并非所有发生于金融市场的犯罪都具有相同的本质特征；相反，不同的金融市场犯罪，其金融机理是迥异的。例如，发生于直接金融市场的犯罪行

① 参见平湖、李箐：《基金黑幕——基于基金行为的研究报告解析》，载《财经》2000年第19期。

为，如欺诈发行、违规信息披露、市场操纵、内幕交易等，其金融犯罪的内在机理聚焦于市场机制的滥用；而发生于间接金融市场的犯罪行为，如非法吸收公众存款、集资诈骗等，其金融犯罪的内在机理聚焦于对于金融信用中介垄断权的损害。然而，本书研究的对象——基金犯罪，其核心在于对基金市场秩序的破坏、对基金市场机制的滥用，而基金市场的四大核心环节——募集、投资、管理、退出——涉及金融市场行为机理的方方面面，因此，基金犯罪不仅涉及直接与间接金融市场，而且贯穿融资、投资、运作、管理等全方位的金融行为。这就决定了基金犯罪涉及的犯罪类型具有多样化的特征。

基金犯罪不仅是促生与催化基金市场欺诈与非理性繁荣、危机与阶段性崩溃的主要诱因，而且是市场固有风险与市场参与者认知偏见的必然产物，更是严重损害基金市场效率、引发系统性风险、撼动国家金融安全的不确定因素。基金市场的高效与稳定运行、资源公正分配以及可持续发展，对于金融市场的繁荣与实体经济的增长具有重要影响。金融刑法的规范建构与适用，具有保障资本市场的运作机制与正常监管，维护金融市场与经济基础稳定的制度价值。我国的基金市场具有高速技术创新、发展变革迅猛、覆盖范围广泛的特点，客观上决定了基金市场法律规范具有调适性且趋于多元化。对于具有最后手段性与规范谦抑性的金融刑法保障措施而言，为了有效且适度地规制基金犯罪，金融刑法在规范建构与司法适用上，具有区别于普通刑法以及经济刑法中其他规范的重要特征。例如，犯罪行为类型复杂、多层授权立法、多重兜底条款、前置性金融行政法律法规调整频繁、金融刑事立法相对密集等。

基金犯罪的刑事立法、刑事司法以及市场参与者的刑事合规实务，充分体现了金融领域法律解释与合规实践的复杂性与发展性特征。相对于境外发达地区的金融市场操作与法律实践，尽管我国金融市场的发展以及相关法律规范保障在规模、阶段、速度、水平等方面与其存在较大差异，但是金融市场在信息披露、信息价值、价格形成等市场价值及其配套法律规则层面具有国际化标准的特征。一方面，境外金融刑事立法关于保护法益、犯罪类型、构成特征、核心罪名刑法适用等问题，对于中国金融刑法具有重大的理论与实践价值。另一方面，有关基金犯罪方面的中国刑事立法、刑事司法、刑事合规等实务探索，相对于我国其他领域的法律制度建设与法治实务运作而言，具有相当的领先性、前瞻性。最为显著的例证就是利用未公开信息交易罪——先有刑事立法的修正，后有证券投资基金法、证券法的修改。

在比较、批判、互动的过程中，理性分析境内外基金犯罪刑事法治优质的逻辑思辨与实用的实践内核，有助于深度思考中国基金法治的规范建构与优化、刑事司法适用、刑法理论升华以及市场参与者刑事合规体系建立健全等问题。

一、基金犯罪的规范依据

《证券投资基金法》和《证券法》是基金犯罪最为重要且基本的前置性金融行政法律依据。《证券投资基金法》的立法目的就是规范证券投资基金活动，保护投资人及相关当事人的合法权益，促进证券投资基金和资本市场的健康发展。在中华人民共和国境内，公开或者非公开募集资金设立证券投资基金，由基金管理人管理，基金托管人托管，为基金份额持有人的利益，进行证券投资活动，适用《证券投资基金法》。《证券投资基金法》未具体规定的内容，适用《证券法》等其他有关法律、行政法规的规定。

《刑法》为基金犯罪设置了规范的构成要件及刑事罚则。按照基金犯罪所侵害的领域，基金犯罪分为公募基金犯罪与私募基金犯罪。按照基金犯罪行为所涉及的环节，基金犯罪分为募集环节的基金犯罪、投资环节的基金犯罪、管理环节的基金犯罪、退出环节的基金犯罪。根据《刑法》所规定的具体罪名，基金犯罪可能涉及的罪名范围是非常广泛的，凡是发生在公募或者私募基金市场，或者发生在基金运行环节的罪名，或者由基金从业人员利用基金行业或者基金公司的职务便利所实施的犯罪行为，都属于基金犯罪。当然，基金犯罪重点罪名主线在于募集环节以及使用基金募集的资金进行投资、管理的环节，主要包括非法吸收公众存款罪，集资诈骗罪，合同诈骗罪，非法经营罪，利用未公开信息交易罪，背信运用受托财产罪，内幕交易罪，操纵证券、期货市场罪，职务侵占罪，挪用资金罪，非国家工作人员受贿罪等。上述罪名所对应的《刑法》条款及其司法解释，构成了最为重要的基金犯罪刑事法律依据。明确了刑法规定的基金犯罪主要类型范围，可以进一步考察这些犯罪在构成上的特征，深度分析案例，明确刑事立法、司法适用、刑事合规上需要选择与阐释的重要问题。

基金犯罪刑法规制的价值在于防控基金市场滥用行为，保护投资者合法权益。以刑法为先导与核心的利用未公开信息交易等基金领域的法律规制体系是我国资本市场法律保护的独有特点，相关法律规则不仅构成了行为规制的规范基础，也为合规管理指明了方向。

二、基金犯罪刑事法治沿革

金融犯罪一直是刑法修正的重要内容。我国刑法修正案陆续增设了期货犯罪、背信损害上市公司利益罪、违法运用资金罪等证券期货犯罪。此类刑法规定为维护金融市场公平交易秩序起到了极为重要的作用。然而，金融市场包括证券、期货、衍生品、外汇、保险、基金、信托等诸多领域，特别是近二十年来，违规市场参与者不仅滥用证券市场机制从事违法犯罪活动，更有不少基金市场从业机构或者个人，滥用基金市场与基金投资者的信任，从事具有严重社会危害性的行为。例如，利用职务便利所掌握的影响金融商品交易价格的重要未公开信息，抢先建仓或者卖空相关证券、期货合约，严重侵犯投资者权益、扰乱金融交易秩序、损害市场健康机体。这些行为引起了社会各界对于基金行业整体刑事法律风险的关注。以利用未公开信息交易（俗称“老鼠仓”）为典型代表的基金犯罪刑事法治沿革，深刻凸显了基金犯罪的历史发展与嬗变特征。

（一）早期案例

基金实践中，以上投摩根唐某、南方基金王某敏等“老鼠仓”交易为典型的一批利用证券期货未公开信息交易违法案件受到金融监管部门的行政处罚，受到社会各界的广泛关注。[①] 2007 年，原上投摩根成长先锋基金经理唐某，以其父亲和第三人的账户，于基金建仓前买入了新疆众和股票，获利逾 150 万元。

---

① 参见谢璐锦：《唐建：公募基金经理老鼠仓“第一人”》，载《第一财经日报》2007 年 11 月 15 日，T24 版。

原南方宝元债券型基金及南方成分精选基金经理王某敏，使用其父亲的账户在基金建仓半年后买入了太钢不锈股票，获利在百万元左右。

唐某、王某敏因上述违法违规进行证券投资、谋取私利的行为被查处。中国证券监督管理委员会（以下简称中国证监会）在没收其违法所得152万余元并各处罚款50万元外，还对两人实行市场禁入。[①] 这是中国证监会对基金“老鼠仓”开出的处罚第一单。

然而，在当时的法律规范制度架构下，由于我国刑法没有明文规定这类行为构成犯罪，因而难以追究当事人的刑事责任，对“老鼠仓”的查处也仅止于行政处罚。尽管人们估计，在之前多头市场下，实际上“老鼠仓”绝不止监管部门发现的这两起，但曝光在大众视野中的“老鼠仓”，确实就只是眼前的两起。而明知自己利益遭受到“老鼠仓”吞噬的基金公司，宁愿“打碎了牙往肚里吞”，甘愿捂着、藏着，私下里低调处理，也不愿将此等丑闻公之于众。随着我国金融市场的不断发展，“老鼠仓”问题开始成为行业内的毒瘤，不仅危及全行业的健康有序发展，也严重损害了广大金融投资者的利益。

（二）行政法律的缺位与刑法的介入

基金行政法律长期处于缺位状态，仅对内幕交易等行为规定了行政处罚的依据，并未在行政法律层面建构利用未公开信息交易行为的规制体系。

相应的，严重扰乱证券期货交易市场秩序的“老鼠仓”行为无法通过刑法进行震慑，很大程度上是因为我国刑法仅规定了内幕交易罪，对于其他严重损害证券期货市场交易秩序的违规交易，不能作为犯罪处理，导致无法基于刑法规范对利用未公开信息交易行为进行责任追究。基于此，社会各界纷纷建议设立新的罪名规制此类利用未公开信息实施的违规交易行为。[②]

社会的广泛关注客观上推进了立法机关加速研究通过刑法规制“老鼠仓”的必要性与可行性。在《刑法修正案（七）》制定过程中，部分全国人

---

① 参见黄鑫：《从“老鼠仓”事件谈增设背信罪之必要》，载《中国刑事法杂志》2009年第2期。

② 参见于海涛：《基金老鼠仓定性背信行为司法建议刑上“从业人员”》，载《21世纪经济报道》2008年4月22日，第1版。

大代表和中国证监会提出，一些证券投资基金管理公司、证券公司等金融机构的从业人员，利用其因职务便利知悉的法定内幕信息以外的其他未公开的经营信息，如本单位受托管理资金的交易信息等，违反规定从事相关交易活动，牟取非法利益或者转嫁风险。这种行为严重破坏了金融管理秩序，损害了公众投资者利益，应当作为犯罪追究刑事责任。正是由于立法者清晰地认识到，“老鼠仓”是当前我国资产管理和代客理财市场的一大顽疾，在基金证券市场比较普遍。“老鼠仓”交易严重破坏金融管理秩序，损害市场的公平、公正和公开“三公”原则，严重损害客户投资者的利益、金融行业信誉，从而影响投资者对金融机构的信任，也损害了从业人员所在单位的利益，如不严惩，将会严重影响资产管理和基金、证券、期货市场的健康发展。①

所以，《刑法修正案（七)》增设了利用未公开信息交易罪，专门针对“老鼠仓”等证券期货市场中各类不公平的交易行为进行刑法规制。至此，广受学界和舆论抨击的证券期货市场中利用未公开信息交易行为终于有了明确的刑法规制依据。理论界普遍认为，刑法修正案增设利用未公开信息交易罪彰显了刑法对证券期货市场中出现的新的危害行为进行及时惩防的决心，不仅有利于规范金融行业、保护投资者权益，而且增强了金融犯罪刑法规范的时代性与科学性。②

（三）首例刑事判决

司法实务部门也陆续查处了若干利用未公开信息交易犯罪案件。监管层对资本市场中的基金“老鼠仓”违法犯罪案件进行了连续性的查处。

例如，2011 年 5 月，长城久富证券投资基金经理韩某因“老鼠仓”事件成为基金业利用未公开信息交易罪获刑第一人；2011 年 6 月，原光大保德信基金公司投资总监许某茂因涉嫌利用未公开信息交易罪被移送公安机关；2011 年 10 月，曾经的明星基金经理李某利因任职公募基金期间牵涉“老鼠仓”交易，亦被上海警方以涉嫌利用未公开信息交易罪依法执行逮捕并最终

---

① 参见黄太云：《〈刑法修正案（七）〉解读》，载《人民检察》2007 年第 6 期。

② 参见赵秉志：《〈刑法修正案（七）〉的宏观问题探讨》，载《华东政法大学学报》2009 年第 3 期。

被判处实刑。强化对基金“老鼠仓”违法犯罪行为的查处，不仅有利于规范金融行业、保护投资者权益，而且有利于提高证券期货违法犯罪法律监管的时代性与科学性。追究基金经理“老鼠仓”交易的刑事责任，体现出资本市场对利用未公开信息交易等违法犯罪案件司法审查的重视。

（四）最高人民法院典型案例

最高人民检察院就我国“最大老鼠仓”马某利用未公开信息交易案的终审裁定，以“法律适用错误，导致量刑明显不当”为由，按照审判监督程序向最高人民法院提出抗诉①，引发证券期货市场、法学理论界与实务界的高度关注。本案的争议焦点在于利用未公开信息交易量刑情节的理解与适用，即本罪是否存在、如何认定“情节特别严重”。

最高人民法院最终作出判决并将此案作为指导案例②发布——2011 年 3 月9 日 ~2013 年 5 月 30 日，马某担任博时基金管理有限公司旗下博时精选股票证券投资基金经理，全权负责投资基金投资股票市场，掌握了博时精选股票证券投资基金交易的标的股票、交易时点和交易数量等未公开信息。马某在任职期间利用其掌控的上述未公开信息，操作自己控制的“金某”“严某进”“严某雯”三个股票账户，通过临时购买的不记名神州行电话卡下单，从事相关证券交易活动，先于、同期或稍晚于其管理的“博时精选”基金账户，买卖相同股票 76 只，累计成交金额人民币 10.5 亿余元，非法获利人民币 19,120,246.98 元。

2013 年 6 月 21 日，中国证监会决定对马某涉嫌利用未公开信息交易行为立案稽查，交深圳证监局办理。2013 年 7 月 17 日，马某到广东省深圳市

---

① 马某在担任证券投资基金经理期间，利用其掌控的未公开信息从事证券交易，累计成交金额 10.5 亿余元，从中非法获利 1883 万余元。2014 年 3 月，深圳市中级人民法院认为马某利用未公开信息交易“情节严重”，一审判决其有期徒刑三年、缓刑五年，并处罚金 1884 万元、没收违法所得。同年 4 月深圳市人民检察院提出抗诉；8 月，广东省人民检察院支持抗诉，认为马某应认定为“情节特别严重”。10 月，广东省高级人民法院经审理认为，《刑法》第一百八十条第四款只规定了利用未公开信息交易罪“情节严重”量刑情节，并未规定本罪有“情节特别严重”情形，终审裁定驳回抗诉，维持原判。广东省人民检察院认为该终审裁定确有错误，于 11 月提请最高人民检察院抗诉。2014 年 12 月，最高人民检察院决定按审判监督程序向最高人民法院提出抗诉。参见郑赫南：《“最大老鼠仓”案为何被三级检察机关抗诉》，载《检察日报》2015 年 2 月 15 日，第 2 版。

② 参见马某利用未公开信息交易案，最高人民检察院指导案例第 24 号（2015 年）。

公安局投案。2014 年 1 月 2 日，深圳市人民检察院向深圳市中级人民法院提起公诉，指控被告人马某构成利用未公开信息交易罪，情节特别严重。2014 年 3 月 24 日，深圳市中级人民法院作出一审判决，认定马某构成利用未公开信息交易罪，鉴于《刑法》第一百八十条第四款未对利用未公开信息交易罪情节特别严重作出相关规定，马某属于犯罪情节严重，同时考虑其具有自首、退赃、认罪态度良好、罚金能全额缴纳等可以从轻处罚情节，因此判处其有期徒刑 3 年，缓刑 5 年，并处罚金 1884 万元，同时对其违法所得 1883 万余元予以追缴。

深圳市人民检察院于 2014 年 4 月 4 日向广东省高级人民法院提出抗诉，认为被告人马某的行为应当认定为犯罪情节特别严重，依照“情节特别严重”的量刑档次处罚；马某的行为不属于退赃，应当认定为司法机关追赃。一审判决适用法律错误，量刑明显不当，应当依法改判。2014 年 8 月 28 日，广东省人民检察院向广东省高级人民法院发出《支持刑事抗诉意见书》，认为一审判决认定情节错误，导致量刑不当，应当依法纠正。

广东省高级人民法院于 2014 年 10 月 20 日作出终审裁定，认为《刑法》第一百八十条第四款并未对利用未公开信息交易罪规定有“情节特别严重”情形，马某的行为属“情节严重”，应在该量刑幅度内判处刑罚，抗诉机关提出马某的行为应认定为“情节特别严重”缺乏法律依据；驳回抗诉，维持原判。广东省人民检察院认为终审裁定理解法律规定错误，导致认定情节错误，适用缓刑不当，于 2014 年 11 月 27 日提请最高人民检察院抗诉。2014 年 12 月 8 日，最高人民检察院按照审判监督程序向最高人民法院提出抗诉。

最高人民检察院审查认为，原审被告人马某利用因职务便利获取的未公开信息，违反规定从事相关证券交易活动，累计成交额人民币 10.5 亿余元，非法获利人民币 1883 万余元，属于利用未公开信息交易罪“情节特别严重”的情形。本案终审裁定以《刑法》第一百八十条第四款并未对利用未公开信息交易罪有“情节特别严重”规定为由，对此情形不作认定，降格评价被告人的犯罪行为，适用法律确有错误，导致量刑不当。理由如下：

第一，《刑法》第一百八十条第四款属于援引法定刑的情形，应当引用第一款处罚的全部规定。按照立法精神，《刑法》第一百八十条第四款中的

“情节严重”是入罪标准，在处罚上应当依照本条第一款的全部罚则处罚，即区分情形依照第一款规定的“情节严重”和“情节特别严重”两个量刑档次处罚。首先，援引的重要作用就是减少法条重复表述，只需就该罪的基本构成要件作出表述，法定刑全部援引即可；如果法定刑不是全部援引，才需要对不同量刑档次作出明确表述，规定独立的罚则。刑法分则多个条文都存在此种情形，这是业已达成共识的立法技术问题。其次，《刑法》第一百八十条第四款“情节严重”的规定是入罪标准，作此规定是为了避免“情节不严重”也入罪，而非量刑档次的限缩。最后，从立法和司法解释先例来看，《刑法》第二百八十五条第三款也存在相同的文字表述，2011 年最高人民法院、最高人民检察院《关于办理危害计算机信息系统安全刑事案件应用法律若干问题的解释》第三条明确规定了《刑法》第二百八十五条第三款包含有“情节严重”“情节特别严重”两个量刑档次。司法解释的这一规定，表明了最高司法机关对援引法定刑立法例的一贯理解。

第二，利用未公开信息交易罪与内幕交易、泄露内幕信息罪的违法与责任程度相当，法定刑亦应相当。内幕交易、泄露内幕信息罪和利用未公开信息交易罪，都属于特定人员利用未公开的可能对证券、期货市场交易价格产生影响的信息从事交易活动的犯罪。两罪的主要差别在于信息范围不同，二者通过信息的未公开性和价格影响性获利的本质相同，均严重破坏了金融管理秩序，损害了公众投资者利益。《刑法》将两罪放在第一百八十条中分款予以规定，亦是对两罪违法和责任程度相当的确认。因此，从社会危害性理解，两罪的法定刑也应相当。

第三，马某的行为应当认定为“情节特别严重”，对其适用缓刑明显不当。最高人民检察院、公安部《关于公安机关管辖的刑事案件立案追诉标准的规定（二）》对内幕交易、泄露内幕信息罪和利用未公开信息交易罪“情节严重”规定了相同的追诉标准，最高人民法院、最高人民检察院《关于办理内幕交易、泄露内幕信息刑事案件具体应用法律若干问题的解释》将成交额 250 万元以上、获利 75 万元以上等情形认定为内幕交易、泄露内幕信息罪“情节特别严重”。如前所述，利用未公开信息交易罪“情节特别严重”的，也应当依照第一款的规定，遵循相同的标准。马某利用未公开信息进行交易活动，累计成交额人民币 10.5 亿余元，从中非法获利人民币 1883 万余元，显然属于“情节特别严重”，应当在“五年以上十年以下有期徒刑”的幅度内量刑。马某虽有自首情节，但适用缓刑无法体现罪责刑相适应原则，无法实现惩罚和预防犯罪的目的，量刑明显不当。

第四，本案所涉法律问题的正确理解和适用，对司法实践和维护我国金融市场的健康发展具有重要意义。自《刑法修正案（七）》增设利用未公开信息交易罪以来，司法机关对该罪是否存在“情节特别严重”、是否有两个量刑档次长期存在分歧，亟须统一认识。正确理解和适用本案所涉法律问题，对明确同类案件的处理、同类从业人员犯罪的处罚具有重要指导作用，对于加大打击“老鼠仓”等严重破坏金融管理秩序的行为，维护社会主义市场经济秩序，保障资本市场健康发展具有重要意义。

2015 年 7 月 8 日，最高人民法院第一巡回法庭公开开庭审理此案，最高人民检察院依法派员出庭履行职务，原审被告人马某的辩护人当庭发表了辩护意见。最高人民法院审理认为，最高人民检察院对《刑法》第一百八十条第四款援引法定刑的理解及原审被告人马某的行为属于犯罪情节特别严重的抗诉意见正确，应予采纳；辩护人的辩护意见不能成立，不予采纳。原审裁判因对《刑法》第一百八十条第四款援引法定刑的理解错误，导致降格认定了马某的犯罪情节，进而对马某判处缓刑确属不当，应予纠正。

2015 年 12 月 11 日，最高人民法院作出再审终审判决：维持原刑事判决中对被告人马某的定罪部分；撤销原刑事判决中对原审被告人马某的量刑及追缴违法所得部分；原审被告人马某犯利用未公开信息交易罪，判处有期徒刑三年，并处罚金人民币 1913 万元；违法所得人民币 19,120,246.98 元依法予以追缴，上缴国库。

该典型案例最终确立以下刑法解释规则：《刑法》第一百八十条第四款利用未公开信息交易罪为援引法定刑的情形，应当是对第一款法定刑的全部援引。其中，“情节严重”是入罪标准，在处罚上应当依照本条第一款内幕交易、泄露内幕信息罪的全部法定刑处罚，即区分不同情形分别依照第一款规定的“情节严重”和“情节特别严重”两个量刑档次处罚。我国刑法分则“罪状 + 法定刑”的立法模式决定了在性质相近、危害相当罪名的法条规范上，基本采用援引法定刑的立法技术。本案对《刑法》第一百八十条第四款援引法定刑理解的争议是刑法解释的理论问题。正确理解刑法条文，应当以文义解释为起点，综合运用体系解释、目的解释等多种解释方法，按照罪刑法定原则和罪责刑相适应原则的要求，从整个刑法体系中把握立法目的，平衡法益保护。

三、基金犯罪刑事法治的功能定位与证券合规的发展方向

深入探究基金犯罪的立法价值，能够从宏观上把握基金犯罪的实质，不仅有利于指引构成要件与疑难问题的理论阐释，而且能够帮助实务人员深刻洞悉基金犯罪的实践价值。

（一）市场交易秩序

基金市场对于优化资本配置具有重大意义。公平、公正、公开的基金市场能够为实体经济发展筹措大规模资金，市场资本自由流动的实际效果反映金融资产的供求关系，实现价格发现功能，指导投资者理性配置资产。理论上，一个没有基金犯罪、秩序井然的基金市场能够最大限度地降低交易成本且最大程度地发挥金融体系融资、配置资源、服务实体经济等功能。但是，金融实践中始终存在基金犯罪。基金犯罪行为增加了证券发行者筹集资本与市场主体参与金融合约的成本，扰乱了金融交易秩序，从而阻碍了实体经济的增长。

公募基金公司、私募基金管理人等在市场中扮演金融服务者、交易参与者等多重角色，且由于机构具有资金、信息优势，机构从业人员利用职务获取优势所实施的交易行为或者其他逐利行为，侵犯了基金市场金融交易的公平秩序。具有金融市场监管职能的部门制定金融政策、实施金融执法等行政行为更是会对具体或者整体证券期货交易价格产生系统性影响，监管部门工作人员利用职务便利获取未公开的政策信息、执法信息从事相关交易，对市场秩序扰乱程度更深。基金犯罪刑事法律规定正是对这些严重扰乱金融交易秩序的行为的预防与惩罚，规范、指导、调整金融从业人员与监管人员的行为与具体的合规管理规则。

（二）投资者信赖与财产权益

投资者之所以选择参与基金市场，是因为其信任资产管理专业人士的能力与职业道德以及市场交易的公平性。而基金从业人员利用因职务获取的证券期货市场上一般投资者所不掌握的重大未公开信息从事违规交易，甚至从事金融诈骗犯罪行为，不仅是利用不公正、不平衡的信息优势侵犯与其交易品种相同、交易方向相反的投资者权益，更是背弃了投资者对金融机构、监管部门及整个金融行业从业人员的信赖。国际金融危机之后，美国于2010年实施《多德—弗兰克华尔街改革与消费者保护法案》（以下简称《金融改革法案》）。《金融改革法案》对公司治理、信用评级、资产证券化、银行监管、金融消费以及投资者保护、系统性风险控制等问题设置了全新的监管框架，其中最为重要的就是凸显金融产品消费者以及投资者权益的法律保护——《2010年投资者保护与证券改革法》（Investor Protection and Securities Reform Act of 2010）。这体现了全球证券期货市场在金融危机之后强化投资者保护的趋势。我国刑法增设利用未公开信息交易罪，完善基金犯罪刑法规范体系，为证券期货市场投资者合法权益筑起最后一道且最为有力的保护屏障。

（三）金融从业诚信

金融从业人员应当根据其职责要求依照法律以及单位规章制度履职，禁止从事违背忠实义务或者损害金融机构利益的行为；监管部门或者行业协会工作人员接受单位授权对金融行业进行监督管理，不得利用职务便利非法谋取私利。根据美国联邦最高法院判例，从行为人利用职务掌握实质性未公开信息之时起，其对作为信息来源的公司承担忠实与守信义务，一旦利用该实质性未公开信息从事证券交易，则其违背了忠信义务，构成证券欺诈。[①] 该判例内含的忠信理论的启示是，无论是金融机构从业人员还是监管机构工作人员，其基于职务便利掌握的优势，应当运用于职务行为，而不能利用该优势为自己从事相关交易谋取利益。基金从业人员基于私利滥用市场机制，不仅损害整体市场秩序，而且侵害单位利益与声誉。金融机构或者监管机构中

---

① United States v. O'Hagan, 521 U. S. 642 (1997).

能够接触此类信息的工作人员应当具有更高的忠诚义务标准。因此，基金犯罪从刑法的高度设置禁止利用因职务便利获取的优势，从事个人交易或者欺诈行为，强化保护金融机构或者监管机构工作人员的职务忠诚。

四、基金合规管理

合规是近年来法律理论与实务中的重要且热点概念，但基金合规的理论与实务并未形成相对完整的探索与构造，这也是本书所意图着重解决的方面之一。

（一）合规

合规（compliance）文义上具有合乎规定的内涵。当然，合规、刑事合规的实践含义主要源于美国的语境与法律实务。至少在基金市场中，基金合规是指基金市场参与者（主要是监管机构、大资管机构及其从业人员）对于利用基金市场职务行为或者滥用市场机制的违法犯罪问题的风险控制与规范遵从。具体包括：（1）事前风控，即在市场参与者发生基金违法犯罪行为之前，从法律规范自我解释、应用，并持续与监管机构进行法律理解沟通的角度，防范与控制行为风险。（2）事中监控，即通过在募集、管理、交易等经营、行为流程中设置风险控制机制，在市场参与者行为过程中进行实时监督、管理介入，中断正在进行的基金违法犯罪行为，或者及时控制风险进一步扩大。（3）事后遵从，即在发生基金违法犯罪行为之后，积极与监管机构、司法机关进行沟通，通过行政和解、刑事和解等一系列法律规定的程序机制，使市场参与者获得相对较轻的法律处置，从而最大限度地保障市场参与者的合规经营。

（二）刑事合规

在上述合规内容中，归属于第三部分的合规程序（compliance programs）显然是时下我国司法与资本市场实践中最为关注的焦点问题。合规程序主要是刑事程序中的合规流程，即刑事合规，其源于美国联邦司法实践——根据美国《联邦量刑指南》第八章第二部分的规定，合规程序是公司为了监管、预防、控制经济犯罪所专门设计的内部犯罪风险控制机制，是公司治理极为重要的一部分内容。[1] 美国联邦检察官相当重视在暂缓起诉程序中贯彻《联邦量刑指南》的建议性规定，强制认罪公司雇用联邦行政人员担任内部监管职务，协助公司保证合规程序的正常运转，降低公司经济犯罪的案发可能。近年来，美国司法实践暂缓起诉程序中附加的强制性内部监管机制强化了联邦行政人员在公司内部的监管权限，使其有权在联邦检察官的指导下评估、建议、修改公司治理的规章，解雇违纪违法职员，直接以公司名义雇用审计人员、律师在公司内部针对审计、法律问题进行尽职调查。该项权利甚至可以延伸至暂缓起诉考察期限截止之后。

因此，基金市场刑事合规中的内部监管机制，非常有利于快速提高公司治理效率，特别是控制募集、投资、管理、退出等风险，并且实质性降低犯罪公司的刑事责任风险。监管人员不仅能够成为认罪公司财务上的监管者，而且可以深入公司内部管理流程全方位执行经济犯罪预防计划。不容忽视的问题是，检察机关要求建立的强制性内部监管机制所耗费的高管理成本在一定程度上对认罪公司造成经济压力。大型的涉案公司仅监管费用一项平均高达 600 万美元。[2] 以联邦检察机构为主导的监管人员以治理专员的身份介入公司事务亦存在正当性疑虑。因此，节省管理成本、明确法律监管与内部治理界限是美国联邦检察官在适用强制监管程序中不断思索的疑难问题，同样是我国探索建构虚假陈述刑事合规机制所要重点关注的问题。

五、基金犯罪规制与合规的问题意识与方法创新

本书专门研究基金犯罪，期待对于推动证券投资基金法、证券法、刑法理论发展具有理论意义，对于立法、司法，以及基金市场参与者重大未公开信息合规管理实务的优化，具有实践价值。

（一）问题意识

本书秉持高度的问题意识。基金犯罪问题的选择与证券投资基金法、证

---

① 2004 Federal Sentencing Guidelines, Chapter 8 - Part B, *Remedying Harm From Criminal Conduct, and Effective Compliance and Ethics Program.*

② Vikramaditya Khanna & Timothy Dickson, *The Corporate Monitor: The New Corporte Czar*, 105 Michigan Law Review 1713 (2007).

券法、刑法核心概念的布局都围绕着理论与实务中亟须深入研究的问题而展开。突出理论与实务中的争议性问题，不仅提出理论分歧与实务操作差异，更是纵深性地提出基金市场法治观念冲撞与现实断裂的根源性争议。在法律解释与反思中，不仅对基本问题进行理论与实务结合的观点阐释与论证，更强调通过衍生问题的反思深化对争议问题提出不同分析视角。

对于当前理论与实务中分析较多的基金犯罪基本问题，本书不作赘述，而是直奔重大疑难问题，通过案例分析、理论阐释有效解决实务中的疑难问题——基金犯罪的实质是什么？基金犯罪行为在金融市场实务中是怎样操作的？法律规范如何评价基金犯罪内含的经济机制、金融行为与市场心理？应当以怎样的理论架构划分基金犯罪行为类型，并准确分析不同类型在法律规制体系中的基本定位？如何区分犯罪行为、行政违法或者侵权行为、一般市场投机行为以及推动基金市场迅猛发展的竞争优势与创新机遇的正当策略应用？法律制度是否应当以刑罚方式控制最为严重的资本市场侵害行为？如果金融刑法制度介入是理性的，如何富有效率地执行基金犯罪的惩治任务与预防功能？如何在刑事司法、行政制裁以及民事诉讼体系中协调刑罚震慑、行政监管及资本市场参与者平等法律对抗或通过市场交易机制公平竞争的边界？法律规范与司法规则如何根据金融市场、交易技术、信息竞争等外部条件的变化调整有效规制违法犯罪的制度安排？基金犯罪的金融本质与法律实质是什么？如何精确适用与完善司法解释？市场参与者如何针对既有的法律框架建构与健全有效的合规体系？

本书的理论与实践价值体现为，以上述问题意识为导向，通过理论性与实践性兼备的制度设计与安排，尝试回答这些困扰金融市场与制度规范的难题。

（二）实践价值

本书针对基金犯罪理论与实务中面临的重大难题与热点问题，充分运用市场理论、证券（期货、衍生品）法、刑法原理深入分析基金市场法律中的重要概念、争议问题、疑难判例、最新动向等，以期为理论界、实务界以及市场人士提供一种解决刑法理论、实践疑难问题、刑事合规难题的分析视角。

本书所提出的一系列立法、司法、合规应对意见，有利于推进与保障基金市场公平竞争机制，合理控制法律介入基金市场规范调控的度，有助于促进实务部门通过合法且合理地运用刑法、金融法等法律规范，实现基金市场违法犯罪惩治与防控的理念转换、规则完善、技术更新，确保刑法规制实践与资本市场现实需要互相契合。

本书重点挖掘最新、疑难且具有特色的法律问题，有助于为实践部门提供一个可供参考的司法适用规则标准。同时，本书对基金犯罪的实质、构成、认定等问题进行深度探讨，归纳当前刑事立法以及司法规则层面存在的缺陷，提出了立法、司法解释、合规的完善思路。

有效惩治与预防基金犯罪是提升基金市场整体效率的关键，是优化大资管行业的重点，也是“零容忍”时代的必然。对于市场参与者而言，只有高效控制基金市场中的违法犯罪风险，做好刑事合规，才能融入资本市场机制，实现金融助力实体经济的功能。同时，也只有高效防控风险，才能保护市场参与者的创新，保障中国基金市场参与国际竞争的发展模式，保护我国的资产管理行业健康发展。这也是本书对于资本市场参与者的价值所在。

当然，以基金市场视角为导向，以基金犯罪为核心与起点，以证券法、证券投资基金法、刑法原理为依托与基础，以法律与金融分析方法为工具，对基金犯罪的风险控制与资本市场刑法保护问题进行研究，是一种全新的尝试，本书所做的只是初步的探索，相关分析也只是一家之言与学术探讨，显然还需要理论界与实务界对该问题不断进行深入分析。

第二讲

非法吸收公众存款罪

案例1　私募基金从业人员非法吸收公众存款案

一、基本案情

起诉书指控，2013年5月至2015年2月，崔某舟、楚某、白某（已判刑）等人经合谋，在未经有关部门依法批准的情况下，通过成立信和公司、S市源美资产管理有限公司（以下简称源美公司）、S市源佳投资管理中心等十余家企业进行资金募集和对外投资，并以信和公司作为主体，通过渠道分销、电话推销、现场宣传等方式，在本市（包括本区）、Z省J市等区域向不特定人员销售“优元中央商务区投资基金”“俞干四安天城投资基金”，并承诺每年10%～14%的高额固定回报，先后招揽280余名投资者，非法募集资金人民币6.3亿余元（以下币种相同）。所募集资金被高息出借给J省优元市月异置业有限公司、J省俞干四安实业有限公司开发相关房地产项目。

信和公司经营过程中，被告人胡某受聘担任销售经理，其管理的销售团队招揽了李某新等24名投资者，参与非法募集资金5849万元。被告人牛某在胡某销售团队中担任业务员，招揽了黄某等11名投资者，参与非法募集资金2740万元。被告人李某在胡某销售团队中担任业务员，招揽了徐某玲等8名投资者，参与非法募集资金1689万元。被告人刘某丽在楚某的介绍下，作为渠道分销人员招揽了宋某梅等8名投资者，参与非法募集资金9290万元。

被告人郭某冬在楚某的介绍下，作为渠道分销人员，又将基金介绍给光大银行真新支行理财经理褚某芳（已判刑），由褚某芳在光大银行真新支行营业网点内向银行客户推荐，褚某芳作为郭某冬下线期间招揽了陈某华等11人，非法募集资金1591万元。

二、主要问题

1. 非法吸收公众存款罪的主要犯罪特征有哪些？

2. 非法吸收公众存款罪的犯罪金额如何规范计算？

3. 售卖私募基金产品的员工、渠道分销商的非法吸收公众存款罪主观犯罪故意如何认定？

4. 褚某芳利用其银行职员身份售卖非银行理财产品并牟利的行为是否构成职务侵占罪？

5. 对于银行营业网点拟代销的私募理财产品，银行应尽到何种标准的审核义务？

6. 银行对于其内部员工售卖非银行内部理财产品所造成的客户损失是否应承担赔偿责任？

7. 如银行员工推荐客户购买的基金理财产品通过了银行的审核要求，成为银行允许售卖的金融理财产品，售卖该基金理财产品的行为是否依然构成集资犯罪？

8. 银行在推介、销售第三方金融理财产品时应如何尽职免责，规避自身风险？

三、法律分析

（一）非法吸收公众存款罪的主要犯罪特征有哪些

非法吸收公众存款罪总共有四个方面的犯罪特征，分别是非法性、公开性、社会性以及利诱性。在不同的非法吸收公众存款案件中，四个特征的表现突出程度或有不同，但四个特征必须同时具备，才能构成非法吸收公众存款犯罪。四个特征的具体表现形式如下：

1. 非法性特征

非法性是区分融资活动罪与非罪的根本界限，也是非法集资犯罪的本质特征。根据我国对金融机构经营范围的相关规定，除银行、信托和证券公司具有向不特定对象吸收资金的权限外，任何其他金融机构都不得实施向不特定对象吸收资金的行为。此外，对非法性的理解不应当仅局限于未经有关部门依法批准，根据 2022 年 3 月 1 日实施的最高人民法院《关于审理非法集资刑事案件具体应用法律若干问题的解释》（以下简称《非法集资解释》）第一条第一项的表述，“未经有关部门依法许可或者借用合法经营的形式吸收资金”。借用合法经营的形式实施非法吸收资金的实质在表现形式上可谓多种多样，如“不具有房产销售的真实内容或者不以房产销售为主要目的，以返本销售、售后包租、约定回购、销售房产份额等方式非法吸收资金”，“以转让林权并代为管护等方式非法吸收资金”，“不具有销售商品、提供服务的真实内容或者不以销售商品、提供服务为主要目的，以商品回购、寄存代售等方式非法吸收资金”，“不具有发行股票、债券的真实内容，以虚假转让股权、发售虚构债券等方式非法吸收资金”等，这些行为都属于借用合法经营形式吸收资金，也同样涵盖在非法性的范畴。

2. 公开性特征

公开性即指非法吸收公众存款行为是通过网络、媒体、推介会、传单、手机信息等途径向社会公开进行宣传的手段。值得注意的是，根据 2014 年实施的最高人民法院、最高人民检察院、公安部《关于办理非法集资刑事案件适用法律若干问题的意见》的第二条规定，公开性的主观认定方面既可以表现为对吸收资金信息“主动宣传”方面的故意，也可表现为明知吸收资金的信息向社会不特定公众扩散而予以放任的故意，即公开性可以通过作为或不作为两方面的表现形式进行认定。笔者对办理的多起非法吸收公众存款案件进行分析发现，所有案件均具有公开宣传的行为，只是宣传方式略有不同。此外，宣传方式并不等同于公开宣传，要准确把握公开性的实质性要件，才能对非法吸收公众存款案件作出准确的认定，如通过手机、电话方式进行的宣传，既有可能是向不特定社会对象进行的宣传，也可能是仅针对特定的宣传对象进行宣传，如果是后者，即不能简单认定该宣传途径具备公开性特征。

关于私募基金的宣传途径是否符合公开性的特征，笔者认为可结合《私募投资基金募集行为管理办法》《证券期货投资者适当性管理办法》《基金募集机构投资者适当性管理实施指引（试行）》《证券期货经营机构私募资产管理业务运作管理暂行规定》《私募投资基金信息披露管理办法》《私募投资基金登记备案办法》等相关法律法规对宣传途径是否符合公开性特征进行综合认定。

3. 社会性特征

根据最高人民法院《非法集资解释》第一条第一款第四项的规定，非法吸收公众存款的社会性特征，是指向社会公众即社会不特定对象实施吸收资金的行为。如果说公开性指的是宣传手段和宣传渠道的公开，那么社会性则主要指的是宣传对象的不特定。在一般的私募基金募资过程中，对于投资人资质均具有准入性标准，以确保投资者能够承担相应的投资风险。在私募基金类非法吸收公众存款、集资诈骗犯罪中，往往对投资人不设置相应的准入门槛，或采取合单等方式变相突破合格投资人门槛，在投资人的选择上具有较大的随意性，使很多本不具备购买金融产品能力的投资者购买了不符合其风险承受能力的金融产品，从而在爆雷后引发系统性风险。值得注意的是，部分私募基金管理人会通过委托具有相关资质的第三方代销机构来对基金资金进行募集，并以第三方代销机构隐瞒宣传方式为由进行抗辩，以期能对其非法集资的社会性不予认定。但在司法实践中，非法集资者以第三方隐瞒宣传方式为由进行抗辩往往不能成立，根据法律规定，私募基金管理人有义务对投资者风险承受能力进行审核及回访，其不能将自身的审查义务完全委托给第三方。且一旦有证据证明私募基金管理人明知或应知第三方代销机构的募资行为不符合法律规定，依然可认定该募资行为具有社会性，从而无法隔绝非法集资者的刑事风险。

4. 利诱性特征

根据最高人民法院《非法集资解释》第一条第一款第三项的规定，非法吸收公众存款犯罪的利诱性，指的是集资人向集资群众承诺在一定期限内以货币、实物、股权等方式还本付息或者给付回报。总体来看，利诱性包含两方面的内容，体现在非法吸收公众存款行为，一方面是一种有偿行为，是以高额回报为诱饵，吸引投资人投资的行为；另一方面是承诺行为，即集资人向投资者作出高额回报具有必然性的相关承诺，从而使得投资人放弃顾虑放心投资。在实践中，部分投资合同中也会注明相关投资具有一定的风险，从而作为集资者抗辩的依据。但对于高额回报是否进行过承诺，不能仅依据合同内容进行判断，而要结合宣传方式、宣传内容、人员口供、是否刚性兑付等进行综合判断。

（二）非法吸收公众存款罪的犯罪金额如何规范计算

在实践中，非法吸收公众存款犯罪的审计金额认定往往是定罪量刑的关键之一，其不仅关系到罪与非罪、此罪与彼罪的认定，也影响最终判决的量刑及罚金，甚至还会影响证据的认定规则和证明程度。因此，在实践中，非法吸收公众存款犯罪的审计金额往往是辩护律师的关注重点，能够极大地影响案件判决走向。目前对于非法吸收公众存款犯罪的金额认定在实践中具有适用标准不一的特点，具体争议焦点如下。

1. 投资人复投或续投的金额是否应当计入犯罪金额

所谓复投或续投，即投资人在投资合同到期后，将投资款及其所产生的收益继续投入平台的行为。

根据最高人民法院《非法集资解释》第六条第一款前半句规定，非法吸收或者变相吸收公众存款的数额，应当以行为人所吸收的资金全额计算。根据2019年1月30日实施的《关于办理非法集资刑事案件若干问题的意见》第五条规定，非法吸收或者变相吸收公众存款的数额，以行为人所吸收的资金全额计算。集资参与人收回本金或者获得回报后又重复投资的数额不予扣除，但可以作为量刑情节酌情考虑。根据2017年6月1日实施的最高人民检察院《关于办理涉互联网金融犯罪案件有关问题座谈会纪要》第十二条规定，投资人在每期投资结束后，利用投资账户中的资金（包括每期投资结束后归还的本金、利息）进行反复投资的金额应当累计计算，但对反复投资的数额应当作出说明。由此可见，根据最新的司法解释，对于复投或续投的资金，目前实践中的主流意见是对其进行累计计算。

但笔者认为，对续投资金进行累计计算在司法实践中极易产生判决刑期、罚金与真实投资资金倒挂之效果。例如，某投资人投资了某1年期定期产品，投资金额为100万元，每年收益为12%，1年期满后其将到期本金及收益进行续投，那么按照累计计算的方法，相关犯罪金额应当是212万元。但如某投资人投资了某1月期定期产品，投资金额也为100万元，收益率为月息1%，在1年期内投资人均在产品到期后每期均对该产品进行了复投，那么1年后，按照累计计算的方法，相关犯罪金额则高达1200余万元。同样是100万元的资金进行投资，但因为产品周期长短的差异性，从而造成了犯罪金额的数倍差异。而非法吸收公众存款类犯罪的最终量刑及判处罚金与犯罪金额息息相关，因此这种累计计算的方式难免会造成量刑不公。

根据2018年1月1日实施的上海市高级人民法院、上海市人民检察院、上海市公安局《关于办理涉众型非法集资犯罪案件的指导意见》第六条规定，对于一次性投入资金未作提取，其间虽有利用到期本息滚动投入记录的，只需将一次性投入的本金计入非法吸收公众存款或者集资诈骗的犯罪数额。如果其间确有追加投入的，应当将追加投入金额与前次投入的本金累计计入犯罪数额。笔者认为，该规定更加符合非法吸收公众存款犯罪金额统计的统计逻辑，司法机关在办理此类案件时，对于能够查明属于复投或续投的资金金额不应当进行累计计算，而应当仅对追加金额进行累计计算。否则就可能产生不同嫌疑人因投资周期的不同，在净投资资金相同的情况下，所判处的刑期与罚金却大不相同的情形。但由于该规定属于地方性司法解释，在效力层级上低于2019年《关于办理非法集资刑事案件若干问题的意见》，且在颁布时间上也早于该司法解释，因此上海市高级人民法院、上海市人民检察院、上海市公安局《关于办理涉众型非法集资犯罪案件的指导意见》在法律适用层面面临较为尴尬的局面。在目前的非法吸收公众存款类案件司法实践中，鉴于大多数的侦查机关无法有效判断相关资金是否属于续投或复投资金，因此大多数司法案件均对续投及复投资金作了累计计算。

2. 个人投入资金及亲属投入资金是否应当计入犯罪金额

在非法吸收公众存款犯罪中，大多数公司员工或业务员类投资者，往往兼具两重身份，一方面，其作为公司员工或业务员为公司招揽业务，寻找投资人进行投资，行为符合非法吸收公众存款犯罪的构成要件，具有集资犯罪嫌疑人的属性。另一方面，出于对公司的信赖及业绩或高息的诱惑，员工及业务员往往也会将自有资金投入平台中或鼓动亲属将大量资金投入平台。从这个层面进行分析，其往往也兼具受害人的属性。对于相关金额是否应当扣除，在实践中仍存争议。

根据2019年《关于办理非法集资刑事案件若干问题的意见》第五条“关于犯罪数额的认定问题”第三项规定，“向社会公开宣传，同时向不特定对象、亲友或者单位内部人员吸收资金的”，也应当将所吸收的资金一并计入犯罪数额。而2022年3月1日实施的最高人民法院《非法集资解释》第一条第二款规定：“未向社会公开宣传，在亲友或者单位内部针对特定对象吸收资金的，不属于非法吸收或者变相吸收公众存款。”该两条规定均重点提到了“向社会公开宣传”这一要件，即只要集资人满足了向社会公开宣传这一条件，无论其吸收的是否属于亲属资金，均应当计入犯罪金额。但2017年最高人民检察院《关于办理涉互联网金融犯罪案件有关问题座谈会纪要》第十一条第一项及2018年1月1日实施的上海市高级人民法院、上海市人民检察院、上海市公安局《关于办理涉众型非法集资犯罪案件的指导意见》第六条均提到“对于行为人本人或者其近亲属投入的资金，可不计入犯罪数额”，且不以是否公开宣传作为判断要件。由此可见，在司法实践及法律规定方面，对于是否应当将亲属投入资金计入犯罪金额亦存有较大争议。但值得注意的是，虽然前述会议纪要和指导意见均规定了对于亲属的资金可以进行扣减，但仅局限于近亲属，而非所有的亲属均能够予以扣减。此外，由于会议纪要和指导意见的出台时间均早于《关于办理非法集资刑事案件若干问题的意见》及最高人民法院《非法集资解释》，因此在《关于办理非法集资刑事案件若干问题的意见》颁布之后的司法判例中，只要是符合非法吸收公众存款犯罪构成要件的案件，几乎均未对业务员或员工亲属的资金投入作扣减处理。此外，无论亲属投入资金是否进行了扣减，其所关联的仅是业务员或员工的犯罪金额，而对于与业务员亲属无关的上级人员，相关亲属的投入金额一律不得扣减。

至于对员工或业务员自身投入平台的金额，笔者认为必须予以扣除，从构罪逻辑层面看，业务员投入平台的绝大部分资金都是自有资金，只有少部分是其拉来的其他投资人的资金，如对其自有投入资金不作扣减，那很可能导致本身达不到立案标准或不构成犯罪的投资人，反而因其自有资金投入过大而构成犯罪甚至产生法定刑升格的不适当现象。此外，最高人民检察院《关于办理涉互联网金融犯罪案件有关问题座谈会纪要》和上海市高级人民法院、上海市人民检察院、上海市公安局《关于办理涉众型非法集资犯罪案件的指导意见》均提到对于行为人本人投入的金额，可不计入犯罪数额，且在《关于办理非法集资刑事案件若干问题的意见》及最高人民法院《非法集资解释》中亦均未提到对于行为人个人投资的金额不得扣除。因此，从法律规范层面看，对员工或业务员自身投入平台的金额进行扣除也是符合司法规定的。

3. 对于挂单资金是否应当计入犯罪金额

所谓挂单，即部分业务员将其拉来的投资人的投资合同挂在其他业务员名下，而由被挂单业务员将返点给予实际拉单业务员的情形。“挂单”现象在非法吸收公众存款犯罪中也是常见的现象之一，由于业务员之间存在不同层级，且可能随着业务员吸储金额的不同而存在返点高低的不同，因此实践中往往存在部分业务员将自己所拉来的客户合同挂在别的业务员名下，以获取更高返点的现象存在。对于此类情形，根据最高人民检察院《关于办理涉互联网金融犯罪案件有关问题座谈会纪要》第十一条第二款的相关规定，虽然资金记录在嫌疑人名下，但如果嫌疑人实际并未参与吸收且未从中收取任何形式好处的资金，不应计入该犯罪嫌疑人的吸收金额。因此，根据上述规定，对于嫌疑人并未获得返点的挂单资金应当予以扣除。

（三）售卖私募基金产品的员工、渠道分销商的非法吸收公众存款罪主观犯罪故意如何认定

在基金类集资类犯罪案件中，员工及渠道分销商主要负责对公司所推出的私募基金类产品进行宣传、售卖从而吸收资金为公司所用，属于非法吸收公众存款类犯罪的融资端成员。如前所述，构成非法吸收公众存款类犯罪需同时满足四大特征，即非法性、利诱性、社会性及公开性。员工及渠道分销商在整个公司的运营过程中，由于其宣传、营销的工作职责，因此其行为符

合非法吸收公众存款犯罪社会性及公开性的特征是毋庸置疑的。至于利诱性，则可根据员工、渠道分销商在宣传、推广时是否强调“保本保息”以及是否存在“回购协议”“无限担保”等确保刚性兑付的其他在案证据进行综合判断。目前对售卖基金产品的员工、渠道分销商主要是在违法性这一环节上认定较难。由于售卖基金产品的员工、渠道分销商仅仅参与产品宣传、销售环节，对于公司资质是否合规往往并不十分清楚，只是听信公司宣传进而实施相关行为。更有甚者，部分售卖基金产品的员工、渠道分销商是在自己获得了好处之后，才转而成为员工和渠道分销商的，兼具受害人和集资人的双重属性，因此，对于售卖基金产品的员工及渠道分销商的犯罪主观故意认定应该更为慎重。

根据最高人民法院《非法集资解释》第二条第六项，不具有募集基金的真实内容，以假借境外基金、发售虚构基金等方式非法吸收资金，同时符合该解释第一条第一款规定的条件的，以非法吸收公众存款罪定罪处罚。该司法解释仅对私募基金构成并非真实存在的情形作出了相应规定，但在实践中，部分私募基金所投资的项目是真实存在的，只是在宣传及宣传对象方面符合了公开性、社会性及利诱性三大特征，对于此类投资项目真实存在的私募基金，又能否认定为具有非法性？

是否违反国家金融管理法律的规定，是判断私募基金行为是否属于非法集资的前提。目前我国对私募基金的准入性规定采取的是中国证券投资基金业协会（以下简称中基协）登记备案制，而非批准制。根据相关规定，私募基金管理人及私募基金投资公司需在中基协进行登记，在私募基金募集完毕后，私募基金管理人还应当根据相关规定履行基金备案程序，且上述登记、备案程序属于强制性规定，基金管理人必须严格遵守，如违反上述规定即可认定为相关基金“违反国家金融管理法律规定”。以上海市第一中级人民法院（2016）沪01刑终2112号案件为例，本案基金发行主体原本系管理人，但因违法或者其他行为被注销登记的，或者发行时尚未取得登记的，依然认定其具有非法性。

此外，根据2017年最高人民检察院《关于办理涉互联网金融犯罪案件有关问题座谈会纪要》的相关内容可知，在办理涉互联网金融犯罪案件时，判断是否符合“违反国家规定”“未经有关国家主管部门批准”等要件时，应当以现行刑事法律和金融管理法律法规为依据。当前我国与私募基金有关的法律法规和规范性文件主要有《证券法》《证券投资基金法》《私募投资基金募集行为管理办法》《私募投资基金监督管理暂行办法》《基金募集机构投资者适当性管理实施指引（试行）》《证券期货经营机构私募资产管理业务运作管理暂行规定》《私募投资基金信息披露管理办法》《私募投资基金登记备案办法》《私募投资基金登记备案办法》《私募投资基金信息披露管理办法》等。另2019年1月30日颁布的《关于办理非法集资刑事案件若干问题的意见》第一条规定：“人民法院、人民检察院、公安机关认定非法集资的‘非法性’，应当以国家金融管理法律法规作为依据。对于国家金融管理法律法规仅作原则性规定的，可以根据法律规定的精神并参考中国人民银行、中国银行保险监督管理委员会、中国证券监督管理委员会等行政主管部门依照国家金融管理法律法规制定的部门规章或者国家有关金融管理的规定、办法、实施细则等规范性文件的规定予以认定。”由此可见，即使私募基金进行了相关的登记备案工作，只要其在募资主体资格、募资渠道、募资对象等方面不符合相应的金融管理法规，即可认定具有非法性特征。

虽然私募基金不符合金融管理法规规定即具有非法性特征，但在集资类犯罪中，由于不同的集资参与人其层级或岗位有所不同，因此在司法实践中，针对不同岗位及层级的集资参与人，尤其是基金销售岗位集资参与人的犯罪主观认定依然需要结合具体事实及证据进行审慎判断。

2019年《关于办理非法集资刑事案件若干问题的意见》第四条“关于主观故意的认定问题”中提及“认定犯罪嫌疑人、被告人是否具有非法吸收公众存款的犯罪故意，应当依据犯罪嫌疑人、被告人的任职情况、职业经历、专业背景、培训经历、本人因同类行为受到行政处罚或者刑事追究情况以及吸收资金方式、宣传推广、合同资料、业务流程等证据，结合其供述，进行综合分析判断”。此外，在收集证据方面，办案机关在办理非法集资刑事案件中，应当根据案件具体情况注意收集运用涉及犯罪嫌疑人、被告人的以下证据：是否使用虚假身份信息对外开展业务；是否虚假订立合同、协议；是否虚假宣传，明显超出经营范围或者夸大经营、投资、服务项目及盈利能力；

是否吸收资金后隐匿、销毁合同、协议、账目；是否传授或者接受规避法律、逃避监管的方法；等等。由此可见，并非私募基金被认定为具有非法性即可直接推定基金销售人员具有集资犯罪的主观故意，对于基金销售人员的犯罪主观故意认定需结合其既往从业经验、从业时间及其所实施的具体行为进行综合判断。

笔者认为，对于基金销售人员是否意识到其行为具有非法性的判断，采用2018年上海市高级人民法院、上海市人民检察院、上海市公安局《关于办理涉众型非法集资犯罪案件的指导意见》中对于非法吸收公众存款犯罪是否构成的认定标准对基金销售人员是否具有违法性认识进行判断更为合适。在该意见的第二条“关于非法集资行为罪与非罪的界限”中，将六类情形定性为了非法集资的犯罪行为，分别是：“（一）虚构经营业务或者故意作夸大宣传的；（二）明知集资参与人返利过高，或者招揽业务提成比例过高，不符合一般市场行情的；（三）明知单位业务亏损，仍通过高息揽存等方式归还单位债务的；（四）曾在其他公司从事非法集资活动被查处或取缔，之后又从事相同业务的；（五）曾在银行、证券、保险等金融机构工作，具有一定的金融专业知识，参与实施非法集资活动的；（六）其他应当认定非法集资犯罪的情形。”

上述六项行为均属于私募基金销售人员可能实施的基金销售行为，尤其是“（二）明知集资参与人返利过高，或者招揽业务提成比例过高，不符合一般市场行情的”这一情形，更是在集资犯罪中普遍存在。由于非法吸收公众存款犯罪需要吸收大量的资金，因此往往其给予集资参与人的利息要远高于一般的银行理财利息或产品投资利息；同时，为了更好地激励员工推销产品，往往也会给予基金销售人员高额的提成返点。根据笔者的实际办案经验，在大多数集资类犯罪中，将集资参与人所获得的投资利息与基金销售人员的返点相加，集资成本往往高达所获集资款项的15%甚至是超过20%；更有甚者，部分集资平台的集资成本超过其所获得集资款项的30%。风险与收益往往呈正相关态势，如集资成本过高，根据常理即可推断相关私募产品不可能安全无虞、保本保息。由此可以进一步推断，私募基金销售人员对其所售卖的基金产品的违法性是具有充分认识的，主观上具有犯罪的故意。而对于第

四、五项提到的相关人员，由于此类人员相较于一般大众具有更为丰富的金融领域知识储备及系统性认识，对于售卖的基金产品是否合规也能够更为清晰地进行判断。因此，如此类人员参与了非法集资活动，可直接推定其具有违法性认识及犯罪主观故意。此外，根据上述规定，如私募基金销售人员具有“明知单位业务亏损，却仍通过高息揽存等方式归还单位债务”的行为，则很可能对其认定为具有“以非法占有为目的”的故意，从而对其以集资诈骗罪入罪。而对于私募基金销售人员是否具有“明知单位业务亏损”之认识，实践中往往以“金融办、打非办违法整改告知书的下达时间”“单位内部关于业务亏损如何处理的会议纪要时间”结合“私募基金销售人员讯问笔录”来判断私募基金销售人员从何时意识到单位业务亏损之事实，并以该时间节点作为非法吸收公众存款犯罪与集资诈骗犯罪的分界点。

值得注意的是，该规定最后亦提道：“对于被告单位中层级较低的管理人员或者普通职员，如果确有证据或理由表明其并不知晓非法集资性质，而是当作正常经营业务参与实施了非法集资行为的，一般不宜作为犯罪处理。”由此可见，在集资类犯罪中，根据集资实施人员所处层级由低到高，其主观犯罪故意的推定程度也是由低到高的。这也同时符合了《关于办理非法集资刑事案件若干问题的意见》第六条关于“重点惩处非法集资犯罪活动的组织者、领导者和管理人员，包括单位犯罪中的上级单位（总公司、母公司）的核心层、管理层和骨干人员，下属单位（分公司、子公司）的管理层和骨干人员，以及其他发挥主要作用的人员”这一司法解释的相关规定。

（四）褚某芳利用其银行职员身份售卖非银行理财产品并牟利的行为是否构成职务侵占罪

所谓职务侵占，一般是指公司员工利用其职务便利所形成的优势条件，通过“飞单”“私单”等方式将本应归属于公司的财物占为己有，数额较大的情形。而银行内部的“飞单”，是指银行内部员工与其他金融机构或社会人员内外勾结，在未经银行允许的情况下，私自销售非本行发行的理财产品以及非本行授权和签订代销协议的私募基金等其他第三方机构理财产品的行为。

从银行员工“飞单”的动机上进行分析，由于银行的理财产品合规较严，一般银行理财产品较之于外部私募基金类理财产品的收益较低，且对投资人的要求更高，最主要的是，银行内部理财产品给予员工的销售奖励较之于外部私募基金类理财产品一般也更低。因此，在产品销售更为容易且回报更为优渥的情况下，银行内部工作人员利用其银行职员身份，帮助这些外部公司或外部人员销售本不应在其任职银行内销售的理财产品，从而获取高额的回报。

银行内部员工这种借助银行平台，假冒银行名义，向外部人员销售不属于本银行理财产品的行为是否构成职务侵占，具体还要从以下几方面进行判断。

1. 该银行员工是否具有销售理财产品的相关职责

职务侵占罪属于职务类犯罪，构成该犯罪的前提条件是，该银行员工具有相应的职务。因此，只有售卖理财产品的员工利用其职务便利条件形成的优势地位对理财类产品进行销售，才可能构成相关犯罪。而在银行内部，具有理财产品销售职能的岗位一般为理财经理、客户经理或理财专员等。员工具体是否具有销售理财产品的相关职能，需结合银行内部的员工手册、工作章程、劳动合同等内容进行具体判断。

2. 银行员工在售卖理财产品时是否利用其相关职责让购买者产生了错误认识

在银行员工售卖不属于银行内部的理财产品时，是否借用了其银行内部职员的身份也是判断银行员工售卖外部理财产品行为能否构成职务侵占罪的核心之一。通常来说，客户对产品拥有自主选择权，如银行员工仅仅是接触投资意向客户，但如实地告知了投资者向其推销的理财产品并非本行产品，且本人也并不能代表银行而是代表其他机构或公司向其推销本款金融产品的情况，则其行为不属于隐瞒信息的“飞单”或“私单”行为。在此情况下，客户不会因为银行员工的职务身份从而对其所购买的产品陷入错误认识，银行员工仅仅是利用了其接触投资意向客户的便利条件。而职务侵占罪所规定的“利用职权或地位所形成的便利条件”，一般是指：

（1）利用自己主管、分管、经手、决定或处理以及经办一定事项等的权力；

（2）依靠、凭借自己的权力去指挥、影响下属或利用其他人员的与职务、岗位有关的权限；

（3）依靠、凭借权限、地位控制、左右其他人员，或者利用对己有所求人员的权限，如单位领导利用调拨、处置单位财产的权力，出纳利用经手、管理钱财的权利。

由上述定义可以看出，如银行员工仅仅是利用了易于接触客户的便利条件，则一般不符合职务侵占罪中关于“利用职权或地位所形成的便利条件”这一定义，因此不能以职务侵占罪入罪进行处理。

3. 银行员工是否从销售该理财产品中获利，且达到数额巨大标准

职务侵占罪不但要求员工利用了相关职务，还要求员工利用其职务从交易中获取了本应归属于银行的相关利益，否则侵占一事便无从谈起。如银行员工将其他公司的理财产品推荐给客户，但并未从中获取利益，亦不构成职务侵占罪。

4. 银行员工销售相关产品所获利益是否属于银行的确定性利益

通常来说，银行批准售卖的理财产品和银行职员售卖的非银行理财产品间往往会存在一定的差异。职务侵占罪要求员工侵占的是公司可获得的确定性利益，而由于银行内部理财产品的利率、期限、投资准入金额等条件往往都严于银行职员所销售的外部理财产品，在产品存在较大差异且客户对产品具有自主选择权的情况下，银行员工这种利用银行“客户资源”销售外部理财产品的行为所占用的也仅仅是银行交易机会的可能性，由于银行并无同等条件或更优条件的产品，因此银行员工通过售卖非银行理财产品所获取的收益也难以被认定为银行的“确定性利益”，在这种情况下，银行员工售卖外部理财产品的行为不能被认定为职务侵占行为。笔者认为，只有在银行内部的理财产品条件等同于外部理财产品或优于外部理财产品的情况下，才足以认定客户选择银行理财产品具有必然性，在这种情况下如银行职员依然只向客户推荐外部的理财产品并从中获利，其行为才足以被认定构成职务侵占。

（五）对于银行营业网点拟代销的理财产品，银行应尽到何种标准的审核义务

近些年，商业银行代理销售的各类理财产品规模发展迅速，银行作为专业的金融机构，能否引入合适的金融产品并将之代销给风险等级相匹配的客户，往往考验着一家银行的经营能力，这也是在如今银行存款业务竞争异常激烈情况下的一种新的拓展客户手段。银行作为金融产品的代销机构，由于其天然的金融属性、较为规范的投资理念及投资者对银行机构天然的信任感，因此银行在代销金融产品时往往具有独特的优势。但随着银行代销业务的迅速扩张，也出现了部分银行营业网点在代销理财产品时存在产品引入把控不严、审核过程流于形式从而导致投资人不当亏损的情况发生。由于银行独特的金融属性加之其在代销金融产品上的巨大影响力，因此对于银行引入金融产品进行代销必须设置一定的审核义务，从而确保投资人能够正确匹配到与其风险相适应的理财产品。

笔者认为，对于银行引入代销的理财产品，银行对其分别具有形式上的审查义务以及实质上的审查义务。以案例中提到的私募基金为例，一般而言，一支私募基金从设立到投资需要经过基金管理人工商登记、基金管理人中基协登记、设立私募基金、私募基金募集、私募基金备案、私募基金投资六个过程。

银行作为私募基金的代销机构，首先需要审查其所代销私募基金的基金管理人工商登记及在中基协的相关登记是否符合基金管理人的基本要求。此外，还需对基金管理人向银行所提交的相关资料是否与其在工商部门及中基协登记的资料一致作出相应的形式审查，只有在形式审查得以通过的情况下，才对其所拟代销的基金进行实质审查。

实质审查的内容范围很广，根据原银保监会制定的于2021年6月27日正式实施的《理财公司理财产品销售管理暂行办法》第十八条规定："理财产品销售机构应当对拟向特定对象销售的理财产品实施专门的尽职调查和风险评估，充分了解拟销售产品的投资方向、策略、风险以及投资者适当性要求等，出具专项合规意见并留存备查。"

从上述规定可以看出，银行作为代销机构，有义务对其所销售的相关金融理财产品进行尽职调查和风险评估，充分估量相关产品的风险并提出合规意见，以防范对投资者可能造成的风险。

以私募基金为例，银行对于其拟代销的私募基金产品进行实质性审查，笔者认为审查应至少包含以下几方面内容。

1. 私募基金内控制度及投资计划合规

私募基金只有具有良好的内控制度及商业计划，才能确保投资获利。银行在拟代销某私募基金前有义务对相关私募基金的内控制度及投资计划作出实质性审查，判断其内控制度是否合规以及投资计划是否具有可行性，在内控制度达标且投资计划具有盈利可能性的基础上，再考虑代销相关私募基金。

2. 私募基金实际控制人/关联人合规

在笔者处理的集资案件中，存在不少非法融资公司通过设立私募基金进行融资再将融资所得款项用于其他业务的情形。因此，对于私募基金的实际控制人及关联人业务是否与成立私募基金相冲突的审查至关重要。如银行在审查过程中发现私募基金实际控制人或关联人业务存在诸如“民间借贷、融资租赁、配资、P2P”等可能对私募基金独立性具有重大影响的业务时，银行应当坚决拒绝代理此类私募产品。

3. 私募基金募资账户监管合规

按照私募基金的要求，不同私募基金项目的资金账户应单独管理，账户内所募集资金除用于投资外，不得挪作他用。银行在销售完相关的私募产品后，需对相关私募基金后续是否备案进行持续性的监督，如基金在募资完后并未进行备案，则资金缺乏有效监管，很容易被挪作他用。此外，即使基金管理人对相关私募基金进行了备案，银行亦需对其所代销的私募基金的资金流向是否合规尽到一定的监管职责及风险提示，以防止募集资金被挪作他用。

4. 私募基金管理人诚信记录合规

一般来说，私募基金管理人如有被处罚记录，则表明其诚信情况存在重大问题，该类私募基金管理人所发行的私募基金产品有较大概率是圈钱产品，对于此类私募基金管理人发行的相关产品，银行应该谨慎代理或拒绝代理。

5. 私募基金评级合规

任何私募基金的投资都有一定的风险，银行作为私募基金的拟代销（募集）机构，在代销相关私募产品前，应当自行或者委托第三方机构对私募基金进行风险评级，以便向风险识别能力和风险承担能力相匹配的投资者推荐。

（六）银行对于其内部员工售卖非银行内部理财产品所造成的客户损失是否应承担赔偿责任

银行在推介、销售其代销的理财产品时，负有合格投资者审查、信息及时披露以及投资风险提示三大义务，如银行未能有效履行相关义务，则需承担相应的赔偿责任，但上述情况是基于相关理财产品是属于银行代销理财产品这一前置性条件。那么，对于银行员工擅自推销非本银行发行、代销的理财产品所引发的纠纷，银行是否需要承担赔偿责任？

根据《银行业监督管理法》（2006 年修正）之规定，银行应当建立严格的内部控制制度并依照审慎经营的相关原则进行展业，因此银行有义务对其内部员工的“飞单”行为进行监管和约束。但即使在强监管的态势下，仍然出现了大量的银行员工“飞单”行为，从而导致众多投资者遭受了重大损失。根据我国目前的司法实践，银行员工推销非本银行发行、代销的理财产品而造成客户损失的，往往由投资客户和银行共同承担赔偿责任，而对于银行赔付金额的比例高低，则主要依据以下几方面进行判断。

1. 银行职员行为构成表见代理情形下银行的赔偿责任

表见代理，即行为人事实上无代理权，但相对人有理由认为行为人有代理权而与其进行法律行为，其行为的法律后果由被代理人承担的代理制度。对于表见代理，具体有以下几方面的要求：（1）表见代理人须以被代理人的名义进行活动，与第三人缔结民事关系；（2）表见代理人与第三人之间的民事行为，须具备成立的有效条件；（3）客观上须有使第三人相信表见代理人具有代理权的情形，并能够使第三人在主观上形成该代理人不容怀疑地具有代理权的认识；（4）第三人须为善意且无过失；（5）被代理人在主观上存在过失。

根据表见代理的相关含义，银行员工的“飞单”行为如构成表见代理，则投资客户可主张由银行机构承担完全的损害赔偿责任，这对于银行而言无疑责任巨大，因此对于银行员工的“飞单”行为能否认定为表见代理在司法实践中也往往趋于严格。

根据笔者对相关案例的整理归纳，如将银行员工之“飞单”行为认定为表见代理，一般需满足以下几方面的条件：

（1）银行员工隐瞒理财产品的发行主体和销售主体非本行之信息，以银行名义销售外部理财产品，并以银行名义与客户签订投资合同或投资确认书。

（2）银行员工售卖外部理财产品的地点是银行工作场所且售卖时间也是在工作时间。

（3）银行员工未对投资者进行合格投资人测试。

（4）投资客户文化层次较低，投资经验欠缺，未购买过相关银行的理财产品。

（5）银行对投资客户签订投资合同或投资确认书存在重大过失。

一般而言，银行员工在擅自推销非本银行发行、代销的理财产品时，其提供给客户的投资确认书或投资合同往往都不会出现员工所任职银行的相关字样或银行盖章等信息，且外部理财产品与银行内部理财产品之间的收益差距往往较大，加之银行员工极有可能对投资人作出保本保息的承诺，以上情形均足以引起投资人的警觉。因此在实践中，举证银行员工之“飞单”行为构成表见代理的难度非常之大。基于此，在投资人具有一定的投资经验且投资合同及投资确认书并未载明银行等相关字样或未有银行盖章时，难以认定银行员工之“飞单”行为构成表见代理。

2. 银行职员不构成表见代理情形下银行的赔偿责任

《民法典》第一千一百九十一条第一款规定：“用人单位的工作人员因执行工作任务造成他人损害的，由用人单位承担侵权责任。用人单位承担侵权责任后，可以向有故意或者重大过失的工作人员追偿。”

根据上述规定可知，银行员工在执行工作任务时，因“飞单”行为造成投资人侵权损失的，银行应当承担过错赔偿责任。但根据《民法典》第一千一百七十三条之规定，投资人对其损失的发生或扩大有过错的，可适当减轻侵权人的赔偿责任。

在银行员工向投资者销售银行外部理财产品时，因银行往往会在其工作场所张贴大量宣传“飞单”危害的海报、投资者的投资资金进入的往往也并非银行账户，加之“飞单”产品的合同或确认书往往不会出现银行相关字样，因此实践中审理此类案件时往往认定投资者存在一定过错。由投资者承担主要赔偿责任，银行承担次要赔偿责任，银行所承担的赔偿金额比例一般为客户受损金额的20%～40%。

在审理此类案件时，根据2021年《理财公司理财产品销售管理暂行办法》第二十二条之规定，对银行销售理财产品行为进行留痕存证作出了较高要求的规定，因此在司法实践中，法院往往采用《民法典》第一千一百六十五条之规定推定银行存在过错，主观过错举证责任倒置，由银行对其销售理财产品、日常经营合规并无过错承担举证责任。在银行无法有效举证证实其尽到勤勉、审慎义务的情形下，一般需承担一定的赔偿责任。

商业银行为客户提供金融理财产品推介服务时，因其自身的金融属性及客户的高度黏性，使得客户与商业银行之间具有高度的信赖关系，正是由于信赖关系的存在，才要求商业银行对其产品推荐和内部治理要有更高的合规要求。因此，商业银行及其分支机构在展业的过程中，不应当仅仅着眼于利益，应以客户利益优先，审慎、尽责地开展业务并建立严格的合规制度。如商业银行违反上述制度进行展业，应认定其对投资客户的损失存在过错，进而根据其过错程度承担赔偿责任。

（七）如银行员工推荐客户购买的基金理财产品通过了银行的审核要求，成为银行允许售卖的金融理财产品，售卖该基金理财产品的行为是否依然构成集资犯罪

在实践中，不乏非法集资机构实际控制人通过其关联人设立私募基金管理人，由基金管理人设立私募基金并通过银行审核再由银行进行推介售卖的情形发生。在此情形下，该私募基金已通过银行内部审核成为可以在银行内部以银行名义进行售卖的金融产品，如集资公司涉嫌集资犯罪，银行业务员也往往会以该基金项目已通过银行审核为由进行抗辩。

对于在银行通过基金审核并允许售卖相关基金的情况下，相关人员是否依然构成集资犯罪，笔者认为应从以下几方面进行判断。

1. 银行对相关金融理财产品涉嫌非法融资的情况是否了解

一般而言，如基金管理人的实际控制人其所经营的业务与 P2P、融资借贷等业务相关时，禁止其发行私募基金。如银行在了解相关基金实际控制人本身涉嫌非法融资的情况下依然审核通过相关基金并进行代销，则不能仅因相关基金通过银行审核或银行具备合法的金融产品销售牌照而认定银行售卖该基金的行为不具备非法性。对于在银行内部进行销售的理财产品，银行应当对其进行形式和实质两方面的核查，如相关基金并不符合银行准入标准但依然准入，或明知相关基金与非法集资活动有关联但依然审核通过并进行售卖，银行售卖相关基金的行为仍可能构成集资犯罪的帮助行为。更进一步来说，如相关基金的审核或售卖人员明知该基金的募集就是用于非法融资公司的借新还旧，则无论该基金项目外表有多合规，实际上都是为其犯罪目的所作的掩饰，在此情形之下，可直接认定售卖相关基金的行为构成集资犯罪行为。

2. 银行在推介、售卖金融理财产品时，是否按要求对合格投资者进行了筛选及是否进行了投资风险提示

根据要求，银行有义务将适合投资者风险承受能力的适当的金融产品推荐给对应投资者，并需要向投资者揭示相关金融产品的投资风险。因此在向投资者推荐产品时，银行员工往往需要对投资者进行调查测评以判断其是否适合购买相应的理财产品，如银行不经筛选地对所有投资者来者不拒，那么足以认定其售卖相关理财产品的行为具有公开性及社会性。

3. 银行在推介、售卖理财产品时，是否承诺保本保息

非法吸收公众存款罪最重要的特征之一就是承诺对投资款保本付息，如银行员工在推介、售卖相关金融产品的过程中，并没有承诺保本付息，或者变相保本付息等情形，则难以认定其售卖行为具有利诱性。

综上所述，即使银行员工推荐客户购买的基金产品通过了银行的审核，也不能以此为由认定推介相关理财产品的行为均不构成犯罪。银行员工对银行审核通过的理财产品进行推介、售卖的行为是否构成非法吸收公众存款犯

罪，也要根据其是否具备非法吸收公众存款罪的四大特征作出综合性的判断。如银行在明知相关理财产品与非法集资机构具有关联的情况下依然引入该理财产品，并在不筛选合格投资人、不提示相关风险、承诺保本保息的情况下继续售卖该理财产品，其行为依然能够认定为犯罪行为，并对主要参与者实施刑事制裁。

（八）银行在推介、销售第三方金融理财产品时应如何尽职免责，规避自身风险

银行在推介、销售第三方金融理财产品时，如没有尽到合规、审慎义务，那么银行将很可能因为失职行为面临行政处罚、民事赔偿甚至刑事犯罪风险。为了有效地规避自身风险，银行可通过下述方法完善工作流程，提高业务水平，防范销售风险。

1. 对内建立严格的内控制度，对员工“飞单”行为严厉查处

为了有效避免银行员工私下的“飞单”行为，银行可通过专题学习等方式组织行内员工学习理财产品销售的相关流程以及对行业内涉“飞单”行为的重点案例进行警示教育学习。同时，银行可组织员工签署拒绝“飞单”承诺书，设立专门的“飞单”举报热线，并要求员工对所发现的他人“飞单”行为进行监督、举报，“飞单”行为一经发现，严厉查处，绝不放过。通过上述行为，建立银行员工的合规理念，规范银行员工推介、销售金融产品的相关流程，让银行员工牢记红线，警钟长鸣。

2. 对外做好“飞单”防范宣传工作，提高客户的防范意识

银行可通过在工作场所显眼处张贴防范“飞单”宣传海报、印制防范“飞单”宣传小册以及在银行 App、小程序或公众号中发布防范“飞单”的相关文章以提醒客户“飞单”金融理财产品的危害。同时，银行可对行内客户定期进行回访，对其是否购买过非行内理财产品进行调查，防范行内员工私下“飞单”。

3. 对拟代销的第三方金融产品展开充分尽职调查，做好募资账户监管及后续投资监管，避免资金被挪用

对于银行拟代销的第三方金融产品，银行有必要对金融产品的发布方是

否合规、内控制度是否完善、投资项目是否真实、项目风险是否符合代销要求、基金经理业绩能力等各方面展开充分详细的尽职调查，并对尽职调查数据进行合规分析，提出相应的整改意见，对不符合代销要求的金融产品坚决不予代销，对可能涉嫌非法集资的代销产品更是要予以完全回避。在代销产品经尽职调查分析认定符合银行代销要求并成为银行代销产品后，银行仍应对代销账户在募资过程及募资后项目资金是否投入实处进行一定程度的监管，以避免项目资金被挪用于他处。

4. 严格落实金融产品销售制度，合理认定理财产品风险等级，充分了解客户风险承受能力，做好风险提示及产品销售留痕工作

银行对于其拟代销的外部理财产品，在尽职调查环节就应当充分考虑产品的各方面因素，对产品风险等级作出较为准确的综合评判，从而对所代销的理财产品进行合理评级。在银行对产品进行评级后，银行应将相关理财产品根据其风险等级匹配相适应的客户。在投资者适当性匹配过程中，银行应依照金融理财产品销售制度，严格履行风险告知义务并落实录音录像工作留痕制度，银行可通过设立理财产品销售专区并在销售专区配备电子录音录像设备的方式，对每一笔理财产品的销售过程进行完整的录音录像，从而对销售全过程进行证据留痕。此外，值得注意的是，在销售过程中，风险测评表、风险揭示书等文件一定要由客户亲自填写，推销人员不得随意修改客户的风险测评结果或引导客户作出不符合真实情况的评测结果。对于主动要求购买超出其风险承受能力产品的投资者，银行应更为清晰地告知投资者相关产品的风险等级与其风险承受能力并不适配，并对投资者作出书面风险警示。

综上所述，银行应当遵照相关法律规定，严格落实金融产品销售制度，尤其在代理第三方金融产品进行销售时，更应当做到对销售全流程的严格把控。同时，银行员工在销售各类理财产品时，都应当具有“留痕”意识，对于销售全流程进行录音录像，如后续银行和投资者发生纠纷，银行可提供相关证据证明自己已经尽职履责，未违背审慎经营义务，从而有效规避自身风险。

四、小结

非法吸收公众存款罪是一种社会危害性较大、受害者众多且对我国社会主义经济秩序具有严重破坏性的经济犯罪，虽然较之 P2P 猖獗时期已减少很多，但在全国各地仍有不少存量，不容小觑。

非法吸收公众存款罪的犯罪分子通常以个人或公司为主体，采用投资或借贷并同时承诺高额回报的形式，吸引众多集资参与人参与平台相关的项目投资，从而巨量吸收资金。对非法吸收公众存款罪要牢牢把握其四个根本特征，即非法性、公开性、社会性和利诱性。

银行从业人员是非法吸收公众存款犯罪的高发群体之一，由于银行从业人员在吸收资金上具有天然的客户资源及客户信赖优势，因此部分银行人员往往利用其职权身份，将不属于银行内部发行的理财产品推销给银行客户从而赚取高额回报。而这些外部“理财产品”极可能涉嫌非法集资，导致这些银行从业人员成为集资犯罪的帮凶。在银行员工推销非本银行发行、代销的理财产品造成客户损失的情况下，银行往往也要承担一定的赔偿责任，因此银行在日常的业务运营过程中应注意加强内部管理、强化业务合规、健全举报机制；同时，对于银行引进的金融产品也应根据法律规定及行业自律准则对相关产品尽到应尽的审查义务，从而确保投资者的资金安全及避免银行的运营风险。

▷ 相关法律法规 ◁

➢ **《私募投资基金募集行为管理办法》**（2016 年 7 月 15 日施行）

第二十五条 募集机构不得通过下列媒介渠道推介私募基金：

（一）公开出版资料；

（二）面向社会公众的宣传单、布告、手册、信函、传真；

（三）海报、户外广告；

（四）电视、电影、电台及其他音像等公共传播媒体；

（五）公共、门户网站链接广告、博客等；

（六）未设置特定对象确定程序的募集机构官方网站、微信朋友圈等互联网媒介；

（七）未设置特定对象确定程序的讲座、报告会、分析会；

（八）未设置特定对象确定程序的电话、短信和电子邮件等通讯媒介；

（九）法律、行政法规、中国证监会规定和中国基金业协会自律规则禁止的其他行为。

➢ **最高人民法院《关于审理非法集资刑事案件具体应用法律若干问题的解释》**（法释〔2022〕5号，2022年3月1日施行）

第一条 违反国家金融管理法律规定，向社会公众（包括单位和个人）吸收资金的行为，同时具备下列四个条件的，除刑法另有规定的以外，应当认定为刑法第一百七十六条规定的“非法吸收公众存款或者变相吸收公众存款”：

（一）未经有关部门依法许可或者借用合法经营的形式吸收资金；

（二）通过网络、媒体、推介会、传单、手机信息等途径向社会公开宣传；

（三）承诺在一定期限内以货币、实物、股权等方式还本付息或者给付回报；

（四）向社会公众即社会不特定对象吸收资金。

未向社会公开宣传，在亲友或者单位内部针对特定对象吸收资金的，不属于非法吸收或者变相吸收公众存款。

第六条第一款 非法吸收或者变相吸收公众存款的数额，以行为人所吸收的资金全额计算。在提起公诉前积极退赃退赔，减少损害结果发生的，可以从轻或者减轻处罚；在提起公诉后退赃退赔的，可以作为量刑情节酌情考虑。

➢ **最高人民法院、最高人民检察院、公安部《关于办理非法集资刑事案件适用法律若干问题的意见》**（公通字〔2014〕16号，2014年3月25日施行）

二、关于“向社会公开宣传”的认定问题

《最高人民法院关于审理非法集资刑事案件具体应用法律若干问题的解

释》第一条第一款第二项中的“向社会公开宣传”，包括以各种途径向社会公众传播吸收资金的信息，以及明知吸收资金的信息向社会公众扩散而予以放任等情形。

➢ **最高人民检察院《关于办理涉互联网金融犯罪案件有关问题座谈会纪要》**

（高检诉〔2017〕14号，2017年6月1日施行）

8. 对以下网络借贷领域的非法吸收公众资金的行为，应当以非法吸收公众存款罪分别追究相关行为主体的刑事责任：

（1）中介机构以提供信息中介服务为名，实际从事直接或间接归集资金、甚至自融或变相自融等行为，应当依法追究中介机构的刑事责任。特别要注意识别变相自融行为，如中介机构通过拆分融资项目期限、实行债权转让等方式为自己吸收资金的，应当认定为非法吸收公众存款。

（2）中介机构与借款人存在以下情形之一的，应当依法追究刑事责任：①中介机构与借款人合谋或者明知借款人存在违规情形，仍为其非法吸收公众存款提供服务的；中介机构与借款人合谋，采取向出借人提供信用担保、通过电子渠道以外的物理场所开展借贷业务等违规方式向社会公众吸收资金的；②双方合谋通过拆分融资项目期限、实行债权转让等方式为借款人吸收资金的。在对中介机构、借款人进行追诉时，应根据各自在非法集资中的地位、作用确定其刑事责任。中介机构虽然没有直接吸收资金，但是通过大肆组织借款人开展非法集资并从中收取费用数额巨大、情节严重的，可以认定为主犯。

（3）借款人故意隐瞒事实，违反规定，以自己名义或借用他人名义利用多个网络借贷平台发布借款信息，借款总额超过规定的最高限额，或将吸收资金用于明确禁止的投资股票、场外配资、期货合约等高风险行业，造成重大损失和社会影响的，应当依法追究借款人的刑事责任。对于借款人将借款主要用于正常的生产经营活动，能够及时清退所吸收资金，不作为犯罪处理。

9. 在非法吸收公众存款罪中，原则上认定主观故意并不要求以明知法律的禁止性规定为要件。特别是具备一定涉金融活动相关从业经历、专业背景或在犯罪活动中担任一定管理职务的犯罪嫌疑人，应当知晓相关金融法律管理规定，如果有证据证明其实际从事的行为应当批准而未经批准，行为在客观上具有非法性，原则上就可以认定其具有非法吸收公众存款的主观故意。在证明犯罪嫌疑人的主观故意时，可以收集运用犯罪嫌疑人的任职情况、职业经历、专业背景、培训经历、此前任职单位或者其本人因从事同类行为受到处罚情况等证据，证明犯罪嫌疑人提出的“不知道相关行为被法律所禁止，故不具有非法吸收公众存款的主观故意”等辩解不能成立。除此之外，还可以收集运用以下证据进一步印证犯罪嫌疑人知道或应当知道其所从事行为具有非法性，比如犯罪嫌疑人故意规避法律以逃避监管的相关证据：自己或要求下属与投资人签订虚假的亲友关系确认书，频繁更换宣传用语逃避监管，实际推介内容与宣传用语、实际经营状况不一致，刻意向投资人夸大公司兑付能力，在培训课程中传授或接受规避法律的方法，等等。

10. 对于无相关职业经历、专业背景，且从业时间短暂，在单位犯罪中层级较低，纯属执行单位领导指令的犯罪嫌疑人提出辩解的，如确实无其他证据证明其具有主观故意的，可以不作为犯罪处理。另外，实践中还存在犯罪嫌疑人提出因信赖行政主管部门出具的相关意见而陷入错误认识的辩解。如果上述辩解确有证据证明，不应作为犯罪处理，但应当对行政主管部门出具的相关意见及其出具过程进行查证，如存在以下情形之一，仍应认定犯罪嫌疑人具有非法吸收公众存款的主观故意：

(1) 行政主管部门出具意见所涉及的行为与犯罪嫌疑人实际从事的行为不一致的；

(2) 行政主管部门出具的意见未对是否存在非法吸收公众存款问题进行合法性审查，仅对其他合法性问题进行审查的；

(3) 犯罪嫌疑人在行政主管部门出具意见时故意隐瞒事实、弄虚作假的；

(4) 犯罪嫌疑人与出具意见的行政主管部门的工作人员存在利益输送行为的；

(5) 犯罪嫌疑人存在其他影响和干扰行政主管部门出具意见公正性的情形的。

对于犯罪嫌疑人提出因信赖专家学者、律师等专业人士、主流新闻媒体宣传或有关行政主管部门工作人员的个人意见而陷入错误认识的辩解，不能作为犯罪嫌疑人判断自身行为合法性的根据和排除主观故意的理由。

11. 负责或从事吸收资金行为的犯罪嫌疑人非法吸收公众存款金额，根据其实际参与吸收的全部金额认定。但以下金额不应计入该犯罪嫌疑人的吸收金额：

（1）犯罪嫌疑人自身及其近亲属所投资的资金金额；

（2）记录在犯罪嫌疑人名下，但其未实际参与吸收且未从中收取任何形式好处的资金。

吸收金额经过司法会计鉴定的，可以将前述不计入部分直接扣除。但是，前述两项所涉金额仍应计入相对应的上一级负责人及所在单位的吸收金额。

12. 投资人在每期投资结束后，利用投资账户中的资金（包括每期投资结束后归还的本金、利息）进行反复投资的金额应当累计计算，但对反复投资的数额应当作出说明。

16. 证明主观上是否具有非法占有目的，可以重点收集、运用以下客观证据：

（1）与实施集资诈骗整体行为模式相关的证据：投资合同、宣传资料、培训内容等；

（2）与资金使用相关的证据：资金往来记录、会计账簿和会计凭证、资金使用成本（包括利息和佣金等）、资金决策使用过程、资金主要用途、财产转移情况等；

（3）与归还能力相关的证据：吸收资金所投资项目内容、投资实际经营情况、盈利能力、归还本息资金的主要来源、负债情况、是否存在虚构业绩等虚假宣传行为等；

（4）其他涉及欺诈等方面的证据：虚构融资项目进行宣传、隐瞒资金实际用途、隐匿销毁账簿；等等。司法会计鉴定机构对相关数据进行鉴定时，办案部门可以根据查证犯罪事实的需要提出重点鉴定的项目，保证司法会计鉴定意见与待证的构成要件事实之间的关联性。

➢ **上海市高级人民法院、上海市人民检察院、上海市公安局《关于办理涉众型非法集资犯罪案件的指导意见》**（沪高法〔2018〕360号，2018年1月1日施行）

二、关于非法集资行为罪与非罪的界限

认定非法吸收公众存款、集资诈骗等非法集资犯罪，必须坚持主客观相统一原则。具有下列情形之一的，应当认定非法集资犯罪：

（一）虚构经营业务或者故意作夸大宣传的；

（二）明知集资参与人返利过高，或者招揽业务提成比例过高，不符合一般市场行情的；

（三）明知单位业务亏损，仍通过高息揽存等方式归还单位债务的；

（四）曾在其他公司从事非法集资活动被查处或取缔，之后又从事相同业务的；

（五）曾在银行、证券、保险等金融机构工作，具有一定的金融专业知识，参与实施非法集资活动的；

（六）其他应当认定非法集资犯罪的情形。

对于被告单位中层级较低的管理人员或者普通职员，如果确有证据或理由表明其并不知晓非法集资性质，而是当作正常经营业务参与实施了非法集资行为的，一般不宜作为犯罪处理。

三、关于非法吸收公众存款罪与集资诈骗罪的界限

办理非法集资犯罪案件，应当根据被告人主观上是否具有非法占有目的，分别定罪处罚。对于先行非法吸收公众存款从事经营活动，后因严重亏损而采用欺骗方法吸收资金用于还债或挥霍的，因行为人的主观故意内容和客观上的犯罪对象不同（所涉及的资金应当分别计算和认定），应当分别认定非法吸收公众存款罪和集资诈骗罪，实行数罪并罚。

对于多人参与、分工实施的集资诈骗犯罪，其中的组织、策划、指挥者应当以集资诈骗罪定罪处罚；对于确有证据或理由表明并不知晓上述人员的非法占有目的，可以非法吸收公众存款罪定罪处罚。

六、关于犯罪数额的认定

通过向社会公开宣传方式非法集资，其中含有向亲友吸收的资金的，应当计入犯罪数额。对于行为人本人或者其近亲属投入的资金，可不计入犯罪数额，但应当优先用于赔偿其他集资参与人的财产损失。

对于非法集资活动的参与者，应当按照其实际参与的非法集资活动计算犯罪数额；其离开单位后，下线人员独自实施的非法集资数额，不应计入其犯罪数额。

非法集资单位内部人员相互集资的数额，不应计入各自的犯罪数额，但应计入各自的上线以及单位的犯罪数额。

对于一次性投入资金未作提取，其间虽有利用到期本息滚动投入记录的，只需将一次性投入的本金计入非法吸收公众存款或者集资诈骗的犯罪数额。如果其间确有追加投入的，应当将追加投入金额与前次投入的本金累计计入犯罪数额。

➢ **最高人民法院、最高人民检察院、公安部《关于办理非法集资刑事案件若干问题的意见》**（高检会〔2019〕2号，2019年1月30日施行）

四、关于主观故意的认定问题

认定犯罪嫌疑人、被告人是否具有非法吸收公众存款的犯罪故意，应当依据犯罪嫌疑人、被告人的任职情况、职业经历、专业背景、培训经历、本人因同类行为受到行政处罚或者刑事追究情况以及吸收资金方式、宣传推广、合同资料、业务流程等证据，结合其供述，进行综合分析判断。

犯罪嫌疑人、被告人使用诈骗方法非法集资，符合《最高人民法院关于审理非法集资刑事案件具体应用法律若干问题的解释》第四条规定的，可以认定为集资诈骗罪中“以非法占有为目的”。

办案机关在办理非法集资刑事案件中，应当根据案件具体情况注意收集运用涉及犯罪嫌疑人、被告人的以下证据：是否使用虚假身份信息对外开展业务；是否虚假订立合同、协议；是否虚假宣传，明显超出经营范围或者夸大经营、投资、服务项目及盈利能力；是否吸收资金后隐匿、销毁合同、协议、账目；是否传授或者接受规避法律、逃避监管的方法，等等。

五、关于犯罪数额的认定问题

非法吸收或者变相吸收公众存款构成犯罪，具有下列情形之一的，向亲

友或者单位内部人员吸收的资金应当与向不特定对象吸收的资金一并计入犯罪数额:

(一)在向亲友或者单位内部人员吸收资金的过程中,明知亲友或者单位内部人员向不特定对象吸收资金而予以放任的;

(二)以吸收资金为目的,将社会人员吸收为单位内部人员,并向其吸收资金的;

(三)向社会公开宣传,同时向不特定对象、亲友或者单位内部人员吸收资金的。

非法吸收或者变相吸收公众存款的数额,以行为人所吸收的资金全额计算。集资参与人收回本金或者获得回报后又重复投资的数额不予扣除,但可以作为量刑情节酌情考虑。

六、关于宽严相济刑事政策把握问题

办理非法集资刑事案件,应当贯彻宽严相济刑事政策,依法合理把握追究刑事责任的范围,综合运用刑事手段和行政手段处置和化解风险,做到惩处少数、教育挽救大多数。要根据行为人的客观行为、主观恶性、犯罪情节及其地位、作用、层级、职务等情况,综合判断行为人的责任轻重和刑事追究的必要性,按照区别对待原则分类处理涉案人员,做到罚当其罪、罪责刑相适应。

重点惩处非法集资犯罪活动的组织者、领导者和管理人员,包括单位犯罪中的上级单位(总公司、母公司)的核心层、管理层和骨干人员,下属单位(分公司、子公司)的管理层和骨干人员,以及其他发挥主要作用的人员。

对于涉案人员积极配合调查、主动退赃退赔、真诚认罪悔罪的,可以依法从轻处罚;其中情节轻微的,可以免除处罚;情节显著轻微、危害不大的,不作为犯罪处理。

➢ **《全国法院民商事审判工作会议纪要》**(法〔2019〕254 号,2019 年 11 月 8 日施行)

72.【适当性义务】适当性义务是指卖方机构在向金融消费者推介、销售银行理财产品、保险投资产品、信托理财产品、券商集合理财计划、杠杆基金份额、期权及其他场外衍生品等高风险等级金融产品，以及为金融消费者参与融资融券、新三板、创业板、科创板、期货等高风险等级投资活动提供服务的过程中，必须履行的了解客户、了解产品、将适当的产品（或者服务）销售（或者提供）给适合的金融消费者等义务。卖方机构承担适当性义务的目的是为了确保金融消费者能够在充分了解相关金融产品、投资活动的性质及风险的基础上作出自主决定，并承受由此产生的收益和风险。在推介、销售高风险等级金融产品和提供高风险等级金融服务领域，适当性义务的履行是“卖者尽责”的主要内容，也是“买者自负”的前提和基础。

- **中国人民银行、原中国银行保险监督管理委员会、中国证券监督管理委员会、国家外汇管理局《关于规范金融机构资产管理业务的指导意见》**

（银发〔2018〕106 号，2018 年 4 月 27 日施行）

九、金融机构代理销售其他金融机构发行的资产管理产品，应当符合金融监督管理部门规定的资质条件。未经金融监督管理部门许可，任何非金融机构和个人不得代理销售资产管理产品。

金融机构应当建立资产管理产品的销售授权管理体系，明确代理销售机构的准入标准和程序，明确界定双方的权利与义务，明确相关风险的承担责任和转移方式。

金融机构代理销售资产管理产品，应当建立相应的内部审批和风险控制程序，对发行或者管理机构的信用状况、经营管理能力、市场投资能力、风险处置能力等开展尽职调查，要求发行或者管理机构提供详细的产品介绍、相关市场分析和风险收益测算报告，进行充分的信息验证和风险审查，确保代理销售的产品符合本意见规定并承担相应责任。

十二、金融机构应当向投资者主动、真实、准确、完整、及时披露资产管理产品募集信息、资金投向、杠杆水平、收益分配、托管安排、投资账户信息和主要投资风险等内容。国家法律法规另有规定的，从其规定。

对于公募产品，金融机构应当建立严格的信息披露管理制度，明确定期报告、临时报告、重大事项公告、投资风险披露要求以及具体内容、格式。

在本机构官方网站或者通过投资者便于获取的方式披露产品净值或者投资收益情况，并定期披露其他重要信息：开放式产品按照开放频率披露，封闭式产品至少每周披露一次。

对于私募产品，其信息披露方式、内容、频率由产品合同约定，但金融机构应当至少每季度向投资者披露产品净值和其他重要信息。

对于固定收益类产品，金融机构应当通过醒目方式向投资者充分披露和提示产品的投资风险，包括但不限于产品投资债券面临的利率、汇率变化等市场风险以及债券价格波动情况，产品投资每笔非标准化债权类资产的融资客户、项目名称、剩余融资期限、到期收益分配、交易结构、风险状况等。

对于权益类产品，金融机构应当通过醒目方式向投资者充分披露和提示产品的投资风险，包括产品投资股票面临的风险以及股票价格波动情况等。

对于商品及金融衍生品类产品，金融机构应当通过醒目方式向投资者充分披露产品的挂钩资产、持仓风险、控制措施以及衍生品公允价值变化等。

对于混合类产品，金融机构应当通过醒目方式向投资者清晰披露产品的投资资产组合情况，并根据固定收益类、权益类、商品及金融衍生品类资产投资比例充分披露和提示相应的投资风险。

➢ **《理财公司理财产品销售管理暂行办法》**（中国银行保险监督管理委员会令2021年第4号，2021年6月27日施行）

第十一条 代理销售机构总部和理财公司应当以书面形式签订代理销售合作协议，至少包括以下内容：

（一）理财公司对拟委托销售理财产品和本公司制订的宣传销售文本出具的合规性承诺；

（二）双方在风险承担、信息披露、风险揭示、客户信息传递及信息保密、投诉处理、应急处置、业务中止及后续服务安排等方面的责任和义务；

（三）双方业务管理系统职责边界和运营服务接口；

（四）理财产品投资者敏感信息等资料的保存权限、责任和方式；

（五）反洗钱、反恐怖融资及非居民金融账户涉税信息尽职调查义务履行及责任划分；

（六）双方就在理财产品销售过程中违反投资者适当性管理的行为，各自应当依法承担的法律责任；

（七）理财产品销售信息交换及资金交收权利义务；

（八）代理销售机构和理财公司暂停或中止合作的触发条件及程序；

（九）代理销售机构承诺配合理财公司接受银保监会及其派出机构针对理财产品销售业务活动实施的非现场监管、现场检查等，并完整、准确、及时提供相关数据、信息和资料等；

（十）代理销售机构承诺依据本办法规定接受理财公司对理财产品销售业务活动定期开展的规范性评估，完整、准确、及时向理财公司提供理财产品销售相关资料。

第十三条 代理销售机构总部应当对拟销售的理财产品开展尽职调查，并承担审批职责，纳入本机构统一专门名单管理，不得仅以理财公司相关产品资料或其出具意见作为审批依据；通过分支机构销售的，应当以书面形式对分支机构进行明确授权，载明该分支机构可销售的理财产品范围。

第十八条 理财产品销售机构应当对拟向特定对象销售的理财产品实施专门的尽职调查和风险评估，充分了解拟销售产品的投资方向、策略、风险以及投资者适当性要求等，出具专项合规意见并留存备查。

第二十二条 理财产品销售机构应当完整记录和保存销售业务活动信息，确保记录信息全面、准确和不可篡改，并持续满足银保监会及其派出机构依法实施信息采集、核查、取证等监管行为的要求。记录信息应当至少包括：投资者身份证明资料、宣传销售文本、产品风险及其他关键信息提示、交易记录与确认信息等。

➤ **《民法典》**（中华人民共和国主席令第 45 号，2021 年 1 月 1 日施行）

第一千一百六十五条 行为人因过错侵害他人民事权益造成损害的，应当承担侵权责任。

依照法律规定推定行为人有过错，其不能证明自己没有过错的，应当承担侵权责任。

第一千一百七十三条 被侵权人对同一损害的发生或者扩大有过错的，

可以减轻侵权人的责任。

第一千一百九十一条第一款 用人单位的工作人员因执行工作任务造成他人损害的，由用人单位承担侵权责任。用人单位承担侵权责任后，可以向有故意或者重大过失的工作人员追偿。

案例2 私募基金涉非法吸收公众存款罪“四性”认定规则

一、基本案情[①]

上海YF股权投资基金管理有限公司（以下简称上海YF公司）法定代表人为廖某1（另案处理），经营范围为股权投资基金管理、投资管理、投资咨询、资产管理、实业投资、商务咨询、会务服务、财务咨询（不得从事代理记账）（依法须经批准的项目，经相关部门批准后方可开展经营活动）。2014年6月4日，该公司在中基协登记为私募基金管理人，成为开展私募证券投资、股权投资、创业投资等私募基金业务的金融机构。

上海YT资产管理有限公司（以下简称上海YT公司）法定代表人为廖某1，经营范围为资产管理，投资管理、咨询，实业投资，企业管理咨询，商务咨询，建筑设计咨询，财务咨询（不得从事代理记账），利益服务，会务服务（依法须经批准的项目，经相关部门批准后方可开展经营活动）。

上海YT公司义乌分公司2014年8月8日~2015年4月30日的负责人为被告人张某荣（该时间段之前为陈某，该时间段之后为廖某2），经营范围为资产管理，投资管理、咨询，商务咨询，建筑设计咨询，财务咨询，礼仪服务，会务服务。廖某1占分公司51%的股份，陈某（另案处理）占分公司24%的股份，被告人张某荣占分公司15%的股份，何某占分公司10%的股份。叶某、高某、丁某系上海YT公司义乌分公司员工。

---

① 参见浙江省义乌市人民法院刑事判决书，（2020）浙0782刑初1059号。

上海YP投资中心（有限合伙）、上海YQ投资中心（有限合伙）的经营范围：投资管理、资产管理、实业投资、企业管理咨询、礼仪服务、会务服务（依法须经批准的项目，经相关部门批准后方可开展经营活动）。

廖某1在上海注册成立多个公司，包括上述上海YF公司（另案处理）、上海YT公司及若干上海御X投资中心（有限合伙）等。

2014年3月，上海YF公司与上海宝山区房产经营公司达成合作协议，共同参与上海浦东新区祝桥镇E3－1地块征收安置房委托建设项目的开发，由上海YF公司负责筹集项目开发所需全部资金。后为了筹集该项目开发资金，上海YF公司分别以上海YT投资中心、上海YQ投资中心等数个御X中心的名义向社会发行名称为“上海御X中心（有限合伙）（浦东祝桥镇大飞机动迁安置房）项目X期投资基金”的私募基金产品（前后分三期），主要通过多家第三方代销合作机构及上海YF公司内部销售部门对外进行基金销售，销售成功后上海YF公司按客户购买基金总额的一定比例向合作机构支付提成佣金，并采取允许或默许第三方合作机构及公司内部销售部门利用电话直销、互联网宣传等多种公开方式，在没有明确需要对购买基金的投资客户进行相应经济能力、风险承受能力等条件的调查情况下，向上海、广州、义乌等地的不特定人员销售上述私募基金产品，并与客户签订购买上述基金的相关协议，协议明确规定保本付息，即除定期向客户支付年化收益率9%～14%的利息外，协议到期一次性向客户返还本金和最后一期预期收益。

2014年7月，廖某1伙同陈某、被告人张某荣等人在义乌成立上海YT公司义乌分公司，其中被告人张某荣为义乌分公司股东兼名义上负责人，陈某为公司股东兼总经理，廖某2（另案处理）系廖某1派驻义乌分公司的管理人员，公司主营业务系向客户推销由上海YF公司发行的“大飞机”“贸易金融宝”等项目基金产品等。被告人张某荣担任义乌市分公司法定代表人期间，参与上海YT公司组织的大会并发言。

经统计，2014年年初至2015年3月，被告人张某荣所在的上海YT公司义乌分公司以“浦东祝桥镇大飞机动迁安置房”“贸易金融宝”等项目基金项目为名（经法院查明，基金项目并未备案），向义乌的方某根等30名不特定公众吸收存款达人民币7130万元（各集资参与人的具体情况见原判决书）。

被告人张某荣经电话传唤到义乌市公安局经侦大队投案，归案后如实供述其犯罪事实。

案件审理过程中，被告人张某荣赔偿集资参与人人民币330万元，并与30名集资参与人达成和解协议，上述30名集资参与人对被告人张某荣表示谅解，且不再向被告人张某荣主张剩余款项。

被告人张某荣自愿认罪认罚，最终法院判决被告人张某荣犯非法吸收公众存款罪，判处有期徒刑二年二个月，缓刑三年，并处罚金人民币十万元。

二、主要问题

1. 经过备案登记手续的私募基金在形式上具有合法性，能否以此认为该募集资金的行为不具有“非法性”特征进而不构成相关的集资犯罪？

2. 行为人委托第三方机构代为宣传、销售基金产品的，是否可以认为不具有公开性？

3. 集资参与人并未达到法律规定的人数上限，是否可以据此认为该项资金募集行为不具有社会性的特征？

三、法律分析

非法集资行为的“四性”要件是由《非法集资解释》第一条的规定概括而来。因此，要判定行为人的行为构成非法吸收公众存款罪或者集资诈骗罪，首先其募集资金的行为必须同时满足“四性”要件，缺一不可。这一点在私募基金的领域同样如此，但是关于“四性”具体的认定也有其特殊性。

（一）经过备案登记手续的私募基金在形式上具有合法性，能否以此认为该募集资金的行为不具有“非法性”特征进而不构成相关的集资犯罪

首先，根据最高人民法院、最高人民检察院、公安部《关于办理非法集资刑事案件若干问题的意见》的规定，“非法性”的认定应当以国家金融管理法律法规作为依据，如果国家金融管理法律法规只作了一些原则性规定，那么应当根据该原则性规定的精神并参考相关部门制定的有关部门规章或者

规范性文件作出认定。目前，我国并没有专门的针对私募投资基金的法律，但是与其相关的法律、行政法规、部门规章或者部门规范性文件倒是不少。

根据《证券投资基金法》《私募投资基金监督管理暂行办法》等相关法律法规的有关规定，我国的私募投资基金采取的是登记备案制，这与公开募集基金的审核批准制有所区别。私募基金不用审核批准就可以募集资金，在流程上相较于公募基金来说并没有那么严格。展开来讲，私募基金管理人在进行非公开募集资金之前，应当及时准备相应材料向中基协申请登记。在登记手续办理完毕之后，私募基金要在中基协进行备案，包括基金类别、投资方向、基金合同等材料信息需要一一报送。如果私募基金经过了登记备案手续，那么行为人募集资金的行为被认定为“非法”的概率将会大大降低。相反，如果行为人私募基金没有经过登记备案手续，那么必然会被认定为不合规。值得注意的是，《私募投资基金监督管理暂行办法》第九条规定，基金业协会为私募基金管理人和私募基金办理登记备案不构成对私募基金管理人投资能力、持续合规情况的认可。也就是说，登记备案程序无法决定整个资金募集行为的合法性，后续资金募集行为是否合规，也要结合资金募集的行为方式、行为对象等因素进行综合考察。

其次，在本案之中，上海 YF 公司向中基协登记并成为私募基金管理人，取得了私募基金的资质，但该公司法定代表人廖某 1（也是上海 YT 公司的法定代表人、实际控制人）、上海 YT 公司义乌分公司负责人张某荣最终仍然被法院判定构成非法吸收公众存款罪。原因在于，法院不能仅仅因私募基金管理人具有相应资质，就当然地认定其募集资金行为具有合法性。法院最终认定该募集资金的行为具有非法性特征的理由主要有以下几点：一是虽然上海 YF 公司已经向中基协进行了登记，但是其委托的第三方代销机构并没有表明具备推介销售基金产品的资质，并且在具体推销基金产品的过程中，基金项目并没有进行备案，整个登记备案过程并不完整。二是除了在登记备案等形式上操作不完全合规之外，上海 YF 公司及其关联公司推销基金产品的过程同样不符合有关法律的规定。私募投资基金的核心是不公开发行，但是该公司利用电话直销、互联网宣传等多种公开方式进行销售。除此之外，对集资参与人也并未限定于特定对象，对集资参与人是否属于合格投资者也未进行调查、甄别。综上，法院认为上海 YF 公司发售基金产品的行为具有非法性，结合其他要素最终判定廖某 1、张某荣构成非法吸收公众存款罪。

应当说，法院的认定是合理的。一般来说，绝大多数私募基金管理人都经过了登记甚至对所发售的基金项目进行了备案，未经登记备案，是不能以“基金”等字样进行投资活动的。所以，私募基金的登记备案是最初步、最基本的要求，而不是全部的要求。完整的登记备案程序相当于为自身募集资金行为的合法性上了第一重保险，但是仅仅一重保险还远远不够。后续的资金募集行为一旦失当，同样可以被认定为符合非法性要件。如果行为人私募基金时只进行了登记备案就认定其募集资金行为具有合法性，属于合法私募，那在私募基金的场合，大概率是不存在集资犯罪行为的。因为要认定私募基金属于非法集资行为，那么非法性、公开性、利诱性和社会性之“四性”要件必须同时满足，缺少一个，都无法认定募集资金行为属于非法吸收公众存款或者是变相吸收公众存款，进而无法认定相关单位或者个人具有集资犯罪的行为并对其追究刑事责任。

如果仅将这些具有严重社会危害性、实质上为犯罪的私募基金行为追究以非刑事责任，其结果不言而喻，则会有越来越多的单位以及个人铤而走险，披上合规的外衣突破法律的底线进行违法犯罪活动，这将对广泛的集资参与人财产造成巨大损失，进而扰乱整个金融投资市场秩序，更为严重者，如果大面积的集资参与人得不到到期兑付，必然会引发社会动荡，危害国家的长治久安。

故仅凭私募基金经过登记备案而予以排除非法性，明显缺乏合理性。非法性的认定还需结合其他要素进行综合审查。

（二）行为人委托第三方机构代为宣传、销售基金产品的，是否可以认为不具有公开性

在本案中，除了上海 YF 公司内部销售部门对外进行推销基金产品之外，上海 YF 公司和其法定代表人廖某 1 还委托了多家第三方代销机构帮助其发行“浦东祝桥镇大飞机动迁安置房”等私募基金产品，仅就委托第三方机构代销基金产品这一行为而言，确实与行为人自身直接向社会公开宣传销售基

金产品的行为有所区别，也正因此，有观点认为行为人通过第三方机构代为宣传、销售的，由于所委托的合作机构属于特定的对象，故可以认为行为人是向第三方机构发起的私募行为，不具有公开的性质，进而认为行为人属于合规的私募行为而不属于非法集资。此种观点也是许多辩护人经常采用的一个辩护策略，但是效果不是很理想。

关于募集基金是否具有公开性的判断，归根结底还是要回归到其宣传方式能否被认定为公开的问题。在本案中，上海 YF 公司自身内部销售部门直接对外公开销售，显然符合公开性的特征。但是上海 YF 公司委托第三方代销的行为是否具有公开性，由于采用了委托的形式，除了应当重点关注第三方代销机构销售基金产品的行为方式之外，还需要核实第三方代销机构是否具有相应资质的问题。经法院查明，上海 YF 公司所委托的上海 YT 公司等多家第三方代销合作机构并没有经过中基协登记备案。而在宣传方式上，采用的是电话直销以及互联网宣传等形式，显然以上宣传方式具有公开性特征。除此之外，本案集资参与人的陈述以及相关证人证言、宣传资料已经证明第三方代销机构受上海 YF 公司的委托帮助其宣传、销售相应的基金产品，第三方代销机构拿到提成佣金。据此可知委托方即上海 FY 公司对于第三方机构宣传、销售基金产品的方式是知情且是允许或者默许的。因此，第三方代销机构的这种公开性的宣传、销售基金产品行为应当被视作上海 YF 公司本身公开募集基金的行为，第三方代销机构的公开宣传、销售基金产品的法律后果应当及于上海 YF 公司。

因此，关于通过委托第三方代销机构的方式来宣传销售基金产品的，募集资金的行为是否具有公开性，也不能一概而论，主要关注点还是在于第三方代销机构是否具有相应的宣传推介基金产品的资质，以及所销售的基金产品在直接面向集资参与者这一环节是通过何种方式宣传、发行的。

这里之所以强调第三方机构的资质问题，是因为如果私募基金管理人所委托的第三方代销机构不具有相应的资质，那么很有可能违背私募基金秘密性的要求，这可以作为判断公开性要件的一个参考。此外，如果所委托的第三方代销机构在宣传方式上没有采取任何限制性措施，直接采用发传单、网络推介等方式向社会公众宣传发售，可以认定发售基金产品的目的是向不特定人募集资金，因此该种募集资金的行为方式具有公开性。反之，如果能够查明，委托方通过第三方代销机构进行发售基金产品且约定第三方代销机构采取非公开的宣传方式，仅在特定合格投资者之间宣传、募集资金，应当认为该种募集资金的行为不具有公开性。

（三）集资参与人并未达到法律规定的人数上限，是否可以据此认为该项资金募集行为不具有社会性的特征

关于私募基金投资者的数量，《私募投资基金监督管理暂行办法》第十一条第一款规定单只私募基金的投资者人数累计不得超过《证券投资基金法》《合伙企业法》《公司法》等法律规定的特定数量。因此，有限合伙型基金与有限公司型基金投资者数量不得超过 50 人，股份公司型基金与契约型基金投资者数量不得超过 200 人。

回到本案案情，被告人张某荣所在的上海 YT 公司义乌分公司以“浦东祝桥镇大飞机动迁安置房”“贸易金融宝”等基金项目为名，向义乌的方某根等 30 名不特定公众吸收存款达人民币 7130 万元。而上海 YT 公司属于有限责任公司，故其投资人应当限制在 50 人以下。而本案中所募集资金对象的数量为 30 人正好在 50 人以下，那这是否可以成为上海 YT 公司义乌分公司募集资金行为不具有社会性的充足理由呢？答案显然是否定的。

关于是否具有社会性的判断，还是要回归到本质。根据《非法集资解释》第一条第一款第四项的规定，社会性的核心内容在于不特定对象，即不特定的多数人，包含两个方面的内容：一是指向对象的广泛性；二是指向对象的不特定性。就本案而言，虽然集资参与人的数量合乎相关法律规定，但是上海 YT 公司义乌分公司通过售卖基金产品募集资金的行为仍然针对的是社会公众不特定对象，其满足了不特定多数人的特征，因此其并没有逃出社会性的本质。

有人可能会产生疑问，既然判断社会性要件仍然需要聚焦集资参与人是否为不特定对象，那么有必要再去关注投资者人数吗？实际上，关注投资者人数是私募投资基金领域的特殊性要求，也是判断私募基金行为是否具有社会性特征的一个参考方面。在私募基金领域，集资参与人受合格投资者制度

的约束，其中就有关于投资者人数的规定。集资参与人人数符合投资者人数规定的，则可能认为募集资金行为不具有社会性，如在特定的单位内部募集资金。但是集资参与人人数突破了相关法律规定的人数上限的，则其集资行为有很大概率会被认为符合社会性特征。一般来说，投资人超过了法律规定的人数上限，满足了集资指向对象的广泛性自不必多说，超过法律规定的人数上限在某种程度上也就意味着，集资行为人对于自身集资行为的辐射面逐渐扩大是知情，甚至是持听之任之的态度，如果集资行为人没有采取适当措施将投资者数量压缩至法律规定的上限人数以内，那么在此种情况下，正常推出的结论就是，该集资行为的指向对象具有不特定性，除非确有证据证明集资对象被限于特定的范围，否则该集资行为将满足社会性的特征。

总结来说，在私募基金领域，集资参与人的数量只是判断集资行为是否具有社会性特征的一个因素，而该项因素并不是认定社会性要件的决定性内容。

（四）穿透形式进行实质审查："四性"认定规则的展开

从以上案例不难看出，在非法集资的司法实践之中，不乏有人拿出不具有非法集资行为特征的某些形式要素作为抗辩的理由，从而认为其募集资金的行为是合法的，如私募基金经过了备案登记从而认为其发行销售基金产品以募集资金的整个过程都是合法的。又如，通过第三方代销机构销售基金产品募集资金的不具有公开性。再如，只要私募基金集资参与者数量没有超过法律规定的上限，就可以认为该项资金募集行为不具有社会性。以上抗辩事由，很多辩护律师也经常使用。但实事求是地讲，根据有关法律规定的精神，事实上法院对集资行为是否具有"四性"也不仅仅只作形式要素上的审查；相反，法院的判决更加偏重从实质上对集资行为是否符合非法集资的"四性"特征进行一个穿透式考察。以下为非法集资行为"四性"认定规则的具体展开介绍。

1. 非法性的认定

根据《非法集资解释》第一条第一款第一项的规定，"非法性"指的是"未经有关部门依法许可或者借用合法经营的形式吸收资金"，很明显"未经有关部门依法许可”这一点更多强调的是集资行为应当具备形式上的合规，如具备相应的集资资质等。而“借用合法经营的形式吸收资金”这一点表达了形式上的合法无法阻却实质上的非法，也就是通常所说的“伪私募”。因此，从司法解释的态度来看，“非法性”的考察不仅要关注形式，还要关注实质。

在司法实践之中，存在两种错误倾向：第一，客观归罪现象，即只要出现无法偿还投资人钱财的客观情形就可以倒推该私募基金属于非法集资。第二，非法性的判断仅依靠合规的形式外观，忽略了公开性、社会性、利诱性等对非法性认定的影响。

因此，在非法性要件的判断上，应当注意以下几个方面：第一，关注非法性的形式要件，如私募基金是否经过登记备案，如果该私募基金连最基础的合法性形式要件都不具备，则可直接认定违反国家金融管理法律法规，进而判定为不合法（但不等于构成集资犯罪）。第二，在完成对非法性形式要件的初步审查之后，接下来应当对形式要件进行穿透式审查，从实质的角度判断资金募集行为是否具有非法性。具体来说，在具备私募基金的相应资质之后，需要综观募集资金的整个过程，并结合公开性、社会性、利诱性三个要件，对非法性进行综合性的实质审查。例如，在基金产品的发行销售上是否通过公开宣传的渠道，在集资对象上是否直接面向不特定对象，是否对集资参与人承诺保本保收益等，而对以上列举情形的肯定回答无疑会被认为这不再是合法私募。因此，对非法性要件进行实质审查是应当且必要的，避免行为人以形式合规之名行违法公募之实。第三，避免客观归罪。在经过对私募基金整个过程的实质合法性审查之后，应当说这属于合法私募的范畴，所以绝对不能单凭无法偿还集资对象的投资钱款这一客观情形直接认定行为人的资金募集行为属于非法集资，毕竟购买基金也需要风险自担。

在吕某非法吸收公众存款案①中，案件的争议焦点为涉案基金在经过中基协登记备案之后能否被判处非法吸收公众存款罪？在该案之中，法官同样“刺破了形式合规的面纱”，结合资金募集的方式、募集对象以及基金收益层

---

① 参见北京市第三中级人民法院刑事裁定书，（2017）京03刑终544号。

面等多个维度，认定行为人实质上系借用合法形式变相吸收公众存款的行为，最终判定吕某构成非法吸收公众存款罪。

2. 公开性的认定

公开性要件，在《非法集资解释》中表述为“通过网络、媒体、推介会、传单、手机信息等途径向社会公开宣传”，该条规定了一些宣传的媒介，在《证券投资基金法》中还规定了诸如报刊、电视台、电台、分析会、报告会、讲座等形式。一般情况下，通过这些媒介的宣传可以视作具有公开性的表征，但是公开性的认定同样需要回归到实质内容。根据2014年最高人民法院、最高人民检察院、公安部《关于办理非法集资刑事案件适用法律若干问题的意见》的规定，公开宣传主要包括两个方面的内容：其一，以各种途径向社会公众传播吸收资金的信息，此可谓直接主动传播；其二，明知吸收资金的信息向社会公众扩散而予以放任，此为间接传播。公开宣传的目的是使社会公众（不特定的多数人）知悉某基金产品，故尽管宣传媒介层出不穷，花样不断翻新，但还是要把握宣传方式是否具有公开的属性。

如何判断是否具有公开的属性，应当主要围绕以下两点进行综合考察，即宣传方式和宣传内容。在宣传方式上，主要关注行为人是否直接通过大众传媒或者其他易使募集资金信息传播于社会公众的渠道进行宣传推介而不作任何限制。根据《关于加强私募投资基金监管的若干规定》第六条第一款第二项的规定，通过技术设置于互联网媒介确定了程序上的限制，把宣传推介的对象限定为特定的合格投资者，是被允许的行为。当然，行为人即使设定了程序且起到了一定的限制作用，也仍然需要考察最终是否不具有公开的效果。简言之，在宣传方式上，行为人如果设置了特定程序且最终将募集资金的对象限定于特定的合格投资者，则属于私募行为，不具有公开性。

而在宣传内容上，需要关注所宣传信息是否直接指向集资的基金项目。如果宣传内容不直接指向基金项目信息，一般是无法吸引投资者兴趣以准确获得投资者的投资意向的。根据《私募投资基金募集行为管理办法》第十六条第一款的规定，关于资金募集机构的品牌、投资战略、发展战略、团队成员信息是可以进行公开宣传的，另外宣传已经募集完毕并备案公示的基金项目也是被允许的。

另外，需要关注两类特殊宣传形式的公开性问题。一类是“口口相传”，另一类是委托第三方机构代销基金产品的情形。

第一类“口口相传”是否具有公开性的问题。这个问题在司法实践中存在着不少争议，其不同于电视、互联网等媒介所具有的“点对面”“一对多”模式，其在一定程度上仍然属于“点对点”模式，但是这种“点对点”的传播如果不加以任何限制甚至是阻断，一传十，十传百，最终也会导致资金项目信息传播的公开化。因此，判断“口口相传”的公开性需具体问题具体分析，重点关注基金项目集资人是否具有放任传播的行为，以及集资信息最终的扩散范围和程度。

“口口相传”的公开性判断在实践中出现争议，一个重要原因是没有专门的法律规范对此予以界定。对此，2016 年四川省高级人民法院、四川省人民检察院、四川省公安厅《关于我省办理非法集资刑事案件若干问题的会议纪要》对于“口口相传”公开性问题的判断可以作为参考。该会议纪要认为，可以结合集资人对此是否知情、对此态度如何，有无具体参与、是否设法加以阻止等主客观因素综合认定，如果集资人明知吸收资金的信息向社会公众扩散，未设法加以阻止，而是放任甚至积极推动信息传播，可以认定为向社会公开宣传，具有公开性。

第二类特殊的宣传形式是委托第三方机构代销基金产品。关于这种形式公开性问题的判断，首先，需要核实第三方机构应当具有代理销售基金产品的资质，如果第三方机构不具有相应的代销资质而予以推介、销售，实际上是将私募基金不断滑向公募基金的违法境地，资金募集逐渐不具有私密性的特征。其次，重点考察第三方机构所采取的推介销售方式，是否设定了严格的程序，将资金募集的对象控制在合格投资者之内，否则将会被认定具有公开性。在韩某梅、刘某明、李某雁非法吸收公众存款罪一案[①]中，有足够的证据证明，被告人所委托的第三方机构并没有采取特定的手段将募集资金的对象限制在合格投资者之中，而是随机向不特定客户推销基金产品，这与私募基金的秘密性背道而驰，最终被法院认定具有非法集资的公开性特征。

---

① 参见北京市朝阳区人民法院刑事判决书，（2015）朝刑初字第 1780 号。

3. 社会性的认定

《非法集资解释》第一条第一款第四项将社会性特征表述为“向社会公众即社会不特定对象吸收资金”，显然社会性的核心内容在于“不特定对象”，这是基于募集对象的数量和范围而言的。实际上，公开性与社会性是一体两面的关系，一般情形下采用公开宣传的方式必然会使社会不特定对象知晓基金产品信息，进而产生投资的兴趣和意愿，集资人最终吸收社会公众资金。前面已经提到，社会性的意涵是指集资指向对象的广泛性与不特定性，因此在判断社会性要件层面，需牢牢抓住这一本质内涵。

如果集资者所募集资金的对象范围是特定的，如针对单位内部的特定对象或者在亲朋之间募集资金，而不是向不特定的社会公众广泛“撒网”，则应当认定为不具有社会性。

在私募基金这一特殊领域，集资对象还应当属于合格投资者。根据《私募投资基金监督管理条例》第二十条的规定，私募基金不得向合格投资者以外的单位和个人募集或者转让。合格投资者是法律规范所认可的符合特定标准的投资者，其一般都具有风险的识别和承受能力。合格投资者主要包括两个方面的限制，即人数和资格。如前所述，在私募基金投资者人数方面，有限合伙和有限责任公司投资者人数上限为 50 人，而股份公司投资者人数不得超过 200 人。在资格限制方面，《私募投资基金监督管理暂行办法》第十二条规定，投资于单只私募基金的金额不低于 100 万元，同时必须满足一定的资产数额要求，如单位净资产不得低于 1000 万元，如果是个人投资，其金融资产不得少于 300 万元，或者最近三年年平均收入不少于 50 万元。法律规范对投资者的人数和资格作出限制，一是为了将金融风险控制在一定范围内，维护私募基金之“私募”的本质；二是为了确保相应投资者具有一定的抗风险能力。

但是，社会性的本质在于募集对象的不特定性，在认定社会性要件时，目光不应仅仅停留在投资者人数、资格等方面并形式化理解社会性，而是应当结合公开性等要素对社会性进行实质化审查。

4. 利诱性的认定

《非法集资解释》对非法吸收公众存款行为的利诱性特征作如下规定：

承诺在一定期限内以货币、实物、股权等方式还本付息或者给付回报。通俗来讲就是承诺保本保收益。利诱性的实质为集资人刻意淡化或者隐瞒投资风险，向集资参与者承诺不会亏损并保证最低收益，从而诱导投资者进行投资。而根据《私募投资基金监督管理暂行办法》第十五条的规定，私募基金管理人、私募基金销售机构不得向投资者承诺投资本金不受损失或者承诺最低收益。

基金产品投资具有高风险性，集资行为人和集资对象对此应当具有清醒的认识，遵循利益共享、风险共担的基本原则。同时，集资人在推介基金产品的过程中，也要及时准确揭示投资风险，不得以任何形式向集资对象承诺零风险、最低保本等事项，促使集资对象独立自主、理性地作出判断，选择符合自己风险承受能力的基金产品。

在司法实践中，大量资管产品为了吸引投资者而进行“刚性兑付”，带有保本付息的存款性质，背离了资管产品本身应有的风险特征，也带来了相应的金融风险。[①] 同时，承诺给予回报的形式多种多样。对此，司法机关更多的是进行“穿透式”的实质判断，不论是签署股权回购协议、对赌协议，还是承诺定期分红，只要投资者享有保底收益，实质上就达到了向其“承诺还本付息”或者“保本保收益”的效果，当然具有利诱性。

在彭某川非法吸收公众存款罪一案[②]中，行为人在与投资人签订《入伙协议》时，不仅签订了《股权回购协议书》，而且在宣传过程中使用虚假的银行保函等担保和财力证明材料向投资人承诺高额回报和保本保息，通过对投资人的投资行为产生诱导以吸引投资人投资。法院认定具备非法吸收公众存款罪中利诱性的特征。

四、小结

非法吸收公众存款罪的“四性”认定，都应当穿透形式进行实质化的审查。非法性不仅是指形式上的合规，如私募基金的登记备案，更要结合其他

---

① 参见齐晓丹:《私募基金涉刑民交叉若干法律适用问题辨析——以私募基金违法公开募集为视角》，载《法律适用》2021 年第 9 期。

② 参见北京市朝阳区人民法院刑事判决书，(2017) 京 0105 刑初 958 号。

“三性”的内容进行综合性的实质审查。公开性的认定集中围绕宣传推介的方式和内容进行考量。社会性的认定应当抓住不特定对象这一本质内涵，社会性与公开性是一体两面的关系，可以结合公开性要件的内容辅之以社会性的判断。利诱性的认定核心在于承诺保本保收益。

▷ 相关法律法规 ◁

➢ **《刑法》**（2023 年修正，2024 年 3 月 1 日施行）

第一百七十六条　【非法吸收公众存款罪】非法吸收公众存款或者变相吸收公众存款，扰乱金融秩序的，处三年以下有期徒刑或者拘役，并处或者单处罚金；数额巨大或者有其他严重情节的，处三年以上十年以下有期徒刑，并处罚金；数额特别巨大或者有其他特别严重情节的，处十年以上有期徒刑，并处罚金。

单位犯前款罪的，对单位判处罚金，并对其直接负责的主管人员和其他直接责任人员，依照前款的规定处罚。

有前两款行为，在提起公诉前积极退赃退赔，减少损害结果发生的，可以从轻或者减轻处罚。

➢ **最高人民法院《关于审理非法集资刑事案件具体应用法律若干问题的解释》**（法释〔2022〕5 号，2022 年 3 月 1 日施行）

第一条　违反国家金融管理法律规定，向社会公众（包括单位和个人）吸收资金的行为，同时具备下列四个条件的，除刑法另有规定的以外，应当认定为刑法第一百七十六条规定的“非法吸收公众存款或者变相吸收公众存款”：

（一）未经有关部门依法许可或者借用合法经营的形式吸收资金；

（二）通过网络、媒体、推介会、传单、手机信息等途径向社会公开宣传；

（三）承诺在一定期限内以货币、实物、股权等方式还本付息或者给付回报；

（四）向社会公众即社会不特定对象吸收资金。

未向社会公开宣传，在亲友或者单位内部针对特定对象吸收资金的，不属于非法吸收或者变相吸收公众存款。

➢ **最高人民法院、最高人民检察院、公安部《关于办理非法集资刑事案件适用法律若干问题的意见》**（公通字〔2014〕16号，2014年3月25日施行）

二、关于“向社会公开宣传”的认定问题

《最高人民法院关于审理非法集资刑事案件具体应用法律若干问题的解释》第一条第一款第二项中的“向社会公开宣传”，包括以各种途径向社会公众传播吸收资金的信息，以及明知吸收资金的信息向社会公众扩散而予以放任等情形。

➢ **《证券投资基金法》**（中华人民共和国主席令第23号，2015年4月24日施行）

第八十七条第一、二款 非公开募集基金应当向合格投资者募集，合格投资者累计不得超过二百人。

前款所称合格投资者，是指达到规定资产规模或者收入水平，并且具备相应的风险识别能力和风险承担能力、其基金份额认购金额不低于规定限额的单位和个人。

第八十九条 担任非公开募集基金的基金管理人，应当按照规定向基金行业协会履行登记手续，报送基本情况。

第九十条 未经登记，任何单位或者个人不得使用“基金”或者“基金管理”字样或者近似名称进行证券投资活动；但是，法律、行政法规另有规定的除外。

第九十一条 非公开募集基金，不得向合格投资者之外的单位和个人募集资金，不得通过报刊、电台、电视台、互联网等公众传播媒体或者讲座、报告会、分析会等方式向不特定对象宣传推介。

➢《私募投资基金监督管理条例》（中华人民共和国国务院令第762号，2023年9月1日施行）

第十九条 私募基金管理人应当向投资者充分揭示投资风险，根据投资者的风险识别能力和风险承担能力匹配不同风险等级的私募基金产品。

第二十条 私募基金不得向合格投资者以外的单位和个人募集或者转让；不得向为他人代持的投资者募集或者转让；不得通过报刊、电台、电视台、互联网等大众传播媒介，电话、短信、即时通讯工具、电子邮件、传单，或者讲座、报告会、分析会等方式向不特定对象宣传推介；不得以虚假、片面、夸大等方式宣传推介；不得以私募基金托管人名义宣传推介；不得向投资者承诺投资本金不受损失或者承诺最低收益。

➢《私募投资基金监督管理暂行办法》（中国证券监督管理委员会令第105号，2014年8月21日施行）

第九条 基金业协会为私募基金管理人和私募基金办理登记备案不构成对私募基金管理人投资能力、持续合规情况的认可；不作为对基金财产安全的保证。

第十二条第一款 私募基金的合格投资者是指具备相应风险识别能力和风险承担能力，投资于单只私募基金的金额不低于100万元且符合下列相关标准的单位和个人：

（一）净资产不低于1000万元的单位；

（二）金融资产不低于300万元或者最近三年个人年均收入不低于50万元的个人。

第十五条 私募基金管理人、私募基金销售机构不得向投资者承诺投资本金不受损失或者承诺最低收益。

➢《私募投资基金募集行为管理办法》（2016年7月15日施行）

第十六条第一款 募集机构仅可以通过合法途径公开宣传私募基金管理人的品牌、发展战略、投资策略、管理团队、高管信息以及由中国基金业协会公示的已备案私募基金的基本信息。

➢ **《关于加强私募投资基金监管的若干规定》**（中国证券监督管理委员会公告〔2020〕71号，2020年12月30日施行）

第六条 私募基金管理人、私募基金销售机构及其从业人员在私募基金募集过程中不得直接或者间接存在下列行为：

……

（二）通过报刊、电台、电视、互联网等公众传播媒体，讲座、报告会、分析会等方式，布告、传单、短信、即时通讯工具、博客和电子邮件等载体，向不特定对象宣传推介，但是通过设置特定对象确定程序的官网、客户端等互联网媒介向合格投资者进行宣传推介的情形除外……

➢ **《合伙企业法》**（中华人民共和国主席令第55号，2007年6月1日施行）

第六十一条第一款 有限合伙企业由二个以上五十个以下合伙人设立；但是，法律另有规定的除外。

➢ **《公司法》**（中华人民共和国主席令第15号，2024年7月1日施行）

第四十二条 有限责任公司由一个以上五十个以下股东出资设立。

第九十二条 设立股份有限公司，应当有一人以上二百人以下为发起人，其中应当有半数以上的发起人在中华人民共和国境内有住所。

第三讲

集资诈骗罪

案例3　朱某某等私募基金实际控制人集资诈骗案

一、基本案情

2011年5月，被告人朱某某、赵某某共同设立了被告单位F集团，从事稀土贸易。2012年3月，朱某某、赵某某决定F集团开展融资业务，以发行理财产品的方式对外募集资金，后出现严重亏损。为兑付理财产品的本息和归还F集团的其他债务等，2014年9月，被告人朱某某、赵某某和王某等人经共谋，开始使用虚构投资标的、夸大投资项目价值、向社会公开宣传等方式，并以高收益、承诺到期还本付息等为诱饵，设计、销售债权类、私募基金类等理财产品，向社会公众非法集资，并"借新还旧"，不断扩大资金规模，以维持资金链。在非法集资过程中，F集团主要通过其控制的Y公司等公司设计、包装理财产品，通过其控制的L公司、C公司等公司销售理财产品。所募集的资金由F集团统一调拨使用，绝大部分被用于兑付投资人本息、归还其他融资本息、操纵股票、支付高额销售佣金和经营成本以及被告人朱某某、赵某某等人挥霍等，少部分资金用来购买各种不良资产，再将不良资产包装成理财产品继续非法集资或抵押、质押给其他机构进一步获取资金。其间，F集团还利用其控制的大量银行账户组成"资金池"承接和调拨上述资金，并通过若干内设部门和关联公司挂摘牌虚假债权、购买资产、投资项目、代持股权、提供项目资料包装理财产品等。被告人朱某某作为F集团的股东和董事长，全面管理集团事务并主要负责对外投资等；被告人赵某某作为F集团的股东和总裁，与朱某某共同管理集团事务，主要负责L公司、C公司等融资端，参与集团重大投融资决策和项目管理、项目对接等；被告人祝某某主要按照朱某某等人的指令调拨“资金池”内的资金等。经审计，至2018年6月，被告单位F集团非法集资共计565亿余元，案发时未兑付7000余名被害人和被害单位的本金共计218亿余元。具体分述如下。

（一）2014年9月，为维持资金链，被告人朱某某、赵某某及王某等人决定发行债权类理财产品非法集资。主要通过虚构F集团控制的Q公司等公司的对外债权，并将虚假债权分别在深圳某资产交易所有限公司等处挂牌，后以F集团控制的H公司、L公司、C公司名义摘牌上述虚假债权，再由Y公司、C公司等公司将虚假债权包装成多个债权类理财产品，最后由L公司等公司通过随机拨打电话、承诺保本付息等方式面向社会公开销售，部分产品还面向员工公开销售，C公司也销售了部分债权类等理财产品。至2018年6月，F集团以上述方式共向投资人募集资金248亿余元，案发时未兑付1100余名被害人和被害单位的本金共计19.8亿余元。

（二）2015年年初，为进一步扩大集资规模，被告人朱某某、赵某某及王某等人决定将F集团控制的L公司、Y公司等公司登记为私募基金管理人，以投资有限合伙企业合伙份额、股权、股权收益权、债权、项目收益权等为名，借用发行私募基金的形式继续非法集资，并虚构或夸大投资项目价值、重复发行、“借新还旧”等。其中，Y公司主要负责利用各私募基金管理人的名义设计发行私募基金产品，各私募基金管理人并无投资决策机制，未履行投资管理等职能；L公司等主要负责培训销售团队，通过向社会公开宣传、承诺保本保息等方式，向社会公众公开销售私募基金产品。至2018年6月，F集团以上述方式共向投资人募集资金316亿余元，案发时未兑付6000余名被害人和被害单位的本金共计198.4亿余元。

二、主要问题

1. F集团及其关联公司管理私募基金业务过程中的违规行为是否具有刑

事违法性？

2. F集团及其关联公司以私募基金为名义实施的募集资金的行为，是否符合非法集资犯罪的构成要件？

3. 如何认定“非法占有的目的”？

4. F集团、Y公司、L公司、C公司是否构成单位犯罪？

5. 如何认定朱某某、赵某某、祝某某的刑事责任？

三、法律分析

（一）F集团及其关联公司管理私募基金业务过程中的违规行为是否具有刑事违法性

1. F集团及其关联公司从事私募基金业务的过程中，存在明显的违规行为，具有行政违法性

近年来，私募基金产业发展迅速，作为我国资本市场的组成部分之一，发挥着重要的作用，同时暴露出很多法律问题，特别是非法集资类犯罪频发。[①]“私募”一词来自美国1993年《证券法》，美国证券私募发行与证券公开发行相对应，其核心在于可以豁免注册，即证券的发行人可以在发行和销售证券之前既不用向美国证券交易委员会（United States Securities and Exchange Commission，SEC）申请，也不必获得其批准。[②]之后，美国法院的一系列判例逐渐确定了界定私募发行的标准。美国联邦法院在Ralston Purina案中区分“公开”和“私下”，认为在判断是否构成“公开发行”时，只能将募资人数作为一个参考因素，认定“公开发行”的关键在于其发行对象是否需要证券注册程序的保护。[③]对于可以充分掌握信息，不需要《证券法》注册制度保护的投资人可以进行豁免注册，实施私募发行。美国第五巡

---

① 以“私募基金”“非法吸收公众存款”“案由：破坏社会主义市场经济秩序罪”在“北大法宝”中搜索发现，从2013年至2023年8月我国基层人民法院一共作出636份该类判决书。以“私募基金”“集资诈骗”“案由：破坏社会主义市场经济秩序罪”在“北大法宝”中搜索发现，从2013年至2023年8月我国基层人民法院共作出32份该类判决书。上述数据检索日期为2023年9月1日。

② 参见郭雳：《美国证券私募发行法律问题研究》，北京大学出版社2004年版，第3页。

③ 参见郭雳：《美国证券私募发行法律问题研究》，北京大学出版社2004年版，第56页。

回法庭在 Doran 案中进一步释明如何判断投资者是否需要证券注册程序的保护，该案中法院关注的是受要约人，而非最终的购买者。裁判认为，不仅需要考虑受要约人通过与发行人之间存在的某种“关系”或“特殊地位”可以充分获取信息这种情况，还需要考虑受要约人从事投资方面的经验和成熟度，是否确实有机会获知投资所需的信息。[①] 私募之所以豁免注册以更为便利的形式募资，关键点在于其受众是成熟的投资人，可以获取投资所需的资料，美国司法实践密切关注具体案件中私募宣传对象是否可以免于证券注册制度的保护。

具体到我国关于私募基金的规定，《私募投资基金监督管理暂行办法》第二条第一款规定，“私募投资基金（以下简称私募基金），是指在中华人民共和国境内，以非公开方式向投资者募集资金设立的投资基金”。从我国整个金融市场来看，私募基金活动具有强烈的投资属性，存在相对大的风险，并且投资人的利益高度依赖相关基金机构的专业度和投资行为。因此，为了维护金融市场稳定，保护投资人的合法权益，我国相关法律法规主要从私募基金投资人人数、投资人是否为合格投资人、特定对象、对外募集宣传四方面进行限制。[②] 2003 年出台了《证券投资基金法》，2015 年又对其进行了修正，该行政法规针对的是整个证券投资基金活动，部分内容涉及私募基金的管理运行。2023 年 9 月施行的专门针对私募基金的行政法规《私募投资基金监督管理条例》，从私募基金管理人和托管人、资金的募集和投资运作、私募基金的监督和管理、法律责任等方面对私募基金活动进行规制。中国证监会 2014 年 8 月公布了《私募投资基金监督管理暂行办法》，这是 2023 年之前对私募基金业务活动规定得比较全面的法规，但该办法属于部门规章，法律位阶较低。另外，司法实践中也会参考《私募投资基金信息披露管理办法》《关于加强私募投资基金监管的若干规定》等行业规定、部门规范性文件中的相关规定。

我国的私募基金基本延续了美国的概念，“私募基金的本质在于以非公

① 参见郭雳：《美国证券私募发行法律问题研究》，北京大学出版社 2004 年版，第 77 页。

② 参见张红梅：《中国私募股权基金发展中的法律问题研究》，中国政法大学 2011 年博士学位论文。

开的方式向合格投资者募集资金，人数不能超过法律规定的数量”。[①] 首先，根据《私募投资基金监督管理条例》第二条规定，私募基金必须以非公开的方式募集资金，这是私募基金最大特点之一，同时是私募基金与公募基金的本质区别之一。其次，私募基金领域之所以监管相对宽松是因为私募基金只能面向市场中成熟的、能够掌握充足信息的对象，募集发行的合格投资者制度是私募基金的关键制度，且合格投资者人数也有一定的限制。根据《私募投资基金监督管理条例》第二十条的规定，私募基金不得向合格投资者以外的单位和个人募集或者转让，不得向为他人代持的投资者募集或者转让。《证券投资基金法》第八十七条第一款规定：“非公开募集基金应当向合格投资者募集，合格投资者累计不得超过二百人。”《私募投资基金监督管理暂行办法》第十一条第一款规定：“私募基金应当向合格投资者募集，单只私募基金的投资者人数累计不得超过《证券投资基金法》、《公司法》、《合伙企业法》等法律规定的特定数量。”《私募投资基金监督管理暂行办法》第十二条主要从个人或单位的资产方面界定了合格投资者的判断标准，明确只有具备一定的资金实力，特别是具备相应风险识别能力和风险承担能力才能够成为私募基金的合格投资者。对于私募基金来说，一旦采取公开的形式进行宣传就彻底违背了私募基金的本质，同时也很难将投资对象控制在合格投资者的范畴之内。甚至有学者认为，私募基金违反金融法规公开募集资金这种行为本身就具备了非法集资犯罪的非法性、公开性和社会性。[②]

具体到本案事实中，F 集团及其关联公司在基金产品的资金募集、项目投资、运行管理中存在以公开的方式进行宣传、向不特定非合格投资者募集资金的行为，违反了相关行政法规。2020 年 1 月 3 日，中国证监会对朱某某、赵某某等 7 名责任人员作出《中国证监会市场禁入决定书》，在该决定书中证监会认为朱某某、赵某某等人通过 F 集团实际控制 Y 公司、L 公司、C 公司等私募机构，从事私募基金业务。相关私募机构存在以下违规事实

---

① 齐晓丹：《私募基金涉刑民交叉若干法律适用问题辨析——以私募基金违法公开募集为视角》，载《法律适用》2021 年第 9 期。

② 参见齐晓丹：《私募基金涉刑民交叉若干法律适用问题辨析——以私募基金违法公开募集为视角》，载《法律适用》2021 年第 9 期。

“机构侵占、挪用基金财产”，“向不特定投资者公开宣传推介私募产品”，“向投资者承诺投资本金不受损失及最低收益”，“未按照合同约定向投资者披露可能存在的利益冲突以及可能影响投资者合法权益的重大信息”，违反了《私募投资基金监督管理暂行办法》第十四条、第十五条、第二十三条第四项、第二十四条等相关规定。

2. F集团及其关联公司违规从事私募基金管理业务，其行政违规行为是否具有刑事违法性

根据2014年公布的最高人民法院、最高人民检察院、公安部《关于办理非法集资刑事案件适用法律若干问题的意见》第一条的规定，虽然中国证监会认定朱某某、赵某某等人在私募基金业务中存在行政违法行为，但是行政违法性的认定并不是案件进入刑事程序的必经程序，违反国家金融法规的行为并不必然构成刑事违法，行政机关的判断只能作为刑事违法性判断的基础，司法机关应当依据整个案件的违法事实独立判断其是否具有刑事违法性。具体到私募基金领域，如何明确合法融资行为与非法集资犯罪的界限一直以来都是司法实践的难点。刑法作为最后一道防线，应当具备一定的谦抑性，一方面对于严重的犯罪行为需要进行惩治打击，维护金融安全；另一方面也要保障合法的通过私募进行融资的行为，兼顾金融市场的活力。笔者认为，判断行为刑事违法性的关键在于判断该行政违法行为是否符合刑法分则规定的具体犯罪的构成要件；另外在非法集资犯罪中，还要结合行为人的融资数额是否达到刑法规定的追究刑事责任的标准，是否对金融秩序造成严重的危害等方面综合认定是否具有刑事违法性。在司法实践中，行政违法和非法集资犯罪的标准是从行为人的融资数额、诈骗方式、资金流向、投资人是否为合格投资者等方面进行综合判断。[①] 具体到本案中，Y公司是在中基协备案的私募股权、创业投资基金管理人，负责产品的设计、备案、投后管理和兑付清算等业务；L公司是在中基协备案的其他私募投资基金管理人，负责产品的销售；C公司是在中基协备案的私募证券投资基金管理人，主要负责基金

---

① 参见邢飞龙：《非法吸收公众存款罪之“非法”认定的新路径——以法定犯和新型融资案件为中心展开》，载《法律适用》2020年第20期。

的销售；Y公司、L公司、C公司由F集团统一控制管理。与一些涉私募基金非法集资犯罪不同，该案的私募基金公司都是适格的法律主体，所发行的基金产品也进行了备案。但是具有从事相关金融业务的主体资格并不能阻却刑事责任，根据最高人民法院《非法集资解释》第一条，“借用合法经营的形式”进行的非法集资行为实质上也具有刑事违法性，因此判断私募基金是否具有非法性并非只判断其主体的适格性，形式上的合规并不能掩盖实质上的犯罪行为，还需要实质地了解该基金的实际运行过程，即使是具有主体资格、经过备案的基金产品也完全可能因为符合刑事犯罪的构成要件而被认定为非法集资犯罪。在本案中，F集团及其关联公司在私募基金的募集资金阶段进行公开宣传向不特定的公众募集大量资金；在销售基金产品的过程中，暗示F集团会安排资金完美兑付，向投资人承诺本金不受损失以及承诺最低收益，没有向投资人履行如实告知风险义务；在选择投资项目阶段，将募集的资金投资于F集团控制的项目；在项目运行阶段，不同私募基金的资金汇集由F集团统一管理，没有按照基金合同分别记账、分别投资。F集团及其关联公司在管理私募基金业务的过程中，未履行私募基金管理人的义务，不具备投资决策、管理、退出等职能，打着私募基金的名号进行公开宣传，向社会公众吸收资金，并向投资人承诺保本付息，属于非法集资行为，不应当再将其认定为私募基金。案发时，朱某某等人通过F集团及其关联公司以销售私募基金产品的方式向投资人募集资金316亿元，案发时未兑付6000余名被害人和被害单位的本金共计198.4亿余元，涉及投资人数众多，对金融市场的稳定产生广泛不良影响。根据《非法集资解释》第三条第一款的规定，非法集资类犯罪吸收公众存款100万元，或涉及对象150人以上，或给存款人造成直接经济损失达到50万元以上的应当追究刑事责任。同时为了限缩刑法在金融领域的适用，《非法集资解释》在第六条第二款针对“公诉前清退所吸收资金”“情节显著轻微危害不大的”的情形可以免于刑事处罚或不作为犯罪处理。但是本案涉及人数之广泛、犯罪数额之大，很显然无法满足情节显著轻微的标准。综上，F集团及其关联公司违法从事私募基金业务的行为，符合非法集资犯罪的构成要件，严重扰乱市场金融秩序，损害公众投资者利益，不仅是行政违法行为，而且具有刑事违法性，应当受到刑法的规制。

（二）F集团及其关联公司以私募基金为名义实施的募集资金的行为，是否符合非法集资犯罪的构成要件

《非法集资解释》第一条界定了非法吸收公众存款罪，非法吸收公众存款或变相吸收公众存款是指“违反国家金融管理法律规定，向社会公众（包括单位和个人）吸收资金的行为”。《非法集资解释》第七条规定，在符合非法吸收存款罪的基础上具有以非法占有为目的的，应当认定为集资诈骗罪。2021年12月30日最高人民法院总结当前的司法实践对2010年出台的《非法集资解释》进行了修正，第二条进一步列举了十一种典型的非法集资行为，分别为：（1）不具有房产销售的真实内容或者不以房产销售为主要目的，以返本销售、售后包租、约定回购、销售房产份额等方式非法吸收资金的；（2）以转让林权并代为管护等方式非法吸收资金的；（3）以代种植（养殖）、租种植（养殖）、联合种植（养殖）等方式非法吸收资金的；（4）不具有销售商品、提供服务的真实内容或者不以销售商品、提供服务为主要目的，以商品回购、寄存代售等方式非法吸收资金的；（5）不具有发行股票、债券的真实内容，以虚假转让股权、发售虚构债券等方式非法吸收资金的；（6）不具有募集基金的真实内容，以假借境外基金、发售虚构基金等方式非法吸收资金的；（7）不具有销售保险的真实内容，以假冒保险公司、伪造保险单据等方式非法吸收资金的；（8）以网络借贷、投资入股、虚拟币交易等方式非法吸收资金的；（9）以委托理财、融资租赁等方式非法吸收资金的；（10）以提供“养老服务”、投资“养老项目”、销售“老年产品”等方式非法吸收资金的；（11）利用民间“会”“社”等组织非法吸收资金的。但需要注意的是，这十一种仅是最高人民法院概括列举的非法集资的典型情形，而非所有集资案件的类型，实务中还存在其他的符合非法集资构成要件的案件事实。目前司法机关以《非法集资解释》第一条第一款规定的四个要素来认定是否构成非法集资犯罪，四个要素分别是：（1）未经有关部门依法许可或者借用合法经营的形式吸收资金；（2）通过网络、媒体、推介会、传单、手机信息等途径向社会公开宣传；（3）承诺在一定期限内以货币、实物、股权等方式还本付息或者给付回报；（4）向社会公众即社会不特定对象吸收资

金。一般认为私募基金案件中的集资行为满足非法性、公开性、利诱性、社会性四种特征时，即构成非法集资犯罪。

1. 集资行为具有非法性

2019 年印发的最高人民法院、最高人民检察院、公安部《关于办理非法集资刑事案件若干问题的意见》第一条规定："人民法院、人民检察院、公安机关认定非法集资的'非法性'，应当以国家金融管理法律法规作为依据。对于国家金融管理法律法规仅作原则性规定的，可以根据法律规定的精神并参考中国人民银行、中国银行保险监督管理委员会、中国证券监督管理委员会等行政主管部门依照国家金融管理法律法规制定的部门规章或者国家有关金融管理的规定、办法、实施细则等规范性文件的规定予以认定。"一般认为，集资犯罪行为的非法性是指违反国家规定吸收资金。① 具体到私募基金领域，笔者在前文中已经提到，我国多部行政法规、部门规章、部门规范性文件对私募基金业务资金募集过程中的主体、募集程序、募集对象、募集方式等进行了规定。合法的集资行为必须同时满足集资的主体合法、集资的方式合法、集资的行为合法，这样的集资行为才符合法律法规的要求②，违反其中任何一个条件就被认为是具备了非法性的要件。在本案中，虽然 Y 公司、L 公司、C 公司具有从事相关私募基金业务的主体资格，发行的基金产品进行了备案登记，但是其在募集资金过程中，其从业人员不但面向不合格投资者，而且采取公开的方式募集资金，向投资者承诺本金不受损失，募集的大多数资金也未按照基金合同投向约定的用途，完全不符合私募基金行业相关的法律法规。因此，即使 Y 公司、L 公司、C 公司具有从事私募基金业务的主体资格，表面上符合合法经营，但实质上已经违反了金融管理规范，应当认定其集资行为具有非法性。

2. 向社会公开宣传

非法集资行为必须向社会公开宣传。《关于办理非法集资刑事案件适用

---

① 参见赵秉志、杨清惠：《涉私募基金非法集资犯罪司法治理研究》，载《北京师范大学学报（社会科学版）》2017 年第 6 期。

② 参见赵秉志主编：《防治金融欺诈——基于刑事一体化的研究》，中国法制出版社 2014 年版，第 215 页。

法律若干问题的意见》第二条细化了公开性的界定，“向社会公开宣传”是指“以各种途径向社会公众传播吸收资金的信息，以及明知吸收资金的信息向社会公众扩散而予以放任等情形”。也就是说，集资行为的公开性的重点在于相关人员主观上具有向社会传播该信息的意思，且客观上实施了进一步的传播或者没有采取一定的措施阻止相关信息的扩散。[①] 具体到私募基金行业，私募基金必须以非公开的方式发行，且只能面向具有风险识别能力和风险承担能力的合格投资者。《私募投资基金监督管理暂行办法》第十四条、《关于加强私募投资基金监管的若干规定》第六条第一款第二项都明确规定，私募基金管理人、销售机构及其相关从业人员不得通过报刊、电台、电视、互联网等公众传播媒体，讲座、报告会、分析会等方式，布告、传单、短信、即时通信工具、博客和电子邮件等载体，向不特定对象宣传推介。从司法实践中的案件结果来看，不同的宣传方式对应不同的公开性判断标准，认定的重点在于宣传时是否设置一定的标准、程序对参与者的资格进行限制，是否有相应的机制选择合格投资者。由于公众媒体天然的公开性，利用公众媒体进行宣传会被认定为向社会公开宣传[②]；对于报告会、推介会这种活动形式，如果未设置一定的程序限制特定的主体，对非合格投资者同时开放，就会被认为以公开的形式进行宣传[③]；对于通过电话、短信等即时通信工具进行宣传的，如果在选择对象时是随机的、不加筛选的，就会被认为以公开的形式进行宣传[④]；通过线下门店等相关人员发放传单进行宣传的也应当被认为公开宣传[⑤]；以老客户推荐给新顾客的方式即口口相传方式进行宣传的，由于

---

① 参见张明楷：《诈骗犯罪论》，法律出版社2021年版，第630页。

② 参见上海巨如资产管理集团有限公司、胡立勇集资诈骗案，上海市高级人民法院（2020）沪刑终87号刑事裁定书；上海盐商集团有限公司等集资诈骗案，上海市第一中级人民法院（2019）沪01刑初60号刑事判决书。

③ 参见中民信集团有限公司等集资诈骗、非法吸收公众存款案，上海市第一中级人民法院（2017）沪01刑初103号刑事判决书；白某青等集资诈骗、非法吸收公众存款案，北京市第二中级人民法院（2018）京02刑初102号刑事判决书。

④ 参见张某平等集资诈骗、非法吸收公众存款案，浙江省高级人民法院（2021）浙刑终383号刑事裁定书；白某青等集资诈骗、非法吸收公众存款案，北京市第二中级人民法院（2018）京02刑初102号刑事判决书。

⑤ 参见上海盐商集团有限公司等集资诈骗案，上海市第一中级人民法院（2019）沪01刑初60号刑事判决书。

无法控制宣传的对象，也应当被认定是公开宣传[①]。另外，相关规定将一些宣传形式排除在公开宣传方式之外，《关于加强私募投资基金监管的若干规定》第六条第一款第二项认为对于限定特定对象的官网、客户端等向合格投资者进行宣传的形式应当排除在违法的资金募集方式之外。涉私募基金的非法集资案件判断“向社会公开宣传”的关键在于相关从业人员在宣传中是否采取相应的措施将宣传的对象控制在合格投资者的范围内。本案中，在销售基金产品的过程中，L公司每年举办多次大型活动招揽客户，在其网站、官方微信公众号中经常发布私募基金完美兑付公告，这些宣传渠道无差别地向所有关注的人开放，部分销售人员在赵某某等人的授意下通过盲打电话、盲发短信等方式宣传基金产品，相关从业人员也没有采取有效的措施控制信息的传播，未能将宣传对象控制在合格投资人范围内。因此，F集团及其关联公司的基金产品在销售过程中采取“向社会公开宣传”的方式募集资金，客观上参与的投资人也已经超越了合格投资人的范围，其集资行为具有公开性。

3. 向社会公众吸收资金

募资对象的社会性主要是指向社会不特定的对象募集资金。金融市场中，融资行为一旦突破一定人数的范围，向多数人募集资金，就无法对融资风险进行控制，一旦投资项目发生损失，数量众多的投资人的失败将会给社会带来不稳定的因素，这也是我国禁止非法集资行为的原因之一。《非法集资解释》在第一条第二款限缩了不特定对象的概念，认为“在亲友或者单位内部针对特定对象吸收资金的，不属于非法吸收或者变相吸收公众存款”。《关于办理非法集资刑事案件适用法律若干问题的意见》第三条进一步对非法集资犯罪中的“亲友”和“单位内部”的概念进行解释：“下列情形不属于《最高人民法院关于审理非法集资刑事案件具体应用法律若干问题的解释》第一条第二款规定的‘针对特定对象吸收资金’的行为，应当认定为向社会公众吸收资金：（一）在向亲友或者单位内部人员吸收资金的过程中，明知亲友或者单位内部人员向不特定对象吸收资金而予以放任的；（二）以吸收资金

① 参见肖某俊、陈某集资诈骗案，最高人民法院6起重点打击六类养老诈骗犯罪典型案例案例一（2022）；被告人廖某集资诈骗案，浙江省高级人民法院6起打击整治养老诈骗犯罪典型案例案例三（2022）。

为目的，将社会人员吸收为单位内部人员，并向其吸收资金的。”对于不特定对象的概念存在模糊性，司法机关一方面将针对特定亲友或单位内部人员的情形排除，意图缩小非法集资犯罪打击的范围；另一方面又从集资行为的主观和客观方面指出符合特定情形的即使在亲友或单位中募集资金的行为也会构成刑法中的向社会公众集资。根据《非法集资解释》第三条第一款第二项，非法吸收或者变相吸收存款150人以上的应当被追究刑事责任。实务中，即使人数没有达到非法集资犯罪的追诉标准，也可能构成非法集资犯罪。[①]关于“社会公众”的认定，学界中存在“社会公众”是指不特定多数人还是指不特定或多数人的争议。[②] 目前，学者更倾向认为不宜将特定的多数人认为是“社会公众”[③]，“社会公众”概念界定的关键在于参加投资的人多且存在随时增加的可能性[④]。笔者认为，关于“社会公众”的认定应当结合集资的方式，面对不特定的多数人进行宣传，这个多数人的概念应当针对的是宣传对象，而非基金的最终购买人，只要募集人在主观上具有向多数人募集的意思，并且使用了公开的方式向多数人宣传，无法控制宣传对象的资质和人数，即使最后购买基金的人数符合法律的规定，也应当认定其是向不特定的对象集资。具体到本案中，私募基金的募集对象必须是具有风险识别能力和风险承担能力的投资者即合格投资者，且投资人投资单只私募基金的金额不得低于一定的额度。F集团及其关联公司在销售私募基金产品时，使用公开的宣传方式，没有将其对象限定在合格投资者的范围之中，相关从业人员不要求提供合格投资者证明，对于投资人是否具有风险识别能力和风险承担能力不加以了解和区分，不需要客户签署风险测评问卷、合格投资者承诺书和风险揭示书，降低投资者门槛，向非合格投资人销售基金，甚至存在允许非合格投资人拼单购买基金，业务员替客户垫资购买基金的现象，募

① 在吴某非法集资案中，吴某募集资金的对象只有11人，但是最后还是被司法机关认定其构成了集资诈骗罪。

② 参见赵秉志主编：《防治金融欺诈——基于刑事一体化的研究》，中国法制出版社2014年版，第214页。

③ 参见赵秉志、杨清惠：《涉私募基金非法集资犯罪司法治理研究》，载《北京师范大学学报（社会科学版）》2017年第6期。

④ 参见张明楷：《诈骗犯罪论》，法律出版社2021年版，第631页。

资对象突破合格投资者标准，最终涉及6000余名被害人和被害单位，社会影响巨大。

4. 承诺还本付息或给予回报

利诱性，是指向投资者承诺在一定的期限内还本付息或者给予回报。在金融市场领域，投资活动的本质是“利益共享、风险共担”，私募基金本身是一项高风险的投资行为，投资人按照自己所持有的份额享受收益，同时需要承受来自市场、经营等多方面的风险。从市场规律来说，投资行为的未来收益问题也必然处于一种不确定的状态，在私募基金产品发行之初，基金管理人不可能预见该产品之后的收益情况，因此相关从业人员不可能也不得以任何形式承诺任何产品的固定收益。《关于加强私募投资基金监管的若干规定》第六条第一款第四项规定：私募基金管理人、私募基金销售机构及其从业人员在私募基金募集过程中不得直接或者间接存在下列行为：夸大、片面宣传私募基金，包括使用安全、保本、零风险、收益有保障、高收益、本金无忧等可能导致投资者不能准确认识私募基金风险的表述，或者向投资者宣传预期收益率、目标收益率、基准收益率等类似表述。也就是说，在私募发行阶段，相关人员应当向投资人披露私募基金的信息和揭示相应的投资风险，而不得向投资人承诺保本付息将其投资行为异化成一种借贷性质的存款行为。另外，让投资人能够更好地了解投资项目相关的信息，以保障基金管理人和投资人之间的信息平等，根据《私募投资基金信息披露管理办法》第九条，在私募基金的运行中，针对基金管理人情况、投资项目信息、投资风险等多项重大信息，基金管理人应当履行相关的如实信息披露义务。本案中，相关人员在进行私募基金的宣传销售时，向投资人宣传以往的完美兑付案例，进行误导性陈述，暗示F集团会承担兜底责任以淡化投资风险，用高收益利诱投资人，没有履行投资风险提示义务，让投资人认为自己的投资会像在银行存款一样稳定，背离私募基金的投资性质。基金管理人隐瞒F集团和项目公司之间的关联关系，F集团控制的基金机构将私募基金财产给予关联方进行自融，而没有及时向投资人披露相关的重大信息。

综上所述，F集团利用其控制的基金公司，公开宣传私募基金产品，承诺在一定期限内还本付息，向不特定的投资者募集资金，符合非法集资犯罪的构成要件。

（三）如何认定“非法占有的目的”

非法集资犯罪在我国刑法中并没有对应的具体罪名，而是由擅自发行股票、公司、债券罪，非法吸收公众存款罪，集资诈骗罪和非法经营罪共同构成了非法集资犯罪。《刑法》第一百九十二条明确规定“以非法占有为目的”是集资诈骗罪的构成要件之一，行为人是否具有非法占有的目的一直是认定集资诈骗案件中的重难点，也同时是区分集资诈骗罪与其他非法集资犯罪的关键要素。最高人民检察院《关于办理涉互联网金融犯罪案件有关问题座谈会纪要》第十四条明确规定，以私募基金的名义实施非法集资，既有可能构成非法吸收公众存款罪也可能构成集资诈骗罪，关键在于对被告人整体行为的分析。判断是否构成集资诈骗时，需要根据客观事实认定行为人具有非法占有的目的，或者根据客观事实推定行为人具有非法占有的目的。[①]《非法集资解释》第七条进一步阐释了“以非法占有为目的”，并列举了以下几种可以推定行为人具有“以非法占有为目的”的情形：“（一）集资后不用于生产经营活动或者用于生产经营活动与筹集资金规模明显不成比例，致使集资款不能返还的；（二）肆意挥霍集资款，致使集资款不能返还的；（三）携带集资款逃匿的；（四）将集资款用于违法犯罪活动的；（五）抽逃、转移资金、隐匿财产，逃避返还资金的；（六）隐匿、销毁账目，或者搞假破产、假倒闭，逃避返还资金的；（七）拒不交代资金去向，逃避返还资金的；（八）其他可以认定非法占有目的的情形。”另外，最高人民检察院《关于办理涉互联网金融犯罪案件有关问题座谈会纪要》第十四条明确以“借新还旧”的方式还本付息原则上也可以认定行为人具有非法占有的目的。“借新还旧”，是指通过新的项目募集更多的资金，并且利用新募集的资金偿还之前项目中投资人的本金和利息。认定这种行为具有非法占有的目的在于这种资金的使用方式必定产生不了收益，资金缺口只会越来越大，最后必然无法偿还所有投资人的本金和利息。具体到本案中，笔者认为可以从最高人民检察院《关于办理涉互联网金融犯罪案件有关问题座谈会纪要》第十六条列举的案件中的

① 参见张明楷：《诈骗犯罪论》，法律出版社 2021 年版，第 540 页。

客观事实判断本案中是否存在非法占有目的。一是本案涉及使用诈骗的手段或隐瞒重大信息。F集团用少量非法集资款用于收购不良资产，将不良资产包装成投资项目，虚构投资标的，夸大投资项目价值，以同一投资标的频繁发行私募基金产品，同时将上述不良资产循环质押、抵押给其他金融机构以进一步获取资金。投资项目未建立健全的关联交易管理制度，将募集的资金用于集团内部的公司融资，却将这类重大信息向投资人进行隐瞒。二是投资决策具有任意性。决策过程中完全没有建立起有效的风险管控机制，沿用固定的私募基金产品的固定模板，由朱某某等人确定投资方向、收益率、投资期限和募集规模等，基金管理人完全没有履行管理人的义务，资金的用途由朱某某等人决定。三是F集团及其下属公司根本不具有归还资金的可能性。在项目运行过程中，F集团及其关联公司将通过销售基金产品获得的资金放入同一个资金池中，资金混同，由朱某某、赵某某、祝某某统一调拨使用。用于生产经营的资金与筹集资金的规模不成比例，资金用途不仅没有用于产品说明书中约定的用途，而且没有投向正常的投资领域。所募集的资金绝大部分用于兑付到期理财产品、归还其他融资本息、操纵股票、支付高额销售佣金和经营成本以及被朱某某、赵某某等人用于挥霍消费等，只有少部分资金用于购买各种不良资产，再将不良资产包装成理财产品继续非法集资或抵押、质押给其他机构进一步获取资金。F集团和下属公司账面一直亏损，大多数募集资金并未用于投资，少数投资的项目也处于亏损之中，根本不具备盈利能力，F集团没有能力实现对投资人的正常兑付。只能依靠不断募集新资金，以"借新还旧"的方式还本付息。从F集团及其关联公司私募基金业务的整体运行情况来看，其私募基金的募集、投资、管理和退出完全背离私募基金的相关规定，朱某某等人使用诈骗的手段向投资人募集资金，决策随意，没有按照基金合同的约定将募集的资金用于可以获得投资回报的生产经营项目，没有履行相关管理义务和回报投资人的意思，符合《非法集资解释》第七条规定的情形，明知集资项目不具备还本付息的可能性，仍然通过诱骗的方式和高回报承诺募集资金，扩大资产规模，以"借新还旧"的方式还本付息。综上所述，应当认为F集团主观上具有非法占有的故意，客观上使用诈骗的方法虚构项目，隐瞒投资项目与投资者有重大利害关系的信息，公开向社会不特定的对象募集资金，符合《刑法》第一百九十二条的规定，应当认定为集资诈骗罪。

（四）F集团、Y公司、L公司、C公司是否构成单位犯罪

根据我国刑法的相关规定，刑事犯罪主体既包括达到刑事责任年龄，具有刑事责任能力的自然人，也包括符合犯罪构成要件的单位。《刑法》第二百条规定了构成集资诈骗罪的单位应当承担的刑罚，因此集资诈骗罪的责任主体既可以自然人，也可以是单位。但从司法实践中来看，认定单位构成犯罪存在一定的难度，因为自然人常以单位名义、挂靠单位、盗用单位公章等形式实施犯罪。[①] 即使表面上的集资行为由单位实施，但是仍要判断单位集资诈骗的行为体现的是自然人的意志还是单位的意志。[②]《关于办理非法集资刑事案件若干问题的意见》第二条第二款排除了两类不构成单位犯罪的情形，明确专为实施非法集资犯罪而设立的单位不成立单位犯罪，单位设立后主要活动为非法集资的也不构成单位犯罪，而应当追究实施非法集资行为的自然人的刑事责任。第二条第三款释明“判断单位是否以实施非法集资犯罪活动为主要活动，应当根据单位实施非法集资的次数、频度、持续时间、资金规模、资金流向、投入人力物力情况、单位进行正当经营的状况以及犯罪活动的影响、后果等因素综合考虑认定”。《关于办理非法集资刑事案件若干问题的意见》第三条第一款释明非法集资犯罪中认定各单位的刑事责任时，应当根据各单位在整个案件中的“主体资格、层级、关系、地位、作用、资金流向等，区分情况依法作出处理”。本案私募基金的管理运行涉及多个公司，除了F集团外，还有经过登记的Y公司、L公司和C公司等私募机构。Y公司、L公司和C公司等各个基金机构的银行卡、印鉴、网银U盾等由F集团统一保管，各私募机构在F集团的控制下开展私募基金业务，各有分工，相互合作，实行一体化运营。在朱某某、赵某某等人的指示下将募集的资金统一归集至资金池，供F集团及朱某某、赵某某等人使用调拨。在整个

---

① 参见赵秉志主编：《防治金融欺诈——基于刑事一体化的研究》，中国法制出版社2014年版，第202页。

② 参见赵秉志主编：《防治金融欺诈——基于刑事一体化的研究》，中国法制出版社2014年版，第203页。

私募基金的运行过程中，F 集团处于核心地位，各机构募集的资金大多数流向 F 集团，其实施的行为都经过其董事长和总裁的决策，应当认定 F 集团利用其控制的基金机构违反法律法规向不特定的投资者公开宣传私募产品，向投资者承诺保本付息，成立单位犯罪，构成集资诈骗罪。《关于办理非法集资刑事案件若干问题的意见》第三条第三款规定："上级单位已被认定为单位犯罪，下属单位实施非法集资犯罪活动，但全部或者大部分违法所得归上级单位所有的，对下属单位不单独认定为单位犯罪。"虽然 F 集团与 Y 公司、L 公司、C 公司不属于总公司、分公司的关系，也不属于母公司与子公司的关系，但 F 集团实质上控制着 Y 公司、L 公司、C 公司等私募机构，因此也可以参照该条款处理。F 集团已经成立单位犯罪，且募集的资金大多数都流向 F 集团，由 F 集团统一管理使用。因此，本案中 F 集团构成集资诈骗罪，Y 公司、L 公司和 C 公司等私募机构不成立单位犯罪。

（五）如何认定朱某某、赵某某、祝某某的刑事责任

涉私募基金非法集资案件往往涉及多个公司，项目运行复杂，相关从业人员人数众多，但并非每一个从业人员都能了解整个案件的全貌，如何认定案件中各个主体是否应当承担刑事责任以及应当承担怎样的法律责任同样值得关注。根据《非法集资解释》第七条第三款的规定："集资诈骗罪中的非法占有目的，应当区分情形进行具体认定。行为人部分非法集资行为具有非法占有目的的，对该部分非法集资行为所涉集资款以集资诈骗罪定罪处罚；非法集资共同犯罪中部分行为人具有非法占有目的，其他行为人没有非法占有集资款的共同故意和行为的，对具有非法占有目的的行为人以集资诈骗罪定罪处罚。"在共同犯罪中，针对不同行为人的客观行为，应当分别认定不同行为人的犯罪目的，不以非法占有为目的的行为人不应当认定为集资诈骗罪。由于非法吸收公众存款和集资诈骗罪的法定刑存在非常大的差异，因此在司法实践中各行为人是否具有非法占有的目的成为辩护人据理力争的焦点。本案中，应当从行为人的职责分工和对案件事实的了解程度、获得收益的方式及多寡等分别认定各行为人的刑事责任。首先，朱某某、赵某某、祝某某的分工情况如下：朱某某是 F 集团的股东和董事长，全面管理集团事务并主

要负责对外投资等；赵某某作为F集团的股东和总裁，与朱某某共同管理集团事务，主要负责融资端并分管L公司、C公司等公司，参与集团重大投融资决策和项目管理、项目对接，确定产品的收益率、销售佣金的发放，参与集团的投资决策、项目管理、签约收购项目等；祝某某主要负责调拨资金，根据朱某某、赵某某的指令从统一的“资金池”中划拨资金，祝某某保管使用多个银行账户。其次，朱某某、赵某某、祝某某对案件事实的了解程度如下：公司会议内容包括融资、投资、资产和项目管理、集团内部分工和管理等，分别由朱某某、赵某某主持或发言，祝某某参加上述会议；朱某某、赵某某和祝某某对F集团的整体运作均知情，对F集团以及L公司、Y公司、C公司、H公司等的控制、管理关系知情，对私募基金的公开宣传、承诺还本付息、资金使用等情况均知情。最后，朱某某、赵某某的收益情况如下：朱某某负责F集团资金的审批使用，赵某某对F集团资金的使用有部分审批权，朱某某、赵某某将F集团部门资金用于买车、买房、家庭开销、购买奢侈品、赌博、夜总会消费等挥霍性支出。因此，在本案中，可以认定朱某某、赵某某、祝某某都对案件事实具有完整的了解，明知没有归还能力仍然向社会公众吸收资金，具有非法占有的目的，在犯罪实施中起了关键作用，都应当被认定为集资诈骗罪。朱某某是整个集资诈骗犯罪的核心人物，负责F集团及其关联公司的重要决策，应当认定其是本案直接负责的主管人员。赵某某负责审批Q公司、J公司、H公司、L公司等公司的印章，参与公司重大决策，参与挥霍所募集的资金，应当认定其是本案直接负责的主管人员。祝某某知晓募集资金的非正常流向，是本案的其他直接责任人员。

四、小结

私募基金是高风险的投资行为，由于私募基金只面向少数特定具有风险识别能力和风险承担能力的合格投资人，所以，相对来说，政府对私募基金的监管相对较为宽松。[①] 近年来，私募基金领域频发非法集资犯罪，如何在

① 参见张红梅：《中国私募基金发展中心的法律问题研究》，中国政法大学2011年博士学位论文。

兼顾金融安全和融资便利的情况下，界定合法私募基金和非法集资犯罪的法律边界一直是理论和实务关注的焦点。私募基金的本质是向合格投资人以非公开的形式募集资金，且投资人不能超过一定的数量。私募基金一旦突破行政法规中对非公开形式发行和投资者资格的限制，就很可能被认定为具有刑事违法性，构成非法集资类犯罪。需要注意的是，即使是经过中基协备案的私募机构从事私募机构业务也可能构成非法集资犯罪。在判断集资行为是否构成非法集资犯罪时，应当从集资行为是否违反相关法律法规，集资是否存在公开宣传，是否面对社会不特定的对象募集资金以及是否存在以固定回报的方式利诱这四个方面综合判定。在整个私募基金运行过程中，相关私募机构的投资决策、管理、退出等职能虚化，未履行基金管理人的义务。在募集资金的阶段虚构债权标的，公开宣传向不特定的非合格投资人募集资金，并向投资者承诺固定收益。在募集资金的用途方面，未按照产品设计投向约定用途使用，以“借新还旧”的融资模式用于兑付到期理财产品、归还其他融资本息。以上利用私募基金名义进行非法募集资金的行为应当认为具有非法占有的目的，构成集资诈骗罪。另外，在惩治集资诈骗犯罪中，应当通过判断集资行为体现的是自然人意志还是单位意志来认定是否构成单位犯罪，应当通过不同刑事主体的客观行为和主观方面认定不同的刑事责任。

▷ 相关法律法规 ◁

➢ **《刑法》**（2023 年修正，2024 年 3 月 1 日施行）

第一百七十六条第一款　非法吸收公众存款或者变相吸收公众存款，扰乱金融秩序的，处三年以下有期徒刑或者拘役，并处或者单处罚金；数额巨大或者有其他严重情节的，处三年以上十年以下有期徒刑，并处罚金；数额特别巨大或者有其他特别严重情节的，处十年以上有期徒刑，并处罚金。

第一百九十二条第一款　以非法占有为目的，使用诈骗方法非法集资，数额较大的，处三年以上七年以下有期徒刑，并处罚金；数额巨大或者有其他严重情节的，处七年以上有期徒刑或者无期徒刑，并处罚金或者没收财产。

第二百条　单位犯本节第一百九十四条、第一百九十五条规定之罪的，对单位判处罚金，并对其直接负责的主管人员和其他直接责任人员，处五年以下有期徒刑或者拘役，可以并处罚金；数额巨大或者有其他严重情节的，处五年以上十年以下有期徒刑，并处罚金；数额特别巨大或者有其他特别严重情节的，处十年以上有期徒刑或者无期徒刑，并处罚金。

➢ **最高人民法院《关于审理非法集资刑事案件具体应用法律若干问题的解释》**（法释〔2022〕5号，2022年3月1日施行）

第一条 违反国家金融管理法律规定，向社会公众（包括单位和个人）吸收资金的行为，同时具备下列四个条件的，除刑法另有规定的以外，应当认定为刑法第一百七十六条规定的“非法吸收公众存款或者变相吸收公众存款”：

（一）未经有关部门依法许可或者借用合法经营的形式吸收资金；

（二）通过网络、媒体、推介会、传单、手机信息等途径向社会公开宣传；

（三）承诺在一定期限内以货币、实物、股权等方式还本付息或者给付回报；

（四）向社会公众即社会不特定对象吸收资金。

未向社会公开宣传，在亲友或者单位内部针对特定对象吸收资金的，不属于非法吸收或者变相吸收公众存款。

第二条 实施下列行为之一，符合本解释第一条第一款规定的条件的，应当依照刑法第一百七十六条的规定，以非法吸收公众存款罪定罪处罚：

（一）不具有房产销售的真实内容或者不以房产销售为主要目的，以返本销售、售后包租、约定回购、销售房产份额等方式非法吸收资金的；

（二）以转让林权并代为管护等方式非法吸收资金的；

（三）以代种植（养殖）、租种植（养殖）、联合种植（养殖）等方式非法吸收资金的；

（四）不具有销售商品、提供服务的真实内容或者不以销售商品、提供服务为主要目的，以商品回购、寄存代售等方式非法吸收资金的；

（五）不具有发行股票、债券的真实内容，以虚假转让股权、发售虚构债券等方式非法吸收资金的；

（六）不具有募集基金的真实内容，以假借境外基金、发售虚构基金等方式非法吸收资金的；

（七）不具有销售保险的真实内容，以假冒保险公司、伪造保险单据等方式非法吸收资金的；

（八）以网络借贷、投资入股、虚拟币交易等方式非法吸收资金的；

（九）以委托理财、融资租赁等方式非法吸收资金的；

（十）以提供“养老服务”、投资“养老项目”、销售“老年产品”等方式非法吸收资金的；

（十一）利用民间“会”“社”等组织非法吸收资金的；

（十二）其他非法吸收资金的行为。

第三条　非法吸收或者变相吸收公众存款，具有下列情形之一的，应当依法追究刑事责任：

（一）非法吸收或者变相吸收公众存款数额在100万元以上的；

（二）非法吸收或者变相吸收公众存款对象150人以上的；

（三）非法吸收或者变相吸收公众存款，给存款人造成直接经济损失数额在50万元以上的。

非法吸收或者变相吸收公众存款数额在50万元以上或者给存款人造成直接经济损失数额在25万元以上，同时具有下列情节之一的，应当依法追究刑事责任：

（一）曾因非法集资受过刑事追究的；

（二）二年内曾因非法集资受过行政处罚的；

（三）造成恶劣社会影响或者其他严重后果的。

第七条　以非法占有为目的，使用诈骗方法实施本解释第二条规定所列行为的，应当依照刑法第一百九十二条的规定，以集资诈骗罪定罪处罚。

使用诈骗方法非法集资，具有下列情形之一的，可以认定为“以非法占有为目的”：

（一）集资后不用于生产经营活动或者用于生产经营活动与筹集资金规模明显不成比例，致使集资款不能返还的；

（二）肆意挥霍集资款，致使集资款不能返还的；

（三）携带集资款逃匿的；

（四）将集资款用于违法犯罪活动的；

（五）抽逃、转移资金、隐匿财产，逃避返还资金的；

（六）隐匿、销毁账目，或者搞假破产、假倒闭，逃避返还资金的；

（七）拒不交代资金去向，逃避返还资金的；

（八）其他可以认定非法占有目的的情形。

集资诈骗罪中的非法占有目的，应当区分情形进行具体认定。行为人部分非法集资行为具有非法占有目的的，对该部分非法集资行为所涉集资款以集资诈骗罪定罪处罚；非法集资共同犯罪中部分行为人具有非法占有目的，其他行为人没有非法占有集资款的共同故意和行为的，对具有非法占有目的的行为人以集资诈骗罪定罪处罚。

➢ **最高人民法院、最高人民检察院、公安部《关于办理非法集资刑事案件若干问题的意见》**（高检会〔2019〕2号，2019年1月30日施行）

一、关于非法集资的“非法性”认定依据问题

人民法院、人民检察院、公安机关认定非法集资的“非法性”，应当以国家金融管理法律法规作为依据。对于国家金融管理法律法规仅作原则性规定的，可以根据法律规定的精神并参考中国人民银行、中国银行保险监督管理委员会、中国证券监督管理委员会等行政主管部门依照国家金融管理法律法规制定的部门规章或者国家有关金融管理的规定、办法、实施细则等规范性文件的规定予以认定。

二、关于单位犯罪的认定问题

单位实施非法集资犯罪活动，全部或者大部分违法所得归单位所有的，应当认定为单位犯罪。

个人为进行非法集资犯罪活动而设立的单位实施犯罪的，或者单位设立后，以实施非法集资犯罪活动为主要活动的，不以单位犯罪论处，对单位中组织、策划、实施非法集资犯罪活动的人员应当以自然人犯罪依法追究刑事责任。

判断单位是否以实施非法集资犯罪活动为主要活动，应当根据单位实施非法集资的次数、频度、持续时间、资金规模、资金流向、投入人力物力情况、单位进行正当经营的状况以及犯罪活动的影响、后果等因素综合考虑认定。

三、关于涉案下属单位的处理问题

办理非法集资刑事案件中，人民法院、人民检察院、公安机关应当全面查清涉案单位，包括上级单位（总公司、母公司）和下属单位（分公司、子公司）的主体资格、层级、关系、地位、作用、资金流向等，区分情况依法作出处理。

上级单位已被认定为单位犯罪，下属单位实施非法集资犯罪活动，且全部或者大部分违法所得归下属单位所有的，对该下属单位也应当认定为单位犯罪。上级单位和下属单位构成共同犯罪的，应当根据犯罪单位的地位、作用，确定犯罪单位的刑事责任。

上级单位已被认定为单位犯罪，下属单位实施非法集资犯罪活动，但全部或者大部分违法所得归上级单位所有的，对下属单位不单独认定为单位犯罪。下属单位中涉嫌犯罪的人员，可以作为上级单位的其他直接责任人员依法追究刑事责任。

上级单位未被认定为单位犯罪，下属单位被认定为单位犯罪的，对上级单位中组织、策划、实施非法集资犯罪的人员，一般可以与下属单位按照自然人与单位共同犯罪处理。

上级单位与下属单位均未被认定为单位犯罪的，一般以上级单位与下属单位中承担组织、领导、管理、协调职责的主管人员和发挥主要作用的人员作为主犯，以其他积极参加非法集资犯罪的人员作为从犯，按照自然人共同犯罪处理。

➤ **最高人民法院、最高人民检察院、公安部《关于办理非法集资刑事案件适用法律若干问题的意见》**（公通字〔2014〕16号，2014年3月25日施行）

一、关于行政认定的问题

行政部门对于非法集资的性质认定，不是非法集资刑事案件进入刑事诉讼程序的必经程序。行政部门未对非法集资作出性质认定的，不影响非法集资刑事案件的侦查、起诉和审判。

公安机关、人民检察院、人民法院应当依法认定案件事实的性质，对于案情复杂、性质认定疑难的案件，可参考有关部门的认定意见，根据案件事实和法律规定作出性质认定。

二、关于“向社会公开宣传”的认定问题

《最高人民法院关于审理非法集资刑事案件具体应用法律若干问题的解释》第一条第一款第二项中的“向社会公开宣传”，包括以各种途径向社会公众传播吸收资金的信息，以及明知吸收资金的信息向社会公众扩散而予以放任等情形。

三、关于“社会公众”的认定问题

下列情形不属于《最高人民法院关于审理非法集资刑事案件具体应用法律若干问题的解释》第一条第二款规定的“针对特定对象吸收资金”的行为，应当认定为向社会公众吸收资金：

（一）在向亲友或者单位内部人员吸收资金的过程中，明知亲友或者单位内部人员向不特定对象吸收资金而予以放任的；

（二）以吸收资金为目的，将社会人员吸收为单位内部人员，并向其吸收资金的。

四、关于共同犯罪的处理问题

为他人向社会公众非法吸收资金提供帮助，从中收取代理费、好处费、返点费、佣金、提成等费用，构成非法集资共同犯罪的，应当依法追究刑事责任。能够及时退缴上述费用的，可依法从轻处罚；其中情节轻微的，可以免除处罚；情节显著轻微、危害不大的，不作为犯罪处理。

➤ **最高人民检察院《关于办理涉互联网金融犯罪案件有关问题座谈会纪要》**

（高检诉〔2017〕14号，2017年6月2日施行）

14. 以非法占有为目的，使用诈骗方法非法集资，是集资诈骗罪的本质特征。是否具有非法占有目的，是区分非法吸收公众存款罪和集资诈骗罪的关键要件，对此要重点围绕融资项目真实性、资金去向、归还能力等事实进行综合判断。犯罪嫌疑人存在以下情形之一的，原则上可以认定具有非法占有目的：

（1）大部分资金未用于生产经营活动，或名义上投入生产经营但又通过各种方式抽逃转移资金的；

（2）资金使用成本过高，生产经营活动的盈利能力不具有支付全部本息的现实可能性的；

（3）对资金使用的决策极度不负责任或肆意挥霍造成资金缺口较大的；

（4）归还本息主要通过借新还旧来实现的；

（5）其他依照有关司法解释可以认定为非法占有目的的情形。

15. 对于共同犯罪或单位犯罪案件中，不同层级的犯罪嫌疑人之间存在犯罪目的发生转化或者犯罪目的明显不同的，应当根据犯罪嫌疑人的犯罪目的分别认定。

（1）注意区分犯罪目的发生转变的时间节点。犯罪嫌疑人在初始阶段仅具有非法吸收公众存款的故意，不具有非法占有目的，但在发生经营失败、资金链断裂等问题后，明知没有归还能力仍然继续吸收公众存款的，这一时间节点之后的行为应当认定为集资诈骗罪，此前的行为应当认定为非法吸收公众存款罪。

（2）注意区分犯罪嫌疑人的犯罪目的的差异。在共同犯罪或单位犯罪中，犯罪嫌疑人由于层级、职责分工、获取收益方式、对全部犯罪事实的知情程度等不同，其犯罪目的也存在不同。在非法集资犯罪中，有的犯罪嫌疑人具有非法占有的目的，有的则不具有非法占有目的，对此，应当分别认定为集资诈骗罪和非法吸收公众存款罪。

16. 证明主观上是否具有非法占有目的，可以重点收集、运用以下客观证据：

（1）与实施集资诈骗整体行为模式相关的证据：投资合同、宣传资料、培训内容等；

（2）与资金使用相关的证据：资金往来记录、会计账簿和会计凭证、资金使用成本（包括利息和佣金等）、资金决策使用过程、资金主要用途、财产转移情况等；

(3) 与归还能力相关的证据：吸收资金所投资项目内容、投资实际经营情况、盈利能力、归还本息资金的主要来源、负债情况、是否存在虚构业绩等虚假宣传行为等；

(4) 其他涉及欺诈等方面的证据：虚构融资项目进行宣传、隐瞒资金实际用途、隐匿销毁账簿；等等。司法会计鉴定机构对相关数据进行鉴定时，办案部门可以根据查证犯罪事实的需要提出重点鉴定的项目，保证司法会计鉴定意见与待证的构成要件事实之间的关联性。

➤ **《证券投资基金法》**（中华人民共和国主席令第23号，2015年4月24日施行）

第八十七条 非公开募集基金应当向合格投资者募集，合格投资者累计不得超过二百人。

前款所称合格投资者，是指达到规定资产规模或者收入水平，并且具备相应的风险识别能力和风险承担能力、其基金份额认购金额不低于规定限额的单位和个人。

合格投资者的具体标准由国务院证券监督管理机构规定。

➤ **《私募投资基金监督管理条例》**（中华人民共和国国务院令第762号，2023年9月1日施行）

第二条 在中华人民共和国境内，以非公开方式募集资金，设立投资基金或者以进行投资活动为目的依法设立公司、合伙企业，由私募基金管理人或者普通合伙人管理，为投资者的利益进行投资活动，适用本条例。

第二十条 私募基金不得向合格投资者以外的单位和个人募集或者转让；不得向为他人代持的投资者募集或者转让；不得通过报刊、电台、电视台、互联网等大众传播媒介，电话、短信、即时通讯工具、电子邮件、传单，或者讲座、报告会、分析会等方式向不特定对象宣传推介；不得以虚假、片面、夸大等方式宣传推介；不得以私募基金托管人名义宣传推介；不得向投资者承诺投资本金不受损失或者承诺最低收益。

➢ **《私募投资基金监督管理暂行办法》**（中国证券监督管理委员会令第105号，2014年8月21日施行）

第十一条　私募基金应当向合格投资者募集，单只私募基金的投资者人数累计不得超过《证券投资基金法》、《公司法》、《合伙企业法》等法律规定的特定数量。

投资者转让基金份额的，受让人应当为合格投资者且基金份额受让后投资者人数应当符合前款规定。

第十二条　私募基金的合格投资者是指具备相应风险识别能力和风险承担能力，投资于单只私募基金的金额不低于100万元且符合下列相关标准的单位和个人：

（一）净资产不低于1000万元的单位；

（二）金融资产不低于300万元或者最近三年个人年均收入不低于50万元的个人。

前款所称金融资产包括银行存款、股票、债券、基金份额、资产管理计划、银行理财产品、信托计划、保险产品、期货权益等。

第十四条　私募基金管理人、私募基金销售机构不得向合格投资者之外的单位和个人募集资金，不得通过报刊、电台、电视、互联网等公众传播媒体或者讲座、报告会、分析会和布告、传单、手机短信、微信、博客和电子邮件等方式，向不特定对象宣传推介。

第十五条　私募基金管理人、私募基金销售机构不得向投资者承诺投资本金不受损失或者承诺最低收益。

➢ **《关于加强私募投资基金监管的若干规定》**（中国证券监督管理委员会公告〔2020〕71号，2020年12月30日施行）

第六条　私募基金管理人、私募基金销售机构及其从业人员在私募基金募集过程中不得直接或者间接存在下列行为：

（一）向《私募办法》规定的合格投资者之外的单位、个人募集资金或者为投资者提供多人拼凑、资金借贷等满足合格投资者要求的便利；

（二）通过报刊、电台、电视、互联网等公众传播媒体，讲座、报告会、分析会等方式，布告、传单、短信、即时通讯工具、博客和电子邮件等载体，向不特定对象宣传推介，但是通过设置特定对象确定程序的官网、客户端等互联网媒介向合格投资者进行宣传推介的情形除外；

（三）口头、书面或者通过短信、即时通讯工具等方式直接或者间接向投资者承诺保本保收益，包括投资本金不受损失、固定比例损失或者承诺最低收益等情形；

（四）夸大、片面宣传私募基金，包括使用安全、保本、零风险、收益有保障、高收益、本金无忧等可能导致投资者不能准确认识私募基金风险的表述，或者向投资者宣传预期收益率、目标收益率、基准收益率等类似表述；

（五）向投资者宣传的私募基金投向与私募基金合同约定投向不符；

（六）宣传推介材料有虚假记载、误导性陈述或者重大遗漏，包括未真实、准确、完整披露私募基金交易结构、各方主要权利义务、收益分配、费用安排、关联交易、委托第三方机构以及私募基金管理人的出资人、实际控制人等情况；

（七）以登记备案、金融机构托管、政府出资等名义为增信手段进行误导性宣传推介；

（八）委托不具有基金销售业务资格的单位或者个人从事资金募集活动；

（九）以从事资金募集活动为目的设立或者变相设立分支机构；

（十）法律、行政法规和中国证监会禁止的其他情形。

私募基金管理人的出资人、实际控制人、关联方不得从事私募基金募集宣传推介，不得从事或者变相从事前款所列行为。

私募基金募集完毕，私募基金管理人应当按照规定到基金业协会履行备案手续。私募基金管理人不得管理未备案的私募基金。

➢ **《私募投资基金信息披露管理办法》**（2016 年 2 月 4 日施行）

第九条 信息披露义务人应当向投资者披露的信息包括：

（一）基金合同；

（二）招募说明书等宣传推介文件；

（三）基金销售协议中的主要权利义务条款（如有）；

（四）基金的投资情况；

（五）基金的资产负债情况；

（六）基金的投资收益分配情况；

（七）基金承担的费用和业绩报酬安排；

（八）可能存在的利益冲突；

（九）涉及私募基金管理业务、基金财产、基金托管业务的重大诉讼、仲裁；

（十）中国证监会以及中国基金业协会规定的影响投资者合法权益的其他重大信息。

案例4　私募基金涉集资诈骗罪的司法认定

一、基本案情①

2015年6月12日，被告人黄某金注册成立广州MM股权投资基金管理有限公司（以下简称MM公司），法定代表人林某2，后变更为张某2。2015年9月10日，MM公司在中基协做了"私募投资基金管理人登记证明"（登记编号：P1022982）。MM公司主要是发行并销售私募基金，然后赚取基金管理费。

被告人黄某金是该公司的实际控制人。被告人黄某金虚构"MM9号私募基金"、"MM6号基金—混合型资产管理计划"（以下简称6号资管计划）、"MM诚汇6号基金—混合型资产管理计划"（以下简称诚汇6号资管计划）、"MM10号基金—证券型资产管理计划"（以下简称10号资管计划）、"MM11号基金—证券型资产管理计划"（以下简称11号资管计划）等虚假项目，通过电台、广告、推广会等形式向社会公众公开宣传，承诺保本保息，

① 广东省广州市天河区人民法院刑事判决书，(2020) 粤0106刑初502号。

以MM公司名义与投资人签订《资产管理合同》《有限合伙基金协议》等，进行非法募集，这些基金项目都没有进行备案登记。经统计，被告人黄某金通过上述方式，骗取林某1、甄某1、魏某等20名投资人投资款共计人民币8,629,000元，造成投资人损失共计人民币6,224,371.61元。

2016年4月，被告人黄某金及翁某1（系被告人黄某金妻子）向兴业银行借款人民币270万元，并使用翁某1名下位于广州市海珠区南洲路韵景街20号1101房的一套房产进行抵押。后被告人黄某金使用受其控制的MM公司、黄某3、黄某2等账户向翁某1还款账户转账合计人民币1,067,600.00元用于偿还上述贷款。

2019年6月6日，被告人黄某金经公安机关通知后自行到案接受调查。公安机关扣押被告人黄某金的白色荣耀手机一部；扣押翁某1持有的“广州MM股权投资基金管理有限公司”公章一枚、“张某2”法人印鉴一枚；冻结MM公司在海通证券股份有限公司开立的12×××65账户及其管理的私募基金所开立的128012××××账户、128014××××账户；冻结MM公司工商银行尾号0620账户余额240.24元，以及MM公司在工商银行开立的“MM10号基金”账户（10×××07）余额人民币162,963.37元、“MM6号基金”账户（10×××68）余额人民币4196.06元；查封产权人为翁某1的位于广州市海珠区南洲路韵景街20号1101房房产一套。

经法院查明，被告人黄某金亦供认其将集资的款项大部分用于兑付其他投资人的本息、公司开支等，未将款项用于约定的生产经营、投资活动，且根据在案的银行流水，黄某金所合法备案经营的私募基金MM6号、MM10号未有与所募集资金规模相匹配的资金流入，私募基金份额持有人亦申请赎回所持基金份额，私募基金资产规模亦与所募集资金规模不相匹配。

二、主要问题

1. 本案中被告人黄某金通过公开宣传虚构基金项目进行募集资金的行为应当以何种罪名进行规制？是非法吸收公众存款罪还是集资诈骗罪？如果认定为集资诈骗罪，那么如何判定被告人黄某金具有非法占有目的？

2. 本案被告人黄某金虚构多只基金项目，以MM公司名义与被害人林某1

等20名投资人签订了《资产管理合同》等经济合同，造成被害人巨大经济损失，此种行为能否以合同诈骗罪进行处罚？

三、法律分析

归纳以上两个问题，主要是集资诈骗罪与非法吸收公众存款罪、合同诈骗罪的区分问题，只有准确区分相关罪名，才能将犯罪事实与刑法罪名相对应，这也是集资犯罪领域中司法工作者、辩护律师等经常需要解决的问题。下文将一一展开。

（一）本案中被告人黄某金通过公开宣传虚构基金项目进行募集资金的行为应当以何种罪名进行规制？是非法吸收公众存款罪还是集资诈骗罪？如果认定为集资诈骗罪，如何判定被告人黄某金具有非法占有目的

本案中，被告人黄某金认为其触犯的罪名应为非法吸收公众存款罪，他认为没有证据证明他有非法占有目的以及使用诈骗的方法进行集资，MM公司都是依法依规经营，基金产品都备案过，基金亏损是基金经理操作及市场行情导致的。被告人的辩护人也认为本案应定性为非法吸收公众存款罪，该辩护人认为涉案的6号资管计划、10号资管计划、9号基金虽有违规，但不是虚构项目，且没有证据证明MM公司及黄某金非法转移及占有投资者资金，黄某金没有非法占有目的，不构成集资诈骗罪。

被告人黄某金及其辩护人都认为不应以集资诈骗罪进行处罚，而应当以非法吸收公众存款罪科刑。理由主要为以下两点：其一，基金项目虽违规，但不存在虚构基金项目，即没有使用诈骗的方法；其二，没有证据证明被告人黄某金存在非法占有集资款项的目的。不难看出，被告人承认存在非法集资的行为，但是通过否定两个特殊要件的存在，以此否定被告人黄某金无法构成集资诈骗罪，而这两个特殊事由正好是成立集资诈骗罪不可或缺的、区别于非法吸收公众存款罪的关键事项，即非法占有目的和诈骗方法。

根据法院的调查，黄某金所实控的MM公司虽然在中基协进行了私募投资基金管理人登记，但是后续所发行的“6号资管计划”“诚汇6号资管计

划”“10 号资管计划”基金项目是虚构的，更没有经过备案，后又通过电台、广告、推广会等形式向社会公众公开宣传，承诺保本保息，整个行为具备非法性、公开性、社会性以及利诱性的“四性”特征，据此可以认定被告人的行为属于非法集资行为，同时被告人黄某金具有非法吸收公众资金的犯罪故意，所以被告人黄某金至少构成非法吸收公众存款罪，这应当没有疑问。然而法院又查明，被告人黄某金通过虚构基金项目的方式，来诱导投资者进行投资，这很难说没有使用诈骗方法。即便如此，也无法认定被告人直接构成集资诈骗罪，因为非法吸收公众存款罪也可能存在使用诈骗的方法。法院认定被告人的行为构成集资诈骗罪的关键一点，还是在于被告人存在非法占有集资款的目的。

那么在本案中，法院是如何认定被告人黄某金存在“非法占有目的”的呢？当然是根据被告人黄某金犯罪的客观事实进行推定的。本案中法院的依据主要是以下两个方面：其一，资金的用途。本案中被告人黄某金并没有将集资款项投入合同约定的生产经营、投资的事项当中，而是用于支付其他投资人本息、公司运营成本以及偿还妻子翁某 1 的银行贷款等事项。其二，被告人黄某金通过虚构基金项目所募资金的规模与登记备案合法经营的基金项目规模明显不成比例，其所募资金远大于被告人黄某金所辩称合法经营的 MM6 号、MM10 号私募基金规模。正是以上两点，造成了多名投资人的巨大财产损失而无法挽回，法院最终确定了被告人黄某金具有非法占有目的，从而认定其构成集资诈骗罪而不是非法吸收公众存款罪。

应当说，法院的认定结论是正确的，本案中被告人黄某金应当以集资诈骗罪进行处罚。至于为什么以上这些客观事实可以推定非法占有目的存在，主要是基于事实经验的总结，即在以欺骗方法实施非法集资行为后，以上的客观事实出现时，一般情况下可以直接证明非法占有目的已经形成，除非行为人能够反证确实不存在非法占有目的。为了在司法实践中明确，出现哪些客观事实可以直接认定具有“非法占有目的”，最高人民法院出台了《非法集资解释》，专门在该解释第七条中作了较为详细的规定，后文将详细展开。

（二）本案被告人黄某金虚构多只基金项目，以MM公司名义与被害人林某1等20名投资人签订了《资产管理合同》等经济合同，造成被害人巨大经济损失，此种行为能否以合同诈骗罪进行处罚

这其实涉及集资诈骗罪与合同诈骗罪的区分问题。合同诈骗罪，是指在签订、履行合同的过程中，以非法占有的目的骗取对方当事人数额较大财物的行为。合同诈骗罪同样要求使用诈骗方法，根据《刑法》第二百二十四条的规定，典型合同诈骗罪的行为方式主要有：其一，使用虚假的主体名义签订合同，如虚构单位或者冒用他人名义签约；其二，使用虚假的产权证明作担保，如伪造、变造或者已经作废的票据；其三，实际上没有履行合同的能力，却制造具有合同履行能力的假象，以诱使对方继续签订、履行合同，如先履行小额合同或者履行合同的一部分获取对方当事人的信任；其四，收受对方当事人给付的财产后逃匿；其五，没有列举完的其他情形。根据司法经验总结，像虚构合同标的这种情形当然也属于合同诈骗。由于成文法无法穷尽所有的情况，只能作有限列举，因此认定合同诈骗罪的行为方式，需要抓住其核心内涵：客观上存在以签订、履行合同为名骗取合同相对方数额较大财物的诈骗行为，主观上具有非法占有对方财物的目的。

而集资诈骗罪与合同诈骗罪一样，也要求在客观上使用诈骗方法，主观上具有非法占有目的。虽然集资诈骗是为了非法集资并占为己有，合同诈骗是为了签订、履行合同并骗取对方财物，但在司法实践中，两罪可能存在竞合。原因在于，在经济金融领域，集资犯罪也会有签订各种经济合同的情形，如果集资行为人通过签订虚假的具有融资性质的经济合同以骗取投资人的资金，此种情形下合同诈骗与集资诈骗的行为发生竞合。竞合时行为最终只能以一罪进行评价，那么究竟以何罪评价行为人的行为才能完整、准确地反映犯罪事实？

对此，有必要先对两罪作一下区分。首先，笔者认为应当立足于案情整体，明确行为人到底是出于何种目的。如果是募集资金，那么行为人通常会向社会公众进行公开宣传并作出保本保息的承诺，且其集资所面向的对象具有不特定性。而合同诈骗的行为人一般受合同相对性原理约束，行为人也不会大肆宣传，其所面向的对象一般也只是合同相对方。因此，一般来说，集资诈骗罪所牵涉的社会面要比合同诈骗罪大而广。从另外一个角度看，在集资犯罪领域通常也会签订许多经济合同，而通过虚假的融资项目诱使对方签订、履行合同标的的，是合同诈骗，但是这种合同诈骗通常也是实现非法集资的一种诈骗手段。因此，在这种情况下，合同诈骗是一种手段行为，目的当然是集资，所以最终的行为定性，当然是以整个行为的目的作为标准，以集资诈骗罪处罚为宜。当然，以上的区分问题主要体现在这两罪发生竞合时，究竟以何罪处理更能反映案件事实的情形。如果两罪没有发生竞合，行为人既构成合同诈骗罪又有集资诈骗的犯罪事实的，则应当数罪并罚。

回到本案案情，被告人黄某金虚构多只基金项目，并向社会公开宣传，并承诺保本保息，以 MM 公司名义与 20 名投资人签订《资产管理合同》《有限合伙基金协议》等进行非法募集资金。被告人虚构不存在的基金项目并与多名投资人签订了经济合同，但是签订该经济合同只是一个过渡和一种手段，行为人最终是将多名投资人的资金汇集置于自己账户的控制之下，因此从被告人黄某金整个行为来看，其具有非法集资的目的而不是简简单单骗取合同相对方财物。况且，被告人与投资人所签订的《资产管理合同》《有限合伙基金协议》等，都明显具有资金募集的性质。除此之外，被告人黄某金将虚构之基金项目向社会公众公开宣传，并且承诺保本保息，此种行为已经符合非法集资犯罪行为的非法性、公开性、社会性、利诱性的“四性”特征，因此以合同诈骗罪定性无法完全评价本案被告人黄某金的行为事实。

故本案此种情形，不以合同诈骗罪而以集资诈骗罪处罚是合理的。

四、集资诈骗罪的司法认定进路

在判断行为是否构成集资诈骗罪时，首先需要考察行为事实是否符合集资诈骗罪的构成要件，其次还要考察集资诈骗罪与相关罪名的关系，以及可能发生竞合时如何处理的情形。

（一）集资诈骗罪的构成要件

集资诈骗罪的构成要件主要包括以下几个方面：第一，客观上存在非法集资行为，满足“四性”特征；第二，集资行为人使用了诈骗方法；第三，集资诈骗数额达到较大标准；第四，集资行为人具有非法占有所吸收资金的目的。在判断顺序上，应当坚持从客观要件到主观要件的顺序。

1. 存在非法集资的行为

这个构成要件要素是集资诈骗罪与非法吸收公众存款罪都必须具备的要素，并且根据《非法集资解释》第一条规定，该非法集资行为必须同时满足非法性、公开性、社会性以及利诱性的“四性”特征。

第一，非法性要件，应当主要关注三个方面，其一，认定非法集资的非法性要件，应当以国家金融管理法律法规作为依据，国家金融管理法律法规仅作原则性规定的，则可以根据该原则性规定的精神，参考相关部门所出台的部门规章或者规范性文件予以认定，这是非法性认定的依据问题。其二，在私募基金的特殊场合，需要考察私募基金是否经过登记备案，包括私募基金管理人登记和私募基金备案。如果该私募基金都没有经过中基协登记备案，其连最基础的合法性形式要件都不具备，则可直接认定违反国家金融管理法律法规，进而认定为具有非法性特征（但并不意味着构成集资犯罪），因为根据《证券投资基金法》的相关规定，私募基金必须经过登记备案手续，才属于合法私募。其三，如果私募基金形式上是合规的，那么接下来需要结合公开性、利诱性、社会性要件的内容对非法性进行实质化的综合审查。因为形式上的合法不代表其实质上就一定是合法的，如著名的上海“阜兴”集资诈骗案①，就是持牌私募机构发行私募基金产品，而这些私募基金产品虽然名义上是合规的，但是在“募集、投资、管理、退出”各环节实际上均不符合私募基金的管理规定和运行规律。

第二，公开性要件。非法集资行为在宣传方式上体现为公开宣传，主要包括两方面的内容：其一，以各种途径向社会公众传播募集资金的信息，此为直接主动传播；其二，明知吸收资金的信息向社会公众扩散而予以放任，此为间接传播。不管是采用“口口相传”的形式宣传，还是委托第三方代销机构推介，该要件的核心内容在于把握宣传方式是否具有公开之属性。

---

① 参见最高人民法院 2022 年发布的《人民法院依法惩治金融犯罪典型案例》案例三。

第三，社会性要件。社会性，是指集资行为人向社会公众的不特定对象募集资金。显然社会性的核心内容在于“不特定对象”，其包括两个方面的内容，指向对象的广泛性和指向对象的不特定性。社会性要件与公开性要件一般情形下是一体两面的关系，即宣传方式上的公开化最终大概率导致接收信息的投资对象的不特定。另外，值得注意的是，在私募基金的场合，针对集资对象，法律规定了合格投资者制度。合格投资者制度有两方面的要求，即投资者人数和投资者资格的限制。根据《私募投资基金监督管理暂行办法》《合伙企业法》《证券投资基金法》的相关规定，在私募基金投资者人数方面，有限合伙和有限责任公司投资者人数上限为50人，而股份公司投资者人数不得超过200人。而在资格要求方面，根据《私募投资基金监督管理暂行办法》第十二条的规定，投资于单只私募基金的金额不能低于100万元，且如果是单位投资的话，其净资产不能低于1000万元；如果是个人投资的话，其金融资产不得少于300万元或者近三年个人的年平均收入不低于50万元。

当然社会性要件的判断，起决定性作用的还是“不特定对象”这一本质内涵，不能仅仅局限在人数、资格等形式要件上面，而是应当结合公开性要件的内容，综合进行实质化考察。

第四，利诱性要件。根据《非法集资解释》第一条的规定，利诱性表现为集资行为人承诺在一定期限内还本付息或者给付回报，回报的形式主要包括货币、股权、实物、服务等。简单来说，就是承诺保本保收益，承诺收益的方式包括明示和暗示。众所周知，购买基金产品是具有一定风险的投资行为，投资人应当遵循自负盈亏、风险自担的原则，集资人也具有及时向集资对象揭示风险的义务。但是集资人通过“零风险”“最低保本”“收益有保障”等具有诱导性的虚假承诺，直接掩盖了基金项目所存在的真实风险系数，致使投资人不能准确、理性地评估基金项目的风险等级，进而导致投资者所作出的投资决定并非基于一个独立审慎的、正常的状态，而这些类似于保本保收益的诱导性虚假承诺就是利诱性的最直接表现，属于禁止性行为。

2. 使用诈骗方法

另外，集资诈骗罪在行为外观上必须使用诈骗方法，通过诈骗行为进行非法集资。所谓诈骗方法，指的是虚构事实或者隐瞒真相致使对方产生错误认识的方法。由于集资诈骗罪是诈骗类犯罪的特殊罪名，因此其也符合一般诈骗罪的行为构造，即行为人实施欺骗行为→使对方陷入认识错误→对方基于认识错误处分财产→行为人或第三者取得财产→被害人遭受财产损失。[①]值得注意的是，诈骗罪的“五步”构造中每步之间都具有相当因果关系，即行为人实施的欺骗行为要求足以使被害人产生认识错误，被害人基于认识错误处分财产。如果行为人虽然实施了欺骗行为，但是对方并没有受骗，而是基于别的原因处分财产，如同情心理，则刑法不必介入。

在私募基金涉集资诈骗的领域，司法实务中常见的诈骗方法表现如下：其一，虚构投资项目，比如前述案例中被告人黄某金虚构多个不存在的基金项目向社会非法吸收资金。其二，谎称私募基金已经经过主管部门的登记备案，骗取社会公众的信任。其三，虚构并不存在的企业或者企业计划。其四，隐瞒募集资金的真实流向，让投资人误以为资金用于正常的生产经营活动。其五，隐瞒公司或者企业的亏损状态，夸大其盈利能力。以上五种情形，只是根据实务经验的有限列举，关键还是要把握核心内容，即只要行为人采取了虚构事实或者隐瞒真相的方法进行集资，便属于使用诈骗方法进行非法集资。

3. 犯罪数额较大

这是集资诈骗罪数额上的要求。《刑法》第一百九十二条明确规定，只有集资诈骗数额达到较大的标准才能构罪，如果集资诈骗数额在较大标准以下，那么只能以一般的违法行为处理。至于集资诈骗罪数额较大的标准具体为何，根据《非法集资解释》第八条的规定，集资诈骗数额在 10 万元以上的，应当认定为“数额较大”。

另外，根据最高人民检察院《关于办理涉互联网金融犯罪案件有关问题座谈会纪要》的有关规定，集资诈骗的数额，应当以犯罪嫌疑人实际骗取的金额计算。犯罪嫌疑人为吸收公众资金制造还本付息的假象，在诈骗的同时对部分投资人还本付息的，集资诈骗的金额以案发时实际未兑付的金额计算。也就是说，对于案发前已经归还的部分，应当予以扣除。案发后，犯罪嫌疑

---

① 参见张明楷：《刑法学》，法律出版社 2021 年版，第 1024 页。

人主动退还集资款项的，不能从集资诈骗的金额中扣除，但可以作为量刑情节予以考虑。

4. 主观上具有非法占有目的

犯罪目的存在于人的内心，外人是无法确切感知的，只能通过客观的行为表现予以推定，这就给司法实践准确认定“非法占有目的”带来了不少难度。而集资诈骗罪是金融犯罪领域常见的犯罪类型，为了使“非法占有目的”的认定标准相对客观、统一，最高人民法院出台了相关的司法解释，即《非法集资解释》，该司法解释于2022年作了一些修正。《非法集资解释》第七条第二款规定了一些可以认定为具有“非法占有目的”的情形，具体规定如下：“使用诈骗方法非法集资，具有下列情形之一的，可以认定为‘以非法占有为目的’：（一）集资后不用于生产经营活动或者用于生产经营活动与筹集资金规模明显不成比例，致使集资款不能返还的；（二）肆意挥霍集资款，致使集资款不能返还的；（三）携带集资款逃匿的；（四）将集资款用于违法犯罪活动的；（五）抽逃、转移资金、隐匿财产，逃避返还资金的；（六）隐匿、销毁账目，或者搞假破产、假倒闭，逃避返还资金的；（七）拒不交代资金去向，逃避返还资金的；（八）其他可以认定非法占有目的的情形。”

从以上规定不难看出，司法解释在认定集资诈骗罪行为人的“非法占有目的”时，也是采用的推定模式，其中前七项用以推定的内容较为明确，第八项是属于兜底性的规定。而其他可以认定为“非法占有目的”的情形，如虚构投资项目，不具有返还本息的现实可能性。

根据司法解释的规定以及司法实务的经验，作如下分类总结，即在认定“非法占有目的”时，可以考虑如下方面。

第一，资金的流向和用途。如果将所募集资金直接用于违法犯罪活动；不用于生产经营活动，或者虽用于生产经营活动但是与所募集资金明显不成比例，致使集资款不能返还；用于个人或者其他人肆意挥霍，致使集资款不能返还的，可以认定集资行为人具有“非法占有目的”。值得注意的是，募集资金之后改变资金用途是常见情形，如果集资行为人将所募集而来的资金改变用途，但是仍然用于正常的生产经营活动，则不宜认定具有“非法占有目的”。

第二，事后的态度与关联行为。以上《非法集资解释》第三、五、六、七项的行为，表现出集资行为人拒绝返还本息的态度，这些情形往往可以推定集资行为人具有“非法占有目的”。

第三，融资项目的真实性、模式及规模。如果融资项目系虚构的，或者所采取的融资模式不可能实现，如以明显不合理的高额利息为诱饵，融资成本明显高于正常企业盈利水平的，或者融资金额与企业实际所需要资金明显不相称的，在造成资金重大损失的情形下，通常可以认定行为人主观上“以非法占有为目的”。

虽说非法占有目的都是根据一定的客观事实予以推定的，但是在具体的判断过程中，仍然需要坚持主客观相统一的原则，尤其是该种客观事实出现的原因为何，是市场行情导致经营不善进而引发资金链断裂无法返还本息，还是其他的原因，对此应当仔细区分。不能仅仅因为客观不能返还的结果就予以客观归罪。因此，在处理具体案件时应当注意以下两点：一是不能仅凭较大数额的非法集资款不能返还的结果，推定行为人具有非法占有的目的；二是行为人将大部分资金用于投资或生产经营活动，而将少量资金用于个人消费或挥霍的，不应仅以此便认定具有非法占有的目的。[①]

除此之外，关于“非法占有目的”的认定，还应当注意两方面的内容，第一，在非法集资共同犯罪中，仅有部分行为人具有“非法占有目的”，而其他行为人没有非法占有集资款的共同故意和行为的，不能以集资诈骗罪处罚。第二，注意区分非法占有目的发生转变的时间节点。犯罪嫌疑人在初始阶段仅具有非法吸收公众存款的故意，不具有非法占有目的，但在发生经营失败、资金链断裂等问题后，明知没有归还能力仍然继续吸收公众存款的，这一时间节点之后的行为应当认定为集资诈骗罪，此前的行为应当认定为非法吸收公众存款罪。

以上是从集资诈骗罪的构成要件出发，司法实践在认定过程中着重考察的要素。其实在考察集资诈骗罪构成要件的同时，也顺带分析了罪与非罪，

① 最高人民法院关于印发《全国法院审理金融犯罪案件工作座谈会纪要》的通知（法〔2001〕8号）。

如集资诈骗与民间借贷纠纷。民间借贷往往发生于亲朋好友之间，借贷的对象相对特定；而集资诈骗由于是非法集资，因此所募集资金的对象为社会不特定对象。民间借贷纠纷所形成的债权债务关系是基于双方真实的意思表示，而集资诈骗是集资行为人使用诈骗方式将资金从投资人那里骗取过来，这不是投资人的真实意思表示。从融资目的上看，民间借贷一般是为了服务日常的生产、生活，以进行资金的周转，而集资诈骗的目的，则是集资行为人欲将所募集资金非法占为己有。

（二）集资诈骗罪与相关罪名的区分

1. 集资诈骗罪与非法吸收公众存款罪

在司法实务中，两罪的区别可以通俗理解为：非法吸收公众存款行为 + 非法占有目的 = 集资诈骗。[①] 具体来说，集资诈骗罪与非法吸收公众存款罪的区别主要有以下两点。

（1）主观上是否以非法占有为目的。非法吸收公众存款罪只需要主观上具有犯罪故意，并不要求对所募集资金具有非法占有目的；而集资诈骗罪在主观要件上，除了具有故意责任形式之外，还要求行为人以非法占有募集资金为目的。因此，“是否以非法占有为目的”是区分非法吸收公众存款罪与集资诈骗罪的关键要素。

（2）客观上是否以实施诈骗行为为必要。非法吸收公众存款罪并不要求行为人使用诈骗手段获取资金，即是否实施诈骗行为不是构成非法吸收公众存款罪的必要条件，诈骗方法不是非法吸收公众存款罪所必须的。而集资诈骗罪属于特殊的诈骗犯罪类型，其同样要求满足普通诈骗罪的基本行为构造，因此诈骗行为是构成集资诈骗罪的必要条件之一。

2. 集资诈骗罪与合同诈骗罪

这两个罪名都属于诈骗犯罪的特殊类型。绝大多数情况下，两罪是可以明显区分的，主要表现为所侵害的法益、被害人的范围有明显的差异。集资诈骗罪所侵害的法益主要是金融管理秩序以及公私财产的所有权，被害人往

---

① 参见钱列阳主编：《银行业务犯罪十二讲》，法律出版社 2023 年版，第 123 页。

往具有涉众性，属于不特定对象。而合同诈骗罪所侵害的法益主要是公私财产所有权以及市场交易秩序，被害人通常都属于合同的相对方，不具有广泛的涉众性。

在前面案例中提到，这两个罪名可能发生竞合，如通过签订虚假的融资项目经济合同，以骗取相对方资金。此时如何定性，笔者认为主要看行为人出于何种目的，以及被害人是否属于不特定对象。根据经验总结，在这两个罪名发生竞合时，合同诈骗只是集资诈骗罪的一种行为手段，合同诈骗存在于集资诈骗罪之中，反过来却不太可能。因为集资诈骗罪具有天然的涉众性，可以产生一对多的效果；而合同诈骗罪不具有广泛的涉众性，一般是一对一的模式。因此，在两罪发生竞合时，笔者认为合同诈骗只是集资诈骗的一个阶段或者一种手段，用集资诈骗罪可以更加完整地评价行为人的犯罪事实。

五、结语

集资诈骗罪的司法认定，首先需要判断行为事实是否符合其构成要件，这部分主要包括四个方面的内容，即存在非法集资行为、使用诈骗方法、集资诈骗数额达到较大标准、具有非法占有目的，并坚持先客观要件后主观要件的判断顺序。非法占有目的的认定，系由客观事实进行推定，主要可以考虑资金的去向和用途、事后态度和关联行为，以及融资项目的真实性、模式和规模等方面，坚持主客观相统一的判断原则，切忌出现仅凭不能返还本息的结果就予以客观归罪的情况。

此外，还需要关注集资诈骗罪与非法吸收公众存款罪、合同诈骗罪的区分。集资诈骗罪与非法吸收公众存款罪的最关键区别在于是否具有非法占有目的。而集资诈骗罪与合同诈骗罪的区别主要体现在所侵害的法益以及被害人的范围有所不同，另外，两罪可能会发生竞合。结合两罪的行为特点以及是否面对不特定对象，立足整个案情加以分析，笔者认为发生竞合时，择集资诈骗罪可以更加完整、准确地反映行为人的犯罪事实。

▷ 相关法律法规 ◁

➢ **《刑法》**（2023年修正，2024年3月1日施行）

第一百九十二条 【集资诈骗罪】以非法占有为目的，使用诈骗方法非法集资，数额较大的，处三年以上七年以下有期徒刑，并处罚金；数额巨大或者有其他严重情节的，处七年以上有期徒刑或者无期徒刑，并处罚金或者没收财产。

单位犯前款罪的，对单位判处罚金，并对其直接负责的主管人员和其他直接责任人员，依照前款的规定处罚。

第二百二十四条 【合同诈骗罪】有下列情形之一，以非法占有为目的，在签订、履行合同过程中，骗取对方当事人财物，数额较大的，处三年以下有期徒刑或者拘役，并处或者单处罚金；数额巨大或者有其他严重情节的，处三年以上十年以下有期徒刑，并处罚金；数额特别巨大或者有其他特别严重情节的，处十年以上有期徒刑或者无期徒刑，并处罚金或者没收财产：

（一）以虚构的单位或者冒用他人名义签订合同的；

（二）以伪造、变造、作废的票据或者其他虚假的产权证明作担保的；

（三）没有实际履行能力，以先履行小额合同或者部分履行合同的方法，诱骗对方当事人继续签订和履行合同的；

（四）收受对方当事人给付的货物、货款、预付款或者担保财产后逃匿的；

（五）以其他方法骗取对方当事人财物的。

➢ **最高人民法院《关于审理非法集资刑事案件具体应用法律若干问题的解释》**（法释〔2022〕5号，2022年3月1日施行）

第一条第一款 违反国家金融管理法律规定，向社会公众（包括单位和个人）吸收资金的行为，同时具备下列四个条件的，除刑法另有规定的以外，应当认定为刑法第一百七十六条规定的“非法吸收公众存款或者变相吸收公众存款”：

（一）未经有关部门依法许可或者借用合法经营的形式吸收资金；

（二）通过网络、媒体、推介会、传单、手机信息等途径向社会公开宣传；

（三）承诺在一定期限内以货币、实物、股权等方式还本付息或者给付回报；

（四）向社会公众即社会不特定对象吸收资金。

第七条第一、二款　以非法占有为目的，使用诈骗方法实施本解释第二条规定所列行为的，应当依照刑法第一百九十二条的规定，以集资诈骗罪定罪处罚。

使用诈骗方法非法集资，具有下列情形之一的，可以认定为“以非法占有为目的”：

（一）集资后不用于生产经营活动或者用于生产经营活动与筹集资金规模明显不成比例，致使集资款不能返还的；

（二）肆意挥霍集资款，致使集资款不能返还的；

（三）携带集资款逃匿的；

（四）将集资款用于违法犯罪活动的；

（五）抽逃、转移资金、隐匿财产，逃避返还资金的；

（六）隐匿、销毁账目，或者搞假破产、假倒闭，逃避返还资金的；

（七）拒不交代资金去向，逃避返还资金的；

（八）其他可以认定非法占有目的的情形。

第八条第一款　集资诈骗数额在10万元以上的，应当认定为“数额较大”……

> **最高人民检察院《关于办理涉互联网金融犯罪案件有关问题座谈会纪要》**

（高检诉〔2017〕14号，2017年6月2日施行）

15. 对于共同犯罪或单位犯罪案件中，不同层级的犯罪嫌疑人之间存在犯罪目的发生转化或者犯罪目的明显不同的，应当根据犯罪嫌疑人的犯罪目的分别认定……

➢ **《证券投资基金法》**（中华人民共和国主席令第23号，2015年4月24日施行）

第八十七条第一款 非公开募集基金应当向合格投资者募集，合格投资者累计不得超过二百人。

第八十九条 担任非公开募集基金的基金管理人，应当按照规定向基金行业协会履行登记手续，报送基本情况。

➢ **《私募投资基金监督管理暂行办法》**（中国证券监督管理委员会令第105号，2014年8月21日施行）

第十二条 私募基金的合格投资者是指具备相应风险识别能力和风险承担能力，投资于单只私募基金的金额不低于100万元且符合下列相关标准的单位和个人：

（一）净资产不低于1000万元的单位；

（二）金融资产不低于300万元或者最近三年个人年均收入不低于50万元的个人。

➢ **《合伙企业法》**（中华人民共和国主席令第55号，2007年6月1日施行）

第六十一条第一款 有限合伙企业由二个以上五十个以下合伙人设立；但是，法律另有规定的除外。

➢ **《公司法》**（中华人民共和国主席令第15号，2024年7月1日施行）

第四十二条 有限责任公司由一个以上五十个以下股东出资设立。

第七十八条 设立股份有限公司，应当有一人以上二百人以下为发起人，其中应当有半数以上的发起人在中华人民共和国境内有住所。

第四讲

背信运用受托财产罪

案例5　私募证券投资基金背信运用受托财产案：背信行为的实质

一、基本案情

X公司成立于2014年10月28日，法定代表人为杨某，经营范围为投资管理（不含金融和经纪业务，不得吸收公众存款、发放贷款，不得经营金融产品、理财产品和相关衍生业务）、资产管理（不含金融资产管理和保险资产管理，不得吸收公众存款、发放贷款，不得经营金融产品、理财产品和相关衍生业务）；具有私募基金管理人资格，管理基金主要类别为证券投资基金。叶某、X公司、G证券公司签订了一项私募投资基金的基金合同，叶某认购基金份额100万元。其中合同约定，禁止利用基金资产为基金投资者之外的任何第三方谋取不正当利益，进行利益输送。

后X公司与N资本公司签订中国证券期货市场场外衍生品交易主协议及补充协议，X公司动用上述私募投资基金的资金160,842,739.64元，支付N资本公司场外履约保证金，并用该160,842,739.64元保证金购买N资本公司场外期权名义本金328,292,928.00元（该期权的标的物为某创业板上市公司股票）。X公司、N资本公司于2017年1月16日签订了场外衍生品交易确认书，之后场外期权产品的交易运作也均通过双方签订的另外3份交易确认书确认。

后X公司收到N资本公司提取场外履约保证金73,800,000.00元，由此推断出该场外期权交易通过双方签订的5份交易确认书运作后亏损87,042,739.64元。

经查明，X公司、N资本公司于2017年1月16日，签订的场外衍生品交易确认书与2017年1月13日L投资管理中心和N资本公司签订的场外衍生品交易确认书中的名义金额、标的证券、交易达成日、期初价格、执行价格、期末价格均一致，浮动收益率的计算公式存在相反方向。根据杨某的询问笔录，其为了挽救X公司和L投资管理中心的劣后投资，决定将前述私募投资基金里的资金作为和N资本公司场外期权的追加保证金。

X公司擅自动用私募投资基金的资金支付N资本公司160,842,739.64元保证金，购买N资本公司场外期权名义本金328,292,928.00元，违背了合同约定的禁止利用基金资产为基金投资者之外的任何第三方谋取不正当利益，进行利益输送的约定，并且形成亏损87,369,083.00元。故X公司违背受托义务，擅自运用客户资金或者其他委托、信托的财产，涉嫌背信运用受托财产。

二、主要问题

1. X公司对叶某负有怎样的“受托义务”？
2. 背信运用受托财产是否需要特定目的？
3. 背信犯罪是否需要以造成受托财产损害为前提？
4. 私募证券投资基金如何合规使用基金资产，尽职免责？

三、法律分析

（一）X公司对叶某负有怎样的“受托义务”

1. 受托义务

背信运用受托财产罪，是指商业银行、证券交易所、期货交易所、证券公司、期货经纪公司、保险公司或者其他金融机构，违背受托义务，擅自运用客户资金或者其他委托、信托的财产，情节严重的行为。该罪规定于《刑法》（2023 年修正）第二编第三章“破坏社会主义市场经济秩序罪”第四节“破坏金融管理秩序罪”，其立法目的在于保护与金融机构财产管理活动相关的金融管理秩序。

私募基金，即非公开募集基金，根据中国证监会 2014 年 8 月 21 日公布的《私募投资基金监督管理暂行办法》第二条第一款的规定，是以非公开方式向投资者募集资金设立的投资基金。根据 2015 年修正后的《证券投资基金法》第二条，私募基金管理是非公开募集资金设立证券投资基金，由基金管理人管理，基金托管人托管，为基金份额持有人的利益，进行证券投资活动。

国家税务总局、财政部、中国人民银行、原中国银行业监督管理委员会、原中国保险监督管理委员会和中国证监会 2017 年 5 月 9 日发布《非居民金融账户涉税信息尽职调查管理办法》（国家税务总局公告 2017 年第 14 号）第七条第四项规定，证券投资基金管理公司、私募基金管理公司、从事私募基金管理业务的合伙企业属于本办法第六条规定的金融机构。中国人民银行自 2017 年 7 月 1 日起施行的《金融机构大额交易和可疑交易报告管理办法》第二条第二项规定，证券公司、期货公司、基金管理公司属于金融机构。可见，私募基金管理公司属于金融机构，当然可以成为背信运用受托财产罪的行为主体。

根据我国刑法对于背信运用受托财产罪的表述，“背信”具体体现为“违背受托义务”。《证券投资基金法》第九条第一款规定，基金管理人、基金托管人管理、运用基金财产，基金服务机构从事基金服务活动，应当恪尽职守，履行诚实信用、谨慎勤勉的义务。《私募投资基金监督管理暂行办法》第三条也规定，从事私募基金管理活动，应当遵循自愿、公平、诚实信用原则，维护投资者合法权益，不得损害国家利益和社会公共利益。因此，理解受托义务，应当首先对诚实信用义务进行解构。

《证券投资基金法》第二条的表述表明，基金管理关系是一种信托关系，这与《信托法》第二条信托“是指委托人基于对受托人的信任，将其财产权委托给受托人，由受托人按委托人的意愿以自己的名义，为受益人的利益或者特定目的，进行管理或者处分的行为”的表述基本一致。委托关系的受托人一般以委托人的名义从事活动，处理的事务内容不仅限于理财活动，但仅能在授权范围内开展，权限较小。与委托关系不同，信托关系基于委托人对受托人的信任产生，强调以受托人自己的名义进行财产管理和处分，其目的在于使信托财产保值增值、产生收益，并将该收益交给受益人。[①] 信托的核心是委托人的信任，信托关系中的受托人占据着重要的法律地位，因此受托人不得滥用信任。根据《信托法》第二十五条第二款的规定，受托人必须履行诚实、信用义务。这既体现在对于受托人行为的约束上。例如，《信托法》第四章第二节规定，受托人不得利用信托财产为自己谋取利益（第二十六条第一款），不得将信托财产转为受托人固有财产（第二十七条），受托人应当自己处理信托事务（第三十条）。又如《私募投资基金监督管理暂行办法》第五章第二十三条规定了私募服务机构及其从业人员从事私募基金业务不得实施的九种行为。受托人的诚实、信用义务也体现在对于受托人的资质和能力要求上，如《证券投资基金法》第九条第三款规定，基金从业人员应当具备基金从业资格，遵守法律、行政法规，恪守职业道德和行为规范。2013 年 2 月 20 日颁布并施行的《私募证券投资基金业务管理暂行办法（征求意见稿）》规定，基金管理人应当向基金业协会申请登记，未经登记不得使用“基金”或者“基金管理”字样或者近似名称进行证券投资活动。综上，受托义务应当包括“为受益人的最大利益处理信托事务”的忠实义务和“谨慎、有效管理”的注意义务[②]。

在本案中，X 公司经营范围为投资管理（不含金融和经纪业务）、资产管理（不含金融资产管理和保险资产管理），具有私募基金管理人资格，管理基金主要类别为证券投资基金。《证券投资基金法》第三条第二款指出：“基金管理人、基金托管人依照本法和基金合同的约定，履行受托职责。”因此，一方面，X 公司与叶某所签署的基金合同是约定 X 公司受托义务的重要载体，包括基金投资的产品类型、运作模式、收益分配措施等。本案合同中约定的“禁止利用基金资产为基金投资者之外的任何第三方谋取不正当利益，进行利益输送”是忠实义务的体现，即 X 公司在运用基金投资时，应当

① 参见王利明：《信托合同与委托合同的比较》，载《暨南学报（哲学社会科学版）》2019 年第 4 期。

② 参见肖宇、许可：《私募股权基金管理人信义义务研究》，载《现代法学》2015 年第 6 期。

以基金投资者叶某的利益为投资导向。另一方面，X公司的受托义务受前文所述相关法律的规范，应当遵循基金份额持有人叶某利益优先的原则，谨慎勤勉的进行基金管理活动，履行忠实义务和注意义务。

2. “受托义务”的来源

首先，“受托义务”来源于合同义务。通过订立相关合同，当事双方建立起信任关系，受托方获得了委托方的授权，委托方将运用财产的权利让渡给了受托方，受托方因此可以在符合合同约定方式的情况下支配其本无权支配的财产。关于合同的种类，司法实践中出现过签署经纪合同形成的经纪关系是否属于“受托”范畴的质疑。在孟某某案①中，被告单位认为，自己与被害客户之间不存在资产管理委托理财关系，仅基于《期货经纪合同》与被害客户建立期货经纪关系。对此，法院认为，被害客户与被告单位签订了期货经纪合同，合同成立后被害客户即与被告单位形成委托管理期货账户资金的法律关系，被告单位应当遵循诚实信用原则，执行客户的委托，维护客户的合法权益。所谓经纪业务，根据我国《期货交易管理条例》第十八条的规定，为期货公司接受客户委托，以自己的名义为客户进行期货交易，交易结果由客户承担的行为。既为委托，那么受托人就应当基于合同完成受托义务。经纪行为也应当受到背信运用受托财产罪的规制。

其次，对于“受托义务”的理解也应当结合金融管理法律法规。受托方的行为仅符合当事人之间的合同约定义务并不能完整保护委托方的财产权，理由是受托方实施的损害委托方利益的行为，有的违反了国家规定，但不一定在合同中有具体约定。在实践中，客户与金融机构之间存在的“信息壁”，客户不能识别格式合同的权利保护完整性，从而对合同中的法律漏洞和受托金融机构进行违规违法的资金操作不知情；也有部分客户对理财的要求是只要能够按时获取本金和高额收益即可，因此甚至会放任这种违法违规行为。背信运用受托财产罪的保护法益是与金融机构财产管理活动相关的金融管理秩序，受托金融机构也许并没有违背委托人与其的合同约定，但是如果违反了法定义务，扰乱了金融管理秩序，则一样损害了委托人的合法权益，属于

① 辽宁省大连市中级人民法院刑事判决书，(2016) 辽02刑初12号。

违背受托义务。[①]

我国的金融管理法律体系中，《商业银行法》《证券法》《保险法》《信托法》等相关法律、行政法规和部门规章都对受托金融机构在委托、信托理财过程中必须履行的职责和禁止的行为作了比较明确的规定。如《商业银行法》第四章对于商业银行的资产负债比例、贷款发放对象的限制以及不得从事的业务等诸多事项进行了规范；《证券法》规定了不得将客户的资金和证券归入自有财产或者挪用客户的资金和证券；《保险法》限制了保险公司的资金运用形式；《信托法》规定受托人必须恪尽职守，履行诚实、信用、谨慎、有效管理的义务……这些法定义务为合同义务提供指引并进行补充，更加完善地保护委托人的权利。

综上，受托义务应当包括合同义务与法定义务，任一不符合当事双方所签署的合同或相关法律法规的金融机构财产管理行为，都是违背受托义务的行为。

（二）背信运用受托财产是否需要特定目的

1. 成立背信罪不限于特定目的

在本案中，X公司实施了擅自运用私募投资基金里的资金支付N资本公司场外履约保证金并购买N资本公司场外期权名义本金的行为。根据X公司法人杨某的表述，其是为了挽救X公司的劣后投资，才决定将前述基金资产作为和N资本公司场外期权的追加保证金。显然，在本案中，X公司实施的背信运用受托财产行为存在主观恶意，其目的是为自己谋取利益，既违反了合同中“禁止利用基金资产为基金投资者之外的任何第三方谋取不正当利益，进行利益输送”的约定，也违反了法律法规中的忠实义务，符合背信实质。

但回到法律条文本身，首先，我国刑法对背信运用受托财产罪并未明文规定主观要件，即不要求犯罪金融机构带着谋利或加害的目的实施背信行为。该罪是《刑法修正案（六）》新增设的罪名之一，围绕促进资本市场的健康、

① 参见涂龙科、胡建涛：《论背信运用受托财产罪的认定》，载《华东理工大学学报（社会科学版）》2008年第3期。

稳定、发展的要求，重点对金融犯罪的刑法作了较大修正是《刑法修正案（六）》的一大特色。分析《刑法修正案（六）》对于金融类犯罪的修订趋势，可以发现立法者逐渐减少了金融犯罪的特定目的要求，如新增加的虚假破产罪、背信损害上市公司利益罪及骗取贷款、票据承兑、金融票证罪中都没有规定行为人的特定目的；甚至将原有金融类犯罪中的主观要件进行了删减，如取消了操纵证券交易价格罪中的“获取不正当利益或者转嫁风险”的特定目的以及非法拆借、发放贷款罪中“牟利”的特定目的。从司法角度来看，将特定的目的作为主观要件，司法机关在处理案件时必然需要对这一目的加以证明。[①] 在司法实践中，在实施主体不进行主动说明的情况下，目的作为主观心理态度一般不易判断，需要通过客观行为来加以推定。[②] 例如，金融机构财产管理行为违背其受托义务，有时很难证明他是有谋利或加害目的，还是出于保护投资者利益的目的进行了违法违规操作。如果需要查明实施目的才能认定行为是否构成犯罪，就必然需要综合调查，收集证据，形成推定其特定目的的完整证据链。这将导致司法成本增高，有时可能会因为特定目的无法证明而导致案件无法处理。此外，法律法规已对相关客观行为进行了禁止性和命令性规定，如《私募投资基金监督管理暂行办法》第二十三条、《私募证券投资基金业务管理暂行办法（征求意见稿）》第二十五条。若再对由这些客观行为推定出的主观目的进行前置性要求，就会陷入重复证明，多此一举。若不要求特定目的，那么只要金融机构的行为违反了合同约定或法律法规，就能进一步结合情节的严重程度判断是否构成犯罪。而犯罪情节的认定往往较为简单，能更好地提升刑法的经济性。

其次，并不是所有的背信行为都具有为非投资者谋利或损害投资者利益的主观恶意，引入特定目的作为认定条件会导致背信犯罪的成立范畴缩小。有些情况下，受托人是出于投资者资产增值保值的目的实施了扰乱金融市场秩序的行为，如利用金融机构信息优势集中资金炒作股票；或者运用投资者财产投资时，未尽必须履行的职责导致亏损，如未及时向投资者披露可能影

---

① 参见卢勤忠：《刑法修正案（六）与我国金融犯罪立法的思考》，载《暨南学报（哲学社会科学版）》2007 年第 1 期。

② 参见彭文华：《背信及其刑法规制》，载《当代法学》2020 年第 6 期。

响其合法权益的重大信息使其错过作出重要投资决策变更的时机。若要求背信具备特定目的，则即使金融机构投资行为不符合金融市场秩序或者存在一定过失，也不一定构成背信运用受托财产罪，从而限缩了背信犯罪的处罚范围。

2. 背信行为中识别行为人主观目的的必要性

尽管背信运用受托财产罪的成立不需要以特定目的作为构成要件，但这并不代表可以完全忽视背信行为人的主观目的。

（1）“行为 + 主观目的”模式综合判断隐蔽性背信行为

特定情况下，查明行为主体的主观目的可以协助判断某一行为是否构成背信行为。除明显的违法违规、违反合同约定、未勤勉尽责的背信行为外，司法实践中也会出现基金管理人资产运作方式无明显异常的高度隐蔽性背信行为。基金管理人常以投资者应知晓投资风险，承担潜在的不利后果为基金投资失败的结果进行辩护，但投资失败的后果究竟是纯粹由市场系统性风险造成还是管理人确实未履行诚实信用义务，需以“行为 + 主观目的”的模式综合判断。如本案中，X 公司用管理的基金购买 N 资本公司场外期权产品（标的物为某创业板上市公司股票）的做法并未违反《私募投资基金监督管理暂行办法》对于财产投资标的的规定，也未有其他明显异常的投资行为，仅凭 X 公司与 N 资本公司之间的交易确认书无法判定 X 公司有背信行为，似乎可以用投资失败来解释场外期权产品进出亏损的结果。但结合 X 公司杨某承认的为挽救劣后投资的目的才擅自动用基金财产，其行为属于为非投资者谋利，滥用投资者信任，违背受托义务，造成严重的投资者财产损失后果，满足背信运用受托财产罪的构成要件。

（2）背信罪与其他财产类犯罪的区别

本罪与挪用类犯罪在客观方面具有一定相似之处，即在客观上都表现为使用不属于自己的资金的行为。挪用类犯罪主要表现为国家工作人员或公司、企业等单位工作人员利用职务上的便利，挪用公款或单位资金归个人使用，《刑法》第一百八十五、二百七十二及三百八十四条均对挪用类犯罪作出了规定。背信类犯罪和挪用类犯罪的本质区别在于，首先，挪用类犯罪不需行为人和受害人之间有信任基础，只要行为人有利用本人在职务上形成的主管、经管或经手单位资金的方便条件的空间即可。其次，挪用类犯罪的行为人本没有资金的处分权，只能将款项用于专门特定用途，但私自决定实施了将本单位的客户委托资金挪给本人或其他自然人使用，或者以个人名义将所挪用的资金借给其他自然人或单位使用的挪用行为[①]；而背信类犯罪行为人在保护财产所有人利益的前提下有自由处分财产的权利，但是处分财产的行为未遵守诚实信用原则，违反了法律法规或合同约定，属于擅自运用。主观方面，2002 年 4 月全国人大常委会《关于〈中华人民共和国刑法〉第三百八十四条第一款的解释》情形三将“谋取个人利益”作为挪用公款罪的构成要件之一，即挪用类犯罪有谋利的主观目的；而背信类犯罪并不以特定目的作为犯罪构成要件。

本罪与侵占罪的犯罪对象都是他人财产，并且都是他人基于信任托管的财产。两罪的区别主要在于，侵占罪须以非法占有为目的，即通过将他人的财产据为己有、拒不归还的方式谋取个人利益；而背信运用受托财产罪不以占有为目的，对于“擅自运用”的解读也不仅限于“占有、侵占”，只要是违背受托义务，对不在自己权限范围内的事情自作主张的行为，都可归属于“擅自运用”[②]。

（三）背信犯罪是否需要以造成财产损害为前提

在我国刑法环境下，往往是投资人财产受损后才会产生法律维权意识，进而有司法机关介入处理，但这并不意味着只有投资者财产受损情节严重才能构成背信类犯罪。此外，不可否认，在金融活动或投资经营活动中总是存在由于各种因素的不确定变动导致损失的可能性，但金融机构也并不能以“风险自负”作为委托理财行为造成客户财产损失的避风港。解决上述问题需要从背信运用受托财产罪的保护法益角度综合理解。

根据理论界对于背信类犯罪侵犯客体的观点，有的学者认为该罪的犯罪客体是财产权[③]；有的学者认为是合法的委托代理关系；也有的学者认为该

---

① 参见 2000 年 7 月 27 日实施的最高人民法院《关于如何理解刑法第二百七十二条规定的“挪用本单位资金归个人使用或者借贷给他人”问题的批复》。

② 参见彭文华：《背信及其刑法规制》，载《当代法学》2020 年第 6 期。

③ 参见孙明先：《背信罪的比较研究》，载《同济大学学报（社会科学版）》2004 年第 6 期。

罪的客体是复杂客体，同时侵害了市场领域中的信用制度和委托人的财产利益。[①] 根据我国刑法对于背信运用受托财产罪的规定，设置在刑法分则第三章第四节“破坏金融管理秩序罪”中，表明了该罪主要是将行为人实施背信运用受托财产行为破坏的金融管理秩序守作为基本保护法益。另外，本罪属于典型的情节犯，根据 2022 年 5 月 15 日实施的最高人民检察院、公安部《关于公安机关管辖的刑事案件立案追诉标准的规定（二）》第三十五条的规定，“擅自运用客户资金或者其他委托、信托的财产数额在三十万元以上的”、“虽未达到上述数额标准，但多次擅自运用客户资金或者其他委托、信托的财产，或者擅自运用多个客户资金或者其他委托、信托的财产的”和“其他情节严重的情形”都属于应予以立案追诉的严重情节。也就是说，行为人构成背信运用受托财产罪并不要求造成明确的损害后果，只要有实施违背职业操守和具有破坏秩序的行为并达到法定程度即可。

如果简单地从“造成损失”这种加害性目的角度去理解背信行为的动机，就会忽视谋利性背信行为。例如，在资本市场中，存在诸如建立“老鼠仓”等非但不会造成损失，反而能带来潜在高额回报的行为。金融机构作为受托进行资产管理的一方，具有融资和获取内幕信息的天然优势，可通过在建仓前大量买入，利用大笔资金拉高股价后抛出的方法，实现个人收益与基金收益的“双赢”。这类谋利行为能带来个体或暂时性的利益，但是损害的是广大投资者的利益及资本市场安全，本质上也是一种非法的财富转移形式[②]。在存在委托、信托关系的资产管理业务中，此种行为当然违背了受托管理人的诚信信用原则，具有严重的社会危害性，触犯背信类犯罪，应予严惩。一般情况下，由于犯罪手段和情节不同，谋利性背信行为也会涉及与操纵证券、期货市场罪，内幕交易、泄露内幕信息罪之间此罪与彼罪、数罪并罚的问题。

综上，构成背信犯罪不需要以造成财产损害为前提，只要行为人实施的擅自运用客户财产达到一定数额、多次擅自运用或擅自运用多个客户财产以

---

① 参见任彦君：《论背信犯罪》，载《甘肃政法学院学报》2008 年第 3 期。

② 参见涂龙科、胡建涛：《论背信运用受托财产罪的认定》，载《华东理工大学学报（社会科学版）》2008 年第 3 期。

及其他行为达到刑法规定的严重情节，就应当承担刑事责任。

（四）私募证券投资基金如何合规使用基金资产，尽职免责？

私募证券投资基金是一种重要的金融工具，为投资人提供了多样化的投资机会。私募基金管理人是制定并执行投资策略的主要责任人，通常拥有丰富的投资经验和专业知识，能够整合各类资源，为基金提供全方位的服务和支持。然而，私募基金管理人在投资过程中也承担着风险管理的责任，需要履行投资者保护的责任，保护投资者的合法权益。如果私募证券投资基金管理人违背受托义务，擅自运用客户资金或委托财产，情节严重的可能会构成背信运用受托财产罪。

目前，我国《证券投资基金法》《私募投资基金监督管理暂行办法》《私募证券投资基金业务管理暂行办法（征求意见稿）》等法律法规以及中国证券业协会、基金业协会的行业规范都对私募证券投资基金进行了规范。具体而言，私募证券投资基金管理人应当履行以下义务：

首先，遵守投资人的合法指示。私募基金管理人与投资人之间存在合同关系，其职责是代表投资人管理其资金进行投资。作为受托人，私募基金管理人有义务尊重投资人的权益，并在合法范围内遵守其指示，包括但不限于投资目标、风险偏好、资产配置、交易策略等方面。需要注意的是，私募基金管理人需要在投资决策中行使一定的专业判断权，以便更好地实现投资人的利益，但这并不代表其可以自行决定超出投资人指示范围的操作。私募基金管理人应当在尊重投资人意愿的前提下，基于其专业能力和责任，为投资人谋取最佳回报。

其次，私募证券投资基金管理人应当按照法律法规和合同约定的范围和限制来运用客户资金。第一，合法运用客户资金，不得从事非法活动或超出法律规定的范围，应当遵守证券市场的监管制度、交易规则和其他适用法律法规，确保投资活动的合法性和合规性。第二，只能在法规规定和合同约定的范围内进行投资，并且需要遵守相关限制，如资产配置比例、投资对象类型、投资策略等方面的规定，不得将客户资金用于超出授权范围的投资。第三，严禁挪用客户资金进行非法或未经授权的用途，也不得将客户资金与自己的财产混为一体；应当建立健全的内部控制制度，并接受监管机构的监督和审计，确保客户资金安全。

再次，私募证券投资基金管理人还应当遵守保密义务，妥善保管客户资料和交易信息，不得泄露给第三方。私募基金管理人与客户之间的合同中通常会包含有关保密义务的条款，明确双方的保密责任和义务。管理人应当按照合同约定履行保密义务。可以通过建立严格的信息安全制度、数据加密技术和访问权限控制措施来保护客户信息的安全。同时，需要对内部人员进行保密培训，建立信息隔离墙机制，防止内部人员滥用客户信息。

最后，基金管理人需要加强与投资人的沟通，通过信息披露提高投资者的决策能力和风险意识。向投资人充分、准确、及时地披露基金的运作情况、投资策略和风险提示、费用和收益情况、投资者权益保护措施等相关信息，在必要时提供不定期报告，及时更新相关信息，增强透明度和信任度。

如果私募证券投资基金管理人违反了上述受托义务，并且其行为情节严重，可能会被认定为背信运用受托财产罪。然而，需要说明的是，现行法律法规及行业规范对背信运用受托财产“情节严重”的情况的规定仍然较为模糊，尚缺乏明确、一致的标准，这使得司法实践中的认定存在一定的主观性和不确定性。因此，为了避免陷入刑事风险，私募证券投资基金管理人应当尽可能勤勉尽责地履行受托义务。向投资者做好充分的风险提示，建立健全的内部控制机制，确保投资决策的合理性和合规性。此外，私募证券投资基金管理人还应当加强对自身业务风险的认识和防范，定期对投资组合进行风险评估和监测，制定有效的风险管理措施，防止出现损失扩大或无法偿付的情况。

总之，私募证券投资基金管理人在办理基金投资业务时，应当认真履行受托义务，严格遵守法律法规和合同约定，以免触犯刑事法律并承担法律责任。其他金融机构也应如此。只有秉持勤勉尽责的原则，才能保护投资人的利益，维护市场的稳定和良好发展。

四、小结

金融市场是风险与收益并存的市场，在财产管理活动中受托人自主运用受托财产的特点更加剧了其不确定性和风险性。前文已经说明，委托、信托关系的基础是委托方对于受托方的信任。但实践中委托人滥用信任导致投资者利益受损、行业秩序混乱的情况时有发生。现有的法律、行政法规和中国证监会规定对于背信行为的列举并不周延，因此会出现以“其他……”方式对列举事项进行总括性规定。判断罪与非罪、此罪与彼罪仍需要从背信行为的本质出发。

背信行为的实质是违背了个人或组织在交往和合作中所承诺或期望的诚信原则，损害了他人的权益或违反了一种道德、法律或合同义务。在人际关系和商业活动中，双方依靠诚信和信用建立互利合作关系。而背信行为则是对这种信任的破坏和背离，包括违背承诺、欺骗、不公平竞争及违反道德和法律规范。背信行为带来的后果通常是受损害方的经济利益受损、商业声誉受损、合作关系破裂等。

背信犯罪的本质是违背基于诚信和信用建立起来的义务。因此，成立背信犯罪不应以违背法定义务或者造成财产损害等为限，也应不限于特定目的或财产性事务。对于金融机构来说，既不能不履行尽责义务，也不能为实现利益最大化不择手段。对于监管机构和司法机构来说，需要紧密结合背信犯罪的保护法益判断某一行为是否构成实质背信，一方面实现从严监管、保护金融市场秩序的目的，另一方面也不能无限扩张背信行为的范围。对于投资者来说，不仅需要综合运用法律手段、管理措施等谨慎投资，选择信誉良好的受托人，也要提高自身的风险防范意识，维护自己的合法权益。

▷ 相关法律法规 ◁

➢ **《刑法》**（2023 年修正，2024 年 3 月 1 日施行）

第一百八十五条　【挪用资金罪】商业银行、证券交易所、期货交易所、证券公司、期货经纪公司、保险公司或者其他金融机构的工作人员利用职务上的便利，挪用本单位或者客户资金的，依照本法第二百七十二条的规定定罪处罚。

【挪用公款罪】国有商业银行、证券交易所、期货交易所、证券公司、期货经纪公司、保险公司或者其他国有金融机构的工作人员和国有商业银行、证券交易所、期货交易所、证券公司、期货经纪公司、保险公司或者其他国有金融机构委派到前款规定中的非国有机构从事公务的人员有前款行为的，依照本法第三百八十四条的规定定罪处罚。

第一百八十五条之一第一款 【背信运用受托财产罪】商业银行、证券交易所、期货交易所、证券公司、期货经纪公司、保险公司或者其他金融机构，违背受托义务，擅自运用客户资金或者其他委托、信托的财产，情节严重的，对单位判处罚金，并对其直接负责的主管人员和其他直接责任人员，处三年以下有期徒刑或者拘役，并处三万元以上三十万元以下罚金；情节特别严重的，处三年以上十年以下有期徒刑，并处五万元以上五十万元以下罚金。

第二百七十二条 【挪用资金罪】公司、企业或者其他单位的工作人员，利用职务上的便利，挪用本单位资金归个人使用或者借贷给他人，数额较大、超过三个月未还的，或者虽未超过三个月，但数额较大、进行营利活动的，或者进行非法活动的，处三年以下有期徒刑或者拘役；挪用本单位资金数额巨大的，处三年以上七年以下有期徒刑；数额特别巨大的，处七年以上有期徒刑。

【挪用公款罪】国有公司、企业或者其他国有单位中从事公务的人员和国有公司、企业或者其他国有单位委派到非国有公司、企业以及其他单位从事公务的人员有前款行为的，依照本法第三百八十四条的规定定罪处罚。

有第一款行为，在提起公诉前将挪用的资金退还的，可以从轻或者减轻处罚。其中，犯罪较轻的，可以减轻或者免除处罚。

第二百七十三条 【挪用特定款物罪】挪用用于救灾、抢险、防汛、优抚、扶贫、移民、救济款物，情节严重，致使国家和人民群众利益遭受重大损害的，对直接责任人员，处三年以下有期徒刑或者拘役；情节特别严重的，处三年以上七年以下有期徒刑。

➢ **《私募投资基金监督管理暂行办法》**（中国证券监督管理委员会令第105号，2014年8月21日施行）

第二条 本办法所称私募投资基金（以下简称私募基金），是指在中华人民共和国境内，以非公开方式向投资者募集资金设立的投资基金。

私募基金财产的投资包括买卖股票、股权、债券、期货、期权、基金份额及投资合同约定的其他投资标的。

非公开募集资金，以进行投资活动为目的设立的公司或者合伙企业，资产由基金管理人或者普通合伙人管理的，其登记备案、资金募集和投资运作适用本办法。

证券公司、基金管理公司、期货公司及其子公司从事私募基金业务适用本办法，其他法律法规和中国证券监督管理委员会（以下简称中国证监会）有关规定对上述机构从事私募基金业务另有规定的，适用其规定。

第三条 从事私募基金业务，应当遵循自愿、公平、诚实信用原则，维护投资者合法权益，不得损害国家利益和社会公共利益。

第二十三条 私募基金管理人、私募基金托管人、私募基金销售机构及其他私募服务机构及其从业人员从事私募基金业务，不得有以下行为：

（一）将其固有财产或者他人财产混同于基金财产从事投资活动；

（二）不公平地对待其管理的不同基金财产；

（三）利用基金财产或者职务之便，为本人或者投资者以外的人牟取利益，进行利益输送；

（四）侵占、挪用基金财产；

（五）泄露因职务便利获取的未公开信息，利用该信息从事或者明示、暗示他人从事相关的交易活动；

（六）从事损害基金财产和投资者利益的投资活动；

（七）玩忽职守，不按照规定履行职责；

（八）从事内幕交易、操纵交易价格及其他不正当交易活动；

（九）法律、行政法规和中国证监会规定禁止的其他行为。

第二十五条 私募基金管理人应当根据基金业协会的规定，及时填报并定期更新管理人及其从业人员的有关信息、所管理私募基金的投资运作情况和杠杆运用情况，保证所填报内容真实、准确、完整。发生重大事项的，应当在10个工作日内向基金业协会报告。

私募基金管理人应当于每个会计年度结束后的4个月内，向基金业协会报送经会计师事务所审计的年度财务报告和所管理私募基金年度投资运作基本情况。

➢《**证券投资基金法**》（中华人民共和国主席令第23号，2015年4月24日施行）

第二条 在中华人民共和国境内，公开或者非公开募集资金设立证券投资基金（以下简称基金），由基金管理人管理，基金托管人托管，为基金份额持有人的利益，进行证券投资活动，适用本法；本法未规定的，适用《中华人民共和国信托法》、《中华人民共和国证券法》和其他有关法律、行政法规的规定。

第三条 基金管理人、基金托管人和基金份额持有人的权利、义务，依照本法在基金合同中约定。

基金管理人、基金托管人依照本法和基金合同的约定，履行受托职责。

通过公开募集方式设立的基金（以下简称公开募集基金）的基金份额持有人按其所持基金份额享受收益和承担风险，通过非公开募集方式设立的基金（以下简称非公开募集基金）的收益分配和风险承担由基金合同约定。

第九条 基金管理人、基金托管人管理、运用基金财产，基金服务机构从事基金服务活动，应当恪尽职守，履行诚实信用、谨慎勤勉的义务。

基金管理人运用基金财产进行证券投资，应当遵守审慎经营规则，制定科学合理的投资策略和风险管理制度，有效防范和控制风险。

基金从业人员应当具备基金从业资格，遵守法律、行政法规，恪守职业道德和行为规范。

➢《**非居民金融账户涉税信息尽职调查管理办法**》（国家税务总局、财政部、人民银行、银监会、证监会、保监会公告2017年第14号，2017年7月1日施行）

第七条 下列机构属于本办法第六条规定的金融机构：

（一）商业银行、农村信用合作社等吸收公众存款的金融机构以及政策性银行；

（二）证券公司；

（三）期货公司；

（四）证券投资基金管理公司、私募基金管理公司、从事私募基金管理业务的合伙企业；

（五）开展有现金价值的保险或者年金业务的保险公司、保险资产管理公司；

（六）信托公司；

（七）其他符合条件的机构。

➢ **《金融机构大额交易和可疑交易报告管理办法》**（中国人民银行令〔2016〕第3号，2017年7月1日施行）

第二条　本办法适用于在中华人民共和国境内依法设立的下列金融机构：

（一）政策性银行、商业银行、农村合作银行、农村信用社、村镇银行。

（二）证券公司、期货公司、基金管理公司。

（三）保险公司、保险资产管理公司、保险专业代理公司、保险经纪公司。

（四）信托公司、金融资产管理公司、企业集团财务公司、金融租赁公司、汽车金融公司、消费金融公司、货币经纪公司、贷款公司。

（五）中国人民银行确定并公布的应当履行反洗钱义务的从事金融业务的其他机构。

➢ **《信托法》**（中华人民共和国主席令第50号，2001年10月1日施行）

第二条　本法所称信托，是指委托人基于对受托人的信任，将其财产权委托给受托人，由受托人按委托人的意愿以自己的名义，为受益人的利益或者特定目的，进行管理或者处分的行为。

第五条　信托当事人进行信托活动，必须遵守法律、行政法规，遵循自愿、公平和诚实信用原则，不得损害国家利益和社会公共利益。

第二十五条　受托人应当遵守信托文件的规定，为受益人的最大利益处理信托事务。

受托人管理信托财产，必须恪尽职守，履行诚实、信用、谨慎、有效管理的义务。

第二十六条 受托人除依照本法规定取得报酬外，不得利用信托财产为自己谋取利益。

受托人违反前款规定，利用信托财产为自己谋取利益的，所得利益归入信托财产。

➢ **《期货交易管理条例》**（中华人民共和国国务院令第676号，2017年3月1日施行）

第十八条 期货公司从事经纪业务，接受客户委托，以自己的名义为客户进行期货交易，交易结果由客户承担。

➢ **《私募证券投资基金业务管理暂行办法（征求意见稿）》**（2013年2月20日施行）

第二十四条 基金管理人的从业人员应当具备基金从业资格，不得从事与履行职责有利益冲突的活动。

基金管理人应当建立从业人员进行证券投资的申报、登记、审查、处置等管理制度，防范与基金份额持有人发生利益冲突。

第二十五条 基金管理人及其从业人员从事私募基金业务，应当遵守基金份额持有人利益优先原则，不得有以下行为：

（一）不公平地对待其管理的不同基金财产；

（二）利用基金财产或者职务之便为基金份额持有人以外的人牟取利益；

（三）侵占、挪用基金财产；

（四）泄露因职务便利获取的未公开信息、利用该信息从事或者明示、暗示他人从事相关的交易活动；

（五）从事内幕交易、操纵证券交易价格及其他不正当的证券交易活动；

（六）法律、行政法规和中国证监会规定禁止的其他行为。

➢ **《刑法修正案（六）》**（中华人民共和国主席令第51号，2006年6月29日施行）

六、在刑法第一百六十二条之一后增加一条，作为第一百六十二条之二："公司、企业通过隐匿财产、承担虚构的债务或者以其他方法转移、处分财产，实施虚假破产，严重损害债权人或者其他人利益的，对其直接负责的主管人员和其他直接责任人员，处五年以下有期徒刑或者拘役，并处或者单处二万元以上二十万元以下罚金。"

九、在刑法第一百六十九条后增加一条，作为第一百六十九条之一："上市公司的董事、监事、高级管理人员违背对公司的忠实义务，利用职务便利，操纵上市公司从事下列行为之一，致使上市公司利益遭受重大损失的，处三年以下有期徒刑或者拘役，并处或者单处罚金；致使上市公司利益遭受特别重大损失的，处三年以上七年以下有期徒刑，并处罚金：

"（一）无偿向其他单位或者个人提供资金、商品、服务或者其他资产的；

"（二）以明显不公平的条件，提供或者接受资金、商品、服务或者其他资产的；

"（三）向明显不具有清偿能力的单位或者个人提供资金、商品、服务或者其他资产的；

"（四）为明显不具有清偿能力的单位或者个人提供担保，或者无正当理由为其他单位或者个人提供担保的；

"（五）无正当理由放弃债权、承担债务的；

"（六）采用其他方式损害上市公司利益的。

"上市公司的控股股东或者实际控制人，指使上市公司董事、监事、高级管理人员实施前款行为的，依照前款的规定处罚。

"犯前款罪的上市公司的控股股东或者实际控制人是单位的，对单位判处罚金，并对其直接负责的主管人员和其他直接责任人员，依照第一款的规定处罚。"

十、在刑法第一百七十五条后增加一条，作为第一百七十五条之一："以欺骗手段取得银行或者其他金融机构贷款、票据承兑、信用证、保函等，给银行或者其他金融机构造成重大损失或者有其他严重情节的，处三年以下有期徒刑或者拘役，并处或者单处罚金；给银行或者其他金融机构造成特别重大损失或者有其他特别严重情节的，处三年以上七年以下有期徒刑，并处罚金。

“单位犯前款罪的，对单位判处罚金，并对其直接负责的主管人员和其他直接责任人员，依照前款的规定处罚。”

十一、将刑法第一百八十二条修改为：“有下列情形之一，操纵证券、期货市场，情节严重的，处五年以下有期徒刑或者拘役，并处或者单处罚金；情节特别严重的，处五年以上十年以下有期徒刑，并处罚金：

“（一）单独或者合谋，集中资金优势、持股或者持仓优势或者利用信息优势联合或者连续买卖，操纵证券、期货交易价格或者证券、期货交易量的；

“（二）与他人串通，以事先约定的时间、价格和方式相互进行证券、期货交易，影响证券、期货交易价格或者证券、期货交易量的；

“（三）在自己实际控制的帐户之间进行证券交易，或者以自己为交易对象，自买自卖期货合约，影响证券、期货交易价格或者证券、期货交易量的；

“（四）以其他方法操纵证券、期货市场的。

“单位犯前款罪的，对单位判处罚金，并对其直接负责的主管人员和其他直接责任人员，依照前款的规定处罚。”

十二、在刑法第一百八十五条后增加一条，作为第一百八十五条之一：“商业银行、证券交易所、期货交易所、证券公司、期货经纪公司、保险公司或者其他金融机构，违背受托义务，擅自运用客户资金或者其他委托、信托的财产，情节严重的，对单位判处罚金，并对其直接负责的主管人员和其他直接责任人员，处三年以下有期徒刑或者拘役，并处三万元以上三十万元以下罚金；情节特别严重的，处三年以上十年以下有期徒刑，并处五万元以上五十万元以下罚金。

“社会保障基金管理机构、住房公积金管理机构等公众资金管理机构，以及保险公司、保险资产管理公司、证券投资基金管理公司，违反国家规定运用资金的，对其直接负责的主管人员和其他直接责任人员，依照前款的规定处罚。”

➢ **《商业银行法》**（中华人民共和国主席令第34号，2015年10月1日施行）

第四十三条 商业银行在中华人民共和国境内不得从事信托投资和证券经营业务，不得向非自用不动产投资或者向非银行金融机构和企业投资，但国家另有规定的除外。

➢ **《证券法》**（中华人民共和国主席令第37号，2020年3月1日施行）

第二百零八条 违反本法第一百三十一条的规定，将客户的资金和证券归入自有财产，或者挪用客户的资金和证券的，责令改正，给予警告，没收违法所得，并处以违法所得一倍以上十倍以下的罚款；没有违法所得或者违法所得不足一百万元的，处以一百万元以上一千万元以下的罚款；情节严重的，并处撤销相关业务许可或者责令关闭。对直接负责的主管人员和其他直接责任人员给予警告，并处以五十万元以上五百万元以下的罚款。

➢ **《保险法》**（中华人民共和国主席令第26号，2015年4月24日施行）

第一百零六条 保险公司的资金运用必须稳健，遵循安全性原则。

保险公司的资金运用限于下列形式：

（一）银行存款；

（二）买卖债券、股票、证券投资基金份额等有价证券；

（三）投资不动产；

（四）国务院规定的其他资金运用形式。

保险公司资金运用的具体管理办法，由国务院保险监督管理机构依照前两款的规定制定。

➢ **最高人民检察院、公安部《关于公安机关管辖的刑事案件立案追诉标准的规定（二）》**（公通字〔2022〕12号，2022年5月15日施行）

第三十五条 【背信运用受托财产案（刑法第一百八十五条之一第一款）】商业银行、证券交易所、期货交易所、证券公司、期货公司、保险公司或者其他金融机构，违背受托义务，擅自运用客户资金或者其他委托、信托的财产，涉嫌下列情形之一的，应予立案追诉：

（一）擅自运用客户资金或者其他委托、信托的财产数额在三十万元以上的；

（二）虽未达到上述数额标准，但多次擅自运用客户资金或者其他委托、信托的财产，或者擅自运用多个客户资金或者其他委托、信托的财产的；

（三）其他情节严重的情形。

案例6 私募股权投资基金背信运用受托财产案：违背受托义务的认定

一、基本案情

（一）案涉各相关主体

上海小源资产管理有限公司（以下简称小源公司）系一家在中基协登记备案的股权投资类私募基金管理公司，主营业务为资产管理、投资管理。宋某系小源公司的董事长及大股东。

南京银兴川股权投资管理有限公司（以下简称银兴川公司）系一家南京的投资管理公司，主营业务为受托管理私募股权投资基金、股权投资管理及相关服务等（未在中基协登记备案）。

南京两江开发区高科技投资有限公司（以下简称两高投公司）系一家由国有独资控股的投资公司，主营业务为股权投资、创业投资等。

南京银庆川股权投资合伙企业（有限合伙）（以下简称银庆川基金）系一家在南京的有限合伙企业（实质为有限合伙型基金，并已在中基协登记备案），共有3个合伙人，分别为银兴川公司（普通合伙人及执行事务合伙人）、小源公司（普通合伙人）和两高投公司（有限合伙人）。

南京银米川投资有限公司（以下简称银米川公司）系由银庆川基金（占股99.99%）与银兴川公司（占股0.01%）合资成立的一家项目公司，用于定向接受银庆川基金股权投资款后再以“股权+债权”的方式将银庆川基金的投资款定向转投资于南京大生新能源汽车有限公司（以下简称大生公司）。

大生公司系一家以新能源汽车及零配件研发为主营业务的公司，前身为山东大生电池集成科技有限公司，后经南京两江开发区招商引资后将注册地址从山东枣庄迁至江苏南京，并更名为南京大生新能源汽车有限公司。大生公司即为银庆川基金投资款的实际融资方，由银庆川基金将共计人民币22亿元的投资款项通过银米川公司以“股权+债权”的方式向大生公司投资。

南京银吉川蓝玉股权投资合伙企业（有限合伙）（以下简称银吉川基金）系一家在南京的有限合伙企业（实质为有限合伙型基金，并已在中基协登记备案），共有3个合伙人，分别为银兴川公司（普通合伙人及执行事务合伙人）、小源公司（普通合伙人）和两高投公司（有限合伙人）。

蓝玉能源（南京）有限公司（以下简称蓝玉公司）系一家以新能源技术开发、技术转让、技术咨询、技术服务、技术推广，地源热泵、储能电池、照明产品、逆变器销售，地热能分布式电站建设、管理服务等为主营业务的公司。蓝玉公司即为银吉川基金投资款的实际融资方，由银吉川基金将共计人民币8亿元的投资款项以“股权+债权”投资的方式向蓝玉公司投资。

（二）相关涉案行为

张某及其团队成员许某某、党某、刘某自2019年年初起，一直以银乐川资本合伙人身份通过南京两江开发区管委会先后向两高投公司介绍大生新能源汽车项目、蓝玉能源项目在两江开发区投资落地。在大生新能源汽车项目中，张某等人先通过天津银乐川股权投资管理有限公司（以下简称天津银乐川）与两江开发区管委会洽谈项目在南京落地的细节，后以天津银乐川为主体先后与两江开发区管委会及两高投签订《投资合作协议》《投资合作协议专项基金条款》，约定设立大生新能源汽车专项基金，并由天津银乐川公司指定方担任基金管理人，由两江开发区管委会下属的投资主体出资认购基金份额，最后将基金资金以“股权+债权”的模式定向投资于大生新能源汽车项目。前期的洽谈、商议合作模式，沟通设立专项基金等事宜，均系由张某等人与两高投公司人员直接洽谈，小源公司及其董事长宋某均未参与。后经张某等人与两高投公司商议，约定设立银庆川基金（有限合伙型）为投资平台，以银兴川公司为“普通合伙人+基金管理人”，以两高投公司为有限合伙人。后因银兴川公司未曾在中基协登记备案，没有基金管理人资质，无法办理银庆川基金的备案事项，故只好借用小源公司已完成备案的基金管理人资质，由小源公司担任“普通合伙人+名义管理人（通道方）”，帮助银庆川基金在中基协办理登记、备案等手续，由银兴川公司来担任“普通合伙人+执行事务合伙人”，实际履行基金管理人职责，管理23亿元专项基金。

在蓝玉能源项目中，张某等人设立银吉川基金为投资平台，以银兴川公司为普通合伙人与基金管理人，以两高投公司为有限合伙人。银吉川基金仍然因银兴川公司无在中基协登记备案的基金管理人资质而借用小源公司的基金管理人资质，由小源公司担任普通合伙人及名义管理人（通道方），帮助银吉川基金在中基协办理登记、备案等手续，以银兴川公司来以普通合伙人及执行事务合伙人的身份实际履行银吉川基金的管理人职责，管理8.4亿元专项基金。

小源公司董事长宋某于2019年3月经朋友介绍，先后与张某及刘某等人结识，后经与张某、刘某等人协商后决定接受银庆川基金、银吉川基金及银兴川公司委托，由小源公司担任银庆川基金和银吉川基金的普通合伙人及名义管理人，由银兴川公司以普通合伙人及执行事务合伙人的身份担任两个有限合伙型基金的实际管理人。鉴于小源公司仅系名义管理人，主要负责的工作仅为帮助两家有限合伙型基金完成在中基协登记备案的手续，并根据两家基金的实际管理人银兴川公司以及投资决策委员会（由5人组成，其中3人系由银兴川公司委派，2人系由两高投公司委派，无小源公司委派人员，以下简称投决会）指示，将两家基金的资金定向投资于投决会指定的公司。小源公司在担任银庆川基金的名义管理人期间，已完成银庆川基金的登记备案手续，并根据银庆川基金投决会指示，将基金资金定向投资于银米川公司（银米川公司董事、监事及管理人员同银庆川基金投资决策委员会），并定期将银兴川公司发来的基金相关信息、报告等上传中基协。银米川公司再陆续将收到的银庆川基金投资款以股权投资及股东方借款的形式分批转投资支付给了大生公司。投资完成后，银米川公司成为了大生公司的股东。后于2019年12月至2020年4月，经张某等人授意指示，大生公司将收到投资款中的

4.93 亿元陆续转借给了蓝玉公司使用。截至 2022 年 7 月，蓝玉公司已还清了上述所借款项。

两家基金的投资结构详见图 4－1。

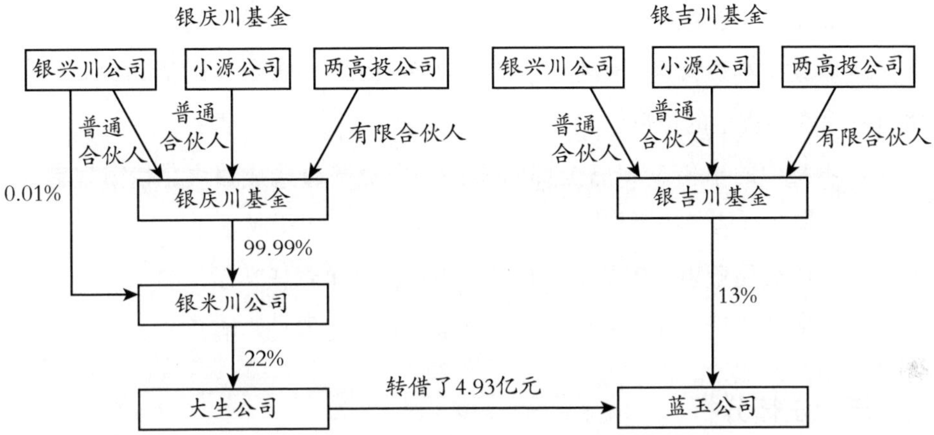

图 4－1　两家基金的投资结构

（三）司法机关对小源公司及其董事长宋某的指控事项

南京市两江开发区公安局的《起诉意见书》显示，张某及其团队成员许某某、党某、刘某打着银乐川资本的品牌向两高投公司推介大生新能源汽车项目和蓝玉能源项目在两江开发区落地，在项目实际投资落地时转而指定小源公司为私募基金管理人，通过与小源公司签订基金管理人职责转委托合同，进而又以银兴川公司为银庆川基金执行事务合伙人身份实际履行私募基金管理人职权。同时，两江开发区公安局认为宋某作为小源公司董事长在担任银庆川基金管理人过程中未履职尽责、疏于管理，导致张某等人为谋取私利从基金账户向大生公司专门拨付资金，并以大生公司为出借通道掩护挪用银庆川基金 4.93 亿元资金转借给蓝玉公司使用。因此，两江开发区公安局认为小源公司及宋某涉嫌构成背信运用受托财产罪，并于 2022 年 11 月 21 日移送两江开发区人民检察院审查起诉。

（四）案件结果

两江开发区人民检察院经审查及与辩护律师多次沟通后，认为指控小源公司及其董事长宋某构成背信运用受托财产罪的证据不足，决定对小源公司及宋某不起诉，并于2023年11月23日出具《不起诉决定书》。

二、主要问题

1. 私募基金管理公司是否属于背信运用受托财产罪的适格主体？

2. 本案中小源公司仅属名义管理人（通道方），是否存在违背受托义务，擅自运用客户资金的情形？

3. 本案中的出借款项已全部归还，并未给基金造成损失，情节显著轻微，是否符合背信运用受托财产罪需达到情节严重的构成要件？

4. 小源公司董事长宋某个人是否应当承担刑事责任？

5. 本案若错误定罪将对整个私募基金行业产生何种影响？

三、法律分析

（一）私募基金管理公司是否属于背信运用受托财产罪的适格主体

自2006年6月29日通过施行的《刑法修正案（六）》将“背信运用受托财产罪”新增为刑法中的一项新罪名以来，历经十余年，在司法实践中以此罪名判决入罪科刑的案例几近于无。正因如此，对于本罪犯罪主体的范围之认定（如私募基金管理公司是否属于本罪之犯罪主体），在理论界和实务界一直存在着诸多争议。虽然理论界一直有学者呼吁，要将此罪的犯罪主体范围作扩大化解释，使该罪名能适用于私募基金管理公司，但在司法实务中，至今未有要将该罪名适用于私募基金管理公司的司法解释、规定出台。在此背景下，辩护律师认为，截至目前，私募基金管理公司仍然不属于“背信运用受托财产罪”的犯罪主体范围，理由如下：

1. 可通过体系解释方法来论证理解《刑法》第一百八十五条之一的规定

《刑法》第一百八十五条之一第一款项下的背信运用受托财产罪系一个只有单位犯罪的罪名，犯罪主体是“商业银行、证券交易所、期货交易所、证券公司、期货经纪公司、保险公司或者其他金融机构”。而私募基金管理公司是否属于该条项下“其他金融机构”范围，《刑法》及相关司法解释对此并无明确规定。虽然如此，但辩护律师认为，可以通过体系解释的方法，比照《刑法》第一百七十四条第一款的擅自设立金融机构罪来论证背信运用受托财产罪中“其他金融机构”的范围（因为此二罪对金融机构的列举规定完全相同）。

擅自设立金融机构罪的构成要件包括“未经国家有关主管部门批准”。因此，可以认定该罪名中的“其他金融机构”，应当具有经“国家有关主管部门”（中国人民银行、证监会、原银保监会等国家有关金融主管部门）批准的特质。而根据文义解释，此处的“批准”应特指行政审批，而不能任意扩大解释为登记和备案。另外，从立法目的上分析，背信运用受托财产罪与擅自设立金融机构罪一样，设定该二罪所要保护的法益都是我国持牌金融机构及金融行业的公信力。非经国家有关主管部门批准不得擅自设立金融机构，是我国规范金融秩序、在特定金融领域实行国家专营和严格准入制度的必然要求。同理，背信运用受托财产罪项下的“其他金融机构”，也应以国家有关金融主管部门的批准作为设立的前置条件。

2. 私募基金管理公司并不属于刑法意义上的“金融机构”

根据《证券投资基金法》第十二条第二款之规定，只有公开募集的基金管理人，才需要经国务院证券监督管理机构按照规定核准。而根据《证券投资基金法》第八十九条规定，非公开募集的基金管理人仅需向中基协履行登记、备案手续即可。根据《私募投资基金监督管理暂行办法》第五条第二款和第七条的规定，“设立私募基金管理机构和发行私募基金不设行政审批”，即设立私募基金管理机构仅需根据规定向中基协申请备案登记即可。《私募投资基金管理人登记和基金备案办法（试行）》（已失效）更是根据《证券投资基金法》和中国证监会的相关规定，对私募基金管理人及私募基金的登记和备案作出了更为细化的规定。《私募投资基金管理人登记和基金备案办法（试行）》（已失效）第三条规定：“中国证券投资基金业协会（以下简称基金业协会）按照本办法规定办理私募基金管理人登记及私募基金备案，对私募基金业务活动进行自律管理。”另外，在中基协官网及中基协相关领导多次公开讲话中均发表了诸如“私募基金管理人在中基协进行登记、备案不属于获得金融牌照”的文章、观点。

基于上述规定，我们从私募基金管理公司的资格准入上可以看出，其设立并不需要经由国家有关金融主管行政机关审批。因此，可以得出私募基金管理公司不属于擅自设立金融机构罪犯罪中的“金融机构”。同理可得，私募基金管理公司亦不属于背信运用受托财产罪中的“金融机构”，即不属于背信运用受托财产罪的犯罪主体。而在全国范围内的司法实务中，各地检察机关亦在多起同类案件中均认定私募基金管理人不属于背信运用受托财产罪中的“金融机构”。

3. 中国人民银行编制的《金融机构编码规范》中亦无股权投资类私募基金管理公司的金融机构编码

2009 年 11 月 30 日，中国人民银行发布了《金融机构编码规范》，从宏观层面统一了我国金融机构分类标准，首次明确了我国金融机构涵盖范围，界定了各类金融机构具体组成，规范了金融机构统计编码方式与方法。《金融机构编码规范》对“金融机构”有明确定义，涉及基金部分的只有第 3. 18 项“证券投资基金管理公司”（公募基金公司），并不包括其他类型（如股权投资类）的私募基金公司。而本案中的小源公司，系一家仅在中基协（行业自律组织，非国家行政机关）登记备案，且登记类型为“股权投资类”私募管理机构的民营企业，其成立及开展业务并不需要经由国家金融主管行政机关批准，亦没有金融机构的编码。在此前提下，应当认定小源公司这类股权投资私募基金管理公司不属于刑法规定的“其他金融机构”。

（二）本案中小源公司仅属名义管理人（通道方），是否存在违背受托义务，擅自运用客户资金的情形

本案中，侦查机关指控小源公司及宋某构成背信运用受托财产罪的唯一依据是认为其在运营管理银庆川基金的过程中未履职尽责、疏于管理，导致张某等人以大生公司为出借通道掩护挪用银庆川基金中的 4. 93 亿元资金出借给蓝玉公司使用。辩护律师认为，该指控无法成立，理由如下：

1. 两高投公司并无实质性委托小源公司来管理运用其财产的意思表示

（1）根据在案案卷材料中被害人两高投代表柏某臣、王某、高某等人的陈述，被告人张某、刘某、党某、许某某等人的供述，以及证人李某明、龚

某兵、沈某民、金某、李某、程某等人的证言可以得知，在本案系争的银庆川基金中，基金的投资方两高投公司并没有实质性地委托小源公司来管理运用其财产。真实情况是，两高投公司系真正委托银兴川公司（而非小源公司）与两高投一起来共同对银庆川基金以及银庆川基金投资成立的银米川公司进行运营管理。

（2）两高投的报案材料及受案登记表显示，两高投作为基金单一投资人/受害人，其报案的对象仅指向银兴川公司，认为案涉基金管理人银兴川公司相关人员构成挪用资金罪，该报案并未涉及小源公司及小源公司人员。这说明两高投系明知小源公司并非案涉基金的实际管理人，其并未委托授权小源公司对案涉基金进行运营管理，其委托的是银兴川公司。故两高投亦认为银兴川公司相关人员将基金财产变相挪用拆借给蓝玉公司的行为与小源公司及小源公司人员无关。

（3）根据辩方提交的证据“由两高投的上级单位两江开发区管委会与金兴江的关联方银乐川投资公司签订的《大生电动汽车有限公司南京市两江区投资合作协议》”第三条第二项“专项基金”可以得知，两高投方早已与银乐川方约定，案涉基金由银乐川方来运营管理，其并没有委托小源公司来对案涉基金进行运营管理的意思表示。

（4）根据辩方提交的证据“两高投人员与金兴江人员直接沟通的微信记录”可以得知，即便两高投公司需要银庆川基金、银米川公司配合从事相关事项，其亦从未与名义管理人小源公司进行沟通，而全部都是在跟银兴川公司沟通，再由银兴川公司转通知小源公司。

2. 小源公司对银庆川基金并无实质性的运营管理权

前文已述，银庆川基金的投资决策委员会共有5位委员组成，其中2位系由两高投公司委派（王某、高某），3位系由银兴川公司委派（刘某、党某、许某某）。

（1）辩方提交的证据“《大生电动汽车有限公司南京市两江区投资合作协议》之专项基金基本条款”显示，案涉基金的投资决策委员由两高投和银兴川方共同负责组织任命。投资决策委员会一共5名委员，两高投推荐任命2名，银兴川方推荐任命3名，重大决策必须有4名及4名以上委员投票通过。

（2）根据辩方提交的证据“《南京金兴江股权投资管理有限公司与上海大策资产管理有限公司关于设立南京市金庆江股权投资合伙企业（有限合伙）之合作框架协议》”第1.1.1、1.2条，案涉银庆川基金及其执行事务合伙人委托小源公司的事项仅为办理基金备案；按照投资决策委员会的决定和指令，将银庆川基金的资金定向投资于银米川公司；定期向中基协上传基金相关信息、报告三项。基金投资方两高投公司以及两高投公司指定的真正管理方银兴川公司，均没有赋予小源公司对银庆川基金实质性的运营管理权，即小源公司对银庆川基金并无实质性的运营管理权。既然没有运营管理权，又何来违背受托义务，擅自运用客户资金、财产？

3. 小源公司已按照协议约定完成全部受托事项

前文已述，案涉银庆川基金及其执行事务合伙人委托小源公司的事项仅为办理基金备案；按照投资决策委员会的决定和指令，将银庆川基金的资金定向投资于银米川公司；定期向中基协上传基金相关信息、报告三项。实际上，小源公司实际也是照此约定履行了上述三项受托义务，即小源公司已完成了银庆川基金的备案手续，并根据基金投资决策委员会的决策和指令，将基金款项打入基金指定的银米川公司账户，同时亦有定期向中基协上传基金相关信息、报告。因此，可以说小源公司已按照协议约定完成全部受托事项，不存在违背受托义务的情形。

4. 银庆川基金及其投资方并没有委托授权小源公司对银米川公司进行运营管理及财务监管

银庆川基金及其投资方选择自行对银米川公司进行运营管理及财务监管，小源公司无权对银米川公司的资金使用进行监管。

（1）在案案卷材料“银米川公司工商档案”显示，银米川公司的董事会，就是由银庆川基金投资决策委员会的5名委员所组成（两高投委派2名：黄某和辛某，银兴川公司委派3名：许某某、刘某、党某），监事兼财务由银兴川公司委派的孙某担任。这说明银米川公司的实际运营管理及财务监管是由两高投公司和银兴川公司共同负责，无论是银庆川基金还是银庆川基金的投资人，均没有委托授权小源公司对基金投资的银米川公司进行运营管理及财务监管，而是选择自行与银兴川公司一起对银米川公司进行运营管理及财务监管。小源公司既无权利，也无义务对银米川公司的资金使用进行监管。

（2）两高投公司能完全掌控银米川公司，可自行将所投资金抽回。根据辩方提交的证据“银米川公司银行流水”等可以得知，两高投公司已经有多次绕开银庆川基金直接要求银米川公司将账户上的资金归还至两高投公司账户，这说明基金投资方两高投公司能完全掌控银米川公司，并可完全通过自力救济手段从银米川公司账户将所投资金要回，而非委托小源公司来管理运用其财产。

5. 银庆川基金及其投资方并没有委托授权小源公司来对大生公司进行财务监管，小源公司无权亦无义务对大生公司的资金使用进行监管

在案案卷材料“南京大生公司工商档案”显示，在大生公司的董事会中，由股东银米川公司委派的董事有2名：党某、刘某，其余董事、监事及总经理等均系由大生公司其他股东委派，与银米川公司无关，更与小源公司无关。大生公司的财务人员，也并非由银米川公司委派，更非由小源公司委派。这说明大生公司的实际运营管理及财务监管是由其公司董事、监事、高级管理人员自行负责，无论是银庆川基金还是银庆川基金的投资人，抑或大生公司的股东银米川公司，均没有委托授权小源公司对大生公司进行运营管理及财务监管，而是由其公司董事、监事、高级管理人员自行运营管理及财务监管。小源公司对大生公司的资金如何使用，没有权力，也没有义务进行监管。

6. 银庆川基金及其投资方并没有要求，也不需要小源公司定期向其披露银庆川基金的相关信息

银米川公司的董事会共有5名董事，该5名董事与银庆川基金的投资决策委员会委员完全重合，分别为黄某、辛某、刘某、党某、许某某，该5名董事均由两高投公司或银兴川公司委派。银米川公司的对外投资（包括股权投资和债权投资）全都由这5名董事来决定。这5名董事及其所代表的两高投公司与银兴川公司，对银庆川基金所投资项目及项目运营情况完全知晓，所以并没有要求也不需要小源公司定期向其披露银庆川基金的相关信息。相反，每个季度都是由银兴川公司委派的董事刘某将银庆川基金以及所投资的项目公司银米川公司的相关信息告诉小源公司的员工，并由小源公司的员工

将该信息定期上传、录入中基协官网，进行公示。

（三）本案中的出借款项已全部归还，并未给基金造成损失，情节显著轻微，是否符合背信运用受托财产罪需达到情节严重的构成要件

在案案卷材料显示，银米川公司出借给蓝玉公司的4.93亿元资金中，有5000万元系由银米川公司直接借给蓝玉公司，该笔借款曾由刘某通过微信告知两高投代表黄某和辛某，当时该二人对该笔借款并未表示反对；其余款项系银米川公司通过借给大生公司后再转借给蓝玉公司，该笔款项从法律意义上讲是由银米川公司借给了大生公司，该投向符合基金相关协议的约定，至于大生公司再将所得资金转借给其他人，理论上银庆川基金已无法干预了。另《起诉意见书》显示，截至2022年7月，蓝玉公司已还清了所借的全部4.93亿元款项，即被张某等人通过大生公司转借等方式出借给蓝玉公司的款项已全部归还，这部分转借的款项并未给银米川公司以及银庆川基金造成损失。相反，转借该款项的借款方蓝玉公司，恰是同样由两高投公司作为单一投资方的银吉川基金投资的标的公司。从某种意义上讲，将资金临时拆借给蓝玉公司帮助其扩大生产经营规模、提升业绩，对银吉川基金及两高投公司来说是有利的，并没有侵害两高投公司的利益。退一万步讲，即便该转借行为违法，那也属于情节显著轻微。而根据《刑法》第一百八十五条之一第一款，要构成本罪，需符合达到情节严重的构成要件，而本案中的情节，显然没有达到情节严重的程度，不符合背信运用受托财产罪的构成要件。

（四）小源公司董事长宋某个人是否应当承担刑事责任

背信运用受托财产罪系一个只有单位犯罪的罪名，犯罪主体是“商业银行、证券交易所、期货交易所、证券公司、期货经纪公司、保险公司或者其他金融机构”，宋某系自然人，不属于该罪的犯罪主体。而根据《刑法》第三十一条之规定：“单位犯罪的，对单位判处罚金，并对其直接负责的主管人员和其他直接责任人员判处刑罚……”也就是说，只有在小源公司构成背信运用受托财产罪的情况下，作为对其直接负责的宋某才有可能会被判处刑罚，即只要小源公司不构成该罪，则宋某就不应该受到刑事追责。笔者认为，在本案中小源公司并不构成背信运用受托财产罪（具体理由及依据详见前

文)。如果小源公司不构成犯罪，那么作为其董事长和实际控制人的宋某，自然也就不构成犯罪，无须承担刑责了。

（五）本案若错误定罪将对整个私募基金行业产生何种影响

1. 在私募基金、资管等领域中，“通道业务”是一种常见的、普遍的现象及业务形态，若强行以刑事手段介入规制恐将引发行业“大地震”

通道业务通常是指已在中基协登记备案的私募基金管理人接受投资方和融资方的共同委托，由已登记备案的私募基金管理人发起设立私募基金产品并向中基协申请基金产品备案，再由投资方认购基金份额，同时私募基金管理人根据投资方的委托授权，将基金资金定向投给投资方指定的融资方，再以名义管理人的身份定期将基金相关信息及报告上传中基协官网报备。在通道业务中，投资方和融资方往往早已自行将投融资相关的细节谈妥，只是出于某些业务权限、投资权限或税务上的考量，无法直接由投资方向融资方进行投资，所以需要找一家有备案资质的第三方机构作为名义管理人（通道方），投资方委托名义管理人发起设立私募基金产品并向中基协申请基金产品备案，然后投资方以认购私募基金的名义将资金交付给名义管理人，再授权名义管理人将资金定向投给自己指定的融资方。在这种业务模式下，投资方并没有实质委托名义管理人自主决策如何管理运用投放其委托的资金，而是由投资方自己决策及管理运用自己的资金，名义管理人对所托资金也没有实质性的管理运用投放权力，其受托事项仅限于发起设立基金并向中基协申请备案，按照投资方的授权指示将资金定向投于投资方指定的主体，定期向中基协上报基金相关信息及报告等。在通道业务模式下，名义管理人因为受托事项少，往往只能收取远低于主动管理型私募基金的管理费（通道费），就像本案中的小源公司，正因为其是通道，所以每年只能收取基金总额1‰的通道费管理费，远低于正常私募基金2%的年管理费率。

在私募基金、资管等领域中，“通道业务”一直是一种常见的、普遍的现象及业务形态，虽不为监管机构及行业自律组织所提倡，但也没有任何法律、行政法规等予以明令禁止。若以刑事手段强行介入，对“通道业务”进行规制，将“通道业务”认定为触犯《刑法》的犯罪行为，则有违刑法的谦抑性原则，且可能导致私募、资管领域一大半的企业面临刑事风险，这恐将引发整个行业的“大地震”，不利于我国经济社会及资本市场的稳定、发展。

2. 小源公司是一家合法存续，并正常经营的私募基金管理企业，若错误定罪将会对小源公司及其员工甚至公司在管的其他正常基金产品造成极大的不利影响

小源公司以资产管理、投资管理为主营业务，目前有员工 10 余名，在管的私募基金产品共有 9 支，除了本案涉及的银庆川基金和银吉川基金外，其余 7 支亦均系正常存续并正在有序运营的基金产品。倘若不顾法律规定及各地司法实践中的类案认定处理标准，执意要以背信运用受托财产罪起诉小源公司及其董事长宋某，恐将会导致其无法继续经营而倒闭，从而会导致员工失业，在管产品发生原本不会发生的到期无法清算兑付事件，大大损害了员工及其他在管产品投资人的利益，产生极大的社会负面影响。

▷ 相关法律法规 ◁

➢ **《刑法》**（2023 年修正，2024 年 3 月 1 日施行）

第一百八十五条之一第一款 【背信运用受托财产罪】商业银行、证券交易所、期货交易所、证券公司、期货经纪公司、保险公司或者其他金融机构，违背受托义务，擅自运用客户资金或者其他委托、信托的财产，情节严重的，对单位判处罚金，并对其直接负责的主管人员和其他直接责任人员，处三年以下有期徒刑或者拘役，并处三万元以上三十万元以下罚金；情节特别严重的，处三年以上十年以下有期徒刑，并处五万元以上五十万元以下罚金。

➢ **最高人民检察院、公安部《关于公安机关管辖的刑事案件立案追诉标准的规定（二）》**（公通字〔2022〕12 号，2022 年 5 月 15 日施行）

第三十五条 【背信运用受托财产案（刑法第一百八十五条之一第一款）】商业银行、证券交易所、期货交易所、证券公司、期货公司、保险公司或者其他金融机构，违背受托义务，擅自运用客户资金或者其他委托、信

托的财产，涉嫌下列情形之一的，应予立案追诉：

（一）擅自运用客户资金或者其他委托、信托的财产数额在三十万元以上的；

（二）虽未达到上述数额标准，但多次擅自运用客户资金或者其他委托、信托的财产，或者擅自运用多个客户资金或者其他委托、信托的财产的；

（三）其他情节严重的情形。

➢ **《证券投资基金法》**（中华人民共和国主席令第23号，2015年4月24日施行）

第九条 基金管理人、基金托管人管理、运用基金财产，基金服务机构从事基金服务活动，应当恪尽职守，履行诚实信用、谨慎勤勉的义务。

基金管理人运用基金财产进行证券投资，应当遵守审慎经营规则，制定科学合理的投资策略和风险管理制度，有效防范和控制风险。

基金从业人员应当具备基金从业资格，遵守法律、行政法规，恪守职业道德和行为规范。

第八十九条 担任非公开募集基金的基金管理人，应当按照规定向基金行业协会履行登记手续，报送基本情况。

第九十五条 基金管理人、基金托管人应当按照基金合同的约定，向基金份额持有人提供基金信息。

➢ **《私募投资基金监督管理条例》**（中华人民共和国国务院令第762号，2023年9月1日施行）

第十条 私募基金管理人应当依法向国务院证券监督管理机构委托的机构（以下称登记备案机构）报送下列材料，履行登记手续：

（一）统一社会信用代码；

（二）公司章程或者合伙协议；

（三）股东、实际控制人、董事、监事、高级管理人员，普通合伙人、执行事务合伙人或者委派代表的基本信息，股东、实际控制人、合伙人相关受益所有人信息；

（四）保证报送材料真实、准确、完整和遵守监督管理规定的信用承诺书；

（五）国务院证券监督管理机构规定的其他材料。

私募基金管理人的控股股东、实际控制人、普通合伙人、执行事务合伙人或者委派代表等重大事项发生变更的，应当按照规定向登记备案机构履行变更登记手续。

登记备案机构应当公示已办理登记的私募基金管理人相关信息。

未经登记，任何单位或者个人不得使用“基金”或者“基金管理”字样或者近似名称进行投资活动，但法律、行政法规和国家另有规定的除外。

第十一条 私募基金管理人应当履行下列职责：

（一）依法募集资金，办理私募基金备案；

（二）对所管理的不同私募基金财产分别管理、分别记账，进行投资；

（三）按照基金合同约定管理私募基金并进行投资，建立有效的风险控制制度；

（四）按照基金合同约定确定私募基金收益分配方案，向投资者分配收益；

（五）按照基金合同约定向投资者提供与私募基金管理业务活动相关的信息；

（六）保存私募基金财产管理业务活动的记录、账册、报表和其他有关资料；

（七）国务院证券监督管理机构规定和基金合同约定的其他职责。

以非公开方式募集资金设立投资基金的，私募基金管理人还应当以自己的名义，为私募基金财产利益行使诉讼权利或者实施其他法律行为。

第二十七条 私募基金管理人不得将投资管理职责委托他人行使。

私募基金管理人委托其他机构为私募基金提供证券投资建议服务的，接受委托的机构应当为《证券投资基金法》规定的基金投资顾问机构。

➢ **《私募投资基金监督管理暂行办法》**（中国证券监督管理委员会令第105号，2014年8月21日施行）

第五条 中国证监会及其派出机构依照《证券投资基金法》、本办法和中国证监会的其他有关规定，对私募基金业务活动实施监督管理。

设立私募基金管理机构和发行私募基金不设行政审批，允许各类发行主体在依法合规的基础上，向累计不超过法律规定数量的投资者发行私募基金。建立健全私募基金发行监管制度，切实强化事中事后监管，依法严厉打击以私募基金为名的各类非法集资活动。

建立促进经营机构规范开展私募基金业务的风险控制和自律管理制度，以及各类私募基金的统一监测系统。

第七条　各类私募基金管理人应当根据基金业协会的规定，向基金业协会申请登记，报送以下基本信息：

（一）工商登记和营业执照正副本复印件；

（二）公司章程或者合伙协议；

（三）主要股东或者合伙人名单；

（四）高级管理人员的基本信息；

（五）基金业协会规定的其他信息。

基金业协会应当在私募基金管理人登记材料齐备后的20个工作日内，通过网站公告私募基金管理人名单及其基本情况的方式，为私募基金管理人办结登记手续。

第八条　各类私募基金募集完毕，私募基金管理人应当根据基金业协会的规定，办理基金备案手续，报送以下基本信息：

（一）主要投资方向及根据主要投资方向注明的基金类别；

（二）基金合同、公司章程或者合伙协议。资金募集过程中向投资者提供基金招募说明书的，应当报送基金招募说明书。以公司、合伙等企业形式设立的私募基金，还应当报送工商登记和营业执照正副本复印件；

（三）采取委托管理方式的，应当报送委托管理协议。委托托管机构托管基金财产的，还应当报送托管协议；

（四）基金业协会规定的其他信息。

基金业协会应当在私募基金备案材料齐备后的20个工作日内，通过网站公告私募基金名单及其基本情况的方式，为私募基金办结备案手续。

➢ **《关于加强私募投资基金监管的若干规定》**（中国证券监督管理委员会公告〔2020〕71号，2020年12月30日施行）

第六条 私募基金管理人、私募基金销售机构及其从业人员在私募基金募集过程中不得直接或者间接存在下列行为：

（一）向《私募办法》规定的合格投资者之外的单位、个人募集资金或者为投资者提供多人拼凑、资金借贷等满足合格投资者要求的便利；

（二）通过报刊、电台、电视、互联网等公众传播媒体，讲座、报告会、分析会等方式，布告、传单、短信、即时通讯工具、博客和电子邮件等载体，向不特定对象宣传推介，但是通过设置特定对象确定程序的官网、客户端等互联网媒介向合格投资者进行宣传推介的情形除外；

（三）口头、书面或者通过短信、即时通讯工具等方式直接或者间接向投资者承诺保本保收益，包括投资本金不受损失、固定比例损失或者承诺最低收益等情形；

（四）夸大、片面宣传私募基金，包括使用安全、保本、零风险、收益有保障、高收益、本金无忧等可能导致投资者不能准确认识私募基金风险的表述，或者向投资者宣传预期收益率、目标收益率、基准收益率等类似表述；

（五）向投资者宣传的私募基金投向与私募基金合同约定投向不符；

（六）宣传推介材料有虚假记载、误导性陈述或者重大遗漏，包括未真实、准确、完整披露私募基金交易结构、各方主要权利义务、收益分配、费用安排、关联交易、委托第三方机构以及私募基金管理人的出资人、实际控制人等情况；

（七）以登记备案、金融机构托管、政府出资等名义为增信手段进行误导性宣传推介；

（八）委托不具有基金销售业务资格的单位或者个人从事资金募集活动；

（九）以从事资金募集活动为目的设立或者变相设立分支机构；

（十）法律、行政法规和中国证监会禁止的其他情形。

私募基金管理人的出资人、实际控制人、关联方不得从事私募基金募集宣传推介，不得从事或者变相从事前款所列行为。

私募基金募集完毕，私募基金管理人应当按照规定到基金业协会履行备案手续。私募基金管理人不得管理未备案的私募基金。

➤ **《私募投资基金信息披露管理办法》**（2016 年 2 月 4 日施行）

第九条　信息披露义务人应当向投资者披露的信息包括：

（一）基金合同；

（二）招募说明书等宣传推介文件；

（三）基金销售协议中的主要权利义务条款（如有）；

（四）基金的投资情况；

（五）基金的资产负债情况；

（六）基金的投资收益分配情况；

（七）基金承担的费用和业绩报酬安排；

（八）可能存在的利益冲突；

（九）涉及私募基金管理业务、基金财产、基金托管业务的重大诉讼、仲裁；

（十）中国证监会以及中国基金业协会规定的影响投资者合法权益的其他重大信息。

第五讲

职务侵占罪

案例7　私募债券投资基金从业人员职务侵占案

一、基本案情

2022年1月，人民检察院以被告人郭某某犯职务侵占罪，向人民法院提起公诉，指控被告人郭某某于2020年1月至10月，在对A公司所持有债券进行账户间平移调整过程中，私自委托其丈夫王某某（另案处理）完成相关过券交易并从中非法牟利。经审计，郭某某伙同王某某使用上述手段完成过券交易共计26笔，通过第三方账户截留交易价差金额共计人民币6,029,725元。

在案证据表明，被告人郭某某系A公司的交易员。2020年1月至10月，郭某某多次利用其担任该公司资金交易员的职务便利，伙同其丈夫王某某私自进行债券撮合交易从中牟利。其间，王某某根据郭某某提供的交易信息，通过他人寻找做市商及第三方债券投资信托账户，以虚增交易环节及“低卖高买”等方式截留债券交易价差并予以侵占，郭某某通过瞒报真实交易数据及做市商信息等方式，向公司隐瞒实际交易价差，二人以此侵占资金共计人民币6,029,725元。除支付给他人代理费，王某某获取3,314,518元，其中转入郭某某账户762,166.98元。

法院审理认为，被告人郭某某利用职务上的便利，将本单位财物非法占为己有，数额巨大，其行为已触犯刑律，应当以职务侵占罪追究其刑事责任。

鉴于被告人郭某某如实供述并自愿认罪认罚，悔罪态度良好，且已退赔部分违法所得，法院认为可以对其从轻和酌情从轻处罚，故对被告人郭某某判处有期徒刑三年十个月，并处罚金人民币10万元；同时要求其退赔在案的人民币3,314,580元，余款责令继续退赔，予以发还。此外，在该案的审查起诉阶段，人民检察院对A公司开展了企业合规程序。

二、主要问题

1. 本案中，被告人郭某某虽然具有A公司交易员的职务身份，但似乎并未实施职务侵占的具体行为，而是交由其丈夫王某某来实施。那么，本案审理法院认为被告人郭某某构成职务侵占罪的依据是什么？

2. 本案中，A公司损失的是实然的财产性利益还是应然的确定收益？即被告人郭某某通过第三方账户截留的交易价差的性质是什么？

3. 司法实践中对职务侵占罪中的“侵占”一词存在广义和狭义两种理解，这对职务侵占罪的行为类型的确定产生了重要影响。那么就本案而言，法院应当秉持怎样的立场来作出判决？

4. 本案所涉及的“企业合规”是什么？它在我国刑事诉讼中的适用现状如何？

三、法律分析

（一）本案中，被告人郭某某虽然具有A公司交易员的职务身份，但似乎并未实施职务侵占的具体行为，而是交由其丈夫王某某来实施。那么，本案审理法院认为被告人郭某某构成职务侵占罪的依据是什么

1. 职务侵占罪的构成要件是什么？

职务侵占罪作为财产犯罪的一种，由于现实中案情的复杂性、财产犯罪实行行为和非法占有目的的相似性，其常与侵占罪、盗窃罪和诈骗罪等同为财产犯罪的罪名相混淆。由于“我国刑法学通说认为，犯罪构成是追究刑事责任的唯一根据，行为符合犯罪构成就意味着该行为达到应受刑罚处罚的程度，必然要追究刑事责任，不存在行为虽符合犯罪构成但没有达到应受刑罚

处罚程度、不追究刑事责任的情形”①。故笔者认为，只有在分析现有刑法法条的基础上，辅助结合刑法实务界和学界的观点，才能较为全面地总结出职务侵占罪的构成要件，从而为探讨本案中郭某某是否构成职务侵占罪打下坚实的理论基础。

《刑法》第二百七十一条第一款规定：“公司、企业或者其他单位的工作人员，利用职务上的便利，将本单位财物非法占为己有，数额较大的，处三年以下有期徒刑或者拘役，并处罚金；数额巨大的，处三年以上十年以下有期徒刑，并处罚金；数额特别巨大的，处十年以上有期徒刑或者无期徒刑，并处罚金。”该条文看似简洁，却明晰地通过四句话概括出职务侵占罪的犯罪构成。

第一，通过对“公司、企业或者其他单位的工作人员”这三大主体进行身份限定，对职务侵占罪犯罪主体的“职务”身份和自然人特征进行了强调，明确了职务侵占罪的真正身份犯②属性，即只有具有“职务”身份的自然人才能构成本罪。当然这种职务并不能涵盖所有的职业，如从事公务的人员所犯下的侵吞罪行则应当由贪污罪来调整，因此本罪还暗含了对行为人不能从事公务的限制。此外，需要强调的是，这种职务身份需要从实质的角度出发加以认定，不能简单地认为只要是签订了劳动合同的自然人就当然地属于犯罪主体，而是需要该自然人实质上长期且稳定地从事单位的职务。基于此，单纯挂职的人不能构成本罪的犯罪主体，而工作人员请病假时代替其处理职务的其他人员却能构成本罪的犯罪主体。

第二，在规范了主体的身份特征后，法条又围绕该身份特征提出了“利用职务上的便利”这一行为方式上的要求。由于对“职务上的便利”可能存在多种文义上的理解，实务界和学界对其作出了进一步的解释，认为“职务上的便利”必须与职务本身紧密相关，即必须是基于职务而享有或者被赋予的便利，故便利的存在是以职务特权的存在为前提的。在这一前提下，结合

① 高铭暄、马克昌主编：《刑法学》，北京大学出版社、高等教育出版社2000年版，第212页。转引自柏浪涛：《构成要件符合性与客观处罚条件的判断》，载《法学研究》2012年第6期。

② 真正身份犯，是指具有特定身份的人所实施的犯罪。此类犯罪一般具有两种情况：（1）行为人必须具备一定的身份才能构成犯罪；（2）行为人因为具备一定的身份而影响刑罚的轻重。

职务侵占罪系财产犯罪的固有属性，笔者有理由认为职务侵占罪的行为人是自身职务领域的支配者和管理者，享有并利用职务领域主管、控制、占有、处分、经手单位财物等合法权限为自身牟利。也即行为人利用的是职务本身所赋予的职权便利，而不是与职务有关的客观环境和机会。[①] 例如，利用自身熟悉工作环境的优势而将公司资金转移到自己账户的法务，就不满足“利用职务上的便利”这一行为方式的要求。这是因为在此种情形下，法务之所以能够转移公司资金完全是因为其掌握了公司的客观工作环境，了解了财务办公室的工作情况，而并非因为其法务的任职，故仅构成盗窃罪。

第三，通过“将本单位财物非法占为己有”一句，指出了职务侵占罪对行为对象、行为目的和实行行为的要求。首先，职务侵占罪的行为对象必须是本单位的财物。“本单位”一词与行为人的职务身份相呼应，再次凸显本罪的职务特征。而“财物”一词的范围则非常广泛，它不仅限于单位实然占有的实体和虚拟的财产，如物资、股票、债券等，还包括单位应然获得的收益。其次，职务侵占罪的行为目的是“非法占有”，它是所有财产犯罪共同的精神指引，可以将其理解为“行为人永久地排除原权利人占有的目的”[②]。需要注意的是，对“非法占有目的”应作广义的理解，即行为人既可以萌生让自己占有财物的想法，也可以产生使第三人占有财物的想法，这并不违背本罪“非法占有目的”的要求。最后，就职务侵占罪的实行行为而言，学界和实务界存在两种不同的观点：第一种观点是广义说，认为职务侵占罪的行为类型不仅包括侵占，还包括盗窃和诈骗；第二种观点是狭义说，认为职务侵占罪的行为类型仅包括侵占。二者各有利弊，在司法实践中均有适用的可能，笔者将在后续的问题中对此进行详细分析和探讨。

第四，通过“数额较大”的规定，明确了职务侵占罪的入罪门槛和数额犯的属性。2016 年出台的最高人民法院、最高人民检察院《关于办理贪污贿赂刑事案件适用法律若干问题的解释》第十一条第一款规定：“刑法第一百六十三条规定的非国家工作人员受贿罪、第二百七十一条规定的职务侵占罪

---

① 参见张明楷：《张明楷刑法学讲义》，新星出版社 2021 年版，第 446 页。

② 蒋铃：《论刑法中“非法占有目的”理论的内容和机能》，载《法律科学（西北政法大学学报）》2013 年第 4 期。

中的‘数额较大’‘数额巨大’的数额起点，按照本解释关于受贿罪、贪污罪相对应的数额标准规定的二倍、五倍执行。”而根据该司法解释第一条和第二条的规定可知，贪污罪“数额较大”的标准为三万元以上不满二十万元，“数额巨大”的标准为二十万元以上不满三百万元。由此可计算出职务侵占罪中的“数额较大”“数额巨大”的标准，二者分别为六万元以上不满四十万元和一百万元以上不满一千五百万元。由上述内容可知，考虑到职务侵占罪的多发性和该罪行为人非国家工作人员的身份属性，司法实践给予了职务侵占罪更高的入罪门槛，这彰显了刑法对国家工作人员的严苛态度。①

结合上文论及的职务侵占罪的构成要件来看，首先，就职务身份和行为方式而言，本案中的郭某某系 A 公司的交易员，形式上属于 A 公司的正式员工，实质上也从事着对 A 公司所持有的债券进行账户间平移调整的工作，满足职务侵占罪的身份要件。在此基础之上，郭某某还利用了 A 公司对交易员的信任以及 A 公司对该职位所赋予的调度、支配、控制债券的职权，私自委托王某某完成相关过券交易，符合“利用职务便利”这一行为方式的要求。其次，就职务侵占罪对行为对象、行为目的和犯罪数额的要求来看，郭某某确系以非法占有公司财产为目的，与王某某通过虚增交易环节及“低卖高买”等方式截留了债券交易价差这一公司财产。经审计，通过第三方账户截留的交易价差共计人民币 6, 029, 725 元，满足了职务侵占罪“数额巨大”的数额认定标准。最后，就职务侵占罪的实行行为而言，本案中郭某某扮演的只是向王某某提供信息支撑的角色，其并没有直接实施与职务侵占罪有关的具体行为。而“行为人是否完成了实行行为是判定其是否成立犯罪的基本前提”②，这一前提对属于真正身份犯的职务侵占罪也同样适用。因此，探明郭某某是否实施了职务侵占罪的实行行为对其是否构成该罪具有决定性的影响。

2. 郭某某是否实施了职务侵占罪的实行行为?

由案情可知，本案中实施赚取并截留利差这一具体行为的人是王某某。

---

① 参见刘宪权:《〈刑法修正案（十一）〉中法定刑的调整与适用》，载《比较法研究》2021 年第 2 期。

② 徐岱、王沛然:《区分制下无身份者成立身份犯的共同正犯研究》，载《吉林大学社会科学学报》2023 年第 2 期。

而王某某作为外部人员并不具有 A 公司交易员的职务身份，其根本无法实施作为真正身份犯的职务侵占罪的实行行为。而根据共同犯罪的原理，既然郭某某委托王某某办事，并私自放权、提供信息给王某某，王某某亦按照郭某某的要求共完成相关交易 26 起，那么可知二者明显具有共谋实施违法犯罪行为的意图，且共同对 A 公司的财产法益制造了法律所不允许的危险，符合《刑法》第二十五条对共同犯罪的规定。但是即使郭某某、王某某二人构成共同犯罪，王某某基于身份原因也无法构成职务侵占罪的正犯。此外，最高人民法院《关于审理贪污、职务侵占案件如何认定共同犯罪几个问题的解释》第二条规定："行为人与公司、企业或者其他单位的人员勾结，利用公司、企业或者其他单位人员的职务便利，共同将该单位财物非法占为已有，数额较大的，以职务侵占罪共犯论处。"基于此，王某某只能因为法律文件和主流学说对真正身份犯中的共犯没有身份要求，而充当起共犯的角色。因此，由上述共同犯罪理论和刑法的立场可知，如果本案中的被告人成立职务侵占罪，则其必须已经实施了职务侵占罪的实行行为，并在二人的共同犯罪中承担着正犯的角色。

针对这一点，司法实践中存在如下多种解释路径。

第一种解释从间接正犯的角度出发，认为郭某某系本案的幕后主使，其支配着王某某完成一系列的违法行为，应当构成职务侵占罪的间接正犯。但笔者认为该观点并不合理，这是因为间接正犯必须基于欺骗、身份、强制或其他原因而对行为人产生一种强大的支配力，且这种支配力必须足以排除行为人的意思自由和行为自由。而在本案中，王某某和郭某某仅系夫妻关系，从社会一般人的视角出发，该关系并不满足产生绝对支配力的前提条件，故认为郭某某构成本案间接正犯的观点有失妥当。

第二种解释从职务侵占罪的行为类型出发，认为虽然对职务侵占罪的行为类型存在广义和狭义两种解释，但是这实际上并不影响对本案实行行为的判定。这是因为广义与狭义两种立场都列明了侵占这一行为类型，即如果郭某某实施了侵占行为，那么不论从哪一立场出发，都符合职务侵占罪对实行行为的要求。而在本案中，郭某某系 A 公司的交易员，其基于职务和公司信赖而享有对公司债券的支配、调度权，因此其对 A 公司所持有的债券构成合法占有。虽然郭某某与王某某后来以非法手段产生并截留了债券交易价差，但需要注意的是，由于该利差产生于郭某某职权控制下的债券平调交易，其作为利用A公司的内部财产进行交易而产生的结果，不论公司在整体上是亏损还是盈利，该利差均构成A公司财产的一部分，故其亦属于郭某某基于交易员身份可调度、可控制的公司财产的范围。同时考虑到交易员这一职业的本质便是以赚取利差为谋生手段，故可结合上述因素综合认定本案被告人郭某某对利差构成合法占有。因此，参照侵占罪对实行行为的规定，郭某某与王某某所实施的将利差据为己有的行为，满足了职务侵占罪对侵占这一行为类型的要求。

第二种解释从财产犯罪原理的角度抽象地探讨了郭某某实施实行行为的合理路径，但是对于实行行为的具体表现刻画得并不明显。笔者认为，只有对郭某某所实施的“委托行为”进行恰当的解释，才能较为彻底地解决郭某某是否实施了实行行为的问题。根据“委托”一词的本意可知，委托的前提是委托人具有处分委托事项的权利，且只要被委托人所实施的行为在受托权力和委托人的意思表示的范围内，其行为结果都应归属于委托人。就本案而言，本案中的委托人郭某某对债券具有支配和控制权，满足委托的前提条件。而被委托人王某某实际上是以委托人郭某某的名义行使郭某某的职权，并利用郭某某的职务便利调度、支配郭某某所在公司的财产。又因为被委托人王某某是在郭某某的意思表示的范围内行使了被委托的权利，故王某某虽不是公司职员，却在实质上代替郭某某从事了公司的职务和事务、处理并占有了公司的利差。按照委托的定义和条件，利差应当归属于郭某某，而占有利差的行为也应当视为郭某某的行为，因此有理由认为郭某某实施了职务侵占罪的实行行为。

此外，有观点认为王某某占有了一部分资金，故二人通过非法手段赚取的利差不应全部归属于郭某某。但是根据共同犯罪的原理可知，既然郭某某和王某某二人系事前共谋，那么委托行为在事前就已发生，故二人构成共同犯罪。又根据上文内容和相关司法解释可知，郭某某构成职务侵占罪的实行犯，而王某某只能构成该罪的共犯。虽然王某某实质上是在从事职务，但是该行为并不具备职业所应具有的经常性、反复性，只是一种偶然的行为，即仅属于受郭某某之托，忠郭某某之事。既然如此，根据共犯从属性原理，王某某作为本罪的帮助犯，只要其没有中止犯罪行为，其都应对正犯郭某某在共谋范围内所实施的全部行为负责。更何况王某某在本案中发挥了巨大的作用，根据其突出的贡献和不可或缺性，王某某的地位足以上升到类似正犯的高度。

（二）本案中，A公司损失的是实然的财产性利益还是应然的收益？即被告人郭某某通过第三方账户截留的交易价差的性质是什么

由职务侵占罪的构成要件可知，“本单位财物”一词的范围非常广泛，它不仅限于单位实然占有的实体和虚拟的财产，如物资、股票、债券等，还包括单位应然获得的收益。在本案中，被告人郭某某负责A公司债券间的平移调整业务。由于债券作为A公司的财产，在性质上属于财产性利益的一种，故郭某某构成对A公司财产性利益的实际管理、控制和支配。又因为“平移调整”实际上就是通过交易的方式来对基于债券所产生的利差进行调度，故由上述内容可知，郭某某对A公司的所有债券及其收益构成实际上的合法占有，具有支配力。此外，本案中郭某某委托王某某虚构交易达26起，虽然“低卖高买”行为处分的均是A公司自己的债券，它们均系A公司自己的财产，但是根据比例原则的要求，本案中郭某某和王某某并非因为A公司面临急迫且重大的商业风险而不得已地处分公司的财产，也不是为了追求公司利益最大化而处分财产，而是利用看似合理的交易外观和商业风险的客观存在特征，通过买卖公司的财产性利益来产生不必要的利差，并且将利差据为己有。

需要强调的是，基于外观主义，本案中26起人为构成的虚假商事交易已经完成，因此基于平调债券行为而产生的利差也已经客观存在。不论利差的产生系客观风险，还是由于人为因素，既然交易完成，那么因为财产转移而产生的收益已然成为相对人的财产，即使一方亏损也不能以此为借口来向对方索回。由此可知，由A公司非必要的债券损失转化而成的利差应当归属于郭某某和王某某。即使这部分利差曾经构成A公司财产性利益的一部分，也曾因A公司财产性利益的交易而产生，但按照商事交易的特征和规则，一旦

交易完成，被转移的财产便脱离了它们原有的主体，而由此产生的利差的性质也会相应地发生变化：于郭某某和王某某而言，该部分利差成为他们实然的财产性利益；于 A 公司而言，该部分利差则成为自身成本的损耗和不应当发生的预期利益的损失。这是因为如果郭某某和王某某不从事相关违法牟利活动，A 公司就不会被迫承担交易亏损，甚至还有概率利用债券平调来额外获益。

举例来说，“丙是网络公司负责维护服务器和游戏软件的运维经理，他通过修改游戏数据的方式创造游戏武器、装备，然后贩卖给游戏玩家，并将贩卖所得据为己有”[①]。在该案件中，丙利用自身系网络公司运维经理的身份，利用职务便利修改游戏数据来创造游戏武器、装备，并以此贩卖获利，系运用公司的财产性利益为自己谋取非法利益。该行为在使网络公司的成本被迫损失的同时，也造成了网络公司预期收益的损失。

（三）司法实践中对职务侵占罪中的“侵占”一词存在广义和狭义两种理解，这对职务侵占罪的行为类型的确定产生了重要影响。那么就本案而言，法院应当秉持怎样的立场来作出判决

通过上文对利差性质的讨论，笔者对郭某某是否实施了侵占行为又产生了怀疑：既然商事交易已经完成，那么相关财产性质的变化便意味着 A 公司对已完成交易的那部分财产性利益（债券）已经丧失占有。又鉴于郭某某和王某某的行为本就不具有合法性，那么作为该非法行为所产生的结果的利差，其自身也无法具有正当性，故郭某某和王某某自一开始便对利差构成非法占有。那么根据狭义侵占行为的定义，既然郭某某和王某某的行为并不具备合法占有 A 公司财产这一前提，那么他们更不可能满足将利差上升为自己所有的后续条件，故二者并不满足狭义侵占行为的构成要件，因此本案中并不存在狭义的侵占行为。因此，只有按照广义说解释职务侵占罪的行为类型，才有可能为郭某某、王某某构成该罪找到合适的依据。

而根据广义说“职务侵占罪的行为类型不仅包括侵占，还包括盗窃和诈

① 张明楷：《张明楷刑法学讲义》，新星出版社 2021 年版，第 449 页。

骗”的观点，本案职务侵占罪的行为类型只能从诈骗和盗窃二者中产生。又由于诈骗行为必须满足“使对方陷入认识错误而处分财产”这一隐含的构成要件要素，而本案中A公司并未受到欺骗，也并不存在欺骗行为，故本案中职务侵占罪的实行行为亦不构成诈骗。由此可知，若要成立职务侵占罪，郭某某所实施的实行行为只能是盗窃。而从比较法研究的视角参考日本的二阶层论，根据取得型财产犯罪的特征可知，盗窃作为最为平和的转移占有的方式，充分满足了相关财产犯罪的底层逻辑，因此其也通常作为取得型财产犯罪的兜底罪名而存在。考虑到郭某某和王某某不满足合法占有利差的前提条件，但该点恰好符合盗窃罪将他人占有的财物转移为自己占有的要求，故将郭某某所实施的实行行为归类为盗窃并无不当，而且这种对职务侵占罪行为类型的广义解释也符合刑法理论与司法实践的通说。

虽然如今广义说具有通说的地位，但其不一定合理，对此，有一种观点给出了一些理由①，同时也消除了笔者心中的一些疑惑：一是广义说参照刑法对贪污罪的规定来界定职务侵占罪的行为类型实为不妥。《刑法》第三百八十二条第一款规定：“国家工作人员利用职务上的便利，侵吞、窃取、骗取或者以其他手段非法占有公共财物的，是贪污罪。”由此可知“侵吞、窃取、骗取”是贪污罪的行为方式，并不能被简单地类推到职务侵占罪的行为认定中。因此，广义说的做法不仅违背了罪刑法定原则，还违背了刑法谦抑性要求。二是认为具有职权的行为人既然已经获得了对相应财物的支配力，那么其就无须也没有必要再通过骗取或者盗取的方式来获取财物，这样做是不合乎常理的。三是从量刑的角度认为，广义说将会导致罪刑不均衡。职务侵占罪的起刑点远远高于盗窃罪和诈骗罪，这表明刑法对职务侵占罪的门槛阈值和宽容度较高。但是根据举轻以明重的解释方法可知，利用职务便利所实施的盗窃、诈骗行为，其法益侵害性应当比普通的盗窃、诈骗行为更重。因此，在同等数额下，将利用职务便利而实施的盗窃、诈骗行为认定为量刑较轻的职务侵占罪，或者以不符合职务侵占罪的数额门槛而出罪是没有依据的。对此，只有对利用职务便利而实施的盗窃、诈骗行为分别定罪，才能真

① 张明楷：《张明楷刑法学讲义》，新星出版社2021年版，第447－448页。

正做到罪刑相适应。

基于此，笔者认为，针对郭某某是否成立职务侵占罪只需围绕该罪的构成要件展开即可，而无须对职务侵占罪的实行行为作类推解释。只要郭某某作为职员且利用了该职务所赋予的便利，并将公司的财产据为己有，不论其手段合法与否，不论其为谁占有，不论是否存在共犯，不论财物是单位的应然收益还是实然的财产性利益，都应当认为郭某某满足了职务侵占罪的构成要件。因此，笔者认为，狭义的“侵占”才是本案判决应当采取的立场。

（四）本案所提及的“企业合规”是什么？它在我国刑事诉讼中的适用现状如何

1. 什么是“企业合规”？

企业作为市场经济的主体，不可避免地要穿梭、往返于各式各样的交易之间，承担着维持市场经济的活力和生机的重要角色。但受利益最大化原则的驱使和自身风控体系的不完善，企业也经常游走在法律红线的边缘，甚至成为公诉机关追诉、打击的对象。而一旦企业构成单位犯罪，或者企业的负责人和直接责任人员构成犯罪，将产生一系列的连锁反应，对各方主体的资源都是一场持久的消耗，而结果却不尽如人意。

第一，由于相关犯罪行为的传播，企业的名誉将会受损，这将严重影响企业的交易活动和其在证券市场上的信誉，而这又会导致企业的经营状况每况愈下，进而难以维持生计，最后对相关企业的经营造成毁灭性的打击。由上述影响链条可知，一旦企业或者其负责人和直接责任人员的行为成立犯罪，即使企业或者相关人员触犯的只是轻罪，也可能使企业面临随时覆灭的危险。如果每处罚一个企业或者其相关人员的罪行，都需要使企业付出生命的代价，那么市场经济如何能够长久有效地运行呢？

第二，由于相关企业的倒闭、破产，将会导致一大批员工面临失业的风险。失业很可能造成相关人员的情绪甚至家庭的不稳定，再加之有些职业只局限于某一专业领域，就业市场上选择空间不大。因此，为了谋生，他们极有可能铤而走险，长久的待业状态可能使社会日益成为滋生犯罪的温床，进而严重影响社会的稳定和安全。

第三，由于相关案件的审理期限往往耗时较长，加之案情大多复杂，涉及的证据亦种类繁多，不仅导致司法资源被大量消耗，而且也很可能使受害方迟迟得不到赔偿。由此可知，如果这场旷日持久的拉锯战得不到妥善的解决，很可能导致各方得不偿失。此外，中兴事件与华为事件的发生也引发了我国政府对企业合规必要性的深思。

正是在上述种种原因的推动下，我国借鉴、参考国外较为成熟的合规做法，正式将“旨在预防、发现和制止企业内部违法犯罪行为的企业合规”①引入中国法律实践，力图改革中国企业犯罪的司法现状。虽然2022年施行的《中央企业合规管理办法》第一条表明本办法是根据《公司法》《企业国有资产法》等有关法律法规制定的，看似中央企业合规只局限于非刑事领域，但根据《中央企业合规管理办法》第三条第一款对合规的界定：企业合规是指“企业经营管理行为和员工履职行为符合国家法律法规、监管规定、行业准则和国际条约、规则，以及公司章程、相关规章制度等要求”，第三条第一款和第一条中的“等”字揭示了企业合规多领域适用的可能性。而就目前司法实践的回应举措来看，最高人民检察院推动的涉案企业合规改革试点工作充分体现了我国企业合规的刑事化倾向。

2. 企业合规在我国刑事诉讼中的适用现状如何？

我国的企业刑事合规试点工作自2020年启动以来，虽然相关改革已经历时3年之久，但企业合规目前在刑事诉讼中发挥的功能仍比较有限。它在我国并未完全覆盖整个刑事诉讼流程，而只是在审查起诉阶段被检察机关较为广泛地适用，并导致理论界出现了“合规不起诉”这一不起诉类型。合规不起诉的内涵在于检察机关是否起诉很大程度上取决于企业的悔改态度，而该悔改态度通常通过企业对后续整改的承诺行为和积极行动来体现。但值得关注的是，现行司法实践出现了许多可喜的进展，正不断促进我国刑事合规体系的建设和发展。

第一，联动机制和第三方机制的适用。例如，在X公司、张某某污染环

---

① 万方：《企业合规刑事化的发展及启示》，载《中国刑事法杂志》2019年第2期。

境案[①]中，市人民检察院听取了本案公诉机关区人民检察院的建议，根据案件性质、合规重点方向等因素，从全市抽取专业人员组建了第三方组织，并通过市人民检察院、区人民检察院和第三方组织的联动考察，研判出了X公司在合规领域的薄弱环节和突出问题，占据了审查监督的主动地位。此外，X公司亦主动聘用外部专家及外部合规顾问，通过运用第三方机制协助合规整改，使得公司在后续的整改过程中取得显著成效。又如，在T公司、陈某某等人帮助信息网络犯罪活动案[②]中，考虑到T公司的营运模式具有专业化特征，检察机关特意组建了由网络安全学术专家、广告业内专家、法律实务专家、行政机关领导等组成的第三方监督评估组织，为后续合规工作的开展提供了强有力的指导。

第二，前移合规工作阶段。例如，在南某某等人诈骗案[③]中，检察机关在侦查环节即着手开展合规准备工作，以细致的专项调查来研判本案是否符合合规条件。这不仅有助于案件后续阶段开展高质量的合规考察，更能保证企业的正常经营和社会责任的承担。又如，在S公司、雎某某销售假冒注册商标的商品案[④]中，市人民检察院应市公安局邀请，派员介入听取案件情况，并梳理相关证据，为在审查起诉阶段贴合案情作出是否适用企业刑事合规的决定以及该如何开展合规工作打下坚实的基础。

第三，注重多种司法措施的结合。例如，在J公司等建筑企业串通投标系列案件[⑤]中，检察机关积极推动企业合规与不起诉决定、检察听证、检察意见、检察建议等司法措施相结合，在促使企业改过自新、合规经营的同时，又努力采取措施预防企业陷入再犯罪的风险之中，将检察机关的监督职责落

① 参见山东潍坊X公司、张某某污染环境案，最高人民检察院涉案企业合规典型案例（第四批）案例二（2023年）。

② 参见浙江杭州T公司、陈某某等人帮助信息网络犯罪活动案，最高人民检察院涉案企业合规典型案例（第四批）案例五（2023年）。

③ 参见山西新绛南某某等人诈骗案，最高人民检察院涉案企业合规典型案例（第四批）案例三（2023年）。

④ 参见张家港S公司、睢某某销售假冒注册商标的商品案，最高人民检察院企业合规典型案例（第二批）案例二（2021年）。

⑤ 参见新泰市J公司等建筑企业串通投标系列案件，最高人民检察院四起企业合规改革试点典型案例案例四（2021年）。

到实处。又如，在S公司、翁某某掩饰、隐瞒犯罪所得案[①]中，检察机关通过梳理案情发现问题后，先向涉案企业制发了检察建议，后又派员不定期走访S公司实时跟进整改效果，最后在整改完成后又及时公开听证，可谓是将监督职责的落实到企业合规整改工作的每一步。

四、小结

笔者通过查阅相关案例，发现张某某、罗某某职务侵占案[②]与本案情节类似。该案中二被告人作为D公司的员工，亦是利用了职务便利，通过虚增中间交易环节和“低卖高买”方式截取了D公司的利益。最高人民检察院将其作为民营企业职务侵占犯罪典型案例，并强调对“对虚增交易环节类型的职务侵占案件，要注重从被害单位查实行为人职权内容、与客户的正常交易模式、成交价格等证据，从涉案交易对象查实虚增交易环节后的异常交易模式、成交价格等证据，并锁定行为人在异常交易中发挥的作用、‘低买高卖’价差利得的流向，综合认定职务侵占犯罪事实，精准认定犯罪数额”，为今后检察机关办理虚增交易环节类型的职务侵占案件指明了方向。

此外，笔者认为，本案中被告人郭某某之所以能够多次利用过券交易进行非法牟利活动，主要是因为其所在的A公司缺乏体系管理的意识和对交易风险的洞察力。A公司虽然建立了合规风控部门，但是对内部合规风险的核查追踪并不足，监控机制亦缺乏体系性且薄弱，再加上相关工作人员职业素养欠佳，种种因素最终导致了A公司多个私募产品的确定收益的流失。

通过对本案和新近发生的私募刑事案件进行梳理，笔者发现职务侵占罪已成为相关从业者所涉嫌的一项高发罪名。这不仅揭示了私募犯罪正面临着主体外延扩张的风险，更充分反映出私募行业违规自融、侵占挪用等问题频发的行业乱象。为此，有必要加强私募行业刑事合规体系的建设，这既有助于防范化解私募行业的金融风险，促进私募行业稳定、良性发展，又有助于

---

① 参见海南文昌市S公司、翁某某掩饰、隐瞒犯罪所得案，最高人民检察院企业合规典型案例（第二批）案例六（2021年）。

② 参见D科技公司营销中心总监张某某、经理罗某某职务侵占案，最高人民检察院检察机关依法办理民营企业职务侵占犯罪典型案例案例三（2022年）。

保障投资者的财产权益，促使私募基金的管理和交易在阳光下运行。

而想要达到完善私募行业刑事合规体系的目标，笔者认为需要从行业内部和外部双向发力。在行业内部，应在强化私募基金从业者的职业操守、完善职员权力配置制度的同时，引进证券犯罪合规领域和交易数据治理行业的专家，通过多方思维的碰撞来围绕私募行业特征、公司特色提出完善自身业务风险控制能力和监督机制的解决方案。在行业外部，检察机关应在纠正私募企业合规问题的同时，继续强化对源头风险的预防和控制。此外，证券监督管理机构也应加大监管力度，完善监管举措，严格贯彻、落实《关于依法从严打击证券违法活动的意见》。只有内外结合齐发力，才能在治罪的同时实现治理，才能在突破风险限制的同时实现发展，进而为整个私募行业提供高质量的发展空间。

▷ 相关法律法规 ◁

➢ **《刑法》**（2020 年修正，2021 年 3 月 1 日施行）

第二十五条第一款 【共同犯罪的概念】共同犯罪是指二人以上共同故意犯罪。

第二百七十一条第一款 【职务侵占罪】公司、企业或者其他单位的工作人员，利用职务上的便利，将本单位财物非法占为己有，数额较大的，处三年以下有期徒刑或者拘役，并处罚金；数额巨大的，处三年以上十年以下有期徒刑，并处罚金；数额特别巨大的，处十年以上有期徒刑或者无期徒刑，并处罚金。

第三百八十二条第一款 【贪污罪】国家工作人员利用职务上的便利，侵吞、窃取、骗取或者以其他手段非法占有公共财物的，是贪污罪。

➢ **最高人民法院《关于审理贪污、职务侵占案件如何认定共同犯罪几个问题的解释》**（法释〔2000〕15 号，2000 年 7 月 8 日施行）

第二条 行为人与公司、企业或者其他单位的人员勾结，利用公司、企业或者其他单位人员的职务便利，共同将该单位财物非法占为己有，数额较大的，以职务侵占罪共犯论处。

➢ **最高人民法院、最高人民检察院《关于常见犯罪的量刑指导意见（试行）》**（法发〔2021〕21号，2021年6月16日施行）

四、常见犯罪的量刑

（十四）职务侵占罪

1. 构成职务侵占罪的，根据下列情形在相应的幅度内确定量刑起点：

（1）达到数额较大起点的，在一年以下有期徒刑、拘役幅度内确定量刑起点。

（2）达到数额巨大起点的，在三年至四年有期徒刑幅度内确定量刑起点。

（3）达到数额特别巨大起点的，在十年至十一年有期徒刑幅度内确定量刑起点。依法应当判处无期徒刑的除外。

2. 在量刑起点的基础上，根据职务侵占数额等其他影响犯罪构成的犯罪事实增加刑罚量，确定基准刑。

3. 构成职务侵占罪的，根据职务侵占的数额、危害后果等犯罪情节，综合考虑被告人缴纳罚金的能力，决定罚金数额。

4. 构成职务侵占罪的，综合考虑职务侵占的数额、手段、危害后果、退赃退赔等犯罪事实、量刑情节，以及被告人的主观恶性、人身危险性、认罪悔罪表现等因素，决定缓刑的适用。

➢ **最高人民检察院、公安部《关于公安机关管辖的刑事案件立案追诉标准的规定（二）》**（公通字〔2022〕12号，2022年5月15日施行）

第七十六条　〔职务侵占案（刑法第二百七十一条第一款）〕公司、企业或者其他单位的人员，利用职务上的便利，将本单位财物非法占为己有，数额在三万元以上的，应予立案追诉。

➢ **最高人民法院、最高人民检察院《关于办理贪污贿赂刑事案件适用法律若干问题的解释》**（法释〔2016〕9号，2016年4月18日施行）

第十一条第一款　刑法第一百六十三条规定的非国家工作人员受贿罪、

第二百七十一条规定的职务侵占罪中的“数额较大”“数额巨大”的数额起点，按照本解释关于受贿罪、贪污罪相对应的数额标准规定的二倍、五倍执行。

➤ **《中央企业合规管理办法》**（国务院国有资产监督管理委员会令第42号，2022年10月1日施行）

第一条 为深入贯彻习近平法治思想，落实全面依法治国战略部署，深化法治央企建设，推动中央企业加强合规管理，切实防控风险，有力保障深化改革与高质量发展，根据《中华人民共和国公司法》《中华人民共和国企业国有资产法》等有关法律法规，制定本办法。

第三条 本办法所称合规，是指企业经营管理行为和员工履职行为符合国家法律法规、监管规定、行业准则和国际条约、规则，以及公司章程、相关规章制度等要求。

本办法所称合规风险，是指企业及其员工在经营管理过程中因违规行为引发法律责任、造成经济或者声誉损失以及其他负面影响的可能性。

本办法所称合规管理，是指企业以有效防控合规风险为目的，以提升依法合规经营管理水平为导向，以企业经营管理行为和员工履职行为为对象，开展的包括建立合规制度、完善运行机制、培育合规文化、强化监督问责等有组织、有计划的管理活动。

案例8 私募股权投资基金从业人员职务侵占案

一、基本案情

2014年年底至2015年年初，被告人M、H、L、K先后入职J企业（集团）有限公司（以下简称J集团公司）旗下J资产管理有限公司（以下简称J资管公司），负责J集团金控板块相关公司的筹建、管理工作。

2015年2月26日，J资管公司成立其全资控股的上海S股权投资基金管理有限公司（以下简称上海S公司）。J集团公司借助上海S公司开展融资借贷和股权投资业务，将集团公司自有或私募资金借助银行、信托等通道机构借贷给融资方房地产项目公司以获取利息收益，并以借款绑定装修工程的方式从融资方处获取工程收益。

被告人M、H、L、K受J资管公司委派，自上海S公司成立时即作为该公司高级管理人员，管理J集团公司金控板块投融资业务和股权投资业务。其中，M系总经理，全面负责上述业务，对其下属团队制作并上报J资管公司投资决策委员会表决的融资方案报告内容具有最终审批权；H任副总经理，协助M管理金控板块投融资业务，审核团队制作的融资方案报告后上报M审批；L先后任资产管理部、供应链金融部负责人，负责管理投融资业务的风险控制及法律事务；K任投资总监，负责投前筛选、投后执行等工作；同时，四人均系J资管公司投资决策委员会成员，对上会融资项目方案具有表决权。

2015年12月至2017年12月，被告人M单独或伙同被告人H、L、K及上海S公司高级管理人员G（另案处理），利用各自负责J集团公司金控板块投融资业务、股权投资业务的职务便利，为上海某投资有限公司、宁波某置业有限公司等融资方谋取利益，非法收受钱款。被告人M、H、L共同非法收受人民币2918.5万元（以下币种均为人民币），被告人M、K共同非法收受150万元，被告人M单独非法收受2050万元。其中，被告人M实际分得33,412,151.76元，被告人H实际分得8,049,096.7元，被告人L实际分得9,118,894.13元，被告人K实际分得50万元。

二、主要问题

1. 本案涉及的M及其团队成员的主体身份、职务内容等，与J集团公司，均无刑法规定的职务侵占罪、非国家工作人员受贿罪规范评价层面的直接且实质法律关系。

2. 案涉以“财务顾问费”为名义的费用，其在金融交易中的本质属性为融资成本，其在刑事法律关系层面并不能构成职务侵占罪意义上犯罪对象——“公司资金”。

3. 被告人 M 及其团队成员所收取的以“财务顾问费”名义呈现的费用，其本质并非对应归属于资金端（投资方）的收益，而是资产端（融资方）应当自行、通过金融机构通道（本案中的信托公司）或者聘任第三方，进行资产金融化（将资产制作成金融产品）的成本。

4. 本案中并不存在利用职务便利的情形。

三、法律分析

（一）本案涉及的 M 及其团队成员的主体身份、职务内容等，与 J 集团公司，均无刑法规定的职务侵占罪、非国家工作人员受贿罪规范评价层面的直接且实质法律关系

被告人 M 的职务为上海 S 公司的管理人员，其职务内容是在融资交易中为资金方（J 集团公司）审核投资项目（借道信托向房地产企业发放借款并尝试为房地产项目绑定 J 集团公司提供装修工程业务）。因此，本案中即使存在可以进行刑法评价的主体身份、职务行为内容，也均源于上海 S 公司，与 J 集团公司之间并无刑法上的直接且实质法律关系。

本案的追责逻辑为“被告人 M、H、L 和 K 在 2014 至 2015 年先后入职 J 集团公司旗下金融板块相关公司，公司主要对外投融资业务……非法侵占原本应由 J 集团公司收取的融资顾问费（或咨询服务费）和受贿”——实际上将主体身份、职务行为（行为主体的客观犯罪行为）与职务侵占的被害人经济损失（对象）进行了割裂，导致职务侵占罪、非国家工作人员受贿罪核心构成要件的错位。

（二）案涉以“财务顾问费”为名义的费用，其在金融交易中的本质属性为融资成本，其在刑事法律关系层面并不能构成职务侵占罪意义上犯罪对象——“公司资金”

对于融资方（本案中的借款方）而言，借款本金之外的费用均为融资成本。本案中的书证、证人证言（融资方公司人员）等互为印证：融资方原则上只计算融资成本在金额上是否能够接受，至于融资成本的结构、明目、支付对象，并非金融交易层面所关注的必要问题。

对于投资方（本案中的出借人J集团公司）而言，其按照合同约定实际获取的费用才是收入，即通过信托公司通道发放贷款，其应得的放贷总收益或者投资收益。投资者原则上只计算其投资所预期获取的收益是否能够接受，至于投资收益的名义是利息，还是“利息+财务顾问费”，抑或“利息+任何名义的费用”，并非金融交易层面所关注的必要问题。本案中的书证、证人证言、被告人供述等也都可以印证，J集团公司决策机构最终确认案涉项目的交易结构、合同安排、投资收益金额等；同时，投资收益是当时行业内的公允价格。

逻辑归纳如下：其一，以“融资顾问费”名义出现的费用，仅对于融资方而言具有金融交易与法律关系的意义，因此，不能成为评估投资方（本案中的出借人J集团公司）是否应当收取、是否属于投资方应得资金的概念或者问题。其二，某笔金额的费用，是否应当属于投资方应得收益，应当根据投资方决策机构本身确认的、签署合同的金额予以判断，而不能脱离合同双方明确约定的金额，将融资方支付的特定名义的款项，认定其就应当支付给投资者，从而作为“公司资金”而被评价为职务侵占罪的行为对象。

（三）被告人M及其团队成员所收取的以“财务顾问费”名义呈现的费用，其本质并非对应归属于资金端（投资方）的收益，而是资产端（融资方）应当自行、通过金融机构通道（本案中的信托公司）或者聘任第三方，进行资产金融化（将资产制作成金融产品）的成本

被告人M及其团队成员属于私募基金管理人（上海S公司）的管理人员，其对于资金方（本案中的出借人J集团公司）需要承担的义务也是其应当履行的职务行为，内容表现为审核投资的标的：借款规模、收益、还款期限、担保、资金用途、还款来源、违约风险、出现违约后的处置措施。这是其职务行为的内涵。本案中的书证、证人证言、被告人供述均互为印证，投资项目或者标的本身的审核与风险控制把关并未出现不尽责的问题，或者并没有证据表明投资风险的出现可以归责为本案中被告人的偏向性的职务行为。

更为重要的是，本案中要严格区分资金端与资产端。被告人M及其团队

成员通过下设公司或者个人名义所收取的费用，其行为并非出自资金端的职务行为，而是来源于其为资产端（借款人）所提供额外且独立于资金端的资产金融化服务。本案中J集团公司旗下资金，作为上市公司或者集团公司的资金，是禁止向他人进行直接的资金出借投资的，所以其只能购买金融产品。本案中，作为借款人的各大房地产公司，其本身资产在未制作成金融产品之前，也是无法完成融资的。被告人M及其团队成员实际上应当在资产端（融资方）自行、通过金融机构通道（本案中的信托公司）或者聘任第三方，进行资产金融化（将资产制作成金融产品）的工作。也就是说，房地产企业进行融资，其前提是将旗下资产制作为金融产品，其可以自行办理，也可以支付费用请金融通道办理，还可以通过支付费用请本人、金融通道之外的第三方办理。因此，本案被告人M及其团队所收取的费用，其本质就是提供了独立于资金端、服务于资产端、具有市场价格的专业工作。

（四）本案中并不存在利用职务便利的情形

上海S公司是按照《证券法》《证券投资基金法》及中国证监会关于私募基金的管理办法等部门规章以及基金业协会自律规则依法设立且经备案的，具有通过非公开募集方式募集资金并进行股权、债权、证券等投资的私募基金管理人。本案中所涉项目的投资资金均非来源于上海S公司的自有资金或者募集资金，因此，无论是上海S公司在法律上还是事实上的经营行为，均不存在或者不可能被其他公司借助开展融资借贷或者股权投资。

被告人M等人作为上海S公司高级管理人员，其法律上与事实上的职责，只能是决策或者管理上海S公司的自有资金或者募集资金，从事私募基金管理人可以从事的投资行为，在法律上与事实上不存在管理J集团公司金控板块投融资业务和股权投资业务。

经中基协备案的上海S公司作为私募基金管理人，充分证明上海S公司及其高级管理人员的投资管理行为的所有内容，且并无被其他公司借助开展融资借贷或者股权投资。可见，私募股权投资基金的经营内容决定了本案中并不存在利用J企业集团职务便利的事实。

▷ 相关法律法规 ◁

➤ **《刑法》**（2020 年修正，2021 年 3 月 1 日施行）

第一百六十三条 【非国家工作人员受贿罪】公司、企业或者其他单位的工作人员，利用职务上的便利，索取他人财物或者非法收受他人财物，为他人谋取利益，数额较大的，处三年以下有期徒刑或者拘役，并处罚金；数额巨大或者有其他严重情节的，处三年以上十年以下有期徒刑，并处罚金；数额特别巨大或者有其他特别严重情节的，处十年以上有期徒刑或者无期徒刑，并处罚金。

公司、企业或者其他单位的工作人员在经济往来中，利用职务上的便利，违反国家规定，收受各种名义的回扣、手续费，归个人所有的，依照前款的规定处罚。

【受贿罪】国有公司、企业或者其他国有单位中从事公务的人员和国有公司、企业或者其他国有单位委派到非国有公司、企业以及其他单位从事公务的人员有前两款行为的，依照本法第三百八十五条、第三百八十六条的规定定罪处罚。

第六讲

挪用资金罪

案例9　合伙型私募基金合伙事务执行人挪用资金案

一、基本案情

AL 控股公司与 TY 投资公司为组建“AL·TY 新城市经济投资基金”共同出资成立 AY 投资中心（有限合伙），该基金的设立系为 AL 控股公司及其下属各子公司、参/控股项目公司，目前持有以及未来一段时间内拟投资的各类型项目提供专项投资资金、流动资金支持、资产证券化等各类型金融服务。2015 年 3 月 6 日，AY 投资中心被核准登记，登记合伙人分别为 TY 投资公司（普通合伙人）、SZ 投资公司（有限合伙人）；执行事务合伙人为 TY 投资公司，委派被告人郭某为执行事务合伙人的代表。SZ 投资公司系为 AL 控股公司代持合伙份额。

AY 投资中心被核准成立后，被告人郭某作为执行事务合伙人的代表，以“苏州 AY 投资中心（有限合伙）综合收益权投资基金计划（FB Ⅰ号）”（以下简称 FB Ⅰ号基金计划）名义进行了基金募集。2015 年 3 月底至 7 月，先后自安徽某资产管理有限公司以及胡某等 8 名自然人处共募集资金 2735 万元，所募集的资金均转入了 AY 投资中心在中信银行某支行设立的基金募集专用账户（尾号 1312）。之后，有 300 万元以计提风险准备金名义转至 TY 投资公司，其余 2435 万元被被告人郭某在未履行投资决策程序的情形下，违反约定的资金用途，以资金托管名义转至TD投资中心银行账户，继而转至郭某个人账户和与AY投资中心无关的个人及单位银行账户，至今未归还。

2015年12月底，AL控股公司以受让出资人权益的方式，将FB Ⅰ号基金投资人的投资款共计2735万元予以返还。2016年8月13日，被告人郭某被公安机关抓获。被告人郭某归案后，如实供述了其未经审批将募集资金的大部分转至TD投资中心的事实。

另查明：（1）AL控股公司与TY投资公司签订的战略合作框架协议约定："所有基金业务投资只针对AL集团、AL控股公司指定项目或由各方共同同意的第三方的项目进行投资；TY投资公司应确保资金流向事先征得AL控股公司的同意，依规定独立运用和管理基金资产，获得基金管理费及其他费用；基金设定投资决策委员会，为业务决策机构，对基金业务有最终决定权，合伙事务执行人执行一般行政决定与投资决策委员会指令，对于业务决策指令只有执行权；基金业务审批制度为三级三审；针对具体项目双方设立共管账户，对基金的放款进行共同监管，框架协议为双方开展合作的指导性文件，根据一事一议原则，针对具体项目将在合作框架基础上签署相应合作协议。"

（2）FB Ⅰ号基金计划对外发布的募集资料中的"基金计划设立要点"载明"本基金计划投资于AL集团公司，用以向该企业提供流动资金支持"；有限合伙协议载明："合伙的目的是为AL集团及其下属各公司、参/控股项目公司，目前持有以及未来一段时间内拟投资的各类型项目提供专项投资资金、流动资金支持、资产证券化等各类型金融服务；投资业务由普通合伙人决策和实施，普通合伙人组建投资委员会，投资委员会负责投资业务的最终决策，投资决策需要投资委员会半数以上委员同意。"

一审法院认为：被告人郭某在担任AY投资中心执行事务合伙人的代表期间，利用职务上的便利，挪用该投资中心募集资金中的2285.6万元归个人使用，数额巨大，至今不能归还，其行为已构成挪用资金罪，判决被告人郭某犯挪用资金罪，判处有期徒刑四年六个月。

被告人郭某及其辩护人上诉认为：本案事实不清、证据不足、程序违法、适用法律错误，其对涉案资金的使用符合约定的投资用途，也符合其职权范围，符合私募资金的宗旨和目的，并不是挪用，也没有违反专款专用，原判认定事实错误。

二审法院对一审判决认定的事实及相关证据予以确认，认定郭某的行为已构成挪用资金罪。裁定驳回上诉，维持原判。

二、主要问题

1. 本案 FB Ⅰ号基金计划资金是否为 AY 投资中心的“本单位资金”？

2. 本案能否适用《刑法》第一百八十五条？

3. 郭某的行为能否构成《刑法》第一百八十五条之一的背信运用受托财产罪？应当如何评价？

三、法律分析

（一）本案 FB Ⅰ号基金计划资金是否为 AY 投资中心的“本单位资金”

1.《刑法》第二百七十二条挪用资金罪“本单位资金”的内涵及外延

《刑法》第二百七十二条第一款规定：“公司、企业或者其他单位的工作人员，利用职务上的便利，挪用本单位资金归个人使用或者借贷给他人，数额较大、超过三个月未还的，或者虽未超过三个月，但数额较大、进行营利活动的，或者进行非法活动的，处三年以下有期徒刑或者拘役；挪用本单位资金数额巨大的，处三年以上七年以下有期徒刑；数额特别巨大的，处七年以上有期徒刑。”

由此可知，行为人“挪用本单位资金”是本罪的构成要件之一。当前，并无司法解释对“本单位资金”作出细化规定。“本单位资金”内涵似乎不言自明。从文义解释的角度来看，在“挪用本单位资金”这一短句中，“挪用”系动词，“本单位”系定语，“资金”系宾语。“本单位”对“资金”起到限定和说明的作用，因此“本单位资金”表征着“资金”的范围及单位对资金的权属关系。

最高人民检察院《关于挪用尚未注册成立公司资金的行为适用法律问题的批复》（高检发研字〔2000〕19 号）规定：“筹建公司的工作人员在公司

登记注册前，利用职务上的便利，挪用准备设立的公司在银行开设的临时账户上的资金，归个人使用或者借贷给他人，数额较大、超过三个月未还的，或者虽未超过三个月，但数额较大、进行营利活动的，或者进行非法活动的，应当根据刑法第二百七十二条的规定，追究刑事责任。”本条批复将挪用资金罪的主体扩大为尚未设立的法人，并回应了在筹建而未登记注册公司临时账户中的资金定性问题，其对资金账户的描述仍可为“本单位资金”提供解释和参考。在这一批复的框架内，被挪用主体对资金的所有权至少表现在资金账户对资金的占有层面。

公安部经济犯罪侦查局《关于对挪用资金罪有关问题请示的答复》（公经〔2002〕1604 号）规定：“对于在经济往来中所涉及的暂收、预收、暂存其他单位或个人的款项、物品，或者对方支付的货款、交付的货物等，如接收人已以单位名义履行接收手续的，所接收的财、物应视为该单位资产。”在公安部描述的这一框架内，“本单位资金”并不完全要求单位享有对资金所有权的全部属性，而只强调对资金的占有，并同时将“资金”扩大为“资产”。以上批复、答复对“本单位资金”进行了两个层面的解释和扩大。其一，对“本单位资金”的权属性质作出模糊的界定；其二，对“资金”的范围进行扩张解释。

学界通说认为，“本单位资金”既包括本单位所有的资金，也包括因为经营管理的需要，而由本单位实际控制使用的资金。[①] 而《民法典》第二百四十条对所有权人享有权利的表述为对动产或不动产的“占有、使用、收益、处分”的权利。从体系解释的角度来看，“本单位资金”这一表述，这是由“挪用资金”的行为特点决定的，对资金的“挪用”即为暂时取得对资金的占有、使用、收益、处分中的一项或多项权利，而不改变资金的所有关系。[②] 也就是说，即使单位对该笔资金并无所有权，但如果单位享有占有、使用、收益、处分该资金的一项或多项权利，则该笔资金也可以成为挪用资金罪的行为对象。

① 参见陈兴良、刘树德、王芳凯编：《注释刑法全书》，北京大学出版社 2022 年版，第 1489 页。
② 参见周光权：《刑法各论》，中国人民大学出版社 2016 年版，第 145 页。

2. 私募基金财产的性质及私募基金管理人的“本单位资金”

根据国务院2023年9月1日施行的《私募投资基金监督管理条例》第二条的规定，私募基金本质上是一种为投资者利益而进行的投资活动。《私募投资基金监督管理条例》第四条第一款进一步规定：“私募基金财产独立于私募基金管理人、私募基金托管人的固有财产。私募基金财产的债务由私募基金财产本身承担，但法律另有规定的除外。”结合上述条文可知，私募基金财产即以非公开方式募集，独立于私募基金管理人（或合伙企业）、私募基金托管人的固有财产，且为投资者的利益用于投资活动的财产。而《私募投资基金监督管理条例》第三十条第一项则通过对禁止性行为的规定，明确了“固有财产”和“私募基金财产”的界分。据此，与私募基金管理人、私募基金托管人，或与以进行投资活动为目的依法设立的合伙企业的普通合伙人（以下简称普通合伙人）有关的财产，至少包括私募基金财产及私募基金管理人（或合伙企业）、私募基金托管人的固有财产。

《私募投资基金监督管理条例》第三条第三款规定，私募基金管理人管理、运用私募基金财产。该条例第十五条规定：“除基金合同另有约定外，私募基金财产应当由私募基金托管人托管。私募基金财产不进行托管的，应当明确保障私募基金财产安全的制度措施和纠纷解决机制。”也就是说，在无基金合同明确约定不委托私募基金托管人的情况下，私募基金财产应当处在私募基金托管人的占有及控制下。据此，综合《私募投资基金监督管理条例》对“私募基金财产”的描述可知，“私募基金财产”由私募基金托管人（或基金合同约定的保管人）占有及控制，由私募基金托管人管理、运用，由私募基金投资人决定处分并最终取得收益。

将上述描述与《民法典》对于所有权的描述进行体系性的对照理解可知，在私募基金财产所有权的四项具体权属中，占有权由私募基金托管人（或基金合同约定的保管人）行使，使用权由私募基金管理人（或合伙企业）行使，收益权及处分权则由私募基金投资人行使。此即表明，私募基金财产的占有权与使用权分离，并分别由不同主体行使。因此，讨论私募基金管理人（或合伙企业）对私募基金财产是否构成挪用资金罪，必须解决挪用资金罪的构成要件“本单位资金”的内涵和外延问题。

前文最高人民检察院的批复及公安部的答复只强调单位“占有”的资金为该单位的“本单位资金”。学界通说则强调单位对资金的控制使用，而“控制使用”这一表述逻辑则是将“占有权”及“使用权”作为构成“本单位资金”的两个并列且并存的条件，即“控制并使用”。因此，从文意解释的角度来看，司法界和学术界理解的“本单位资金”均不包括本单位仅有“使用权”的资金，从这一层面上说，在未有基金合同约定不委托私募基金托管人且由私募基金管理人（或合伙企业）自行控制私募基金财产的情况下，私募基金管理人（或合伙企业）管理、运用的私募基金财产不可能成为挪用资金罪的犯罪对象，此时私募基金管理人（或合伙企业）的“本单位资金”仅包括其固有财产，行为人仅有在挪用私募基金管理人（或合伙企业）固有财产的情况下才有成立挪用资金罪的空间。

3. 本案被挪用资金并非AY投资中心（有限合伙）的“本单位资金”

本案案涉资金为AY投资中心（有限合伙）在商业银行设立的基金募集专用账户中的资金。私募基金募集专用账户为遵循一定的流程和要求开设，用于对私募基金资金的募集、划拨和保管，旨在确保募集资金透明、专款专用的专门账户。中基协2016年4月15日发布、2016年7月15日实施的《私募投资基金募集行为管理办法》对私募基金募集专用账户作出了明确规定，其第十二条第二款规定：“本办法所称私募基金募集结算资金是指由募集机构归集的，在投资者资金账户与私募基金财产账户或托管资金账户之间划转的往来资金。募集结算资金从投资者资金账户划出，到达私募基金财产账户或托管资金账户之前，属于投资者的合法财产。”这表明，私募基金募集资金到达私募基金财产账户或托管账户之前，为投资者的合法财产，而私募基金募集专用账户即为投资者资金账户与私募基金财产账户、托管资金账户之间的“中转站”或“枢纽站”。《私募投资基金募集行为管理办法》第十四条[①]禁止性规定划清了私募基金募集资金与私募基金管理人固有（自有）财

① 《私募投资基金募集行为管理办法》第十四条规定：“涉及私募基金募集结算资金专用账户开立、使用的机构不得将私募基金募集结算资金归入其自有财产。禁止任何单位或者个人以任何形式挪用私募基金募集结算资金。私募基金管理人、基金销售机构、基金销售支付机构或者基金份额登记机构破产或者清算时，私募基金募集结算资金不属于其破产财产或者清算财产。”

产间的界限。综上，私募基金募集资金既不是私募基金财产，也不是私募基金管理人的固有财产，而是私募基金投资者的合法财产，此即私募基金投资者持有基金募集专用账户中资金的所有权，投资者通过间接占有、自主占有的方式占有该笔募集资金，并可进一步就该笔资金取得的收益进行处分。而私募基金管理人只是通过其在商业银行开立的基金募集专用账户直接占有、他主占有该笔资金，并无该笔资金的收益权和处分权，在募集资金到达私募基金财产账户前更无对该资金的使用权。

就本案而言，本案判决认定郭某作为执行合伙事务的普通合伙人 TY 投资公司的代表，挪用“该投资中心募集资金中的 2285.6 万元”，即挪用 AY 投资中心（有限合伙）FB Ⅰ号基金计划基金募集专用账户中的资金，构成挪用资金罪。然而如前所述，私募基金募集资金并非私募基金管理人（或合伙企业）的固有财产，而是参与 FB Ⅰ号基金计划募集的投资者的合法财产，投资者对该笔资金享有占有、收益、处分的权利。AY 投资中心只是通过其在商业银行开立的基金募集专用账户直接占有、他主占有该笔资金，并无该笔资金的收益权和处分权，在募集资金到达私募基金财产账户前更无对该资金的使用权。因此，本案案涉 FB Ⅰ号基金计划募集资金并非 AY 投资中心的固有财产，AY 投资中心对私募基金募集资金有占有权而无使用权，因此本案被挪用资金并非 AY 投资中心（有限合伙）的“本单位资金”。

（二）本案能否适用《刑法》第一百八十五条第一款

如前所述，本案被挪用资金并非 AY 投资中心的“本单位资金”，而本案判决认定郭某构成挪用资金罪，因此需要考虑郭某会否因《刑法》第一百八十五条第一款的罪状描述而构成本罪。

《刑法》第一百八十五条第一款规定：“商业银行、证券交易所、期货交易所、证券公司、期货经纪公司、保险公司或者其他金融机构的工作人员利用职务上的便利，挪用本单位或者客户资金的，依照本法第二百七十二条的规定定罪处罚。”据此，本案适用《刑法》第一百八十五条第一款则必须满足两个条件：（1）AY 投资中心为金融机构；（2）案涉募集资金为客户资金。正如前述，《私募投资基金募集行为管理办法》第十二条明确规定募集资金在到达私募基金财产账户或托管资金账户之前，为投资者合法财产，即本案募集资金账户中的资金为投资者资金（或称“客户资金”）。

综上，本案适用《刑法》第一百八十五条第一款则需要案涉AY投资中心为金融机构。本案AY投资中心于2015年3月6日被核准登记，其目的为组建“AL·TY新城市经济投资基金”，用于“为AL控股公司及其下属各子公司、参/控股项目公司，目前持有以及未来一段时间内拟投资的各类型项目提供专项投资资金、流动资金支持、资产证券化等各类型金融服务”，即AY投资中心系以进行投资活动为目的设立的合伙企业。《私募投资基金监督管理条例》第二条规定：“在中华人民共和国境内，以非公开方式募集资金，设立投资基金或者以进行投资活动为目的依法设立公司、合伙企业，由私募基金管理人或者普通合伙人管理，为投资者的利益进行投资活动，适用本条例。”《私募投资基金监督管理暂行办法》第二条第三款规定：“非公开募集资金，以进行投资活动为目的设立的公司或者合伙企业，资产由基金管理人或者普通合伙人管理的，其登记备案、资金募集和投资运作适用本办法。”据此，本案AY投资中心为依法登记备案的，实施非公开募集资金行为，并以进行投资活动为目的的合伙企业。据此，若要充足“AY投资中心为金融机构”这一条件，则只需要非公开募集资金的合伙企业为金融机构。

事实上，围绕“私募基金管理公司（或合伙企业）”是否为刑法意义上“金融机构”的争论由来已久。有人依据《非居民金融账户涉税信息尽职调查管理办法》第七条①认为私募基金管理公司（或合伙企业）属于金融机构；也有人认为私募基金管理公司（或合伙企业）不需批准设立，不符合国家对金融机构的监管规定，因此不属于金融机构。

① 《非居民金融账户涉税信息尽职调查管理办法》（国家税务总局、财政部、中国人民银行、原银监会、中国证监会、原保监会公告2017年第14号，2017年7月1日施行）第七条规定：“下列机构属于本办法第六条规定的金融机构：（一）商业银行、农村信用合作社等吸收公众存款的金融机构以及政策性银行；（二）证券公司；（三）期货公司；（四）证券投资基金管理公司、私募基金管理公司、从事私募基金管理业务的合伙企业；（五）开展有现金价值的保险或者年金业务的保险公司、保险资产管理公司；（六）信托公司；（七）其他符合条件的机构。”

1. 私募基金管理公司（或合伙企业）不符合刑法意义上“金融机构”的要求

笔者认为，认定私募基金管理公司（或合伙企业）符合刑法意义上“金融机构”的要求，进而适用《刑法》第一百八十五条第一款，首先应当在刑法框架内体系性地理解“金融机构”的内涵和外延。《刑法》第一百八十五条第一款通过非穷尽性列举限定了金融机构的范围，即“商业银行、证券交易所、期货交易所、证券公司、期货经纪公司、保险公司”或“其他金融机构”。就此而言，“其他金融机构”至少在监管层面上与“商业银行、证券交易所、期货交易所、证券公司、期货经纪公司、保险公司”具备同等要求。

《刑法》中“金融机构”这一概念共计出现26次，其中第一百七十四条第一款“擅自设立金融机构罪”罪状描述为“未经国家有关主管部门批准，擅自设立……其他金融机构的……”第一百七十四条第二款“伪造、变造、转让金融机构经营许可证、批准文件罪”则明确规定金融机构取得经营许可证或批准文件。据此，刑法框架规定的“金融机构”系经国家有关部门批准设立，并取得经营许可证或批准文件的机构。根据《证券投资基金法》第八十九条①、《私募投资基金监督管理暂行办法》第七条②之规定，设立私募基金管理公司（或合伙企业）仅需向基金业协会申请登记，而不需经过批准，亦不需取得经营许可证或批准文件。若认为私募基金管理公司（或合伙企业）为刑法意义上的“金融机构”，则会陷入前置法不要求私募基金管理公司（或合伙企业）经批准设立，仅需要登记备案，而《刑法》认为其未经批准设立金融机构，从而认定行为人构成“擅自设立金融机构罪”的悖论，有违法秩序统一原则。综上所述，私募基金管理公司（或合伙企业）并非刑法意义上“金融机构”。

① 《证券投资基金法》第八十九条规定：“担任非公开募集基金的基金管理人，应当按照规定向基金行业协会履行登记手续，报送基本情况。”

② 《私募投资基金监督管理暂行办法》第七条规定：“各类私募基金管理人应当根据基金业协会的规定，向基金业协会申请登记，报送以下基本信息：（一）工商登记和营业执照正副本复印件；（二）公司章程或者合伙协议；（三）主要股东或者合伙人名单；（四）高级管理人员的基本信息；（五）基金业协会规定的其他信息。基金业协会应当在私募基金管理人登记材料齐备后的20个工作日内，通过网站公告私募基金管理人名单及其基本情况的方式，为私募基金管理人办结登记手续。”

2. 私募基金管理公司（或合伙企业）并非监管意义上的“金融机构”

与对私募基金管理公司（或合伙企业）监管仅要求登记备案相反，《证券投资基金法》对公募基金管理人的监管要求为“经国务院证券监督管理机构批准”。因此，私募基金管理公司（或合伙企业）并非监管意义上的“金融机构”，罔顾前置法的规定将私募基金管理公司（或合伙企业）认定为刑法意义上的“金融机构”不符合刑法谦抑性之要求，是对刑法法条不合理的扩张解释。

3. 最高人民法院、最高人民检察院、公安部、中国证监会联合发布典型案例，侧面表明“私募基金从业人员”非“金融机构”从业人员

2022 年 9 月 8 日，最高人民法院、最高人民检察院、公安部、中国证监会联合发布 5 件依法从严打击证券犯罪典型案例，其中典型案例之三《姜某君、柳某利用未公开信息交易案——私募基金从业人员伙同金融机构从业人员，利用金融机构的未公开信息实施趋同交易的，构成利用未公开信息交易罪》之典型意义如下：“1. 私募基金从业人员可以成为利用未公开信息交易罪的共犯，私募基金账户趋同交易金额和获利金额应计入交易成交额和违法所得数额。利用未公开信息交易罪的犯罪主体是金融机构从业人员，根据《中华人民共和国证券投资基金法》等规定，公募基金管理公司属于金融机构，公募基金从业人员与私募基金从业人员共同利用公募基金从业人员职务便利获取的未公开信息，从事相关证券、期货交易活动的，构成利用未公开信息交易罪共同犯罪。利用未公开信息交易行为严重破坏证券市场的公平交易秩序，其社会危害性以及对证券市场秩序的侵害程度，应当以所有趋同交易的成交数额和违法所得数额来衡量，即不仅包括实际利益归属于被告人的相关账户趋同交易数额，也包括实际利益归属于特定投资人的私募基金账户趋同交易数额……”

本案中，公募基金从业人员柳某和私募基金从业人员姜某君频繁交流股票投资信息，柳某（公募基金从业人员）明知姜某君经营股票投资业务，仍将利用职务便利获取的泰某蓝筹基金交易股票（柳某管理的公募基金）的未公开信息泄露给姜某，或使用泰某蓝筹基金的资金买卖姜某推荐的股票；姜某利用上述未公开信息，使用所控制的证券账户进行趋同交易。据此就本案

而言，若认可私募基金从业人员为金融机构从业人员，则应当认定柳某和姜某分别利用对方掌握的“未公开信息进行趋同交易”，而本案仅认定作为公募基金从业人员的柳某泄露未公开信息，未将私募基金从业人员姜某认定为未公开信息的知情人，从侧面表明私募基金管理公司（或合伙企业）并非金融机构，私募基金从业人员并非金融机构从业人员。

综上所述，不论如何对“金融机构”作出解释，私募基金管理公司（或合伙企业）均并非《刑法》第一百八十五条第一款规定的“金融机构”。因此，本案 AY 投资中心并非刑法意义上的“金融机构”，本案不能适用《刑法》第一百八十五条第一款。

（三）郭某行为能否构成《刑法》第一百八十五条之一第一款的“背信运用受托财产罪”？应当如何评价

1. 因 AY 投资中心并非刑法意义上的“金融机构”，本案不能适用《刑法》第一百八十五条之一第一款

《刑法》第一百八十五条之一第一款规定了背信运用受托财产罪，罪状描述为“商业银行、证券交易所、期货交易所、证券公司、期货经纪公司、保险公司或者其他金融机构，违背受托义务，擅自运用客户资金或者其他委托、信托的财产”。不难看出，本罪为特殊主体犯罪，且为单位犯罪，犯罪主体为金融机构。如前所述，AY 投资中心并非刑法意义上的“金融机构”，本案不可能构成背信运用受托财产罪。

2. 本案郭某或可构成《刑法》第二百七十条侵占罪

《刑法》第二百七十条第一款规定：“将代为保管的他人财物非法占为己有，数额较大，拒不退还的，处二年以下有期徒刑、拘役或者罚金；数额巨大或者有其他严重情节的，处二年以上五年以下有期徒刑，并处罚金。”

本案判决认定，郭某作为执行合伙事务合伙人 TY 投资公司委派的代表，未履行合伙协议约定的投资决策程序，违反约定的资金用途，以资金托管名义将 AY 投资中心基金募集专用账户中的资金转至 TD 投资中心银行账户，继而转至郭某个人账户和与 AY 投资中心无关的个人及单位银行账户，至本案案发仍未归还。郭某利用自己职务行为带来的便利条件，将其公司代为保

管的由投资者享有所有权的资金转移至个人账户或他人账户，数额巨大，符合《刑法》第二百七十条第一款关于侵占罪的罪状描述，依法构成侵占罪。[①]

四、小结

刑法中有关“金融机构”的罪名多为法定犯，而前置法未明确“金融机构”的定义，这使得司法实务认定犯罪面临争议。虽然已经有典型案例将“私募基金管理公司（或合伙企业）”排除在金融机构之列，但该判决并未明确这一结论性表述，因此对该案例的理解也有诸多不同观点。笔者认为，私募基金管理人（或合伙企业）并非刑法意义上的金融机构，前置法对其监管的严厉程度和监管措施的精细程度未达到一般“金融机构”的程度和标准，不论是从法秩序统一原理理解还是从罪刑法定原则出发，均不应在司法中将其认定为金融机构。私募基金管理人（或合伙企业）及其从业人员涉嫌犯罪的，应当从交易模式入手，深入研究其金融逻辑和行为本质，依法对其定罪量刑。

▷ 相关法律法规 ◁

➢ **《刑法》**（2023 年修正，2024 年 3 月 1 日施行）

第一百七十四条　【擅自设立金融机构罪】未经国家有关主管部门批准，擅自设立商业银行、证券交易所、期货交易所、证券公司、期货经纪公司、保险公司或者其他金融机构的，处三年以下有期徒刑或者拘役，并处或者单处二万元以上二十万元以下罚金；情节严重的，处三年以上十年以下有期徒刑，并处五万元以上五十万元以下罚金。

【伪造、变造、转让金融机构经营许可证、批准文件罪】伪造、变造、转让商业银行、证券交易所、期货交易所、证券公司、期货经纪公司、保险公司或者其他金融机构的经营许可证或者批准文件的，依照前款的规定处罚。

---

① 郭某虽利用职务之便，但其转移的资金并非“本单位财物”，因而不构成职务侵占罪。转移的资金并非“本单位财物”的原因前文已详细论述，不再赘述。

单位犯前两款罪的，对单位判处罚金，并对其直接负责的主管人员和其他直接责任人员，依照第一款的规定处罚。

第一百八十五条 【挪用资金罪】商业银行、证券交易所、期货交易所、证券公司、期货经纪公司、保险公司或者其他金融机构的工作人员利用职务上的便利，挪用本单位或者客户资金的，依照本法第二百七十二条的规定定罪处罚。

【挪用公款罪】国有商业银行、证券交易所、期货交易所、证券公司、期货经纪公司、保险公司或者其他国有金融机构的工作人员和国有商业银行、证券交易所、期货交易所、证券公司、期货经纪公司、保险公司或者其他国有金融机构委派到前款规定中的非国有机构从事公务的人员有前款行为的，依照本法第三百八十四条的规定定罪处罚。

第一百八十五条之一 【背信运用受托财产罪】商业银行、证券交易所、期货交易所、证券公司、期货经纪公司、保险公司或者其他金融机构，违背受托义务，擅自运用客户资金或者其他委托、信托的财产，情节严重的，对单位判处罚金，并对其直接负责的主管人员和其他直接责任人员，处三年以下有期徒刑或者拘役，并处三万元以上三十万元以下罚金；情节特别严重的，处三年以上十年以下有期徒刑，并处五万元以上五十万元以下罚金。

【违法运用资金罪】社会保障基金管理机构、住房公积金管理机构等公众资金管理机构，以及保险公司、保险资产管理公司、证券投资基金管理公司，违反国家规定运用资金的，对其直接负责的主管人员和其他直接责任人员，依照前款的规定处罚。

第二百七十二条 【挪用资金罪】公司、企业或者其他单位的工作人员，利用职务上的便利，挪用本单位资金归个人使用或者借贷给他人，数额较大、超过三个月未还的，或者虽未超过三个月，但数额较大、进行营利活动的，或者进行非法活动的，处三年以下有期徒刑或者拘役；挪用本单位资金数额巨大的，处三年以上七年以下有期徒刑；数额特别巨大的，处七年以上有期徒刑。

【挪用公款罪】国有公司、企业或者其他国有单位中从事公务的人员和国有公司、企业或者其他国有单位委派到非国有公司、企业以及其他单位从事公务的人员有前款行为的，依照本法第三百八十四条的规定定罪处罚。

有第一款行为，在提起公诉前将挪用的资金退还的，可以从轻或者减轻处罚。其中，犯罪较轻的，可以减轻或者免除处罚。

➢ **《民法典》**（中华人民共和国主席令第45号，2021年1月1日施行）

第二百四十条 所有权人对自己的不动产或者动产，依法享有占有、使用、收益和处分的权利。

➢ **《证券投资基金法》**（中华人民共和国主席令第23号，2015年4月24日施行）

第八十九条 担任非公开募集基金的基金管理人，应当按照规定向基金行业协会履行登记手续，报送基本情况。

➢ **《私募投资基金监督管理条例》**（中华人民共和国国务院令第762号，2023年9月1日施行）

第二条 在中华人民共和国境内，以非公开方式募集资金，设立投资基金或者以进行投资活动为目的依法设立公司、合伙企业，由私募基金管理人或者普通合伙人管理，为投资者的利益进行投资活动，适用本条例。

第三条 国家鼓励私募基金行业规范健康发展，发挥服务实体经济、促进科技创新等功能作用。

从事私募基金业务活动，应当遵循自愿、公平、诚信原则，保护投资者合法权益，不得违反法律、行政法规和国家政策，不得违背公序良俗，不得损害国家利益、社会公共利益和他人合法权益。

私募基金管理人管理、运用私募基金财产，私募基金托管人托管私募基金财产，私募基金服务机构从事私募基金服务业务，应当遵守法律、行政法规规定，恪尽职守，履行诚实守信、谨慎勤勉的义务。

私募基金从业人员应当遵守法律、行政法规规定，恪守职业道德和行为规范，按照规定接受合规和专业能力培训。

第四条 私募基金财产独立于私募基金管理人、私募基金托管人的固有财产。私募基金财产的债务由私募基金财产本身承担，但法律另有规定的除外。

投资者按照基金合同、公司章程、合伙协议（以下统称基金合同）约定分配收益和承担风险。

第十五条 除基金合同另有约定外，私募基金财产应当由私募基金托管人托管。私募基金财产不进行托管的，应当明确保障私募基金财产安全的制度措施和纠纷解决机制。

第三十条 私募基金管理人、私募基金托管人及其从业人员不得有下列行为：

（一）将其固有财产或者他人财产混同于私募基金财产；

（二）利用私募基金财产或者职务便利，为投资者以外的人牟取利益；

（三）侵占、挪用私募基金财产；

（四）泄露因职务便利获取的未公开信息，利用该信息从事或者明示、暗示他人从事相关的证券、期货交易活动；

（五）法律、行政法规和国务院证券监督管理机构规定禁止的其他行为。

➢ **《私募投资基金监督管理暂行办法》**（中国证券监督管理委员会令第105号，2014年8月21日施行）

第二条 本办法所称私募投资基金（以下简称私募基金），是指在中华人民共和国境内，以非公开方式向投资者募集资金设立的投资基金。

私募基金财产的投资包括买卖股票、股权、债券、期货、期权、基金份额及投资合同约定的其他投资标的。

非公开募集资金，以进行投资活动为目的设立的公司或者合伙企业，资产由基金管理人或者普通合伙人管理的，其登记备案、资金募集和投资运作适用本办法。

证券公司、基金管理公司、期货公司及其子公司从事私募基金业务适用本办法，其他法律法规和中国证券监督管理委员会（以下简称中国证监会）有关规定对上述机构从事私募基金业务另有规定的，适用其规定。

第七条 各类私募基金管理人应当根据基金业协会的规定，向基金业协会申请登记，报送以下基本信息：

（一）工商登记和营业执照正副本复印件；

（二）公司章程或者合伙协议；

（三）主要股东或者合伙人名单；

（四）高级管理人员的基本信息；

（五）基金业协会规定的其他信息。

基金业协会应当在私募基金管理人登记材料齐备后的20个工作日内，通过网站公告私募基金管理人名单及其基本情况的方式，为私募基金管理人办结登记手续。

➢ **《私募投资基金募集行为管理办法》**（2016年7月15日施行）

第十二条 募集机构或相关合同约定的责任主体应当开立私募基金募集结算资金专用账户，用于统一归集私募基金募集结算资金、向投资者分配收益、给付赎回款项以及分配基金清算后的剩余基金财产等，确保资金原路返还。

本办法所称私募基金募集结算资金是指由募集机构归集的，在投资者资金账户与私募基金财产账户或托管资金账户之间划转的往来资金。募集结算资金从投资者资金账户划出，到达私募基金财产账户或托管资金账户之前，属于投资者的合法财产。

第十四条 涉及私募基金募集结算资金专用账户开立、使用的机构不得将私募基金募集结算资金归入其自有财产。禁止任何单位或者个人以任何形式挪用私募基金募集结算资金。私募基金管理人、基金销售机构、基金销售支付机构或者基金份额登记机构破产或者清算时，私募基金募集结算资金不属于其破产财产或者清算财产。

➢ **最高人民检察院《关于挪用尚未注册成立公司资金的行为适用法律问题的批复》**（高检发研字〔2000〕19号，2000年10月9日施行）

筹建公司的工作人员在公司登记注册前，利用职务上的便利，挪用准备设立的公司在银行开设的临时账户上的资金，归个人使用或者借贷给他人，数额较大、超过三个月未还的，或者虽未超过三个月，但数额较大、进行营利活动的，或者进行非法活动的，应当根据刑法第二百七十二条的规定，追究刑事责任。

➢ **公安部经济犯罪侦查局《关于对挪用资金罪有关问题请示的答复》**（公经〔2002〕1604号，2002年12月24日施行）

对于在经济往来中所涉及的暂收、预收、暂存其他单位或个人的款项、物品，或者对方支付的货款、交付的货物等，如接收人已以单位名义履行接收手续的，所接收的财、物应视为该单位资产。

第七讲

操纵证券、期货市场罪

案例10 私募基金实际控制人朱某某、李某某等操纵证券市场案

一、基本案情

2016年3月，某私募基金实际控制人、被告人朱某某与上市公司大连DC原股东刘某雪达成收购大连DC股权意向。同年9月9日，被告单位FX公司通过意隆磁材受让刘某雪4000万股大连DC股权，获得大连DC实际控制权。同年5月13日起，为维持、拉抬大连DC股价，经被告人朱某某决策，由被告单位FX公司提供资金、设备、场所，由李某某、吴某等人通过配资中间人租借390个证券账户，被告人朱某某负责将FX公司提供的保证金转入配资账户，由朱某某向各交易团队下达交易策略和指令，利用资金优势和信息优势在二级市场连续交易“大连DC”股票。其间，为配合李某某等人拉抬股价或避免连续跌停，被告人朱某某利用控制和管理大股东意隆磁材的优势，主导和决策大连DC信息的生成和控制信息披露的内容、时点、节奏，相继发布大连DC《关于在上海投资设立两个全资子公司的公告》《关于控股股东增持公司股份的提示性公告》《关于受让浙江东亚药业股份有限公司部分股权暨对外投资的公告》等多条利好消息。

2016年5月13日至2018年7月24日，上述关联账户组累计买入“大连

DC”股票 328,355,172 股，买入金额 12,425,786,909.51 元；累计卖出 379,248,110 股，卖出金额 11,614,678,648.30 元；共有 87 个交易日存在持股数占流通股 10% 以上且连续十个交易日累计竞价买卖股数占同期市场竞价总成交量 20% 以上的情况，多集中于各类利好消息发布前后。

二、主要问题

1. 朱某某操纵证券市场案所涉及的交易型市场操纵犯罪的行为模式有哪些？

2. 朱某某利用利好信息操纵证券市场是否构成内幕交易罪？

3. 实施市值管理行为与构成操纵证券市场罪的界限如何区分？

4. 朱某某操纵资本市场违法所得的认定。

三、法律分析

（一）朱某某操纵证券市场案所涉及的交易型市场操纵犯罪的行为模式有哪些

本案之所以成为操纵证券市场犯罪的典型代表，是因为其涉及的犯罪数额高、犯罪行为模式复杂多样、对市场造成的影响深远等。而其中，犯罪的行为模式是具有较高探讨价值的部分。因为虽然我国资本市场兴起比较晚，但凭借强劲的发展势头和显著的进步已经在全球领域内取得优异成绩。随着互联网金融领域的提速和金融体系不断向外辐射，近年来交易型市场操纵犯罪手段不断翻新，需要对本案犯罪行为模式进行解构，才能够在认定上进行具体问题具体分析。本案中的操纵行为包括以下几类。

1. 连续交易操纵行为

2019 年修订的《证券法》第五十五条第一款第一项规定，禁止任何人单独或者通过合谋，集中资金优势、持股优势或者利用信息优势联合或者连续买卖操纵证券市场，影响或者意图影响证券交易价格或者证券交易量。这是法律规范以禁止性条款对实质交易操纵的定义。简单而言，是指禁止行为人通过转移金融商品所有权或实际控制权的方式操纵交易价格稳定在行为人控制的水平。实践中常见的做法是通过连续性交易行为高价买入或低价抛售相关金融商品，将交易价格成功地控制在一定水平后再实施与之前相反方向的交易行为而后套现离场。连续做多或者做空是实质交易操纵最基本的行为模式，实践中通常也将其称作连续交易操纵。在本案中，朱某某集中利用信息优势、资金优势和持股优势在二级市场连续交易“大连 DC”股票从而开展操纵市场的犯罪行为。

（1）实施操纵行为时具备信息优势

操纵者具备能够向市场传递误导性信息的优势，可以通过各类操纵行为直接影响金融商品的交易量和交易价格，或者通过引导一般投资者参与的金融活动从而间接影响金融商品的交易量或交易价格，这是行为人操纵市场不可或缺的前提条件，也是市场操纵行为有别于编造并传播证券交易虚假信息行为的一点。

在本案中，朱某某等人在利用信息优势进行操纵的时候，实则是将信息作为作案的辅助工具、以连续买卖行为作为操纵犯罪的手段，其控制好了信息发布的时点，故意将能够影响一般市场投资者进行自主价值判断和商业投资决策的信息进行公开传播。相较于资本优势而言，信息优势因其难以被具体量化而在认定手段上有所不同。信息与资金不同，不能简单通过计量单位进行数据反映；而且信息优势不仅表现在拥有的数量上，相较于他人更早、更快地获取证券、市场相关有用信息也是一种优势。

结合市场操纵的实质和对“信息”一词的界定，在利用信息优势进行市场操纵的过程中，判断行为人是否存在操纵目的和行为的依据主要有两个：第一，行为人是否能够发布和传播信息，并使行为影响投资决策和资本配置；第二，行为人是否具备选择性披露相关信息的能力。前者说明其具备能够被利用的信息优势，后者说明其滥用这样的能力可能会构成滥用信息优势。虽然《证券法》第五十五条和《刑法》第一百八十二条对于市场操纵的行为没有对操纵主体作出规定，但行为人在证券期货市场上通常都具备一定的影响力，其拥有不同于一般投资者的更强的评价、预测市场波动的范围和程度的能力。不仅行为人公开评价和预测可能影响一般市场参与者的投资决策，不同程度的信息公开也会影响他人接收信息的完整程度进而影响对证券、期货市场相关金融商品价格走势的判断。在此情况下，一般投资者可能对相关的证券期货市场中的信息完全不知情，操纵者也能达到滥用信息优势操纵市场的目的。毕竟具备信息优势本身并不能影响证券交易的价格和数量，而是通过实施连续交易的行为影响证券交易的价格和数量。

在认定信息优势的时候，还可以结合身份特征予以辨明。以蝶彩案①为例，行为人以市值管理之名行联合拉抬股价之实，不仅有选择性地披露公司各项重要信息，还刻意广泛散布公司收购等利好信息，且隐瞒项目研发情况与计划不一致等不利信息。这些行为意图增加投资者对收购项目的期待并影响投资者对价格走势的预期和相应投资决策。案中行为人利用其控股股东的身份，精确操纵着信息发布的时机和披露信息的完整度从而实现操纵相关股价的目的。尽管操纵市场犯罪对主体身份没有要求，具备特殊身份的行为人（诸如控股股东、实际控制人等）会相较于一般投资者更早、更快、更完整地获取关键性的有用信息并利用于实施市场操纵，在认定信息优势时结合身份特征有助于作出准确判断。

（2）实施操纵行为时具备资金优势

本案中，涉案账户组存在以下利用资金优势连续买卖，拉抬股价操纵行为。2016年6月28日至2017年3月1日共有159个交易日，账户组在其中155个交易日交易“大连DC”，累计买入352,869,620股，买入金额13,569,659,460.75元，累计卖出287,672,403股，卖出金额11,384,888,952.47元，其中，交易量占该股市场交易总量的平均比例为20.64%，占比超过20%的交易日85天，最高占比为2017年1月11日的66.27%。

禁止操纵证券市场的立法目的是制止利用自身优势操纵市场的活动破坏自然的供求关系，以形成稳定的公平的价格。在操纵证券市场时，操纵者通常利用自身的优势地位有效控制或者影响其他证券市场参与者投资决策。不正当的利润往往来自对其他弱势市场参与者的围猎。市场操纵的行为人实施操纵行为利用的优势之首就是资金优势和持股优势，与信息优势统称为资本优势。但是证券市场辐射范围广泛，影响交易价格和交易量的因素复杂多样，

① 参见中国证监会行政处罚决定书（2017）80号。

"优势"一词本身是具有比较性意味的，优势需要和参照物进行比对以便凸显。"资本优势"作为一个相对的概念，在认定行为人参与资本市场运转时是否具有该优势，关键在于行为人之于自由公正的证券价格机制形成的作用力的大小，应当结合具体证券交易行为进行综合分析，在对行为人的资金优势、持股优势的认定中应当着眼于"优势"二字，将行为人的参与交易和市场中其他交易的比例进行比对才能体现优势所在，实践中多采用比例指标作为认定标准。

市场中正常的资源配置必然使资金朝向少部分人手中聚拢，市场交易的行为人在参与证券市场的活动中出于理性的价值判断，也会刻意集中大量的资金投入市场。这种合理的动用资金发起的交易活动确实会在证券市场中占据较大比重的总成交量，但我国的证券市场目前尚未形成价值投资的指导，一般投资者进入证券市场的目的是追求短期的获利。缺少了操纵市场的意图，行为人的交易行为就不会构成操纵证券市场罪。因此，集中资金优势的行为本身并不必然构成操纵市场的犯罪行为，还要主客观相统一才能对异常的交易行为作是否纳入刑法规制的考量。

（3）实施操纵行为时具备持股优势

同样，在对持股优势进行认定时也以持股比例为指标。最高人民法院、最高人民检察院《关于办理操纵证券、期货市场刑事案件适用法律若干问题的解释》规定关于操纵证券市场罪的入罪标准除了交易占比之外，还考虑持有或者实际控制的流通股份的占比。本案中，FX 公司利用持股优势连续买卖，进而不断拉抬股价实施操纵行为。账户组持股占该总股本比例于 2016 年 7 月 27 日达到 5.08%，首次超过 5%，2016 年 8 月 18 日之后账户组持股占比均维持在 5% 以上，最高持股比例为 2017 年 1 月 26 日的 39.85%。上述期间，账户组多次在盘中连续交易，拉抬股价。以"30 分钟内拉抬幅度超过 2%，且期间买入占比超过 20%"为标准，账户组在该股交易中 54 个交易日发生 88 次盘中拉抬行为，平均拉抬幅度 3.2%，其中 85 次存在拉抬中或拉抬后大量反向卖出情况。例如，2016 年 12 月 12 日 13:00:02 至 13:06:40，账户组以明显高出申报前一刻市场成交价的价格连续买入成交 86 笔共 1,471,658 股，其间股价由 42.40 元上涨至 46.80 元，拉抬幅度 10.38%，同期买入占比 82.80%。拉抬后反向卖出 1,305,785 股，卖出金额 59,655,649.25 元。2016 年 10 月 28 日、10 月 31 日、11 月 1 日“大连 DC”股价走势三连阴，且 11 月 2 日、11 月 4 日两个交易日“大连 DC”的股价振幅较大，走势不平稳，股价一度大幅下挫，为维持并拉抬股价，FX 公司控制“煦沁聚合 1 号资管计划”从 11 月 2 日至 11 月 9 日连续 6 天买入“大连 DC”9,757,500 股，成交金额 35,351 万元，将股价走势从三连阴扭转为六连阳。

以上利用信息优势、资金优势、持股优势统称为资本优势，市场操纵者往往在具备上述资本优势的前提下参与证券市场实施操纵行为，这是操纵者有别于一般投资者的显著特征。

2. 虚假交易操纵行为

在行为模式层面解释虚假交易操纵，不仅需要强调虚假交易操纵的法律条件等行为要件，还需涵盖市场操纵的实质要件。行为要件包括多数主体之间事先进行意思联络的通谋、意思联络主要围绕交易价格和申报时间等性质相同的关键要素，并进行方向相反的相关金融商品操作以及相关金融商品操作以前后时间间隔不长的相互的方式进行。而实质要件包括相关金融交易应当存在虚假性特征和相对委托操纵行为影响了证券、期货的市场交易价格和市场交易量。其中，朱某某实施的虚假交易操纵在行为模式方面存在如下特征：

（1）行为人实际控制大量交易账户

典型的虚假交易操纵犯罪行为人常常利用分属不同主体的账户完成实际控制，再针对特定金融商品通过实际控制的时间、价格和数量等要素进行委托申报或实际交易。虚假交易操纵中的相对委托操纵，形式上是法律对资本市场交易行为意思自治的限制，实质上则是对时间、价格等交易条件相似且方向相反的金融商品交易行为具有虚假性及市场操纵风险的推定。① 从上海富建酒店提供的郑某某、李某某等人的酒店消费明细、签单凭证、客人入住记录、电信网络租用协议和 IP 地址使用号段可以看出，自 2016 年 5 月起，

① 参见谢杰：《市场操纵犯罪的机理与规制：法律与金融分析》，华东政法大学 2014 年博士学位论文。

为维持、拉抬“大连 DC”股价，经朱某某决策，由 FX 公司提供资金、设备、场所，由李某、吴某等人通过配资中间人租借 390 个证券账户，朱某某负责将 FX 公司提供的保证金转入配资账户，由朱某向各交易团队下达交易策略和指令。相关当事人承认或有关涉案人员指认上述账户由 FX 公司或李某某控制使用，且上述账户交易“大连 DC”的 MAC 地址、IP 地址、HDD、电话号码、交易设备等交易终端地址信息存在部分重合，部分账户与涉案当事人账户存在资金往来，交易特征高度趋同。

（2）账户组之间的交易占比较高

虚假交易操纵的行为人在账户组间的交易量占账户总交易量和同期市场交易量的比例较高。交易量的多少是影响投资者判断股价预期走势的重要参考，在虚假交易操纵的过程中，操纵者在实际控制的账户之间进行交易，大量的交易行为制造出短期内激增的交易量，从而扰乱一般投资者对相关股票未来价格的判断，误导其作出错误决策。在本案中，2016 年 6 月 28 日至 2017 年 3 月 1 日，其中存在对倒的交易日有 125 个，平均对倒比例为 6.01%，对倒比例超过 10% 的交易日有 36 个，超过 20% 的交易日有 7 个，最高对倒比例为 2017 年 1 月 11 日的 49.10%，此外账户组在 4 个交易日还存在通过大宗交易方式进行对倒的情形。这些虚假交易行为仅具有形式上的金融交易外观，但在金融商品的转让与受让过程中没有创造完整的交易价值，是不能提取任何具有经济意义的资本市场交易行为，这都凸显了操纵者对于相关证券市场操纵的故意。

（3）影响证券交易量

2016 年 5 月 13 日至 2018 年 7 月 24 日，上述关联账户组累计买入“大连 DC”股票 328,355,172 股，买入金额 12,425,786,909.51 元；累计卖出 379,248,110 股，卖出金额 11,614,678,648.30 元；共有 87 个交易日存在持股数占流通股 10% 以上且连续十个交易日累计竞价买卖股数占同期市场竞价总成交量 20%。朱某某等人虚假的交易行为影响了证券的交易量，在交易系统中产生了现实的交易数据，且客观上影响了资本市场的价格运行机制和自由流转体系，操纵者利用上述金融商品买卖交易制造出了虚假高涨的交易数据并从中释放金融商品价格波动的交易信号。从以上情况可以看出，朱某某和 FX 公司虚假交易操纵的交易特征明显，中国证监会在对行为人交易行为进行认定时考量了操纵日内换手率和前两日换手率之间的巨大差异，对证券交易量的影响尤为明显。

3. 幌骗交易操纵行为

幌骗交易操纵的行为人通常在操纵实施前提前建仓，以虚假性的大量买入申报为手段产生目标市场供不应求的假象，致使价格朝着行为人预期方向发生波动，从而诱导一般投资者盲目跟风买入，再伺机高价卖出以谋利；或者以虚假性的大量卖出申报为手段产生目标市场供大于求的假象，致使价格朝着行为人预期方向发生波动，从而诱导一般投资者盲目跟风卖出，再伺机低价买入以谋利。本案中，以“股票开盘涨幅大于 2%，且账户组开盘集合竞价可撤单期间撤单数量占账户组买入委托数量比例大于 30%”为标准，涉案账户组在 2016 年 12 月 5 日开盘集合竞价期间，以涨停价买入申报 15 笔 1, 859, 700 股，占期间委托价位以上买入量的 57. 74%，在开盘集合竞价可撤单期间撤回 699, 900 股买入委托，买撤单数量占买入申报比例为 37. 64%，当天股价以涨停价开盘且当日反向卖出 1, 456, 706 股。行为人兼具了“虚假申报”和“反向交易或者其他谋取相关利益的交易”两个行为要件。

这样的幌骗交易操纵是利用技术优势操纵资本市场，与传统的资金优势和信息优势等资本优势一样，都是利用金融市场资本运行机制中的资源优势展开操纵行为。本案的行为主体滥用技术优势对资本市场进行不正当操纵，造成市场价格正常运行机制的紊乱。虽说在资本市场中利用技术竞争完成正常的投资行为是正常的，但技术不应当沦为支配市场功能的工具和手段。因此法院认为，行为人的幌骗交易操纵行为的区间“应以与目标股票操纵行为实质相关的建仓时间和出售时间保持一致”。这是法院从犯罪的整体性和一贯性出发，统一评价同一犯罪故意之下的全部行为。

（二）朱某某利用利好信息操纵证券市场是否构成内幕交易罪

1. 操纵证券市场罪和内幕交易罪中的“信息”有所区别

证券市场瞬息万变，尤其对信息反应非常迅速。本案凸显了我国股市的一个痼疾：一般投资者盲目追求并过度解读无实质经济意义的和不应产生合理信赖的“重要信息”。2016 年 11 月中旬，李某某要求上市公司发布利好信息配合其操盘“大连 DC”；2016 年 12 月上旬，朱某某相继决策发布 2016 年度利润分配高送转公告和大股东增持等公告。2016 年 12 月 3 日，大连 DC 发布《关于公司年度利润分配及资本公积金转增股本预案的预披露公告》；2016 年 12 月 9 日，大连 DC 发布《关于控股股东增持公司股份暨持有股份达到 20% 的提示性公告》；2017 年 1 月 17 日，大连 DC 发布《关于受让浙江东亚药业股份有限公司部分股权暨对外投资的公告》。账户组在上述公告发布前均呈现明显净买入特征，发布公告后呈现净卖出特征。本案中大连 DC 发布上述多条消息本身不应被理解为成功，也无法直接构成利好信息。因此，对涉及行为中的“信息”的认定在整个操纵证券市场犯罪行为的辨别上显得尤为重要。

对于操纵证券市场罪中的“信息”的内涵和外延，学界有不同的理解。有观点认为，此“信息”等同于内幕信息，认为内幕信息因其对于证券市场的价格有重大影响且在披露前不为公众所知悉，这样的信息优势被操纵者利用于证券市场无疑成为其敛财的工具。但也有观点认为，“信息”的外延还可以更宽，包括但不限于内幕信息。[①] 内幕信息是真实的，但操纵证券市场时并不一定必须利用的是真实的信息，行为人利用虚假信息混淆普通投资者决策用以扰乱资本市场进而非法获利的行为也构成市场操纵犯罪行为。因此，无论利用的信息来自何处，只要行为人利用该种信息为手段操纵市场就能够构成利用信息优势操纵证券市场犯罪。

可以说，利用信息优势进行操纵的操纵证券市场罪中的“信息”的外延要广于内幕交易信息。只要是能够博眼球、吸引投资者注意的信息都是可以被操纵者用以进行市场操纵的内容。上市公司强制披露范围之外的信息、能够被用于炒作、引发投资者热议、影响投资决策的信息都能够作为有用信息被操纵者所利用。事实上，有价值的不是信息本身，而是信息所产生的混乱投资者理性思考并决策的影响力。本案中，行为人发布的信息并不局限于发送年度利润分配、高送转公告等利好信息，还包括一些真假参半的、能够吸

---

① 参见刘宪权：《证券期货犯罪理论与实务》，商务印书馆 2005 年版，第 437 页。

引投资者兴趣的信息。可见，利用信息优势进行市场操纵中的“信息”的内涵与外延相较于内幕信息的“信息”存在很大差别。

2. 朱某某利用利好信息操纵证券市场不构成内幕信息罪

学界有观点认为，市场交易操纵与内幕交易行为、虚假陈述行为共同构成证券法制重点制裁的三大证券违法行为。尤其是内幕交易犯罪，行为人利用信息优势来实施操纵证券市场犯罪行为时，二者在法律概念、构成要素等方面都具有一定的重合之处，在司法认定时需要加以比对、注意区别。笔者认为，利用信息优势进行操纵的操纵证券市场罪与内幕信息交易行为之间存在较大差别。

(1) 客体不同

虽然两类犯罪都在一定程度上侵犯了投资者的合法权益并扰乱了证券市场的正常秩序，但是各有侧重。在内幕信息罪中，行为人违反了保密义务，突破了职务底线和原则，利用其所掌握的内幕信息进行谋利行为，严重破坏了证券市场的信息公开原则；而操纵证券市场的投资者是利用自身具备的信息优势影响了其他市场交易者的投资决策，没有违反保密义务，而是没有遵守资本市场中有序、合理、平和的交易准则。这两点是有本质区别的。朱某某对其发布的信息没有保密义务，单纯凭借自身的优势进行信息的发布，影响了一般投资者的决策，破坏了市场正常运行的公平竞争机制。

(2) 客观方面不同

内幕信息交易行为人利用信息发布前后在市场行情上产生的影响作为获利点，但信息发布本身是直接客观的必然行为，是不为行为人所左右的，行为人在信息的发布上不具有选择和控制权利；而利用信息优势进行市场操纵的行为人虽然也是利用信息在资本市场中产生的影响获利，但该信息是经过其选择的，并在其主观意愿控制下发布。因此，如果同为内幕信息，上市公司实际控制人或控股股东人为干预并控制了信息发布的时点和主要内容，司法认定时也应当被规制为市场操纵行为而非内幕交易行为。朱某某本人是上市公司实际控制人和控股股东，为拉抬股价实施的一系列发布信息的行为应当被认定为系利用信息优势干预一般投资者的投资决策，何种信息、如何发布、什么时候发布等内容都是其经过仔细考量后作出的决策，发布者本人具有很明显的选择和控制权利，因此，从客观方面的角度看，朱某某的操纵行为与内幕信息罪的构成要素也不一致。

实践中，利用信息优势进行操纵的行为是违法地对资本市场自由流转机制产生冲击，行为人未将信息充分公开，只选择性地公开部分信息，以此误导投资者资本配置决策。操纵证券市场罪的豁免事由之一是上市公司股份回购行为，该行为不构成市场操纵行为的原因就在于对信息的充分披露考量，如果投资者全面了解了信息并作出合理判断就不会被误导。所以在规制利用信息优势进行操纵的行为时，信息的真实性或重大性并不是关键的认定要点，即便利用一般的信息也可以达到上述目的，只要滥用了这样的优势就有可能构成市场操纵的犯罪行为。

（3）犯罪主体不同

虽然一般的犯罪主体都可以构成这两类犯罪，但操纵证券市场罪的主体多为资金雄厚、具备多重资本优势的投资者或者金融机构，普通投资者很难具备上述优势参与进市场的操纵犯罪行为中；内幕交易罪的主体是掌握内幕消息的人员，在进行内幕交易活动的时候往往也是以小规模的形式秘密展开的，一般的市场参与者即便具备资本优势也很难实施内幕交易行为。本案中，朱某某是具备大量资源优势的投资者，其通过公司发布的所谓“利好信息”或“内幕信息”不属于真实的、能够仅凭信息本身谋利的工具，该种信息只是犯罪的手段，是为操纵市场行为服务的，因此朱某某的身份不是掌握内幕消息的人员，从犯罪主体的角度也可以得出其不构成内幕信息罪的结论。

综上，朱某某利用利好信息操纵证券市场不构成内幕信息罪而构成操纵证券市场罪的原因在于，其对信息的运用重在通过行为达到操纵的目的，信息只是渠道，动态的操纵行为才是犯罪的重点；而内幕交易罪中的信息是静态的概念，以产生重大、实质的影响为考量因素。因为证券市场对信息的敏感度远甚于一般市场，操纵证券市场罪中的信息应当包括任何与证券市场相关联的信息，只要行为人利用了该种信息实施操纵行为，就很有可能被认定为构成操纵证券市场罪。对于利用信息优势的这两种情形应该准确区分，仅凭利用信息优势并不能完全断定一定构成操纵证券市场罪；否则，立法上对于内幕交易和利用信息优势实施的连续交易行为的区分就失去了意义。

（三）实施市值管理行为与构成操纵证券市场罪的界限如何区分

1. “市值管理”的由来和历史沿革

尽管打击操纵市场的行为是确保市场功能正常运转的“核心”[①]，但并不是所有操纵资本市场的行为都应当予以限制。例如，在证券监管方面，美国证券交易委员会曾通过制定安全港规则的方式保障某些特定的操纵证券市场价格的行为不因涉嫌违法而在实际操作过程中受到限制，从而在证券领域享有正常运作空间。从客观上来看，这类交易行为确实产生了操纵市场价格的效果，极易与交易型市场操纵行为相混淆、转化。但二者之间还是有所区别的。

交易型市场操纵行为极易与正常的交易行为混淆，作为犯罪构成的行为人的主观操纵故意更是交易型市场操纵犯罪行为认定的难点之一，资本市场的市场操纵犯罪案件往往涉及行为人实际控制绝大部分上市公司股票市值，而连续交易、大量收购、控制并持有上市公司流通股份本身可以理解为控股股东或者实际控制人正常的市值管理行为而非操纵市场行为。“市值管理”最初作为考核国有上市公司的关键指标被提出，是我国特有的概念。之后被包括民营上市公司在内的企业视为重要的公司运营理念而被吸收借鉴。2014年国务院出台《关于进一步促进资本市场健康发展的若干意见》，明确提出“鼓励上市公司建立市值管理制度”。中国上市公司市值管理研究中心对市值管理较为权威的定义是：上市公司综合运用多种科学化、合规化、体系化的经营方法，以创造公司价值最大化、保障价值经营合理化、实现价值最优化为目的，出于对公司市值信号的考量而采取的战略管理行为。其中，价值创造是市值管理的基础，价值经营是市值管理的关键，价值实现是市值管理的目的。[②]

2. 市值管理行为本身可以作为正当化抗辩事由

此类正当目的还包括意在通过大规模持股得以委派董事参与上市公司经营管理、实现上市公司私有化的路径等正当性、合法合规性明确的交易目的，

---

① 参见朱锦清：《证券法学》，北京大学出版社2011年版，第216页。

② 参见蔡奕：《市值管理现象的法律分析与监管对策》，载《证券法律评论》2015年刊。

行为人基于商业目的的市场交易行为因不具备操纵之现实影响而应被排除在犯罪规制之外。但对于名为市值管理，实则实施操纵证券市场的犯罪行为，中国证监会也态度鲜明："对于以市值管理之名实施操纵市场、内幕交易等行为，我们始终秉持'零容忍'态度，依法予以严肃查处，涉嫌犯罪的，及时移送公安机关。一旦发现上市公司及实控人、私募基金、公募基金等相关机构从事或参与相关违法违规活动，我们将一查到底、依法严惩，并及时向社会公布。"

与此情节类似的有蝶彩案，该案中当事人蝶彩资产、谢某华及其代理人在听证中提出："当事人不具有以操纵'恒康医疗'股价的目的实施控制恒康医疗信息披露的行为，提出针对独一味五年内分别要实现的市值目标是表明其以持续提升恒康医疗内在价值为目的进行的市值管理行为，该行为系符合国家相关规定的行为。且在《研究顾问协议》中约定顾问服务费用属于正常的商业行为，系出于风险管理的考量，因此不能据此得出具有操纵股价的故意。"行为人在《听证申辩补充证据说明材料》中还提到，其有关价值创造的行为符合国际咨询公司的业务模式，不存在以操纵股价获利的目的。如果行为人不是以"市值管理"为名行操纵市场之实，确实可以依照目的的正当性达到抗辩的效果。

这类交易操纵案件对于主观目的的认定可以立足于行为人在连续交易中是否履行了信息披露的法定行为。回到本案中，行为人违反了信息披露的相关规定，在整个行为过程中剥夺了投资者基于自由开放的市场环境作出自主决策的权利，以操纵的手段对证券市场制造了高风险，扭曲了公平公正的市场环境。这一系列的交易行为违背了《刑法》及其司法解释保障的资本市场价格运行机制，应当推定这种行为具有操纵证券市场的属性，行为人提供的反证也无法合理反驳推定，最终中国证监会未支持其目的正当性抗辩。

3. 市场操纵的"伪市值管理"行为与合规的市值管理区别

合理区分是市场操纵的"伪市值管理"行为还是合规的市值管理行为本身并非难事，从主客观要件出发，围绕市场操纵的犯罪行为及市值管理的核心仔细辨别，可以得出朱某某操纵证券市场案并非合规的市值管理行为的原因。具体可以从以下三点作出区分：

一是主观上是否具备操纵证券交易价量的意图。证人王某、苏某、樊某、施某某的证言可以证明：2017 年 3 月，“大连 DC”股票突然出现连续跌停，为维持股价，朱某某在条件不具备时突然宣布收购紫博蓝网络科技（北京）股份有限公司并发布了停牌公告，收购失效后也没有向对方索要违约金。从合规的市值管理角度进行认定，在企业不具备收购条件时往往不会冒险轻易做出交易行为，从朱某某眼见股票突然跌停为维持股价盲目收购并不在意违约金的行为可以看出，其意在操纵证券的交易价格而非单纯的市值管理。

二是客观上是否存在集中资金优势、持股优势或者利用信息优势联合买卖证券或者连续买卖证券的行为。对于一般投资者而言，抛开异常性和不正当性的指标去判断连续交易行为是失之偏颇的，在辨别是否属于正常的证券交易上应当以实践中行为的异常性是否影响或足以影响市场操纵价格为判断的依据，FX 公司对于操纵市场的三类优势的运用可谓得心应手，资金份额大、持股比例大并且综合运用各类信息开展连续买卖证券的行为。

三是是否产生影响证券交易价量的客观结果。价量操纵，是指行为人的操纵行为指向的是交易价格和交易量，这是《刑法修正案（六）》出台后学界对于市场操纵犯罪的共性解读。朱某某实施连续交易以其拥有资金优势、持股优势和持仓优势为基础，凭靠持续买进卖出的行为误导一般投资者跟风，从而实现人为地作用于交易量和交易价格的结果。检察机关和公安机关在该案的办理中也是围绕交易记录、资金走向等金融计量的方式认定交易行为与价量之间的关联度。这些都可以说明 FX 公司实施的是有异于正常的市值管理的操纵证券市场的犯罪行为。

本案中，朱某某认为自己作为 FX 公司的实际控制人，对与公司有关的信息进行了正常的市场披露，其行为符合正常的市值管理。法院认为，市场中上市公司实际控制人联合其他中小投资者账户，打着“市值管理”的旗号，选择时点和内容披露信息，即使实际控制人没有实际实施，但因为存在合谋也不能排除实际控制人操纵市场的故意，因此，朱某某主张自己的行为不属于市场操纵未得到法院支持。

（四）朱某某操纵资本市场违法所得的认定

市场操纵犯罪的客体是资本市场正常的金融管理秩序以及投资者的合法权利，因此操纵犯罪中的行为所涉及的数额能够体现行为人的社会危害性和主观恶性。在对市场操纵犯罪进行认定时，明确相关数额是确保中国证监会行政认定和法院刑事认定并给予相应处罚的关键。市场操纵中与数额相关的主要包括交易的价格、交易量、账户组交易数额、上市流通股份数和违法所得等。这些要素中的大多数数据能够通过账户自动统计获得，或者通过简单的计算获得。但是实践中，对于违法所得额的认定存在诸多疑难问题，不仅需要在复杂的交易过程中确定起始日和终止日，还会受到交易过程中可能出现的如市场正常涨跌等其他不可控因素的影响。

本案中，对于违法所得额的争议表现在 FX 公司代理人曾经提出“本案事先告知所认定账面所得与实际严重不符，因股票复牌后股价暴跌，账户组被强制平仓，实际大幅亏损，因此应当以复牌以后实际所得为基础计算违法所得”；郑卫星代理人也提出如下问题：“一是违法所得计算的起点不是 2016 年 6 月 28 日，6 月 28 日签订的合作协议实际为 2016 年 11 月倒签，因此应当以真实签订合同的时间为起点计算违法所得。且即使认定为操纵市场，也应当以大连 DC 原控股股东和阜宁稀土意隆磁材有限公司（以下简称意隆磁材）签订股权转让协议并完成过户之时为起点。二是违法所得计算的终点不能早于股票复牌日即 2017 年 12 月 6 日。三是部分账户不能认定控制关系，应当排除后再计算违法所得。四是违法所得应当排除配资利息等资金成本。五是 FX 公司和李某某之间有理财协议，违法所得应当按此协议予以区分。”而中国证监会对此回应道：“首先，融资费用是当事人为实施违法行为的成本支出，也并非因交易直接产生，当事人所提出融资利息等费用应当排除的理由不能成立。其次，鉴于大连 DC 复牌后账户组存在继续卖出的事实，我们会以作出行政处罚前补充调查日为基准日对账户组收益重新计算，账户组实际亏损 5.51 亿元。”而 5.51 亿元已经构成“情节特别严重”的标准，法院据此作出的判处九年有期徒刑并处罚金 500 万元的判决并无不当。

目前实务界对于违法所得额的计算多以实际交易额进行计算，即涉案期间的所有交易量与盈利所得，其中交易量包括买进与卖出价格与数量，盈利数额中扣除了税费和相应成本费用。[①] 但是，对于操纵市场犯罪行为违法所得数额的认定，还受到多方面因素的影响，如起算日和终止日的确定和买入卖出的股票价格如何匹配等，这些因素如果缺乏一个相对统一的标准，则很有可能出现“同案不同判”的情况。具体到案例中，在朱某某操纵证券市场案中，法院将操纵股票起始日确定为合同生效之日的前一日，协议转让股份过户之前，双方已经签订协议并锁定了转让价格。2016 年 3 月 FX 公司董事长朱某某与大连 DC 原实际控制人刘某雪达成初步收购意向并支付定金，法院在认定此次操纵行为属于市场操纵的基础上，将违法所得的起算日确定为协议生效日的前一日。在朱某某、李某某操控账户组期间，利用账户组多次频繁买入股票，直至中国证监会下达告知书时大连 DC 仍然处于停牌状态，而 2017 年 12 月 6 日复牌后账户组具有继续交易的客观条件，亦存在陆续卖出的客观事实，因此法院认为该部分交易应当纳入涉案操纵行为之中。而对于违法所得额的计算范围，本案也给出了具体的计算标准，包括涉案期间所有交易数额和盈利数额，其中在盈利数额中扣除了税费。法院确定了本案的起始日和终止日后，针对被告提出的在交易发生期间，存在其他影响股票价格重大事项，故应当在违法所得额内扣除该部分数额，法院指出各个因素在股票价格形成阶段的比重不同，对每个因素进行精确衡量计算几乎不可能，因此即使出现重大事项也不影响违法所得额的计算。

四、小结

随着全球金融市场的深入发展和我国金融体系不断向外扩张，经济社会呈现一派繁荣态势，但随之愈演愈烈的还有资本市场的违法犯罪行为。其中尤为突出的是市场操纵犯罪，充分反映出资本市场上以价量操纵和决策操纵为核心的真实的运作机制。本案中朱某某等人利用各种资本优势参与证券市场进行操纵的行为是典型的操纵证券市场犯罪行为。该类犯罪本身就因其隐蔽性而不易被监管机构察觉，甚至在进行认定时也常以市值管理等理由进行抗辩。此外，部分犯罪行为在实施过程中还容易与内幕信息罪相混淆，对于

---

① 参见王慧文：《信息型市场操纵类案评析》，湖南大学 2022 年硕士学位论文。

犯罪数额的认定也是重点和疑难点。

对市场操纵犯罪的法律规制路径的研究确实有其深远的现实意义，不仅有助于鉴别正常的交易行为和犯罪行为、保护中小投资者的合法权益，还能够维持证券市场的稳定性并促进其更好地为实体经济服务。因此详细梳理朱某某操纵证券市场案这一经典案例并提炼出司法认定中的同类疑难问题，可以为解决实践中同类问题提供新的思路。

▷ 相关法律法规 ◁

➢ **《刑法》**（2023 年修正，2024 年 3 月 1 日施行）

第一百八十二条第一款　有下列情形之一，操纵证券、期货市场，影响证券、期货交易价格或者证券、期货交易量，情节严重的，处五年以下有期徒刑或者拘役，并处或者单处罚金；情节特别严重的，处五年以上十年以下有期徒刑，并处罚金：

（一）单独或者合谋，集中资金优势、持股或者持仓优势或者利用信息优势联合或者连续买卖的；

（二）与他人串通，以事先约定的时间、价格和方式相互进行证券、期货交易的；

（三）在自己实际控制的帐户之间进行证券交易，或者以自己为交易对象，自买自卖期货合约的；

（四）不以成交为目的，频繁或者大量申报买入、卖出证券、期货合约并撤销申报的；

（五）利用虚假或者不确定的重大信息，诱导投资者进行证券、期货交易的；

（六）对证券、证券发行人、期货交易标的公开作出评价、预测或者投资建议，同时进行反向证券交易或者相关期货交易的；

（七）以其他方法操纵证券、期货市场的。

➢ **最高人民检察院、公安部《关于公安机关管辖的刑事案件立案追诉标准的规定（二）》**（公通字〔2022〕12号，2022年5月15日施行）

第三十四条第一款 〔操纵证券、期货市场案（刑法第一百八十二条）〕操纵证券、期货市场，影响证券、期货交易价格或者证券、期货交易量，涉嫌下列情形之一的，应予立案追诉：

（一）持有或者实际控制证券的流通股份数量达到该证券的实际流通股份总量百分之十以上，实施刑法第一百八十二条第一款第一项操纵证券市场行为，连续十个交易日的累计成交量达到同期该证券总成交量百分之二十以上的；

（二）实施刑法第一百八十二条第一款第二项、第三项操纵证券市场行为，连续十个交易日的累计成交量达到同期该证券总成交量百分之二十以上的；

（三）利用虚假或者不确定的重大信息，诱导投资者进行证券交易，行为人进行相关证券交易的成交额在一千万元以上的；

（四）对证券、证券发行人公开作出评价、预测或者投资建议，同时进行反向证券交易，证券交易成交额在一千万元以上的；

（五）通过策划、实施资产收购或者重组、投资新业务、股权转让、上市公司收购等虚假重大事项，误导投资者作出投资决策，并进行相关交易或者谋取相关利益，证券交易成交额在一千万元以上的；

（六）通过控制发行人、上市公司信息的生成或者控制信息披露的内容、时点、节奏，误导投资者作出投资决策，并进行相关交易或者谋取相关利益，证券交易成交额在一千万元以上的；

（七）实施刑法第一百八十二条第一款第一项操纵期货市场行为，实际控制的账户合并持仓连续十个交易日的最高值超过期货交易所限仓标准的二倍，累计成交量达到同期该期货合约总成交量百分之二十以上，且期货交易占用保证金数额在五百万元以上的；

（八）通过囤积现货，影响特定期货品种市场行情，并进行相关期货交易，实际控制的账户合并持仓连续十个交易日的最高值超过期货交易所限仓标准的二倍，累计成交量达到同期该期货合约总成交量百分之二十以上，且期货交易占用保证金数额在五百万元以上的；

（九）实施刑法第一百八十二条第一款第二项、第三项操纵期货市场行为，实际控制的账户连续十个交易日的累计成交量达到同期该期货合约总成交量百分之二十以上，且期货交易占用保证金数额在五百万元以上的；

（十）利用虚假或者不确定的重大信息，诱导投资者进行期货交易，行为人进行相关期货交易，实际控制的账户连续十个交易日的累计成交量达到同期该期货合约总成交量百分之二十以上，且期货交易占用保证金数额在五百万元以上的；

（十一）对期货交易标的公开作出评价、预测或者投资建议，同时进行相关期货交易，实际控制的账户连续十个交易日的累计成交量达到同期该期货合约总成交量的百分之二十以上，且期货交易占用保证金数额在五百万元以上的；

（十二）不以成交为目的，频繁或者大量申报买入、卖出证券、期货合约并撤销申报，当日累计撤回申报量达到同期该证券、期货合约总申报量百分之五十以上，且证券撤回申报额在一千万元以上、撤回申报的期货合约占用保证金数额在五百万元以上的；

（十三）实施操纵证券、期货市场行为，获利或者避免损失数额在一百万元以上的。

➢ **《证券法》**（中华人民共和国主席令第 37 号，2020 年 3 月 1 日施行）

第五十五条　禁止任何人以下列手段操纵证券市场，影响或者意图影响证券交易价格或者证券交易量：

（一）单独或者通过合谋，集中资金优势、持股优势或者利用信息优势联合或者连续买卖；

（二）与他人串通，以事先约定的时间、价格和方式相互进行证券交易；

（三）在自己实际控制的账户之间进行证券交易；

（四）不以成交为目的，频繁或者大量申报并撤销申报；

（五）利用虚假或者不确定的重大信息，诱导投资者进行证券交易；

（六）对证券、发行人公开作出评价、预测或者投资建议，并进行反向证券交易；

（七）利用在其他相关市场的活动操纵证券市场；

（八）操纵证券市场的其他手段。

操纵证券市场行为给投资者造成损失的，应当依法承担赔偿责任。

➢ **最高人民法院、最高人民检察院《关于办理操纵证券、期货市场刑事案件适用法律若干问题的解释》**（法释〔2019〕9号，2019年7月1日施行）

第一条 行为人具有下列情形之一的，可以认定为刑法第一百八十二条第一款第四项规定的“以其他方法操纵证券、期货市场”：

（一）利用虚假或者不确定的重大信息，诱导投资者作出投资决策，影响证券、期货交易价格或者证券、期货交易量，并进行相关交易或者谋取相关利益的；

（二）通过对证券及其发行人、上市公司、期货交易标的公开作出评价、预测或者投资建议，误导投资者作出投资决策，影响证券、期货交易价格或者证券、期货交易量，并进行与其评价、预测、投资建议方向相反的证券交易或者相关期货交易的；

（三）通过策划、实施资产收购或者重组、投资新业务、股权转让、上市公司收购等虚假重大事项，误导投资者作出投资决策，影响证券交易价格或者证券交易量，并进行相关交易或者谋取相关利益的；

（四）通过控制发行人、上市公司信息的生成或者控制信息披露的内容、时点、节奏，误导投资者作出投资决策，影响证券交易价格或者证券交易量，并进行相关交易或者谋取相关利益的；

（五）不以成交为目的，频繁申报、撤单或者大额申报、撤单，误导投资者作出投资决策，影响证券、期货交易价格或者证券、期货交易量，并进行与申报相反的交易或者谋取相关利益的；

（六）通过囤积现货，影响特定期货品种市场行情，并进行相关期货交易的；

（七）以其他方法操纵证券、期货市场的。

第八讲

利用未公开信息交易罪

案例11　公募基金投资经理利用未公开信息交易案

一、基本案情[①]

2005年8月至2009年5月，被告人李某某担任交银施罗德公司投资决策委员会主席、投资总监，2007年8月开始兼任该公司蓝筹基金经理。在此期间，李某某参与交银施罗德公司所有基金的投资决策，并对蓝筹基金进行股票投资拥有决定权。

2009年4月7日，在交银施罗德公司旗下蓝筹基金、交银施罗德成长股票证券投资基金（以下简称成长基金）进行工商银行和建设银行股票买卖的信息尚未披露前，李某某指令五矿证券深圳华富路证券营业部（现为五矿证券深圳金田路证券营业部，以下简称五矿金田营业部）总经理李某君，在名为“岳某某”“童某某”实为李某某等控制的证券账户内，先于或同期于交银施罗德公司买入工商银行、建设银行股票，累计成交额人民币52,263,797.34元（以下币种未经注明均为人民币），并于同年6月将上述股票全部卖出，股票交易累计获利8,992,399.86元，同时分得股票红利1,723,342.50元。

---

① 上海市高级人民法院刑事裁定书，(2013) 沪高刑终字第5号。

原判认为，被告人李某某作为基金管理公司的从业人员，利用因职务便利获取的未公开信息，违反规定，从事与该信息相关的证券交易活动，情节严重，其行为已构成利用未公开信息交易罪，依照《刑法》第一百八十条第一款及第四款、第五十三条、第六十四条之规定，以利用未公开信息交易罪，判处被告人李某某有期徒刑四年，并处罚金人民币1800万元；违法所得人民币10,715,742.36元予以追缴。

李某某上诉否认指令李某君购买工商银行、建设银行股票。

上诉人李某某的辩护人针对本案的事实问题，提出以下辩护意见：(1) 证明李某某指令李某君购买工商银行、建设银行股票的证据不足，不排除涉案相关股票系李某君为提高自己的业绩自行决定购买，原判系以不可靠的逻辑前提进行推理来认定案件事实，认定李某某犯利用未公开信息交易罪事实不清，证据不足。(2) 涉案账户对工商银行、建设银行股票的交易，不符合以低价先于交银施罗德公司买入，并以高价先于交银施罗德公司卖出的“先买先卖”的客观特征，李某某的行为不构成利用未公开信息交易罪。(3) 工商银行、建设银行都是超级大盘股，交银施罗德公司旗下基金对其股票的买入，不可能拉升其股价，认定李某某利用未公开信息指令李某君购买上述股票，不符合情理。

二审法院审理查明的事实与原判相同，最终裁定驳回上诉，维持原判。

二、主要问题

1. 在本案中，应当如何认定利用未公开信息交易罪的“明示、暗示他人从事相关交易活动”这种行为方式？需要达到怎样的证明程度？

2. 在典型的“老鼠仓”犯罪案件中，行为人个人实际控制账户的趋同交易一般都具有“先买先卖”特征，但在趋同交易的认定中，行为人“先于机构买入”和“先于机构卖出”是否必须同时满足？趋同交易中如何认定成交数额？

3. 基金公司买入股票对股价的拉升作用是否是认定“老鼠仓”交易的必要条件？

三、法律分析

（一）在本案中，应当如何认定利用未公开信息交易罪的“明示、暗示他人从事相关交易活动”这种行为方式？需要达到怎样的证明程度

明示和暗示是意思表示的两种方式，明示、暗示他人交易也被认为是内幕交易和利用未公开信息交易中的“建议行为”，即建议他人从事相关的证券、期货交易，明示和暗示方式为建议行为的具体化表现。当然，内幕交易罪和利用未公开信息交易罪的行为方式除了建议行为之外，还有一种便是自己交易行为。而明示是指行为人通过自己的口头语言或者书面文字明确地将信息传递给相对人，手段行为并无限制，包括威胁、诱使、命令、希望、建议等。暗示行为的信息传递一般比较隐晦和模糊，如行为人通过眼神动作、手部动作、身体姿势甚至是沉默等肢体语言传递信息，而相对人心领神会。不难看出，无论是明示还是暗示，其最终效果都是使相对人知悉了该项利好信息①，并为其利用进行证券、期货交易，达到破坏正常交易秩序的后果。所以，明示、暗示他人从事相关交易这一行为的成立，存在一个前提，即相对人知悉了相关证券期货交易的利好信息并进行利用。如果相对人无从察觉和判断该项信息的利好价值，没有接受行为人利用职务便利所获取的未公开信息并进行相关的证券交易活动，即使证明了行为人确切地存在“明示或者暗示他人从事相关交易”活动，也不能认定行为人存在利用未公开信息交易罪中的“明示或者暗示他人从事相关交易”行为。单纯的明示、暗示他人交易行为由于并不会破坏证券交易市场秩序和损害其他投资者的权益，所以这种情形应当排除在刑法规制的范围之外。本罪中“明示或者暗示他人从事相关交易”行为应当予以实质化理解，明示、暗示交易行为需要有后续行为的配合才能进入刑法评价的视野，也就是在“明示或者暗示他人从事相关交易活动”中，这里的“他人”必须接受了行为人所传递的未公开信息并实际上

① 参见缑泽昆：《〈刑法修正案（七）〉中“老鼠仓”犯罪的疑难问题》，载《政治与法律》2009 年第 12 期。

进行了相关交易活动。[1]

然而，意思表示属于内心想法的外露，需要通过一定的外化行为予以推知，因此其本身就很难被证明，再加之证券交易市场具有无纸化、信息化特征，行为人的交易行为非常隐秘，故直接证明行为人存在“明示或者暗示他人从事相关证券交易”的行为非常困难。故在司法实践中，法院常常结合行为人之行为所存在的相关客观事实予以认定，具体是哪些方面的客观事实，最高人民法院、最高人民检察院出台的《关于办理利用未公开信息交易刑事案件适用法律若干问题的解释》第四条作了六个方面的规定，即证明存在“明示或者暗示他人从事相关证券交易”的行为，应当综合以下方面进行认定。

其一，行为人具有获取未公开信息的职务便利；其二，行为人获取未公开信息的初始时间与他人从事相关交易活动的初始时间具有关联性；其三，行为人与他人之间具有亲友关系、利益关联、交易终端关联等关联关系；其四，他人从事相关交易的证券、期货品种、交易时间与未公开信息所涉证券、期货品种、交易时间等方面基本一致；其五，他人从事的相关交易活动明显不具有符合交易习惯、专业判断等正当理由；其六，行为人对明示、暗示他人从事相关交易活动没有合理解释。应当说综合以上六点事实，可以科学地证明行为人存在“明示或者暗示他人从事相关证券交易”活动。前面四点内容是从正向角度可以推定事实成立的要素，也就是说即使无法彻底摸清行为人是如何实施明示或者暗示行为的方式，但是其具有“明示或者暗示他人从事相关证券交易”的事实被证明是存在的。而后两点也即第五点和第六点内容，则是从反向角度予以考察，即该项经过证明存在的事实没有特别可以“出罪”的事由，这种反向考察的方式其实是有利于行为人的规定，给了行为人一个相当于“自我救赎”的证明其不存在相关犯罪事实的机会，司法在进行认定时需要排除合理怀疑。因此，如果从正反两个角度都无法找出行为人既存事实的瑕疵，则认定行为人“明示或者暗示他人从事相关证券交易”

---

① 参见乔远主编：《金融警戒线：证券刑事法律实务探析》，法律出版社 2018 年版，第 175－176 页。

行为的成立不存在问题。

以上正反两方面的认定角度在司法实践中也有其他类案的支持。例如，在王某、王某强等人利用未公开信息交易罪案[①]中，形成了如下裁判要旨：虽然没有直接证据证明行为人利用因职务便利获取的其他未公开信息，明示、暗示他人从事相关交易活动，但根据行为人掌握未公开信息情况、他人从事的相关交易与行为人所在公司进行的相关交易趋同程度、时间吻合程度、他人与行为人利益关联程度等综合因素，能够排除合理怀疑的，仍可认定他人从事的股票交易与行为人职务行为获取的非公开信息存在客观联系，从而以利用未公开信息交易罪论处。

在本案中，法院认定李某某的行为方式为“指令”李某君购买工商银行、建设银行股票。显然“指令”行为属于法条所规定的明示行为，属于利用未公开信息交易罪中“建议行为”这一类。本案审理法院也是从以上的认定思路出发，首先，审理法院证明了李某某在交银施罗德公司担任蓝筹基金经理的职位，其能够参与交银施罗德公司所有基金的投资决策，并对蓝筹基金进行股票投资拥有决定权，因此李某某具有获取未公开信息的职务便利条件。其次，本案审理法院证明了涉案证券交易账户资金来源于李某某夫妇及其亲属，李某某系该涉案账户实际控制人之一，因此李某某与李某君存在关联关系。再次，法院又证明了涉案证券账户于李某某任职的交银施罗德公司旗下基金购买工商银行和建设银行股票期间满仓购买相同股票，存在趋同买卖股票行为。最后，法院又从反向角度考虑了行为人李某某是否具有特别的“出罪”事由，最终排除了本案中辩护人所提出的“为提高自己的业绩自行决定购买”的可能性。

综上所述，本案中行为人李某某“指令”李某君购买工商银行、建设银行股票的行为，法院经过正反两个角度予以证明，并且排除了相关的合理怀疑，认定该行为属于“明示、暗示他人从事相关交易活动”这种行为方式，李某某的行为构成利用未公开信息交易罪是正确的。另外，值得注意的是，利用未公开信息交易犯罪的这种明示、暗示的“建议行为”，一是应当予以

① 参见重庆市第一中级人民法院刑事判决书，(2015) 渝一中法刑初字第00162号。

实质化理解，考察相对人是否实际从事了相关证券交易活动；二是行为人与他人一般容易形成紧密的共同犯意，如果他人在行为人建议下仍然从事相关的证券期货交易，则应当考虑共同犯罪。

（二）在典型的“老鼠仓”犯罪案件中，行为人个人实际控制账户的趋同交易一般都具有“先买先卖”特征，但在趋同交易的认定中，行为人“先于机构买入”和“先于机构卖出”是否必须同时满足？趋同交易中如何认定成交数额

在认定趋同交易过程中，“先买先卖”是否必须同时满足？笔者的回答是否定的。首先，根据词义，既然是交易行为，那么买入行为当然属于交易行为，卖出行为也属于交易行为。如果“先买先卖”特征必须同时满足，那么行为人在交易敏感期内只存在先于机构的买入行为或者先于机构的卖出行为，便无法认定为趋同交易，这显然不合理，也不利于打击利用未公开信息交易的犯罪行为。事实上，趋同交易可分为单向趋同和双向趋同。单向趋同指的是仅仅买入趋同或卖出趋同，双向趋同指的是买入或卖出均趋同。其次，在司法实践中，法院实际上也是主张单向趋同买入或卖出行为可以视作行为人存在趋同交易行为的观点。在吴某哲等人利用未公开信息交易罪一案①中，便有辩护人提出单向趋同不应计入违法交易金额的辩护主张，但最终法院并没有采纳这一意见，法院认为，对于趋同交易期间内发生的单向趋同交易、双向趋同交易金额均应计入证券交易成交金额。

综上所述，构成利用未公开信息交易罪并不以“先买先卖”同时具备为条件，只要行为人利用因职务便利获取的未公开信息，违反规定从事与该信息相关的证券交易活动，就构成利用未公开信息交易罪。这种交易活动，既可以是利用利好信息先行或同期买入，也可以是利用利空信息先行或同期卖出，只要二者居其一即可，并不要求行为同时符合“先买先卖”的条件。这也是本案审理法院所采纳的观点。

既然单向趋同买入、单向趋同卖出和双向趋同买入卖出都可以认定为趋

---

① 参见上海市第一中级人民法院刑事判决书，（2019）沪01刑初61号。

同交易，那么对于趋同交易数额应当如何计算呢？目前主要存在以下几种不同观点。第一种观点认为，计算交易成交额时对这三种情况不作区分，买入成交额与卖出成交额均计算在内。第二种观点认为，计算交易成交额时对这三种情况不作区分，均只计算买入成交额。这种计算标准意在成交额计算标准尚不明确的情况下选择有利于被告人的计算方式。第三种观点认为，按趋同交易实际发生额计算，即买入趋同，卖出不趋同，计算买入成交额；买入不趋同，卖出趋同，计算卖出成交额；买入、卖出均趋同，买入、卖出成交额均予以计算。此种观点意在说明趋同交易表征犯罪行为，有多少次趋同交易行为就应该计算多少次趋同交易成交额。第四种观点认为，单向趋同的按实际趋同交易额认定，双向趋同的认定交易额较大的一边，即买入趋同，卖出不趋同，计算买入成交额；买入不趋同，卖出趋同，计算卖出成交额；买入、卖出均趋同，计算买入、卖出成交额中较大者。①

笔者认为第四种观点具有相对合理性，但同时需要考虑到行为人利用未公开信息交易的谋利意图与禁止重复评价的原则，然后进行具体的评价。第一种观点不予具体分析，即只要认定了行为人具有趋同交易行为，那么与趋同交易相关的买入、卖出行为所发生的成交额都应当计算在内。例如，行为人事实上只存在单向的趋同买入行为，卖出行为与机构交易并不趋同，此种情形下，按照该观点，不趋同的卖出行为也应当计算在行为人趋同交易的成交额之内。但是如此计算出来的交易成交额被人为地不当扩大，这对行为人极为不利。此外，在卖出行为不趋同的情况下，为什么要将卖出的交易额计算在整体的趋同交易数额之内，此种观点并没有给出令人信服的理由。再则一点，此种观点也并没有考虑到在双向趋同的情形下，买入成交额与卖出成交额都予以计算可能存在重复评价的问题。因此，第一种观点不具有合理性。第二种观点在某种程度上虽有利于行为人，但也存在明显的问题，如在行为人只有趋同卖出行为这种情况下，为什么不计算趋同的卖出成交额，反而要计算不趋同的买入成交额，这种计算方式似乎与基本的事实发生了脱离。故第二种观点因其具有明显的瑕疵而不予采纳。

---

① 参见乔远主编：《金融警戒线：证券刑事法律实务探析》，法律出版社2018年版，第169页。

第三种观点与第四种观点的主要区别在于双向趋同成交额的计算方式，第三种观点强调的是买入、卖出成交额累计计算，而第四种观点则是将买入成交额与卖出成交额进行比较，择“大”者作为整个趋同交易的成交额。一般情形下，行为人进行趋同买入行为的目的便是非法获利，但是单纯的买入行为无法使得行为人将利益变现，无法实际地获得利益，因此需要通过后续的趋同卖出行为予以实现。但是，此种情况下的卖出行为不具有刑法上单独的评价意义，需要与行为人之前的趋同买入行为一起作为利用未公开信息交易行为的整体。此时，行为人的趋同买入行为和后续的趋同卖出行为都是在同一个非法获利意图的支配下所实施的，因此，这种情况下的趋同交易成交额不宜累计计算，只需选择成交额较大者便可以进行充分评价。但是，如果行为人的趋同卖出行为是为了避免损失，此时该卖出行为便具有独立评价的意义，此种情况下，趋同买入和趋同卖出的成交额应当累计计算。由于第三种观点只有在特殊的情况下（趋同买入和趋同卖出行为分别处于不同的谋利意图）才可以适用，而第四种观点则适用于常态的情况，同时择“大”者作为整个趋同交易的成交额，避免了重复评价的问题，是有利于行为人的解释，因此第四种观点具有相对合理性。

综上所述，在“老鼠仓”犯罪趋同交易行为的认定中，先买行为和先卖行为并不需要同时满足，单向趋同亦存在认定成趋同交易行为的空间；在计算利用未公开信息交易罪中证券交易成交额时，针对同一只股票，行为人买入趋同但卖出不趋同，或者买入不趋同但卖出趋同的，应仅计算实际趋同交易一边的成交额；行为人买入、卖出均趋同，如果两个行为各自存在独立谋利意图，应累计计算成交额；如果卖出行为仅是买入行为的利益变现，并无独立谋利意图，应仅计算成交额较大的一边。[①]

（三）基金公司买入股票对股价的拉升作用是否是认定“老鼠仓”交易的必要条件

“老鼠仓”行为非法获利的典型逻辑是，行为人利用职务便利获得了未

---

① 参见江奥立:《判断趋同性证券交易行为须结合“谋利意图”》，载《检察日报》2017 年 5 月 29 日，第 3 版。

公开信息并抢先于机构交易在低位“建仓”，待到行为人所管理的公司基金大量买入股票将股价抬升到高位时，行为人又率先将股票平仓卖出，以赚取巨额差价利益。但是，“老鼠仓”行为是否必须要求基金公司的买入股票行为起到拉升股价效果？笔者认为，基金公司买入股票对股价的拉升效果并不是认定“老鼠仓”行为之必须的。利用未公开信息交易的“老鼠仓”行为在本质上破坏了公平、公正、公开的证券市场交易环境，违背了基金从业人员对基金公司的忠实义务，损害了基金和基金管理人的声誉以及投资者对有关基金及基金管理人的信赖和信心，进而对有关基金的长期运作和基金份额持有人利益造成损害，并对整个证券市场造成损害。因此无论基金公司的股票交易活动是否引起了股价的波动，无论行为人最终是否获利，只要行为人存在利用未公开信息进行趋同交易的客观事实，其便损害了基金公司的利益和其他散户投资者的利益，破坏了“三公”原则。这一行为当然可以被认定为“老鼠仓”犯罪行为，并且应当以利用未公开信息交易罪科以刑责。至于基金公司对股价的拉升作用以及行为人的获利情况，这仅仅属于利用未公开信息交易罪的附带结果，并不是必须存在的。换句话说，股价是否被抬升，行为人是否获利，均不影响行为人“老鼠仓”行为性质的认定，也即对定罪没有什么影响。而股价的波动情况、行为人的非法获利情况，在一定程度上可以反映行为社会危害性的大小，可能对量刑产生一定的影响。

另外，在其他的司法实践判例中，也有类似的案例支持上述结论。例如，在许某利用未公开信息交易案中，法官便作出了如下认定结论：基金公司经理违反规定，利用其控制的个人账户，先于或同期于其所管理的基金多次买卖相同股票，情节严重的，只要有足够证据证明其操控的股票交易与其职务行为获取的未公开信息存在客观联系，即使没有造成相关股票股价异常波动，仍应以利用未公开信息交易罪论处。①

因此，总结来说，基金公司的买入股票行为，无论其有没有抬升股价，都不影响对行为人“老鼠仓”犯罪行为的认定。

---

① 参见孙玮、魏凯：《利用未公开信息交易罪的司法认定》，载《人民司法》2013年第4期。

四、利用未公开信息交易罪的刑法分析

“老鼠仓”行为因其像老鼠偷吃粮食一样损公肥私而得名，“老鼠仓”犯罪行为破坏了证券交易市场的“三公”原则，损害了基金公司和弱势散户投资人的利益，具有明显的社会危害性，需要最严厉的刑法予以打击。因此在21世纪初的几年，“老鼠仓”行为入刑的呼声日益高涨。最终，《刑法修正案（七）》增设了“利用未公开信息交易罪”，规定在《刑法》第一百八十条第四款中。此后，人们习惯于认为“老鼠仓”犯罪就是指利用未公开信息交易罪，其实这样说并不十分严谨，“老鼠仓”犯罪还有可能涉及内幕交易罪、操纵证券市场罪等罪名。在没有特殊强调的情况下，笔者为了行文方便起见，也将“老鼠仓”犯罪行为视作利用未公开信息交易罪。

关于“老鼠仓”的法律性质，主要存在内幕交易说与背信行为说的论争。内幕交易说认为，“老鼠仓”行为本身就是内幕交易的一种，只需要对内幕信息作扩大解释，就可以将“老鼠仓”纳入内幕交易的规制范围。这种观点的底层逻辑是，行为人利用未公开信息进行交易与内幕交易一样，破坏了证券市场公平、公正的交易环境。背信行为说则认为，“老鼠仓”行为是基金从业人员违反对基金份额持有人负有的信义义务，损害了基金财产和基金份额持有人利益的背信行为。[①] 而最高人民法院在审理马某利用未公开信息交易一案[②]中，认为：由于我国基金、证券、期货等领域中，利用未公开信息交易行为比较多发，行为人利用公众投入的巨额资金做后盾，以提前买入或者提前卖出的手段获得巨额非法利益，将风险与损失转嫁给其他投资者，不仅对其任职单位的财产利益造成损害，而且严重破坏了公开、公正、公平的证券市场原则，严重损害客户投资者或处于信息弱势的散户利益，严重损害金融行业信誉，影响投资者对金融机构的信任，进而对资产管理和基金、证券、期货市场的健康发展产生严重影响。不难看出，最高人民法院的态度混合了内幕交易说和背信行为说的理由，可谓混合说。

---

① 参见彭冰：《重新定性“老鼠仓”——运动式证券监管反思》，载《清华法学》2018年第6期。

② 参见最高人民法院刑事判决书，（2015）刑抗字第1号。

笔者赞同最高人民法院混合说的立场。首先，对于内幕交易说，笔者认为，由于利用未公开信息交易罪在条文规定上已经明确了“未公开信息”属于内幕信息以外的信息，因此未公开信息与内幕信息属于两种不同性质的信息。由于两罪在经济机理层面上存在巨大差异，在非法获取利润等同的条件下，利用未公开信息交易犯罪行为所需要实施的次数显著更多。① 因此将“老鼠仓”行为视作内幕交易的一种，于目前的刑法规定体系来说，恐怕不合理。但是行为人利用未公开信息交易也确实破坏了证券交易的公平、公正市场环境，侵害了其他散户投资者的利益。背信行为说一个最明显的问题是，其不能完全涵盖本罪的主体范围。对于金融机构的从业人员来说，其接受了客户的委托利用资金，应当恪守忠实守信的义务规范，这不存在问题。但是对于本罪另外规定的监管机构和行业协会的人员来说，其并不具有对投资人的信义义务，所以就谈不上“背信”行为。因此综合以上两点，目前混合说最适合成为“老鼠仓”行为的法律性质。

关于本罪的构成要件。首先是行为要件，包括自己交易行为和建议行为，其中建议行为也即法条中所规定的“明示、暗示他人从事相关交易活动”。同时，在利用未公开信息交易行为的认定上，还应当注意以下几点：其一，行为人利用了职务便利获取了未公开信息，并且行为人利用该项未公开信息自己进行或者指示他人从事了相关的证券、期货交易。其二，行为人利用未公开信息交易“违反规定”。根据《关于办理利用未公开信息交易刑事案件适用法律若干问题的解释》第三条规定，《刑法》第一百八十条第四款规定的“违反规定”，是指违反法律、行政法规、部门规章、全国性行业规范有关证券、期货未公开信息保护的规定，以及行为人所在的金融机构有关信息保密、禁止交易、禁止利益输送等规定。其三，未公开信息指的是内幕信息以外的尚未公开的信息。《关于办理利用未公开信息交易刑事案件适用法律若干问题的解释》第一条规定了本罪未公开信息的范围：一是证券、期货的投资决策、交易执行信息；二是证券持仓数量及变化、资金数量及变化、交

① 参见刘宪权：《论利用未公开信息交易罪法定刑的设置及适用》，载《现代法学》2016 年第 5 期。

易动向信息；三是兜底的其他可能影响证券、期货交易活动的信息。

本罪的主体为特殊主体，即限于“证券交易所、期货交易所、证券公司、期货经纪公司、基金管理公司、商业银行、保险公司等金融机构的从业人员以及有关监管部门或者行业协会的工作人员”。私募基金从业人员伙同金融机构从业人员，利用金融机构的未公开信息实施趋同交易的，构成利用未公开信息交易罪的共犯。[①] 本罪主观方面为故意。

另外，“老鼠仓”行为构罪需要达到情节严重的标准。由于利用未公开信息交易罪的刑罚是参照内幕交易、泄露内幕信息罪的刑罚适用，因此在司法实践中引起了巨大的争议。利用未公开信息交易罪是否具有“情节特别严重”这一档规定，参照内幕交易、泄露内幕信息罪的刑罚适用是全部参照还是部分参照？这个问题一直困扰着法官。直到最高人民法院对马某利用未公开信息交易一案的改判，最终明确了本罪拥有两档法定刑情节，即“情节严重”和“情节特别严重”。

五、小结

利用未公开信息交易罪中的“明示、暗示他人从事相关交易活动”属于“老鼠仓”犯罪中的建议行为，对“明示、暗示他人交易行为”需要从正反两个角度予以综合认定。从正面认定基本事实的成立，从反面则需要排除合理怀疑。同时对“明示、暗示他人交易行为”应当予以实质化理解，考察相对人是否实际从事了相关证券交易活动。

趋同交易的认定不需要同时满足“先买先卖”的条件，只需要满足其中一项即可。趋同交易的成交额计算应当考虑行为人的谋利意图和禁止重复评价等要素。基金机构对股价的拉升效果不是认定利用未公开信息交易“老鼠仓”的必要条件。

“老鼠仓”的法律性质应当具有内幕交易说与背信行为说的混合特性。利用未公开信息交易罪的行为方式包括自己交易行为和建议行为两种，本罪的主体为特殊主体，主观方面为故意。“老鼠仓”行为构罪需要达到情节严

---

① 参见上海市高级人民法院刑事判决书，(2019) 沪刑终76号。

重的标准，利用未公开信息交易罪具有两档法定刑情节，即“情节严重”与“情节特别严重”，具体适用需要参照内幕交易、泄露内幕信息罪的刑罚规定。

▷ 相关法律法规 ◁

➢ **《刑法》**（2023 年修正，2024 年 3 月 1 日施行）

第一百八十条 【内幕交易、泄露内幕信息罪】证券、期货交易内幕信息的知情人员或者非法获取证券、期货交易内幕信息的人员，在涉及证券的发行，证券、期货交易或者其他对证券、期货交易价格有重大影响的信息尚未公开前，买入或者卖出该证券，或者从事与该内幕信息有关的期货交易，或者泄露该信息，或者明示、暗示他人从事上述交易活动，情节严重的，处五年以下有期徒刑或者拘役，并处或者单处违法所得一倍以上五倍以下罚金；情节特别严重的，处五年以上十年以下有期徒刑，并处违法所得一倍以上五倍以下罚金。

单位犯前款罪的，对单位判处罚金，并对其直接负责的主管人员和其他直接责任人员，处五年以下有期徒刑或者拘役。

内幕信息、知情人员的范围，依照法律、行政法规的规定确定。

【利用未公开信息交易罪】证券交易所、期货交易所、证券公司、期货经纪公司、基金管理公司、商业银行、保险公司等金融机构的从业人员以及有关监管部门或者行业协会的工作人员，利用因职务便利获取的内幕信息以外的其他未公开的信息，违反规定，从事与该信息相关的证券、期货交易活动，或者明示、暗示他人从事相关交易活动，情节严重的，依照第一款的规定处罚。

➢ **最高人民法院、最高人民检察院《关于办理利用未公开信息交易刑事案件适用法律若干问题的解释》**（法释〔2019〕10 号，2019 年 7 月 1 日施行）

第一条 刑法第一百八十条第四款规定的“内幕信息以外的其他未公开的信息”，包括下列信息：

（一）证券、期货的投资决策、交易执行信息；

（二）证券持仓数量及变化、资金数量及变化、交易动向信息；

（三）其他可能影响证券、期货交易活动的信息。

第三条 刑法第一百八十条第四款规定的“违反规定”，是指违反法律、行政法规、部门规章、全国性行业规范有关证券、期货未公开信息保护的规定，以及行为人所在的金融机构有关信息保密、禁止交易、禁止利益输送等规定。

第四条 刑法第一百八十条第四款规定的行为人“明示、暗示他人从事相关交易活动”，应当综合以下方面进行认定：

（一）行为人具有获取未公开信息的职务便利；

（二）行为人获取未公开信息的初始时间与他人从事相关交易活动的初始时间具有关联性；

（三）行为人与他人之间具有亲友关系、利益关联、交易终端关联等关联关系；

（四）他人从事相关交易的证券、期货品种、交易时间与未公开信息所涉证券、期货品种、交易时间等方面基本一致；

（五）他人从事的相关交易活动明显不具有符合交易习惯、专业判断等正当理由；

（六）行为人对明示、暗示他人从事相关交易活动没有合理解释。

➢ **《基金管理公司投资管理人员管理指导意见》**（中国证券监督管理委员会公告〔2009〕3号，2009年4月1日施行）

第六条 投资管理人员应当维护基金份额持有人的利益。在基金份额持有人的利益与公司、股东及与股东有关联关系的机构和个人等的利益发生冲突时，投资管理人员应当坚持基金份额持有人利益优先的原则。

投资管理人员不得利用基金财产或利用管理基金份额之便向任何机构和个人进行利益输送，不得从事或者配合他人从事损害基金份额持有人利益的活动。

第二十三条 公司应当建立有关投资管理人员个人利益冲突的管理制度，

加强对投资管理人员直接或者间接股权投资及其直系亲属投资等可能导致个人利益冲突行为的管理，按照基金份额持有人利益优先的原则，建立相关申报、登记、审查、管理、处置制度，防止因投资管理人员的股权投资行为影响基金的正常投资、损害基金份额持有人的利益。

投资管理人员不得直接或间接为其他任何机构和个人进行证券投资活动，不得直接或间接接受证券公司、投资公司、上市公司等其他任何机构和个人提供的礼金、旅游服务等各种形式的利益。投资管理人员履行职责时，对可能产生个人利益冲突的情况应当及时向公司报告。

除法律、行政法规另有规定外，公司员工不得买卖股票，直系亲属买卖股票的，应当及时向公司报备其账户和买卖情况。公司所管理基金的交易与员工直系亲属买卖股票的交易应当避免利益冲突。

案例12　公募基金与私募基金从业人员利用未公开信息交易共犯案

一、基本案情[①]

姜某君，系上海云某投资管理有限公司（以下简称云某公司，该公司为私募基金管理人）实际控制人；柳某，系泰某基金管理有限公司（以下简称泰某公司，该公司为公募基金公司）基金经理，姜某君与柳某系好友。

2010年12月至2011年3月，姜某君设立云某公司及“云某一期”私募基金，并通过私募基金从事证券交易。2009年4月至2015年1月，柳某管理泰某公司发行的泰某蓝筹精选股票型基金（以下简称泰某蓝筹基金），负责该基金的运营和投资决策。

2009年4月至2013年2月，姜某君频繁与柳某交流股票投资信息。柳某明知姜某君经营股票投资业务，仍将利用职务便利获取的泰某蓝筹基金交易

① 上海市高级人民法院刑事判决书，（2019）沪刑终76号。

股票的未公开信息泄露给姜某君，或使用泰某蓝筹基金的资金买卖姜某君推荐的股票；姜某君利用上述未公开信息，使用所控制的证券账户进行趋同交易。在上述时间段内，姜某君控制的“杨某芳”“金某”“叶某”三个个人证券账户及“云某一期”私募基金证券账户与泰某蓝筹基金账户趋同买入且趋同卖出股票76只，趋同买入金额7.99亿元，趋同卖出金额6.08亿元，获利4619万元。

法院认为：姜某君、柳某违反规定，共同利用柳某担任基金管理公司从业人员职务便利获取的未公开信息，从事相关证券交易活动，非法获利4619万余元，情节特别严重，其行为均已构成利用未公开信息交易罪，且系共同犯罪。

二、主要问题

1. 私募基金管理人是否属于我国《刑法》第一百八十条第四款规定的“其他金融机构”，从业人员是否是利用未公开信息交易罪的行为主体？

2. 私募基金管理人的从业人员与公募基金的从业人员利用未公开信息交易罪共同犯罪应认定为共同正犯还是区分主从犯？

3. 公募基金从业人员明示、暗示私募基金从业人员从事相关交易，且私募基金从业人员也实施了相应行为的，能否推定私募人员具有概括故意？

4. 利用未公开信息共同犯罪是否区分主从犯？区分主从犯是否影响罪名的认定？

三、法律分析

（一）私募基金管理人是否属于我国《刑法》第一百八十条规定的“其他金融机构”，从业人员是否是利用未公开信息交易罪的行为主体

虽然《刑法》第一百八十条第四款明确规定证券交易所、期货交易所、证券公司、期货经纪公司、基金管理公司、商业银行、保险公司等金融机构的从业人员是本罪的行为主体，《证券法》第五十四条第一款规定，禁止证券交易场所、证券公司、证券登记结算机构、证券服务机构和其他金融机构

的从业人员、有关监管部门或者行业协会的工作人员，利用因职务便利获取的内幕信息以外的其他未公开的信息，该条款对禁止利用未公开的信息也包含了兜底的“其他金融机构”，但由于金融机构体系与内容本身的复杂性，实践中利用未公开信息交易罪中的“金融机构”并非严格局限于上述范围，在具体金融服务活动中产生与控制未公开信息的金融机构均可被归入本罪“金融机构”的范畴。例如信托公司，根据《信托法》及2007年原银监会《信托公司管理办法》的规定，信托公司是以营业和收取报酬为目的，以受托人身份承诺信托和处理信托事务的金融机构。信托公司从事证券信托、基金投资、证券承销等与证券期货交易有关的金融业务，掌握了大量影响金融产品交易价格的未公开信息。信托公司从业人员利用信托资产管理、基金投资运作过程中获取的未公开信息从事个人谋利交易，损害信托权益人利益的，属于典型的利用未公开信息交易犯罪行为。《刑法》第一百八十条第四款虽然没有明示性地罗列出信托公司，但信托公司显然应当纳入利用未公开信息交易罪中的“等金融机构”范围。[①] 因此，要明确私募基金管理人是否属于我国《刑法》第一百八十条第四款规定的“其他金融机构”，首先要厘清“其他金融机构”的范围。

目前有两种观点，观点一认为，私募基金管理人不属于《刑法》第一百八十条规定的“其他金融机构”，其从业人员不是利用未公开信息交易罪的实施主体。理由如下：

根据《证券投资基金管理公司管理暂行办法》第二条的规定，私募基金是指在中华人民共和国境内，以非公开方式向投资者募集资金设立的投资基金。私募基金财产的投资包括买卖股票、股权、债券、期货、期权、基金份额及投资合同约定的其他投资标的。第五条规定，设立私募基金管理机构和发行私募基金不设行政审批，允许各类发行主体在依法合规的基础上，向累计不超过法律规定数量的投资者发行私募基金。而证券交易所、期货交易所、证券公司、期货经纪公司、公募基金公司均需批准设立。利用未公开信息交易犯罪的主体是证券交易所、期货交易所、证券公司、期货经纪公司、基金

① 参见钱列阳、谢杰：《证券期货交易十六讲》，法律出版社2019年版，第186页。

管理公司、商业银行、保险公司等金融机构的从业人员以及有关监管部门或者行业协会的工作人员。对于《刑法》第一百八十条规定的金融机构，我们从三个层面进行理解，即金融机构的从业人员、有关监管部门的工作人员、有关行业协会的工作人员。私募基金从业人员不可能属于上述有关监管部门的工作人员或者行业协会的工作人员，其行为如果有可能入罪，只可能属于第一部分金融机构的从业人员。而金融机构是指证券交易所、期货交易所、证券公司、期货经纪公司、基金管理公司、商业银行、保险公司。基金管理公司应当仅指以公开募集方式设立的证券投资基金公司即公募基金公司，而并不包含私募基金，也即私募资金从业人员不是法定的基金公司从业人员，进而无法构成利用未公开信息交易犯罪[①]。又根据《证券投资基金法》第二十条第六项的规定，公开募集基金的基金管理人及其董事、监事、高级管理人员和其他从业人员不得泄露因职务便利获取的未公开信息、利用该信息从事或者明示、暗示他人从事相关的交易活动，该条款仅针对公募基金，并未将私募基金管理列入；同时，根据《金融机构编码规范》，证券业金融机构分为证券公司、证券投资基金管理公司、期货公司和投资咨询公司，可见私募基金管理人并非"证券业金融机构"。

观点二认为，私募基金管理人属于《刑法》第一百八十条规定的"其他金融机构"，其从业人员可以成为利用未公开信息交易罪的主体，理由如下：

2017 年《非居民金融账户涉税信息尽职调查管理办法》第七条第四项规定，私募基金管理公司属于金融机构。证监会《私募投资基金监督管理暂行办法》第二十三条第五项规定，私募基金管理人、私募基金托管人、私募基金销售机构及其他私募服务机构及其从业人员从事私募基金业务，不得泄露因职务便利获取的未公开信息，利用该信息从事或者明示、暗示他人从事相关的交易活动；最高人民法院、最高人民检察院《关于办理利用未公开信息交易刑事案件适用法律若干问题的解释》第三条规定："刑法第一百八十条第四款规定的'违反规定'，是指违反法律、行政法规、部门规章、全国性

① 参见谢杰、马宏伟：《证券合规：利用未公开信息交易的法律规制与风险管理》，法律出版社 2023 年版，第 127－128 页。

行业规范有关证券、期货未公开信息保护的规定，以及行为人所在的金融机构有关信息保密、禁止交易、禁止利益输送等规定。”依据司法解释的规定，私募基金从业人员可以成为《刑法》第一百八十条第四款的适格主体，既然私募基金从业人员属于本罪的适格主体，那么私募基金管理人应当就属于《刑法》第一百八十条第四款规定的“其他金融机构”。理论中还有观点认为，如果私募机构的基金组织取得了合法的集合理财资格，具有从事对一定范围内的信托财产进行管理和投资活动的合法资格，应认定为“金融机构”，其从业人员自然应当包括在“金融机构从业人员”的范围中①。

笔者赞成第一种观点，即私募基金管理人不属于《刑法》第一百八十条第四款规定的“其他金融机构”，其从业人员不是本罪的实行主体。利用未公开信息交易罪的主体是特殊主体，一般主体不会构成本罪，故只有证券公司、基金管理公司、保险公司等金融机构的从业人员以及有关监管部门或者行业协会的工作人员等特定主体才会构成本罪。实际上，与公募基金经理相比，私募从业人员除了主体身份的区别外，在利用未公开信息交易的其他方面，如表现形式、主观认识、侵犯的客体利益、社会危险性等方面基本上没有区别，故私募从业人员是否构成利用未公开信息交易罪的关键，就在于私募从业人员所在的单位是否在《刑法》第一百八十条第四款规定的“证券交易所、期货交易所、证券公司、期货经纪公司、基金管理公司、商业银行、保险公司等金融机构”范围内，更精确地说，就是私募基金管理人是否是该条款中的“基金管理公司”。从法律的效力优先级来看，效力层级不同的规定出现冲突时，以优先级更高的法律规定为准，法律效力高于行政规章，作为法律的《刑法》《证券法》等法律的效力自然要高于行政法规、部门规章及司法解释。同时，根据刑法解释的同类解释规则，对《刑法》第一百八十条第四款“其他金融结构”进行解释时，“其他金融机构”须与“证券交易所、期货交易所、证券公司、期货经纪公司、基金管理公司、商业银行、保险公司”具有“相当性”。私募基金的准入规定、募集对象、监管要求都与公募基金存在差异，与证券交易所、期货交易所、证券公司、期货经纪公司、

① 参见石奎：《利用未公开信息交易罪的刑法分析》，载《财经科学》2014年第2期。

商业银行和保险公司也不具备相当性，因此，也不能将私募基金管理人解释为《刑法》第一百八十条第四款的“其他金融机构”。据此，应认定本罪的主体不包括私募基金管理人的工作人员。

（二）公募基金与私募基金从业人员共同利用未公开信息交易，私募基金的从业人员是否属于共同正犯

成立共同犯罪主要从犯罪共谋和共同实行行为两个方面把握。在涉及具体罪名时，又需要把握该罪主要行为要件和主体身份。认定共同犯罪一般需要满足两个条件：其一，有共同犯罪故意，由于主观的犯意联络和客观行为的共同指向性，共同犯罪并不要求所有共同犯罪行为人均完成一般犯罪的全部主客观特征。在司法实践中，对共谋的认定存在多元性。如在毒品犯罪中，可以综合全案证据推定被告人对毒品的明知，进而认定双方存在共谋。其二，必须存在共同的行为，即在共同犯罪故意的支配下，共同实施具有内在联系的犯罪行为。从利用未公开信息交易罪来看，由于本罪的主体系特殊主体，是否意味着相对方在明知行为人特殊主体身份的情况下，依照行为人的建议而交易相关证券就可以认定双方存在一种“默契”的共谋？是否意味着行为人明示他人交易，且相对方也进行了证券交易就一律认定为共同犯罪？共同犯罪中双方是否都是正犯，还是区分主从犯？区分主从犯是否影响罪名的认定？因此，利用未公开信息交易罪中共犯的认定问题是刑事司法实践中一个不可忽视的问题。

我国刑法将共同犯罪区分为主犯、从犯、胁从犯和教唆犯，系从犯罪作用大小和分工不同两个维度进行界分，可见共犯包括共同实行犯在内。在刑法理论与实践中，对于有身份者与无身份者能否成立共同实行犯争议较多。肯定说认为，无身份者可以与有身份者共同成为纯正身份犯的共同实行犯。只要行为人具有某种特定身份就可以单独实施犯罪，无特定身份者和有特定身份者在共同实行这些犯罪行为时，只要各自的行为独立具备全部构成要件，也可成为这些犯罪的共同实行犯。而对于不仅需要行为人具有某种特定身份，而且要求行为人必须利用其特定身份才能单独实施的犯罪（如受贿罪等），无特定身份者和有特定身份者在共同实施这些犯罪行为时，各自的行为则不

以实施全部犯罪构成要件为必要。各共犯的行为存在分工且互相补充，能够形成一个完全符合犯罪构成要件的整体实行行为，亦可构成共同实行犯。否定说认为，无身份者不能与有身份者构成纯正身份犯的实行犯。真正身份犯或者说特殊主体的犯罪，只有具有一定身份的特殊主体实行犯罪才可能构成，无身份者不可能实施真正身份犯的实行行为，但是可以成为这些犯罪的教唆犯或者帮助犯。例如，《刑法》第三百八十二条第三款规定的“与前两款所列人员勾结，伙同贪污的，以共犯论处”中的“共犯”，是指组织犯、教唆犯或者帮助犯，而不包括共同实行犯。折中说认为，对此问题不能一概而论，应具体情况具体分析，区别对待，对于可以由无特定身份者与特定身份者共同实施的犯罪，应当承认无特定身份者与有身份者构成共同实行犯①。

就利用未公开信息交易罪的罪状而言，该罪是典型的故意犯罪。主观上，行为人明知自己利用未公开信息交易的行为破坏了证券市场的秩序，并希望、容忍或者放任这一结果的发生。就罪名的性质而言，本罪可以成立共同犯罪。本罪特殊之处在于，《刑法》第一百八十条第四款规定本罪犯罪主体系特殊主体，与内幕交易罪的主体相比较，内幕交易罪的主体包括内幕信息的知情人员和非法获取内幕信息人员两种；而本罪主体仅规定了未公开信息的知情人员，具体包括金融机构和有关监管部门或者行业协会的工作人员在内，并不包括非法获取未公开信息的人员。从立法目的而言，对两罪主体范围区别对待，是因为立法者认为证券价格主要由公司经营状况、业绩等证券内在价值决定，而供求关系等未公开信息对证券市场的影响比内幕信息小。笔者认为，只要有身份者和无身份者各自分工，共同完成“老鼠仓”犯罪行为的，即应根据共同犯罪理论将非特殊主体纳入利用未公开信息交易罪的处罚范畴，这符合共同犯罪行为共同性的要求，也符合充分保障证券市场秩序的立法目的。在法条未规定非特殊主体单独构成利用未公开信息交易罪的情况下，依据共同犯罪理论认定非特殊主体构成利用未公开信息交易罪的共犯是合理的。

---

① 参见李栋：《共同犯罪中的纯正身份犯若干问题研究》，载《信阳农业高等专科学校学报》2010 年第 2 期。

（三）公募基金从业人员明示、暗示私募基金从业人员从事相关交易，且私募基金从业人员也实施了相应行为的，能否推定私募人员具有概括故意

明示和暗示都是意思表示。明示，是指行为人以明确的言语、动作等作为的方式表达自己的意愿；暗示，是指以第三人或者普通人看来不明确的言语、动作向对方表达自己的意愿，但双方都知悉对方要表达的意思，如使用“暗语”指示对方购买股票的行为。这里应注意与民法上明示、默示的区别，刑法的明示比民法明示范围更窄，刑法的暗示介于刑法的明示与民法的明示之间。就本罪而言，笔者认为，相对人在明知证券从业人员特殊身份的情况下，仍依照证券从业人员的提示从事相关交易行为，故证券人员的犯罪故意均在相对人的故意范围之内。同时，在认定非特殊主体构成利用未公开信息交易罪的共犯时，应依照刑法总则关于共同犯罪的规定与共同犯罪的一般原理，严格限定条件。一般而言，只有参与程度较深的非特殊主体才能构成共犯，如最高人民法院《关于审理挪用公款案件具体应用法律若干问题的解释》第八条规定：“挪用公款给他人使用，使用人与挪用人共谋，指使或者参与策划取得挪用款的，以挪用公款罪的共犯定罪处罚。”因此，不能仅以相对人明知证券从业人员等的特殊身份而推定共谋，还要结合相对人的资金来源、交易情况是否存在异常，是否增设多个账户逃避追查等加以综合判断。

（四）利用未公开信息共同犯罪是否区分主从犯？区分主从犯是否影响罪名的认定

关于身份犯共犯的定罪问题，学界和司法实务部门主要存在主犯决定说、主职权行为决定说、区别对待说、身份犯说、犯罪客体说等观点。主犯决定说认为，应以共同犯罪中的主犯性质对各行为人定罪处罚，理由是共同犯罪的基本特征一般是由主犯犯罪的基本特征决定的。如果共同犯罪中主犯犯罪的基本特征是贪污，同案犯中不具有贪污罪主体身份的人，应以贪污罪的共犯论处。主职权行为决定说主张根据为主的职权行为确定共犯的性质，可以解决绝大多数情况下两种有特殊身份者共同实施犯罪的定罪问题，因为在一

般情况下，两种职权行为在犯罪中的主次作用是可以区分与确定的。同时提出按照就高不就低的原则解决其定罪问题。此种定性之所以比较恰当，是因为其既坚持了共同犯罪的整体性，又贯彻了有利于被告的原则而注意了刑事责任的合理性。[①] 区别对待说认为，应以实行犯实行行为的性质为基本标准，结合刑法的相关条款，考虑法秩序的整体精神，作具体分析。[②] 身份犯说主张，对于无身份之人与有身份之人共同犯罪的，应以真正身份犯之罪对各犯罪人定罪量刑。犯罪客体说认为，决定共同犯罪性质的是共同犯罪行为所侵犯的客体。这就是说，对共犯行为的定性不可能超出各共同犯罪人所触犯的相关罪名的范围；我国刑法以犯罪客体决定犯罪性质的理论，在特定条件下，犯罪客体决定了犯罪的性质、此罪与彼罪的界限的认定，没有侵犯任何客体，就不可能构成犯罪。

针对有身份者与无身份者共同实施利用“老鼠仓”行为的性质认定，实践中有观点认为，如果“老鼠仓”行为人是主犯，则按利用未公开信息交易罪定罪；如果接受明示、暗示的人为主犯，则应按侵犯商业秘密罪定罪。[③] 该观点持主犯决定说。最高人民法院《关于审理贪污、职务侵占案件如何认定共同犯罪几个问题的解释》第三条规定：“公司、企业或其他单位中，不具有国家工作人员身份的人与国家工作人员勾结，分别利用各自的职务便利，共同将本单位财物占为已有的，按照主犯的犯罪性质定罪。”可知，最高人民法院也采纳了主犯决定说。就本罪而言，笔者认为主犯决定说有待商榷。首先，主犯与从犯是按行为人在共同犯罪中的作用对共同犯罪人的分类，它主要是解决共同犯罪的量刑问题，而不是定罪问题。定罪是量刑的前提和基础，应该先确定共同犯罪的性质，再根据各个共同犯罪人在共同犯罪中的不同作用确定相应的刑罚。其次，在罪名选择时应实现“主要罪质特征完全契合”。当特定危害行为所侵犯的法益表现为复杂客体时，应当要求特定危害

---

① 参见赵秉志：《共犯与身份问题研究——以职务犯罪为视角》，载《中国法学》2004 年第 1 期。转引自马克昌、莫洪宪主编：《中日共同犯罪比较研究：二十一世纪第二次（总第八次）中日刑事法学术研讨会文集》，武汉大学出版社 2003 年版，第 129 页。

② 参见李成：《共同犯罪与身份关系研究》，中国人民公安大学出版社 2007 年版，第 153 页。

③ 参见浙江省丽水市人民检察院课题组：《利用未公开信息交易罪疑难问题探析》，载《河北法学》2011 年第 5 期。

行为与选择的犯罪构成之间必须保持主要客体在罪质、罪量上的一致性。[①]在纯正身份犯中，有身份者与无身份者共同犯罪，利用了有身份者的职务之便时，身份者的职务行为往往反映出该行为指向的主要危害客体，一般应依有身份者的实行行为性质定罪处罚。利用未公开信息交易罪中主要的犯罪客体系证券市场秩序。在利用未公开信息交易罪的共同犯罪中，只要犯罪行为的本质在于利用职权实现利益输送，即应以该罪认定。

此外，主职权行为决定说也难以解决仅仅利用一方身份便利的情况。区别对待说可能割裂行为人的联系，有悖于共同犯罪的原理。无身份之人与有身份之人共同犯罪，本为一个有机统一、不可分割的整体，仅因为两种不同主体就分别定罪处罚，不仅会人为割裂行为人的主客观联系，而且会导致刑罚失衡与不公。犯罪客体说无法解释实践中二人以上共同实施侵犯多个不同客体且涉及不同罪名的情况。如一般主体与现役军人共谋共同盗窃军用物资，分别触犯了盗窃罪和盗窃军用物资罪，而依据该说就不能有效解决类似问题。社会生活包罗万象并处于不断发展变化中，司法实践中的案件事实亦是千差万别。笔者认为，案件的性质依犯罪的实行犯的行为性质来确定，认定是否构成真正身份犯以及构成何种真正身份犯，应当以有身份者所实施的犯罪构成要件的行为为根据。主从犯的判断标准在于各共同犯罪人对危害后果的原因力贡献大小。对于各被告人在共同犯罪中地位大小一般从共谋、实行行为及获益三个方面判断。在共谋阶段，对于犯罪造意者可认定为主犯，尤其是积极建言献策者一般认为其作用较大，如在共同抢劫案件中，对于提议犯罪地点和提供具体作案目标的，一般认定其犯罪作用大；在实行行为阶段，对于直接参与犯罪构成要件实行行为的可认定为主犯，对于共同犯罪中主要获益者也可认定为主犯。在具体案件中，有身份者与无身份者共同犯罪时，有身份者通常处于核心地位，无身份者一般次于或者最多等同于有身份者，纯正身份犯的本质是承担一定义务的人违反该义务就要受到处罚。因此，不具有身份的人无论是单独正犯还是共同正犯，都不能成为纯正身份犯的正犯，身份的连带性不能超越纯正身份犯的本质，这也符合刑法关于本罪的立法意

---

① 参见黄祥青：《罪质分析法与转换定罪规则的适用》，载《人民司法》2010年第17期。

图，着重规制“特殊身份所带来的责任与义务”。这并不等于无身份者在共同犯罪中必然居于次要地位，也不意味着其犯罪行为所造成的危害结果及对共同犯罪所起的作用小于有身份者。

《刑法》第一百八十条第四款规定了“从事与该信息相关的证券、期货活动”，或者“明示、暗示他人从事相关交易活动”两种行为方式，对于有身份者建议无身份者，二者合谋的情况，应该直接适用立法规定的第一种行为模式，对于刑法上的所谓帮助行为，必须是实行行为以外的，使他人的实行行为容易实施的行为。帮助犯的实质是参与行为并促进，使结果更容易发生。[①] 在涂某1、涂某2利用未公开信息交易罪一案[②]中，法院认为，在共同犯罪中，涂某2起主要作用，依法应认定为主犯，涂某1依照涂某2的指令进行操作，起次要作用，系从犯，依法应当减轻处罚。而对于无身份者建议有身份者，二者合谋的情况，即本案的情况，被告人柳某系基金从业人员，符合本罪所要求的特殊主体身份；被告人姜某君系私募基金从业人员，不是本罪所要求的特殊主体身份，但姜某君才是犯罪起意者、主要实行行为人，而有身份的柳某非犯罪造意者，也非主要实行行为人，在认定二人构成利用未公开信息交易罪共犯的同时，最高人民法院并未区分主从犯。最高人民法院认为，私募基金从业人员可以成为利用未公开信息交易罪的共犯，私募基金账户趋同交易金额和获利金额应计入交易成交额和违法所得数额。利用未公开信息交易罪的犯罪主体是金融机构从业人员，根据《证券投资基金法》等规定，公募基金管理公司属于金融机构，公募基金从业人员与私募基金从业人员共同利用公募基金从业人员职务便利获取的未公开信息，从事相关证券、期货交易活动的，构成利用未公开信息交易罪共同犯罪。利用未公开信息交易行为严重破坏证券市场的公平交易秩序，其社会危害性以及对证券市场秩序的侵害程度，应当以所有趋同交易的成交数额和违法所得数额来衡量，即不仅包括实际利益归属于被告人的相关账户趋同交易数额，也包括实际利益归属于特定投资人的私募基金账户趋同交易数额。可见，在司法实践中，

① 参见陈兴良主编：《刑法总论讲义》，人民法院出版社2011年版，第525页。

② 广东省高级人民法院刑事判决书，（2018）粤刑终479号。

区分主从犯并不影响本罪的认定。

▷ 相关法律法规 ◁

➢ **《刑法》**（2023年修正，2024年3月1日施行）

第二十五条 【共同犯罪的概念】共同犯罪是指二人以上共同故意犯罪。

二人以上共同过失犯罪，不以共同犯罪论处；应当负刑事责任的，按照他们所犯的罪分别处罚。

第二十六条 【主犯】组织、领导犯罪集团进行犯罪活动的或者在共同犯罪中起主要作用的，是主犯。

三人以上为共同实施犯罪而组成的较为固定的犯罪组织，是犯罪集团。

对组织、领导犯罪集团的首要分子，按照集团所犯的全部罪行处罚。

对于第三款规定以外的主犯，应当按照其所参与的或者组织、指挥的全部犯罪处罚。

第二十七条 【从犯】在共同犯罪中起次要或者辅助作用的，是从犯。

对于从犯，应当从轻、减轻处罚或者免除处罚。

第一百八十条 【内幕交易、泄露内幕信息罪】证券、期货交易内幕信息的知情人员或者非法获取证券、期货交易内幕信息的人员，在涉及证券的发行，证券、期货交易或者其他对证券、期货交易价格有重大影响的信息尚未公开前，买入或者卖出该证券，或者从事与该内幕信息有关的期货交易，或者泄露该信息，或者明示、暗示他人从事上述交易活动，情节严重的，处五年以下有期徒刑或者拘役，并处或者单处违法所得一倍以上五倍以下罚金；情节特别严重的，处五年以上十年以下有期徒刑，并处违法所得一倍以上五倍以下罚金。

单位犯前款罪的，对单位判处罚金，并对其直接负责的主管人员和其他直接责任人员，处五年以下有期徒刑或者拘役。

内幕信息、知情人员的范围，依照法律、行政法规的规定确定。

【利用未公开信息交易罪】证券交易所、期货交易所、证券公司、期货经纪公司、基金管理公司、商业银行、保险公司等金融机构的从业人员以及有关监管部门或者行业协会的工作人员，利用因职务便利获取的内幕信息以外的其他未公开的信息，违反规定，从事与该信息相关的证券、期货交易活动，或者明示、暗示他人从事相关交易活动，情节严重的，依照第一款的规定处罚。

➤ **《证券投资基金法》**（中华人民共和国主席令第23号，2015年4月24日施行）

第十二条　基金管理人由依法设立的公司或者合伙企业担任。

公开募集基金的基金管理人，由基金管理公司或者经国务院证券监督管理机构按照规定核准的其他机构担任。

第二十条　公开募集基金的基金管理人及其董事、监事、高级管理人员和其他从业人员不得有下列行为：

（一）将其固有财产或者他人财产混同于基金财产从事证券投资；

（二）不公平地对待其管理的不同基金财产；

（三）利用基金财产或者职务之便为基金份额持有人以外的人牟取利益；

（四）向基金份额持有人违规承诺收益或者承担损失；

（五）侵占、挪用基金财产；

（六）泄露因职务便利获取的未公开信息、利用该信息从事或者明示、暗示他人从事相关的交易活动；

（七）玩忽职守，不按照规定履行职责；

（八）法律、行政法规和国务院证券监督管理机构规定禁止的其他行为。

➤ **《私募投资基金监督管理暂行办法》**（中国证券监督管理委员会令第105号，2014年8月21日施行）

第五条第二款　设立私募基金管理机构和发行私募基金不设行政审批，允许各类发行主体在依法合规的基础上，向累计不超过法律规定数量的投资者发行私募基金。

第二十三条　私募基金管理人、私募基金托管人、私募基金销售机构及其他私募服务机构及其从业人员从事私募基金业务，不得有以下行为：

（一）将其固有财产或者他人财产混同于基金财产从事投资活动；

（二）不公平地对待其管理的不同基金财产；

（三）利用基金财产或者职务之便，为本人或者投资者以外的人牟取利益，进行利益输送；

（四）侵占、挪用基金财产；

（五）泄露因职务便利获取的未公开信息，利用该信息从事或者明示、暗示他人从事相关的交易活动；

（六）从事损害基金财产和投资者利益的投资活动；

（七）玩忽职守，不按照规定履行职责；

（八）从事内幕交易、操纵交易价格及其他不正当交易活动；

（九）法律、行政法规和中国证监会规定禁止的其他行为。

➢ **《非居民金融账户涉税信息尽职调查管理办法》**（国家税务总局、财政部、人民银行、银监会、证监会、保监会公告2017年第14号，2017年7月1日施行）

第六条第一款第三项 本办法所称金融机构，包括存款机构、托管机构、投资机构、特定的保险机构及其分支机构：

（三）投资机构是指符合以下条件之一的机构：……3. 证券投资基金、私募投资基金等以投资、再投资或者买卖金融资产为目的而设立的投资实体。

第七条第四项 下列机构属于本办法第六条规定的金融机构：

（四）证券投资基金管理公司、私募基金管理公司、从事私募基金管理业务的合伙企业。

➢ **《证券法》**（中华人民共和国主席令第37号，2020年3月1日施行）

第五十条 禁止证券交易内幕信息的知情人和非法获取内幕信息的人利用内幕信息从事证券交易活动。

➢ **《信托公司管理办法》**（中国银行业监督管理委员会令2007年第2号，2007年3月1日施行）

第二条 本办法所称信托公司，是指依照《中华人民共和国公司法》和本办法设立的主要经营信托业务的金融机构。

本办法所称信托业务，是指信托公司以营业和收取报酬为目的，以受托人身份承诺信托和处理信托事务的经营行为。

➢ **最高人民法院、最高人民检察院《关于办理利用未公开信息交易刑事案件适用法律若干问题的解释》**（法释〔2019〕10号，2019年7月1日施行）

第三条 刑法第一百八十条第四款规定的“违反规定”，是指违反法律、行政法规、部门规章、全国性行业规范有关证券、期货未公开信息保护的规定，以及行为人所在的金融机构有关信息保密、禁止交易、禁止利益输送等规定。

案例13 公募基金领域利用未公开信息交易案：“前五后二”行业规则

一、基本案情①

被告人蒋某自2010年7月3日至2013年8月22日，担任华宝兴业基金管理有限公司（以下简称华宝兴业公司）发行的行业精选股票型证券投资基金（以下简称行业精选基金）经理，对该基金买卖股票拥有决定权。其间，蒋某将利用职务便利获取的行业精选基金投资信息透露给其丈夫王某玉、其父亲蒋某1，由王某玉、蒋某1等人控制使用他人证券账户，利用该信息先于、同期或稍晚于行业精选基金买卖相同股票188只，累计成交金额2,996,033,238.91元，非法获利113,562,509.72元。其中：蒋某1、王某玉使用黄某新证券账户买卖相同股票89只，累计成交金额248,751,383.58元，

① 山东省高级人民法院刑事判决书（2019）鲁刑终279号。

非法获利 5, 342, 950. 28 元；王某玉等人使用陈某、罗某霞、杨某珍、负某茹、王某、杨某茹、胡天闻、林某梅 8 个证券账户（以下简称账户组）买卖相同股票，累计成交金额 2, 747, 281, 855. 23 元，非法获利 108, 219, 559. 44 元。案发后，被告人蒋某主动投案，如实供述了其将行业精选基金投资信息告知其父亲蒋某 1 进行股票交易的犯罪事实。

一审法院认为，被告人蒋某身为基金管理公司的从业人员，利用因职务便利获取的内幕信息以外的其他未公开信息，违反规定，明示或暗示他人从事与该信息相关的证券交易活动，情节特别严重，其行为构成利用未公开信息交易罪。

一审宣判后，被告人蒋某不服，其与辩护人提出如下上诉辩护意见：其未告知丈夫王某玉相关未公开信息，对于王某玉利用陈某等 8 个证券账户交易股票的行为不知情，王某玉交易的数额应从其犯罪数额中扣除；王某海、王某玉操纵的账户组从事南玻 A、金科股份等 29 只股票交易活动的初始时间均早于从蒋某处获取未公开信息的初始时间，对应的获利数额应从认定的非法获利数额中扣除；一审判决认定的 188 只趋同股票中，应扣除因行业精选基金执行“混合”买入指令而导致涉案账户组存在“被动趋同”交易数额。

二审审理查明的事实及证据与一审相同，并对以上的辩护意见一一作出回应。第一，上诉人蒋某作为行业精选基金的基金经理，掌握该基金交易的标的股票、交易时间、交易数量、交易价格及盈利预期等未公开信息。蒋某通过与其父蒋某 1、其夫王某玉的交流、带回家的行业精选基金持仓明细、带领王某玉对上市公司调研等方式使蒋、王二人知悉上述信息。为规避蒋某的直系亲属不能从事证券交易的规定，蒋某 1、王某玉分别以黄某新、陈某之名开立证券账户，王某玉等人还通过场外配资的形式控制并使用杨某珍、罗某霞等 7 人的证券账户与资金，从事证券交易牟利。涉案期间，按照“前五后二”行业认定趋同交易时间的惯例标准，涉案 9 个证券账户大量频繁交易股票，与行业精选基金交易的股票存在高度趋同，趋同率平均达 80% 左右，个别账户高达 90% 以上。而在蒋某任职前和离职后，涉案 9 个证券账户的交易量、交易频率及趋同率明显偏低，个别账户甚至为 0。综上，依照相关法律规定，上诉人蒋某的行为符合明示、暗示他人从事相关交易活动。第二，黄某新的证券账户主要是由蒋某控制使用，而其他账户组则是由王某玉等人控制使用，按照行业认定惯例，认定涉案账户组属于趋同交易的时间标准是行业精选基金自主买卖股票前五个交易日及后二个交易日内发生的所有同方向同股票交易，在此区间以外的交易并不认定为犯罪，执行的交易指令无论是单一还是混合，均不影响趋同交易的认定，故辩护人所提辩护意见均不能成立。

二、主要问题

1. 是否行为人“前五后二”时间段内进行同种同向交易就会被认定为利用未公开信息交易？

2. “前五后二”规则是否为证券期货行业判定“趋同交易”仅有的惯例标准？行业标准能否直接作为刑事判决的依据？

三、法律分析

在解析以上两个问题之前，有必要弄清楚何为“前五后二”规则。“前五后二”是一个时间段，即基金等金融机构交易日的前五日至后二日这个区间。在这个时间段内，个人账户进行的交易与机构交易同进同出或者同买同卖的，则会被认定为趋同交易，进而行为人的趋同交易行为会被推定为利用未公开信息交易。

（一）是否行为人在“前五后二”时间段内进行与金融机构同种类同方向的交易就会被认定为利用未公开信息交易

本案中，辩护人提出：王某海、王某玉操纵的账户组从事南玻 A、金科股份等 29 只股票交易活动的初始时间均早于从蒋某处获取未公开信息的初始时间，故应当扣除相应的非法获利数额。可法院似乎并没有对其作出针对性的回应，而是笼统回应为涉案账户组的趋同交易时间标准是行业精选基金自主买卖股票前五个交易日及后二个交易日（“前五后二”）内所有的同向同种类股票交易，在此区间外的交易不认定为犯罪，最终认为辩护人的辩护意见不能成立。笔者对此项回应存在疑问，辩护人认为王某玉等操纵的账户组所从事的29只股票交易活动的初始时间均早于从蒋某处获取未公开信息的初始时间，言下之意是，王某玉等人在获取未公开信息之前就已经进行了股票交易活动。故辩护人所表达的核心意思应当是，王某玉等人操纵的账户组所进行的股票交易活动并不是基于未公开的信息，王某玉等人缺乏利用未公开信息这一先前行为，因此仅就这一项事实而言，谈不上“利用未公开信息交易”。

虽然法院将上述王某玉等人操纵账户组的股票交易活动认定在“前五后二”这一时间段内，从外观上看，其股票交易活动与机构的股票交易具有同种同方向的趋同性，但是这并不能绝对证明王某玉等人是利用相关机构未公开信息进行的交易。换句话说，这一趋同交易的“果”，辩护人认为不是由“利用未公开信息”这个“因”导致的，原因在于王某玉等人在获取未公开信息之前就已经完成了相应的交易活动。就这一点而言，法官与辩护人各说各话，并不在同一个频道上。法官对辩护人所提出的辩护意见，也没有进行正面回答，最终依然认定王某玉等操纵的账户组从事南玻A、金科股份等29只股票交易活动属于利用未公开信息交易。

“前五后二”规则是目前司法机关认定利用未公开信息趋同交易的一个重要标准，也即在一般情况下，涉案账户在金融机构交易日前五个交易日及后两个交易日内所进行的同种同方向的股票交易活动，都会被视作利用未公开信息进行的趋同交易。然而，在股票交易实践过程中，要实现某证券交易账户与某只基金在交易上存在一定程度的趋同，也并非只能基于未公开信息，趋同交易的形成有其深层次的复杂原因，是多种因素综合作用的结果。[①] 因此，法官凭借趋同交易的结果以及王某玉等人的相关身份信息，认定其交易行为属于利用未公开信息交易，就理论逻辑上而言是欠妥当的。

在本案中，法官结合王某玉等人与具有特殊身份的蒋某之间的关系，以及其账户股票交易的时间与种类，根据“前五后二”的行业标准认定王某玉等人操纵账户组进行交易的行为属于利用未公开信息交易，这个认定结论可

---

① 参见王云超、韩振兴：《趋同交易的判定》，载《人民司法》2022年第13期。

能是正确的；但是就论证过程而言，主要体现在王某玉等人趋同交易的结果是否基于未公开信息作出的投资判断这一点，笔者认为法官的理由是存在瑕疵的，至少本案中的法官并没有针对辩护人所提出的辩护意见作出令人信服的回应和解释。

在司法实践中，出现上述情形的，原因在于，负有举证责任的控方在“行为人利用了未公开信息进行关联性交易”方面证明难度太大，于是该项的认定采用的是推定模式，即法院根据行为人的身份、职务等具有获取未公开信息的便利条件和地位，以及根据证券行业规则如“前五后二”标准确定行为人具有趋同性交易的结果，就此可以推定行为人是基于未公开信息进行的交易。因此，本案审理法官根据“前五后二”行业标准以及王某玉具有从其妻子蒋某处获取未公开信息的便利条件，在没有直接证据证明王某玉的趋同性交易是在利用未公开信息的基础上进行的情况下，推定王某玉等操纵账户组进行关联性交易的行为属于利用未公开信息交易行为，这并无错误。在证券期货犯罪司法实务中，该种形式的推定比较常见。只是本案审理法官针对辩护人的该项辩护事由并没有进行切中肯綮的回应，虽然法官仍然可以，事实上也是依据“前五后二”行业标准以及王某玉、王某海的身份信息等其他要素作出认定，而法官对辩护人提出的辩护事由并不负有举证责任，再加之就整个案情内容来看，辩护人只是提出王某玉等人没有利用未公开信息进行关联性交易的观点，但是之后也没有提交相应的证据证明其进行关联性的交易活动不是基于未公开信息作出的投资判断，即无实际的证据佐证其提出观点的真实性，因此法官最终的认定结论是正确的。

总结来说，在一般情况下，行为人利用自己或者关系人等私人控制的账户在“前五后二”时间段内大量且频繁地进行与金融机构同种类同方向的股票、期货交易，如果这种交易行为被认为具有高度趋同性，那么大概率会被认定为利用未公开信息交易。但即使是在“前五后二”时间段内，如前所述，这种推定模式的认定也并非绝对的，除非能够举出切实的证据证明，趋同性交易结果并非基于未公开信息作出的投资判断所引起的，否则基于这种推定模式所形成的最终结论将被予以确定。

（二）“前五后二”规则是否为证券期货行业判定“趋同交易”仅有的惯例标准？行业标准能否直接作为刑事判决的依据

在本案中，对于趋同交易的认定，采用的是“前五后二”的行业惯例标准，而这一标准在相关的法律、司法解释等法律规范中并没有体现。换句话说，并没有相关的法律法规明确规定了这一标准，因此这种行业内部的标准出现在刑事判决中是否合适，需要打一个问号。

笔者认为，一方面，刑事判决内容的依据应当直接源于法律法规以及相关的司法解释。其他的如行业规范，只能作为适当的参考进行说理，而不能直接依据行业规范作出涉罪与否的认定。而在本案中，事实上也是普遍存在于利用未公开信息交易犯罪的案件中的，关于行为人趋同交易的认定，直接依据的是证券期货行业的“前五后二”标准，而能否认定为趋同交易则直接关涉利用未公开信息交易罪的成立与否。于是，行为人能否成立利用未公开信息交易罪，其最终的实质性依据便成为：根据证券期货行业的“前五后二”标准能否认定行为人的交易为趋同交易。显然，这在某种程度上已经抵触了罪刑法定原则，而实质上演变成了构罪与否由“行业”定的结果。

另一方面，“前五后二”标准只是一种判断趋同交易的常用行业标准，有的法院并没有明确表明其所采纳的是“前五后二”的行业标准，在判决书中经常会看到“先于、同步于或稍晚于其管理的……账户买卖或交易相同股票……”等类似的表述，这种情形是否在机构交易的前五个交易日至稍晚于机构交易的后两个交易日范围之内，则尚未可知。这种时段范围的极度不确定性加剧了各地法院对“先于”“同步于”“稍晚于”的理解不一，带来的直接后果就是趋同交易认定的随意性，进而导致出入罪认定的恣意。

再者，“前五后二”标准只是近年来司法实践中经常采用的一种认定标准，实际上在此之前，司法实践也采用过“前五后五”（机构交易日前五个交易日至后五个交易日内）、“买三卖四”（机构买入股票三日内和卖出股票四日内）的标准。“前五后二”（或者“前五后五”等其他的标准）作为一种行业标准，可能会因为客观环境的变化而更改，即“前五后二”这种行业标准更新的速率较法律规范而言要快得多，法律规范的内容具有相对稳定性。

因此，将行业标准作为刑事判决内容的依据，尤其是在该行业标准直接关乎相关罪名成立与否的情形下，无疑会使同类行为刑事判决的不稳定性增加，同时会降低行为人对自己行为的预测可能性。

综上，笔者认为“前五后二”标准只是判定趋同交易的常用标准，并不是绝对地使用。另外，如同“前五后二”这种行业性标准不应当作为刑事判决内容的直接依据，就目前的司法实践而言，由于相关的法律规定还不健全，没有相应的法律规范明确规定趋同交易的认定规则和标准，因此，法院不得不参考诸如“前五后二”这类行业标准并将其作为刑事判决内容的重要依据，对此是可以理解的。但是接下来亟须制定并完善相应的法律规范，或者以出台司法解释的形式将相应的行业规范标准予以合理化地吸收，做到认定“趋同交易”等关键问题于法有据。

四、关于“前五后二”行业规则的展开

（一）“前五后二”规则的由来

自从《刑法修正案（七）》将实践中常说的“老鼠仓”行为入刑以来，利用未公开信息进行交易的犯罪行为得到有效遏制。“老鼠仓”并不是一个法律概念，而是由国外传入的证券业术语。一般来说，基金业“老鼠仓”是指基金经理或实际控制人在用公有资金拉升股价之前，利用其所知悉的机构投资决策等信息，抢先用自己个人（机构负责人、操盘手及其亲属、关系户）的资金在低位建仓，待用公有资金将股价拉升到高位后，个人仓位率先卖出获利，最后套牢亏损的则是机构和散户的资金。[①] 这也是国外一般也称“老鼠仓”为“抢先交易”的原因。

由于行为人在低位抢先建仓、于股价或者期货价格高位时率先平仓卖出，以极低的成本攫取了巨额的利润导致机构和大量投资人的资金受损，就如同老鼠埋入粮仓底部，偷吃大量“公家粮”一样，因此这一类行为被形象地称为“老鼠仓”。

① 参见浙江省丽水市人民检察院课题组：《利用未公开信息交易罪疑难问题探析》，载《河北法学》2011 年第 5 期。

但是随着证券、期货市场行业的快速发展，“老鼠仓”概念现在并不局限于“抢先交易”了，同步于或者稍晚于机构交易同样给整个证券、期货市场造成了巨大危害，因此如今的“老鼠仓”行为也包括了与机构同步交易和稍晚于机构交易的情形。在这样的背景下，中国证监会逐渐总结出了趋同交易行为理论，并被司法实践所接受和认可。而证券监督管理机构监测交易行为的趋同性主要是通过大数据跟踪比对分析，如果认定某交易与关联基金等机构交易的情况高度趋同，一般就会对该交易进行查处，并将该趋同交易情况作为认定存在利用未公开信息交易的重要依据。在司法实践中，“高度趋同”一般是以趋同度达到60%以上为标准。[①] 而认定趋同交易的时间范围标准，主要采用的就是“前五后二”标准（T－5，T＋2，T为机构交易日）。这一时间范围标准，在最高人民法院发布的61号指导性案例“马某利用未公开信息交易案”中也有体现，马某利用担任基金经理的职务便利，先于(1～5个交易日)、同期或稍晚于（1～2个交易日）买卖与其管理的基金账户相同的股票，被认定为趋同交易。

（二）“前五后二”规则与利用未公开信息的推定

如前所述，“前五后二”规则是从交易时间范围的角度判定行为人的交易行为是否属于趋同交易。“前五后二”的计算时间段被用来确定趋同交易比率是经过反复推演和科学验证的，是司法实务中为了便于统一计算而形成的惯常做法，具有相对的合理性和准确性。[②]

司法机关主要从两个方面对趋同交易加以认定，一是交易时间的紧密性，二是股票种类的一致性。而交易时间的紧密性，司法实践中主要采纳的是“前五后二”这一时间段范围。进行趋同交易的认定，其实是利用未公开信息交易罪罪名构造本身的要求。也就是说，无论是行为人自己还是明示、暗示他人从事的交易活动，都要求与行为人利用职务便利获取的未公开信息具有相关性，即关联交易。而在司法实践中，这种相关性是需要被证明的，但

---

① 参见姜永义、陈学勇、王尚明：《〈关于办理利用未公开信息交易刑事案件适用法律若干问题的解释〉的理解与适用》，载《人民法院报》2020年4月30日，第5版。

② 参见潘庸鲁：《利用未公开信息交易罪的判断规则与证据标准》，载《人民司法》2021年第22期。

是从正面证明行为人存在关联性交易行为，往往十分困难，原因在于，司法机关不仅要证明行为人是利用职务便利获取的未公开信息，而且还要证明行为人或者他人利用了此项未公开信息进行关联性交易，共两个“利用”需要被证明，这大大增加了控方的证明难度，不利于对犯罪的指控和追究。

因此，司法实践中逐渐形成了刑事推定的规则，即不对两个“利用”进行直接证明，而是证明相关事实的客观存在，从而推定行为人利用未公开信息进行了交易。公诉机关只要有足够证据证明行为人利用职务便利知悉了内幕信息以外的未公开信息，在上述信息合理敏感期内，存在提前买入、提早卖出等异常交易行为，且上述信息与异常交易之间存在客观同质的相关性，即完成了利用要件的举证责任。[①] 相关事实主要为“利用”要件两端的事实，即前端为行为人具有获取未公开信息的职务地位或者便利条件，后端为行为人在机构交易日的“前五后二”敏感期内进行了与机构同种同向的交易活动。在行为人始终不承认其利用了未公开信息从事证券期货交易的情况下，根据一系列形成证据链条的环境证据推定其实际上利用了未公开信息是合法且合理的。[②]

职是之故，行为人只要在机构交易日的前五日至后二日的时段范围内进行与机构同种类同方向的股票期货买卖活动，则会直接被认定交易行为具有趋同性。在这种情况下，一般也可以进一步推定行为人是在利用未公开信息进行交易。然而，这种推定并不是绝对的。既然是推定，而且还是刑事推定，那就应当允许反驳，也即可以通过反证证明所谓推定的事实不存在，当反驳的合理性强度超过推定强度时，可以认定行为主体并未基于未公开信息从事相关证券期货交易[③]。这种允许反证的例子在刑事领域中并不罕见，如职务犯罪中的巨额财产来源不明罪，国家工作人员的财产明显超过合法收入且差额巨大的，如果该国家工作人员不能说明来源，则差额部分以非法所得论。这其实就是一种刑事推定与反驳。

---

① 参见孙玮、魏凯：《利用未公开信息交易罪的司法认定》，载《人民司法》2013 年第 4 期。

② 参见谢杰、马宏伟：《证券合规：利用未公开信息交易的法律规制与风险管理》，法律出版社 2023 年版，第 147 页。

③ 参见钱列阳、谢杰：《证券期货犯罪十六讲》，法律出版社 2019 年版，第 206 页。

那么在利用未公开信息交易罪的认定中，如果证实行为人确实具有获取未公开信息的便利条件，如具有相应的工作职务，同时又在“前五后二”的时间段内进行了大量与机构同种同向的证券期货买卖活动，则可以推定行为人利用了未公开信息进行证券期货交易活动。但是，行为人可以进行反证，证明其并非基于未公开信息进行的交易活动，如行为人有证据证明其是根据证券、期货市场的运行规律以及其多年投资的知识和经验进行的交易活动，其客观上并没有接触过未公开信息，此种情形下，应当认定行为人不属于利用未公开信息进行交易。当然，这种反驳推定的举证责任应当由行为人担负，并且承担举证不利的后果。

(三)“前五后二”规则的争议问题

众所周知，“老鼠仓”行为的本质特征在于，行为人通过利用职务便利条件获取了未公开信息，相比于散户或者其他投资者而言，行为人制造了信息不对称的优势地位，并通过这一优势地位进行股票期货交易，攫取了大量基金公司和其他散户的财产利益。行为人一般的套路模式为，得知机构大盘交易的关联性信息还未公开之前，自己在低位率先“建仓”，等到机构大盘交易将证券期货价格拉升到高位之后，行为人又率先将自己所购买的股票抛出，以牟取暴利。这种行为不但损害了基金公司和散户的利益，而且破坏了证券交易市场中的公开、公平、公正的“三公”原则，应当予以严厉打击。

因此，禁止“先于”甚至是“同期于”基金机构大盘交易日私人账户与机构交易的趋同买卖行为，无疑是合理的。至于“先于”机构交易日多长时间是被禁止的，在证券行业市场以及司法实践中，一般是将“先于”时段划定为机构交易日的前五个交易日（T-5）。在这一时间段内，行为人所掌握的信息还不为普通投资者所知悉，因此这些与机构交易相关联的信息符合未公开性的特征。但是将“晚于”机构交易日（司法实践中一般将其划定为机构交易日后二日，即T+2）的趋同买卖行为也视为“利用未公开信息交易”，则存有一定争议。

一般来说，在机构交易日之前或者同期所利用的与机构交易的关联信息，可以视为具有完全的未公开性。然而，在机构交易日之后所利用的与机构交易的关联信息是否还具有完全的未公开性，这些关联信息的未公开性是否已经出现松动，即这些信息实质上是否已经出现了一定程度的公开？毕竟，基金机构已经进行了大盘交易，而基金机构的交易一般情形下会对股票期货的价格造成肉眼可见的波动，此时其他投资者很有可能已经关注到这一价格变化趋势，基于对这种基金机构交易后引起的价格波动进行分析，很大程度上也能够了解到基金机构交易的关联性信息，并作出相应的投资决策，此时行为人可能并不具有信息上的优势，所以有不少人认为，趋同交易的认定时间只包括“先于”和“同期于”，“晚于”机构交易日的情形则应当排除在外。例如，在曾某利用未公开信息交易案中，辩护人就发表了如下辩护意见：“一审判决对于趋同交易所涉金额的认定存在适用标准的错误，趋同性的认定标准应限于‘先于或同期于’，不应包括晚于年金账户两个交易日的买入和卖出金额。”① 但是法院最终并没有采纳辩护人此项辩护意见，法院认为，证券业内对“同期”的理解并不等于“同日”，因此稍晚于交易的情形也属于“同期”的范畴。

笔者赞同将稍晚于机构交易的时间段（司法实践中一般为机构交易的后两个交易日）纳入认定行为人趋同交易的时间范围的观点，理由在于，基金机构在进行证券、期货买卖活动后，其对价格的影响并不是立竿见影，而是需要经过一段时间方能显现。正如有人所言：“因为金融机构买入或卖出同一只股票或同一份期货后，其对证券、期货交易价格的影响有一定的持续期，涉案账户在该期间内从事相关交易也能达到获利或避损的效果。”②

行为人利用职务便利获取的关联性信息，即便是在稍晚于机构交易日进行交易，相比于其他普通投资者，行为人仍然处于信息优势地位。因为在未公开信息经过相关机构正式披露之后，这些信息要被证券期货市场完全知悉，也需要经过一段时间，也就是存在一定的市场消化吸收时间。更何况基金机构的大盘交易日并不等于通过季报或者年报等方式正式地将未公开信息向外

---

① 北京市高级人民法院刑事裁定书，(2016) 京刑终61号。

② 王涛、汤琳琳：《利用未公开信息交易罪的认定标准》，载《法学》2013年第2期。

界披露，因此即便是某些投资者及时地关注到了基金机构的大盘交易，并且凭借自己的经验知晓了与基金机构交易的关联信息，造成了某种程度上的实质公开，然而这些投资者与利用职务便利早早获取到未正式公开的关联信息的行为人相比，仍然不是处于同等地位。这二者最大的差异在于，利用职务便利早就获取到相关信息的行为人，不用历经信息消化吸收的时间，而其他投资者仍然不可避免地需要经历这一段时间，因此二者在实质上依然处于信息不对称的位置。行为人在机构交易的后两个交易日内进行趋同性买卖活动，实际上仍然具有利用未公开信息交易的性质。

因此，综合以上两点，笔者赞同将机构交易的后两个交易日也作为认定趋同交易的时间范围标准。

（四）“前五后二”规则的思考

“前五后二”规则的提出，对于司法机关认定行为人是否具有趋同交易行为，进而在判定利用未公开信息交易行为上提供了便利条件。但是在司法实践中，也不乏有人刻意去规避“前五后二”规则的认定标准。例如，犯罪分子在机构交易日的前五日或者后二日完整地完成了一笔独立买卖的交易行为，与传统“老鼠仓”行为不同的是，就买入股票行为来说，传统“老鼠仓”是抢先在低位“建仓”，然后利用基金机构的资金买入同样的股票以拉升该类股票的价格，当股票价格处于高位时，行为人迅速将个人手里的股票“跑仓”卖出，以此非法赚取巨额利润。而现在的犯罪分子则是在机构还未买入股票之前，就已将个人手中的股票予以卖出。针对这种情形，能否认定为利用未公开信息交易，存在不同的观点。

第一种观点认为，虽然个人的股票买卖交易在“前五后二”的时段范围内，但是行为人并没有享受到基金机构大盘交易导致股票价格上涨所带来的优势地位，因此，不宜认定为利用未公开信息交易。

第二种观点认为，在“后二”区间内的行为可以认定为利用未公开信息交易，因为在基金机构大盘交易后，虽然交易信息已经产生，但是行为人紧随其后进行交易，具有时间上的紧密性，所以可以认定为利用未公开信息交易。而在“前五”区间的行为，个人的股票买卖活动在基金机构买入之前就已经结束，其没有利用到基金大盘交易可能带来的价格上涨的优势，虽然行为人具有在“前五后二”区间内趋同交易的外观，但与传统的“老鼠仓”行为存在明显区别，因此这种情况不应当认定为利用未公开信息交易。

第三种观点认为，在“前五”或者“后二”区间的趋同买卖行为，都应当认定为利用未公开信息交易。由于趋同行为包括了单向趋同和双向趋同，因此只要在“前五”或者“后二”的区间内存在趋同买入或者卖出行为，则可以推定行为人具有获取未公开信息的便利条件和地位，从而认定行为人的行为构成利用未公开信息交易。

笔者认为，第三种观点具有合理性。其一，在“前五”区间内，看似行为人没有享受到基金大盘交易所带来的价格“红利”，但是其趋同买入行为，仍然是基于其特殊身份所获取的未公开信息进而作出投资决策，这对其他投资者而言，仍然不公，破坏了证券市场正常的交易秩序。虽然行为人的股票卖出行为在基金大盘交易之前，但是这并不能成为否认行为人存在趋同买入股票行为的理由。其二，如前所述，基金机构大盘交易的后二日，其他投资者也许能够琢磨出机构交易的关联性信息，并且这些信息可能在某种程度上已经呈公开的趋势，然而这些信息需要经过一段时间才能被证券期货市场的其他投资者消化吸收。而行为人的特殊身份决定了其从一开始便对基金公司交易信息知晓，所以行为人利用的仍是其之前一直所掌握的未公开信息，故行为人与其他普通投资者从一开始就处于信息不对称的地位。为了恶意规避法律的制裁，凭借自身对基金大盘交易信息时点的准确把控，选择其后二日迅速买进卖出，可最大限度地榨取“抬价”带来的红利。①

除了上述司法实践中出现的问题之外，“前五后二”规则的适用还存在一些其他的问题。例如，将“前五后二”区间内的趋同交易行为与利用未公开信息交易行为画等号。如前所述，虽然“前五后二”区间内的趋同买卖行为可以推定行为人利用了未公开信息进行交易，但是这种推定并不是绝对的。再如，将“前五后二”规则适用逐渐简单化和僵化，不对个案进行具体分

① 参见江奥立、陆圳：《从点到线把握利用未公开信息交易罪中的“利用”》，载《检察日报》2020年1月12日，第3版。

析。在刑事诉讼领域，“前五后二”的认定不应被固化，法院需要结合在案证据进行主客观相结合的综合判断，即证券交易所材料仅能划定趋同交易的最大时间段，个案中仍需判断此期间内行为人主观认识状况、刑法意义上因果关系等要件。[①] 因此，也不应把所有希望寄托在“前五后二”这一个趋同交易的认定规则上，“前五后二”规则只是一种常见的标准，但不是唯一的标准。

五、小结

“前五后二”规则是经过司法实践反复检验总结出的可以认定行为人趋同交易行为的证券行业规则，在“前五后二”的区间内进行与机构交易的趋同买卖活动，一般情况下直接推定行为人构成利用未公开信息交易，但是这种推定并不绝对，应当允许行为人反证刑事推定的事实不存在。“前五后二”这类证券行业规范标准本不应当成为刑事判决的直接依据，因此接下来需要完善相关的法律规范，出台相应的司法解释，将这些合理性的行业规则予以吸收以成为刑事认定的依据。在“前五后二”的区间内，趋同交易的认定不以“先买先卖”同时具备为必要条件，只需要存在单向的趋同买入或者趋同卖出即可。“前五后二”规则的适用同样需要专注于个案，实现个案正义，而不能“一刀切”地形式化适用“前五后二”规则。

▷ 相关法律法规 ◁

➢ **《刑法》**（2023 年修正，2024 年 3 月 1 日施行）

第一百八十条 【内幕交易、泄露内幕信息罪】证券、期货交易内幕信息的知情人员或者非法获取证券、期货交易内幕信息的人员，在涉及证券的发行，证券、期货交易或者其他对证券、期货交易价格有重大影响的信息尚未公开前，买入或者卖出该证券，或者从事与该内幕信息有关的期货交易，

---

① 参见何慕：《老鼠仓趋同交易“前五后二”认定模式的思考》，载微信公众号“大成辩护人”2021 年 8 月 16 日。

或者泄露该信息，或者明示、暗示他人从事上述交易活动，情节严重的，处五年以下有期徒刑或者拘役，并处或者单处违法所得一倍以上五倍以下罚金；情节特别严重的，处五年以上十年以下有期徒刑，并处违法所得一倍以上五倍以下罚金。

单位犯前款罪的，对单位判处罚金，并对其直接负责的主管人员和其他直接责任人员，处五年以下有期徒刑或者拘役。

内幕信息、知情人员的范围，依照法律、行政法规的规定确定。

【利用未公开信息交易罪】证券交易所、期货交易所、证券公司、期货经纪公司、基金管理公司、商业银行、保险公司等金融机构的从业人员以及有关监管部门或者行业协会的工作人员，利用因职务便利获取的内幕信息以外的其他未公开的信息，违反规定，从事与该信息相关的证券、期货交易活动，或者明示、暗示他人从事相关交易活动，情节严重的，依照第一款的规定处罚。

➢ **《证券法》**（中华人民共和国主席令第 37 号，2020 年 3 月 1 日施行）

第四十条　证券交易场所、证券公司和证券登记结算机构的从业人员，证券监督管理机构的工作人员以及法律、行政法规规定禁止参与股票交易的其他人员，在任期或者法定限期内，不得直接或者以化名、借他人名义持有、买卖股票或者其他具有股权性质的证券，也不得收受他人赠送的股票或者其他具有股权性质的证券。

任何人在成为前款所列人员时，其原已持有的股票或者其他具有股权性质的证券，必须依法转让。

实施股权激励计划或者员工持股计划的证券公司的从业人员，可以按照国务院证券监督管理机构的规定持有、卖出本公司股票或者其他具有股权性质的证券。

第四十二条　为证券发行出具审计报告或者法律意见书等文件的证券服务机构和人员，在该证券承销期内和期满后六个月内，不得买卖该证券。

除前款规定外，为发行人及其控股股东、实际控制人，或者收购人、重大资产交易方出具审计报告或者法律意见书等文件的证券服务机构和人员，自接受委托之日起至上述文件公开后五日内，不得买卖该证券。实际开展上述有关工作之日早于接受委托之日的，自实际开展上述有关工作之日起至上述文件公开后五日内，不得买卖该证券。

➢ **最高人民法院、最高人民检察院《关于办理利用未公开信息交易刑事案件适用法律若干问题的解释》**（法释〔2019〕10号，2019年7月1日施行）

第一条 刑法第一百八十条第四款规定的“内幕信息以外的其他未公开的信息”，包括下列信息：

（一）证券、期货的投资决策、交易执行信息；

（二）证券持仓数量及变化、资金数量及变化、交易动向信息；

（三）其他可能影响证券、期货交易活动的信息。

案例14 公募基金领域利用未公开信息从事场外期权交易案：最新动向及司法应对

一、基本案情

2022年8月8日，一则关于“多位基金经理违规做场外期权被查”的传闻惊动了整个基金行业。最初发出该传言的微博网友称“这是公募基金有史以来最大的丑闻”，他在帖子中说这个事件“涉及300多位基金经理，锁定了30多位”①。随后，“基金经理”“场外期权”等关键词先后登上热搜。

笔者认为该事件可能有夸张的成分，但也不是空穴来风。如果上述公募基金经理违规属实，那么基金经理参加场外期权，很有可能涉嫌“老鼠仓”交易。直至目前，官方仍然没有公布调查结果，但此种新的手法，应当予以

① 朱开云：《漩涡中的“场外期权”到底是什么?》，载新浪网，https：//finance. sina. com. cn/tech/roll/2022－08－10/doc－imizirav7477484. shtml。

重视。在裁判文书网、威科先行等网站上，笔者以“利用未公开信息交易”“场外期权”“老鼠仓”等作为关键词进行组合检索，并没有发现通过场外期权行“老鼠仓”交易的刑事犯罪案例，行政违法的案例目前都寥寥无几。这也在某种程度上说明，场外期权式的“老鼠仓”确实是一种新的违法犯罪手法。

不管上述事件的处理结果如何，场外期权与“老鼠仓”的关联已经开始进入大众视野，因此有必要予以分析并进行应对。

二、主要问题

1. 场外期权与“老鼠仓”交易有何种关联？场外期权式“老鼠仓”与传统“老鼠仓”模式有何不同？

2. 基金经理现今为何青睐通过“场外期权”的方式进行违规操作？

3. 公募基金经理通过投资场外期权的方式进行“老鼠仓”活动，刑事层面如何定性，可能涉嫌何种犯罪？

4. 基金经理参与“场外期权”犯罪，主体是否仅能为公募基金经理而不包括私募基金经理？

三、法律分析

（一）场外期权与“老鼠仓”交易有何种关联？场外期权式“老鼠仓”与传统“老鼠仓”模式有何不同

“场外期权”这个概念对普通人来说比较陌生，因此这个问题要得以解决，首先需要对“场外期权”这个事物有所了解。很明显，场外期权是相对于场内期权而言的，故有必要对场外期权进行拆开解读，即“期权”和“场外”。

首先是期权，其是金融衍生品的一种类型，是一种权利。权利的行使主要是依据期权合约，期权合约赋予持有人在某一特定日期或该日之前的任何时间以固定价格购进或售出一种资产的权利。根据《期货和衍生品法》第三条第四款的规定：“本法所称期权合约，是指约定买方有权在将来某一时间以特定价格买入或者卖出约定标的物（包括期货合约）的标准化或非标准化合约。”期权标的物主要包括股票（个股）、股指、大宗商品等类型。

不难看出，期权是一种可以在未来选择行使的权利，对于期权的买方而言，他们有权利行使期权，也可以不行使期权；但是对于期权的卖方而言，若买方选择行权，那么卖方便有义务以事前约定的价格卖出期权合约规定的特定商品。因此，也可以将期权理解为一种可以买卖的商品。既然期权可以视作一种商品，要买入该期权，就必须支付一定的对价。而期权买方向期权卖方所支付的对价便是期权权利金，也就是通常所说的期权费。一般情况下，权利金要远低于标的资产的价格，因此期权交易会自带杠杆效应，它能以极低的成本获得数十倍多的利益。这也是基金经理愿意铤而走险通过自己所获得的信息（内幕信息或者未公开信息）购买场外期权的原因之一。

其次需要搞清楚是“场外”，其与“场内”相对，这里所说的“场”便是交易所。前面提到的期权合约，就有标准化合约与非标准化合约之分，因此所谓的“场内期权”，便是在交易所内集中进行的标准化期权交易，其交易数量、协定价格、到期日以及履约时间等均由交易所统一规定，交易双方无法擅自更改。相反，场外期权并没有这么多的硬性规定，因为其在交易所之外进行市场交易，主要由期货公司、证券公司等金融机构根据客户的具体需求设计，更个性化、更灵活，没有统一的挂牌和指令规则，因此，场外期权合约并非标准化合约。

在分别了解完“期权”与“场外”之后，其实可以大致理解，所谓场外期权，就是根据场外双方的洽谈，按照双方需求自行制定交易的金融衍生品。当然，期权的交易是双向的，既然存在看涨期权，也就存在看跌期权。场外期权作为一种可以买卖的“商品”，与传统“老鼠仓”中基金经理买入与机构交易的同种类同方向的证券期货商品本质上并没有不同，它们都作为“老鼠仓”交易的对象而存在。场外期权式“老鼠仓”和传统“老鼠仓”的不同，归根结底，还是在于场外期权与证券期货品这两类商品本身的特性存在差异。

（二）基金经理现今为何青睐通过“场外期权”的方式进行违规操作

现如今，基金经理更加青睐于参与场外期权，主要还是场外期权的特性使然。相较于传统“老鼠仓”的交易对象而言，基金经理通过场外期权违规操作获取非法利益，主要有以下几点优势：杠杆率高、具有足够的灵活性以及更强的隐蔽性。

1. 场外期权相对于传统的证券期货商品，自带以小博大的杠杆属性，杠杆率高。个股期权的杠杆率普遍是10倍左右，但有的可以更高，甚至达到20倍、30倍。如果是具有定价权的人，如基金经理，通过找人代持，开好场外个股期权，再抱团做多拉抬股价，最后撬动杠杆，实现“四两拨千斤”的效果。另外，值得一提的是，即便是基金经理所看好的股票价格并没有如期上涨，反而下跌，其最大的损失无非是其购买场外期权的权利金，而权利金的数额相比于基金经理想要获得数十倍多的资产利益而言，可以说是微不足道的。

关于期权的杠杆属性，举个简单的例子，现有张某、赵某、林某三人。张某看好三个月之后的解放牌汽车从100万元每辆上涨到200万元每辆，但是张某手里并没有解放牌汽车，于是便和有解放牌汽车的赵某谈了一笔生意，双方约定，用定金10万元购买如下权利：在三个月之后以100万元的价格购买解放牌汽车。如果三个月之后，解放牌汽车果真涨到200万元每辆，张某就把从赵某那里定的解放牌汽车转卖给实际需要此款汽车的林某，这样每辆解放牌汽车净赚100万元。张某不用真正付出100万元的资金，用10万元的成本就赢得100万元的收益，收益率达到1000%。在这笔交易中，10万元定金就是期权费，三个月为期权期限，解放牌汽车为期权标的，双方约定的100万元为名义本金，用100万元购买一辆解放牌汽车便是行权。如果解放牌汽车价格跌了，张某可以选择不行权，而损失仅仅以10万元期权定金为限。

因此，依托于场外期权杠杆率高的特性，公募基金经理的违规操作，几乎可以稳赚不赔，旱涝保收。这是因为，第一，期权对于资金的占用较少，发挥着资产配置的作用，余下的资金可用于配置固定收益类资产，为投资组合实现更多的打底收益。第二，由于期权的买方仅以期权费为限承担有限损失，这部分损失可以通过固定收益端的收益弥补，即使在未成功行权的情况下，投资组合的收益率仍有一定保障。第三，在获得未公开信息或者是内幕信息的情况下，进行一系列的不为普通投资者所知悉的暗箱式拉抬股价操作，除非公司出现某种重大变故，否则一般来说基金经理所看好的股票股价下跌的可能性非常小。

2. 场外期权具有足够的灵活性。不同于场内期权，场外期权依托的是非标准化合约，其行权价格、时间等都可以进行“自定义”。对于存在不法意图，希望利用自己掌握的机构投资决策等未公开信息或者内幕信息来非法获利的基金经理而言，其可以针对自己掌握的上述信息，设计更可能实现利润最大化的期权合约条款。例如，某一具有不法意图的公募基金经理，其可以根据自己管理的该公募基金未来买入某股票的决策时间，有针对性地设计期权合约到期日及行权条款，实现非法利益最大化。①

3. 场外期权的隐蔽性较好。传统的“老鼠仓”案件，多发于2010年至2020年这十年。随着中国证监会等监管部门对“老鼠仓”违法犯罪行为的监管越来越严厉，打击力度越来越大，尤其是配合着大数据等技术手段对证券期货交易市场的每笔交易实施云监控，只要每笔交易出现异常，立马就会被叫停，并进行深入核查。在此种背景下，传统“老鼠仓”犯罪手法于近些年也逐渐“偃旗息鼓”。现今，正是由于我国基本上已经形成了对传统“老鼠仓”违法犯罪手法的严密监管体系，包括从事前预防到事后惩治，这种传统类型的“老鼠仓”交易模式得以逃出中国证监会等相关部门监管的概率比较小，因此近年来传统的“老鼠仓”交易已基本上被遏制住，再次野蛮生长的空间极小。但俗话说，“按下葫芦浮起瓢”，场外期权为从事非法证券交易提供了一个很隐蔽的渠道从而逐渐打开了新型“老鼠仓”犯罪的大门。

根据证监会2018年出台的《关于进一步加强证券公司场外期权业务监管的通知》第三条之规定，证券公司的场外期权业务交易对手方应当是符合《证券期货投资者适当性管理办法》的专业机构投资者，此外还应满足一系

---

① 参见钟海伟：《基金经理违规做场外期权“刑”不“刑”》，载微信公众号“晟典律师事务所”2022年8月18日。

列的条件。因此基金经理个人作为自然人是无法直接进行场外期权交易的，而有相关不法意图的基金经理可以选择通过私募基金、资管产品等通道与证券公司进行场外期权交易，如此将大大增加监管部门核实真实投资人身份的困难。为进一步逃避监管，存在不法意图的基金经理甚至还可以在上述路径基础上再披上多层“马甲”，如使用其他自然人或者法人名义投资私募基金或者资管产品，或者借用多个私募基金或资管产品结合其他自然人或法人名义进行反复多层嵌套。在证券公司与各类场外衍生品工具中，客户发出投资指令，但交易主体可能显示为证券公司的自营账户。如果再多几层有限合伙的嵌套，就更难直接以技术手段发现。这也是监管限制场外期权与私募产品挂钩的原因。[①] 期权的特点之一便是它只是一种权利，不一定会实际交割，即通过场外期权交易牟利的基金经理在与证券公司进行期权交易时并不会发生实际的证券交易，这也给证券监管部门的大数据监控系统准确甄别证券犯罪和证券违法违规行为带来了很大的困难。

从上述隐蔽性角度来说，场外期权可以说是基金经理等相关从业人员应对日益严密的监管，对传统“老鼠仓”模式进行的“更新升级”。那么基金经理具体是如何通过场外期权实现“老鼠仓”交易的呢？

由于场外期权交易的对手方是机构而非个人，个人无法介入场外期权业务。因此，基金经理想要入局，他们可能先成立一家私募基金公司，然后通过成立的私募基金公司入局场外期权业务，以实现“曲线交易”。具体来说，基金经理看中标的个股 A 后，先通过定制化期权业务买入个股 A 的看涨期权，锁定成本价，再使用基金经理的在管资金，也就是基金份额持有者资金，大举买入看中的标的个股 A，如此一来，标的个股 A 的价格被大幅推高。同时，由于场外期权的高风险性质，作为买入看涨期权的对手方卖出期权的证券公司，必须建立相应的风险对冲机制，不可以进行纯粹的对赌，因此，为了实现风险对冲，证券公司也会购买相应股票。在两方作用下，股票 A 的价格也会实现大幅上涨。此时，基金经理通过此前约定的行权价行使权利，借

---

① 参见奋力哥：《基金经理场外期权事件的八个法律问题》，载微信公众号“简法 FinLegal” 2022 年 8 月 10 日。

助期权的杠杆属性，最终实现一本万利。

（三）公募基金经理通过投资场外期权的方式进行“老鼠仓”活动，刑事层面应当如何定性，可能涉嫌何种犯罪

“老鼠仓”行为，通常来说，主要涉及的刑法罪名是利用未公开信息交易罪，但是“老鼠仓”犯罪并不等于利用未公开信息交易罪，其还有可能涉及内幕交易罪（后文如果没有特指，“老鼠仓”犯罪一般为利用未公开信息交易罪）。而在此次事件中，由于具体的案情并不明朗，因此只能根据现有的事实以及一些推测加以分析。

利用未公开信息交易罪与内幕交易罪的区别主要在于所利用信息的性质不同。未公开信息从内容上讲，是指内幕信息以外的还未公开的对股价有影响的信息，未公开信息侧重于“交易性”，是在证券、期货的供需买卖角度对证券、期货价格变动产生影响。因此未公开信息具有“交易性”的特征，其信息范围包括证券、期货的投资决策、交易执行信息、证券持仓数量及变化、资金数量及变化、交易动向信息等。而“内幕信息”主要是指与公司生产经营相关联的重大事项，如《证券法》第八十条和第八十一条规定的公司经营方针和经营范围发生重大变化，公司股权结构或者生产经营状况发生重大变化，公司债券信用评级发生变化等。这些事项和证券、期货价格息息相关。

内幕交易，是指内幕信息知情人员或者非法获取内幕信息的人员，在内幕信息公开前从事与该信息相关的证券、期货交易，或泄露内幕信息，或明示、暗示他人从事内幕交易活动的行为。内幕交易罪规定在《刑法》第一百八十条的前三款，本罪主体既包括特殊主体，即证券、期货交易内幕信息的知情人员，也包括一般主体，即非法获取证券、期货交易内幕信息的人员。

因此，本案中的基金经理通过职务便利获取的假如是内幕信息以外的未公开信息并加以利用，于场外购买个股期权，后由于公募基金大举买入个股，导致个股股价上涨，基金经理于约定的行权日以极低的价格买入个股，或者基金经理选择不实际交割，由对方证券公司给付差价获取巨额利润。可以看到，这种所谓新型“老鼠仓”与传统“老鼠仓”并没有本质上的区别，都是

利用信息不对称的优势非法交易获取巨额利益。这种情况下，基金经理的行为被定性为利用未公开信息交易罪，并不存在任何障碍。有疑问的是，场外期权式“老鼠仓”犯罪在“趋同交易”方面的认定会更为困难。传统“老鼠仓”的认定普遍采用了“前五后二”时段规则，即在这一时段内基金经理所控制的个人账户与机构的股票交易是同种类同方向的话，则被视作趋同交易。但是场外期权式的“老鼠仓”由于其并不在交易所内进行集中统一交易，所以在认定趋同交易的时点方面存在很大困难。并且基金经理不一定会选择实际交割，所以也许根本不会发生股票的交易行为，因此传统的“前五后二”标准可能就无法适用于这种新型的“老鼠仓”犯罪的认定。

在“场外期权”交易这一新型的犯罪模式下，考虑到“期权”的特点，其往往具有一定的提前量，且发生在股票交易之前。那么，“前五后二”的标准就难以客观衡量犯罪行为人的获利及犯罪情节。笔者认为，在这一新型模式下，以基金经理掌握基金建仓信息的时间为节点更合适，如基金经理提交建仓的决策时间、审批时间、晨会信息等，在上述信息为行为人所掌握后的一段时间内进行了场外期权交易，则应当认为是利用了上述信息，如果满足数额要求，则应当构成利用未公开信息交易罪。至于该期间的具体标准，应当结合具体的案例予以判断。

但是，假如本案中的基金经理基于其有利的职务地位等便利条件获取的是能够对股价产生重要影响的内幕信息，并及时购买场外期权，如果基金经理在内幕交易的敏感期内行权，以相对较低的价格买入个股并迅速以被推高的价格卖出获取巨额利益，以内幕交易罪论处应当不存在问题。但是，若该基金经理与证券公司的个股期权合约约定的到期日晚于该内幕信息公开的时点，而实际的行权日也在内幕信息公开之后，或者虽然该基金经理购买的期权的行权日在内幕信息敏感期内，但标的股票并未实际交割，而是由证券公司依据行权日股票市值直接向其支付差价。这种情形能否被评价为内幕交易罪则存在疑问。[①] 因为内幕交易罪的罪状表述为：“买入或者卖出该证券，或

---

① 参见钟海伟：《基金经理违规做场外期权“刑”不“刑”》，载微信公众号“晟典律师事务所”2022年8月18日。

者从事与该内幕信息有关的期货交易，或者明示、暗示他人从事上述交易活动。”显然，本案中，对于基金经理的行为要想以内幕交易罪论处，主要在于判断其行为是否符合“买入或者卖出该证券”。而基金经理如果在约定到期日不进行实际的个股交割，而是让对方证券公司给付差价，这种行为能否评价为证券交易？这必然是一个存在争议的问题，应当妥善解决。这与利用未公开信息交易罪略有不同，利用未公开信息交易罪的行为要件表述的是“从事与该信息相关的证券交易活动”，因此，不论基金经理是否进行实际交割，其行为被评价为“从事与该信息相关的证券交易活动”不存在明显的障碍。

总结而言，根据上述网传案件目前的情形，再加之一些合理的推测，这些基金经理如果具有构罪的刑事风险，那么最有可能涉嫌的是利用未公开信息交易罪，然后便是内幕交易罪，但在具体认定内幕交易罪的过程中，可能会存在一些适用上的障碍。

（四）基金经理参与“场外期权”犯罪，主体是否仅能为公募基金经理而不包括私募基金经理

对于利用未公开信息交易罪主体中是否应该包含私募基金从业人员，具有较大争议。根据字面解释，《刑法》第一百八十条第四款中规定的“基金管理公司”属于“金融机构”的范畴。而狭义的“金融机构”是指具有中国人民银行核准并颁发的“金融机构”资质的机构。广义的“金融机构”则是指从事金融业务的机构。在司法实践中，一般来说，公募基金公司是具备金融机构资质的，属于“金融机构”不存在分歧。但是问题在于，私募基金公司一般不具备“金融机构”资质，如果按照狭义理解，则不属于金融机构，应当排除在本罪主体之外。

对此，笔者认为，在现阶段该罪的犯罪主体仍然限定为公募基金经理更为合适，主要理由是：第一，从对法律的解释来看，私募基金公司属于本罪主体有违罪刑法定之嫌。第二，公募基金公司具有“金融机构”牌照，在经营范围和相关权限上，私募基金和公募基金不可同日而语，危害性也大为不同。第三，从本罪的打击目的和保护法益上看，“老鼠仓”行为的主要危害

是损害广大基金份额持有者的利益。而私募基金投资者较为特定，此种情况下“老鼠仓”的主要危害是损害特定投资者的利益，社会危害性相对更小。[①]

而在内幕交易罪中，该罪的主体范围要比利用未公开信息交易罪的主体范围广泛得多，既包括内幕信息的知情人员，也包括非法获取内幕信息的人员。私募基金经理可能成为内幕信息的知情人员，也完全可以解释为非法获取内幕信息的人员。因此，公募基金经理和私募基金经理都可以成为内幕交易罪的犯罪主体。

四、新型“老鼠仓”的应对

新型“老鼠仓”模式，即公募基金经理从之前购买与机构交易强关联性的同种同类股票期货转向购买杠杆率更高、灵活性更好、隐蔽性更强的场外期权，其实行为方式并没有发生太大的变化，主要是所购买的商品类型发生了变化。

场外期权式的“老鼠仓”，相比传统的“老鼠仓”模式而言，考虑到普遍具有 10 倍以上的杠杆率，因此，基金经理依托此项工具有更大可能撬动巨额资产归入自己名下，再加之场外期权交易的隐蔽性更好，其多是一对一、单对单式地交易，基金经理交易账户更有可能套上多层伪装，监管部门想要查处的难度就更大，这也更加促使诸多基金经理抑制不住内心非法获利的冲动，铤而走险，放手一搏。

此次网传案件中 300 位基金经理从事场外期权的违规交易，这或许有些夸张，但是笔者认为，这也并不像是无中生有。虽然官方没有公布此次调查的最终结果，在裁判文书网中也没有查到借助场外期权行“老鼠仓”交易的判例，但笔者以为，这种新型“老鼠仓”模式在现实中已然存在，司法机关应当予以足够的重视，准确地认定和打击犯罪。2023 年 6 月，中国证监会公布的关于场外期权业务的违规记录就已经不少，最终被处罚的三家券商分别为中金公司、中信建投和华泰证券。中国证监会称，中金公司因场外期权合

---

① 参见陆裕、冯思华：《“老鼠仓 2.0”？“场外期权”下基金经理刑事责任探讨》，载微信公众号“格联律师”2022 年 8 月 10 日。

约对手方为非专业机构投资者，对其采取出具警示函的监管措施。中信建投因场外期权合约股票指数挂钩标的超出规定范围，也被采取出具警示函的监管措施。华泰证券因部分场外期权合约个股挂钩标的超出当期融资融券范围，未对部分期限小于30日的场外期权合约出具书面合规意见书，场外期权业务相关内部制度不健全等三方面问题，被中国证监会责令改正。

因此，场外期权并不再拥有神秘面纱，而是已经逐渐进入大众和监管部门的视野。目前，虽然场外期权式的“老鼠仓”违法犯罪暴雷的比较少，但根据目前的情形推测，这种违法犯罪活动在现实中已经存在，其对证券市场、对其他普通投资者的打击实际上更为严重，动辄数以亿计的资产损失使得新型“老鼠仓”的社会危害性更大。所以监管部门和司法机关应当做好相应的事前防范机制，事后及时追究相关人员的法律责任，笔者认为可以从以下几点出发：

其一，继续深化大数据技术的运用。扩大监管系统对交易数据的覆盖面，建立更全面、更完善的监管数据库。同时，及时更新升级对数据的分析算法。例如，可以将交易监察与媒体新闻分析相结合，运用先进的大数据算法，快速甄别并锁定内幕交易行为。值得注意的是，由于场外期权“老鼠仓”的公募基金经理账户可能套有多层伪装，此时强化证券实名化要求、打击“老鼠仓”借用证券账户就显得格外重要。分析算法应当注重对每笔较为异常的交易数据予以标记保留，然后监管人员再及时对这些敏感账户的实际控制人进行“解套”分析。此外，监管部门还可以主动拓展监管的领域，除了对公募基金的各种投资产品密切监控外，也需要及时关注私募基金产品、证券公司的资管产品、信托理财等。

其二，完善刑法规范，增强刑罚的威慑力。很多人认为“老鼠仓”犯罪行为就是利用未公开信息交易罪，其实该罪与内幕交易罪本是一家，但由于我国刑法、证券法等对内幕信息的定义相对狭窄，导致如今内幕信息与未公开信息要相互区分，同时造成了内幕交易罪与利用未公开信息交易罪处在同一法条但却并行分立的局面。虽然两罪在立法上被认为是性质不同的犯罪，但是利用未公开信息交易罪的刑罚是参考内幕交易罪的刑罚适用，这也在理论上引起了不小的争议。因此，有必要进一步完善刑法规范，明确利用未公开信息交易罪的刑罚设置。

其三，动员社会力量打击新型“老鼠仓”。场外期权式的“老鼠仓”由于更加隐蔽，光靠监管部门予以监管，恐怕力有不逮。因此，动员其他的社会群众对新型的“老鼠仓”交易进行有偿举报，如会计师、律师等可能知情的人士，这种类似“全民介入”模式不失为打击“老鼠仓”违法犯罪活动的一条良策。

其四，完善民事赔偿制度，多维度打击“老鼠仓”。[①] “老鼠仓”行为不仅给证券市场环境的公平、公正造成冲击，同时也造成了其他普通投资者的重大利益损失。基金经理所在的基金管理公司应当担负起监督管理的责任，针对基金管理公司对“老鼠仓”行为监管不严、管控不力之问题，可根据替代责任原理，构建连带责任制度，让基金管理公司承担连带责任，以此惩罚其失察行为，倒逼基金管理公司加强内部控制、降低风险。

五、小结

场外期权式的新型“老鼠仓”，已经具有显露的痕迹。随着中国证监会等监管部门的监管力度不断增强，传统“老鼠仓”于近几年逐渐销声匿迹，但“按下葫芦浮起瓢”，场外期权式的“老鼠仓”因其具有杠杆率高、灵活性好、较强的隐蔽性特点而逐渐成为公募基金经理铤而走险的新选择。新型“老鼠仓”活动，最有可能涉嫌的是利用未公开信息交易罪，其次是内幕交易罪。内幕交易罪与利用未公开信息交易罪的区别主要在于所利用的信息性质不同。

面对新型的“老鼠仓”行为，监管部门应当做好预防准备，继续深化大数据监控技术的运用，不断更新升级分析算法，同时也应当动员社会力量参与监督。另外，在法律层面，需要不断完善刑法相关的罪刑规范以及民事赔偿制度，形成打击“老鼠仓”行为的多方合力。

---

① 参见徐肃裕：《试论我国证券投资行业“老鼠仓”行为及其法律规制路径》，载微信公众号“思明检察”2023 年 9 月 1 日。

▷ 相关法律法规 ◁

➢ **《刑法》**（2023 年修正，2024 年 3 月 1 日施行）

第一百八十条 【内幕交易、泄露内幕信息罪】证券、期货交易内幕信息的知情人员或者非法获取证券、期货交易内幕信息的人员，在涉及证券的发行，证券、期货交易或者其他对证券、期货交易价格有重大影响的信息尚未公开前，买入或者卖出该证券，或者从事与该内幕信息有关的期货交易，或者泄露该信息，或者明示、暗示他人从事上述交易活动，情节严重的，处五年以下有期徒刑或者拘役，并处或者单处违法所得一倍以上五倍以下罚金；情节特别严重的，处五年以上十年以下有期徒刑，并处违法所得一倍以上五倍以下罚金。

单位犯前款罪的，对单位判处罚金，并对其直接负责的主管人员和其他直接责任人员，处五年以下有期徒刑或者拘役。

内幕信息、知情人员的范围，依照法律、行政法规的规定确定。

【利用未公开信息交易罪】证券交易所、期货交易所、证券公司、期货经纪公司、基金管理公司、商业银行、保险公司等金融机构的从业人员以及有关监管部门或者行业协会的工作人员，利用因职务便利获取的内幕信息以外的其他未公开的信息，违反规定，从事与该信息相关的证券、期货交易活动，或者明示、暗示他人从事相关交易活动，情节严重的，依照第一款的规定处罚。

➢ **最高人民法院、最高人民检察院《关于办理利用未公开信息交易刑事案件适用法律若干问题的解释》**（法释〔2019〕10 号，2019 年 7 月 1 日施行）

第一条 刑法第一百八十条第四款规定的“内幕信息以外的其他未公开的信息”，包括下列信息：

（一）证券、期货的投资决策、交易执行信息；

（二）证券持仓数量及变化、资金数量及变化、交易动向信息；

（三）其他可能影响证券、期货交易活动的信息。

➢ **《期货和衍生品法》**（中华人民共和国主席令第111号，2022年8月1日施行）

第三条第四款　本法所称期权合约，是指约定买方有权在将来某一时间以特定价格买入或者卖出约定标的物（包括期货合约）的标准化或非标准化合约。

➢ **《证券法》**（中华人民共和国主席令37号，2020年3月1日施行）

第八十条　发生可能对上市公司、股票在国务院批准的其他全国性证券交易场所交易的公司的股票交易价格产生较大影响的重大事件，投资者尚未得知时，公司应当立即将有关该重大事件的情况向国务院证券监督管理机构和证券交易场所报送临时报告，并予公告，说明事件的起因、目前的状态和可能产生的法律后果。

前款所称重大事件包括：

（一）公司的经营方针和经营范围的重大变化；

（二）公司的重大投资行为，公司在一年内购买、出售重大资产超过公司资产总额百分之三十，或者公司营业用主要资产的抵押、质押、出售或者报废一次超过该资产的百分之三十；

（三）公司订立重要合同、提供重大担保或者从事关联交易，可能对公司的资产、负债、权益和经营成果产生重要影响；

（四）公司发生重大债务和未能清偿到期重大债务的违约情况；

（五）公司发生重大亏损或者重大损失；

（六）公司生产经营的外部条件发生的重大变化；

（七）公司的董事、三分之一以上监事或者经理发生变动，董事长或者经理无法履行职责；

（八）持有公司百分之五以上股份的股东或者实际控制人持有股份或者控制公司的情况发生较大变化，公司的实际控制人及其控制的其他企业从事与公司相同或者相似业务的情况发生较大变化；

（九）公司分配股利、增资的计划，公司股权结构的重要变化，公司减资、合并、分立、解散及申请破产的决定，或者依法进入破产程序、被责令关闭；

（十）涉及公司的重大诉讼、仲裁，股东大会、董事会决议被依法撤销或者宣告无效；

（十一）公司涉嫌犯罪被依法立案调查，公司的控股股东、实际控制人、董事、监事、高级管理人员涉嫌犯罪被依法采取强制措施；

（十二）国务院证券监督管理机构规定的其他事项。

公司的控股股东或者实际控制人对重大事件的发生、进展产生较大影响的，应当及时将其知悉的有关情况书面告知公司，并配合公司履行信息披露义务。

第八十一条 发生可能对上市交易公司债券的交易价格产生较大影响的重大事件，投资者尚未得知时，公司应当立即将有关该重大事件的情况向国务院证券监督管理机构和证券交易场所报送临时报告，并予公告，说明事件的起因、目前的状态和可能产生的法律后果。

前款所称重大事件包括：

（一）公司股权结构或者生产经营状况发生重大变化；

（二）公司债券信用评级发生变化；

（三）公司重大资产抵押、质押、出售、转让、报废；

（四）公司发生未能清偿到期债务的情况；

（五）公司新增借款或者对外提供担保超过上年末净资产的百分之二十；

（六）公司放弃债权或者财产超过上年末净资产的百分之十；

（七）公司发生超过上年末净资产百分之十的重大损失；

（八）公司分配股利，作出减资、合并、分立、解散及申请破产的决定，或者依法进入破产程序、被责令关闭；

（九）涉及公司的重大诉讼、仲裁；

（十）公司涉嫌犯罪被依法立案调查，公司的控股股东、实际控制人、董事、监事、高级管理人员涉嫌犯罪被依法采取强制措施；

（十一）国务院证券监督管理机构规定的其他事项。

➤ **《证券期货投资者适当性管理办法》**（中国证券监督管理委员会令第202号，2022年8月12日施行）

第八条 符合下列条件之一的是专业投资者：

（一）经有关金融监管部门批准设立的金融机构，包括证券公司、期货公司、基金管理公司及其子公司、商业银行、保险公司、信托公司、财务公司等；经行业协会备案或者登记的证券公司子公司、期货公司子公司、私募基金管理人。

（二）上述机构面向投资者发行的理财产品，包括但不限于证券公司资产管理产品、基金管理公司及其子公司产品、期货公司资产管理产品、银行理财产品、保险产品、信托产品、经行业协会备案的私募基金。

（三）社会保障基金、企业年金等养老基金，慈善基金等社会公益基金，合格境外机构投资者（QFII）、人民币合格境外机构投资者（RQFII）。

（四）同时符合下列条件的法人或者其他组织：

1. 最近1年末净资产不低于2000万元；

2. 最近1年末金融资产不低于1000万元；

3. 具有2年以上证券、基金、期货、黄金、外汇等投资经历。

（五）同时符合下列条件的自然人：

1. 金融资产不低于500万元，或者最近3年个人年均收入不低于50万元；

2. 具有2年以上证券、基金、期货、黄金、外汇等投资经历，或者具有2年以上金融产品设计、投资、风险管理及相关工作经历，或者属于本条第（一）项规定的专业投资者的高级管理人员、获得职业资格认证的从事金融相关业务的注册会计师和律师。

前款所称金融资产，是指银行存款、股票、债券、基金份额、资产管理计划、银行理财产品、信托计划、保险产品、期货及其他衍生产品等。

案例15 私募基金从业人员利用未公开信息交易案犯罪主体争议及规则

一、基本案情

F基金系经中基协登记备案的私募证券投资基金管理人，其证券账户下控制有多只基金，在运营过程中依照相关协议对以上基金财产进行管理。自F基金成立至调查期间，刘某一直任F基金控股股东与实际控制人。杨某系F基金投资经理，李某系F基金交易员。2018年6月，中国证监会以前述三人利用职务便利，知悉未公开信息并交易相关股票为由，作出行政处罚，认定该三人构成利用未公开信息交易股票违法行为，共计罚款100万元。

就F基金整体运营模式而言，其于2015年1月在中基协完成登记备案，并完成相关证券账户的开户工作。总体上，由公司某投资顾问制定投资策略规则，具体交易由F基金投资顾问进行选股后，将包含板块、股票品种、仓位等信息的交易指令通过微信群（刘某同为本群成员）发送给杨某，由杨某根据具体情况决定买入与卖出的时间；或由投资顾问直接将交易指令分配给李某进行下单操作。此外，2014年年底至2016年10月，杨某每日均会向刘某汇报本日股票交易情况。中国证监会据此认定刘某、杨某、李某均知悉F基金账户交易标的股票相关的非公开信息。

中国证监会调查得知，刘某将其名下HL证券与GX证券账户交由杨某与李某进行操作，三人共同控制前述两项证券账户（以下简称刘某账户）。其中，账户中资金包括刘某的自有资金与投资顾问向刘某出借的私人借款。2015年5月1日至2016年5月31日，杨某或安排李某，或自行以相同交易方向稍早于、同步于或稍晚于F基金控制的证券账户交易相同股票，刘某偶尔也自行操作账户进行跟随交易。据沪深交易所提供的交易数据，刘某账户共计交易326只股票，成交金额90,123.79万元，趋同交易227只股票，趋同交易股数占比69.63%，趋同交易成交金额60,772.3万元，趋同金额占比

67.43%，合计亏损203.7万元。

中国证监会认为，刘某、杨某与李某同为私募证券基金从业人员，利用职务便利得知未公开信息，共同操作刘某账户进行趋同交易，违反了《证券投资基金法》第一百二十三条第一款与《私募投资基金监督管理暂行办法》第二十三条第五项规定，构成利用未公开信息交易股票的违法行为，对刘某处以70万元罚款，对杨某处以20万元罚款，对李某处以10万元罚款。

二、主要问题

1. 中国证监会以《证券投资基金法》第一百二十三条处罚私募“老鼠仓”的行为是否合理？

2. 私募基金从业人员应否为《刑法》利用未公开信息罪适格主体？

三、法律分析

（一）中国证监会以《证券投资基金法》第一百二十三条处罚私募“老鼠仓”的行为是否合理

1. 两种处罚观点

依据本案行政处罚决定书载明的情况，证监会最终以《证券投资基金法》第一百二十三条与《私募投资基金监督管理暂行办法》第二十三条第五项规定对刘某、杨某与李某三人进行了处罚。但实务中，对于发生在私募基金领域的“老鼠仓”行为能否适用《证券投资基金法》第一百二十三条的问题，一直存在争议。

主张以《私募投资基金监督管理暂行办法》第二十三条第五项对私募基金“老鼠仓”行为进行处罚者，以私募基金从业人员并非《证券投资基金法》第一百二十三条适格主体为起点，落脚于《私募投资基金监督管理暂行办法》规制此类行为在构成要件上的符合性。《私募投资基金监督管理暂行办法》是中国证监会于2014年8月颁行实施的部门规章，其在第二十三条规定“私募基金管理人、私募基金托管人、私募基金销售机构及其他私募服务机构及其从业人员”在从事私募基金业务过程中，不得“泄露因职务便利获取的未公开信息，利用该信息从事或者明示、暗示他人从事相关的交易活动”。能够看出，以《私募投资基金监督管理暂行办法》规制私募基金“老鼠仓”行为的确不存在法律适用上的障碍，但这里的问题在于，囿于《行政处罚法》与《国务院关于贯彻实施〈中华人民共和国行政处罚法〉的通知》的规定，国务院部门规章规定罚款金额最高不得超过三万元，故《私募投资基金监督管理暂行办法》前述规定对应的第三十八条罚则仅为“责令改正，给予警告并处三万元以下罚款”。也就是说，在私募基金领域，无论“老鼠仓”行为人获利几何，依据《私募投资基金监督管理暂行办法》最高也只能处以三万元的罚款，亦不能没收违法所得。2017 年，福建省证监局就曾针对获利 538.66 万元与 948.02 万元的胡某[①]、吴某利用未公开信息交易案[②]分别处以了 3 万元罚款。能够看出，仅在《私募投资基金监督管理暂行办法》规则下规制私募基金“老鼠仓”行为，会导致获利数额与罚款金额差异巨大的问题，同时“老鼠仓”行为人的违法成本几乎低至可以忽略不计，无疑有违过罚相当原则，亦不能达到处罚目的。

故在另一种意见中，主张以处罚力度更大、效力层级更高的《证券投资基金法》作为私募基金“老鼠仓”的处罚依据，从而在实质意义上实现对此类行为的打击目的。即依据该法第一百二十三条，对私募基金“老鼠仓”行为人处以“没收违法所得，并处违法所得一倍以上五倍以下罚款”“十万元以上一百万元以下罚款”“暂停或者撤销基金从业资格，并处三万元以上三十万元以下罚款”。2018 年，中国证监会就曾在文某利用未公开信息交易一案[③]中，认定其趋同交易金额 1.84 亿元，趋同股票占比 47.37%，获利 251.44 万元，最终决定没收文某全部违法所得并处以同等金额罚款即 251.44 万元，成为私募基金“老鼠仓”适用《证券投资基金法》“没一罚一”的首案。但需要注意的是，适用《证券投资基金法》第一百二十三条的前提是“基金管理人、基金托管人及其董事、监事、高级管理人员和其他从业人员有本法第二十条所列行为之一”，该法第二十条规定的却是“公开募集基金

① 参见中国证监会福建监管局行政处罚决定书，〔2017〕3 号（胡志平）。
② 参见中国证监会福建监管局行政处罚决定书，〔2017〕4 号（吴刚）。
③ 参见中国证监会行政处罚决定书，〔2018〕11 号（文宏）。

的基金管理人及其董事、监事、高级管理人员和其他从业人员”所从事的包括利用未公开信息交易在内的七项行为，故识别私募基金“老鼠仓”行为人是否为《证券投资基金法》第一百二十三条的适格主体就成了能否以此作出行政处罚的关键。

2. 行为人与证监会主张的交锋

在本案中，刘某、杨某、李某三人及其代理人在听证会和陈述申辩材料中对本案的处罚结果提出了三项申辩意见。第一，本案发生在私募证券投资基金领域内，不应适用《证券投资基金法》第一百二十三条，本案当事人不是该条的适格主体；第二，依据“新法优于旧法”“特别法优于一般法”的法律适用原则，本案应优先适用《私募投资基金监督管理暂行办法》，而不应适用《证券投资基金法》；第三，尽管在本案中三行为人进行了趋同交易，但进行趋同交易的结果并非获利，反而亏损两百万余元，依据过罚相当原则，不应适用《证券投资基金法》第一百二十三条，而应适用《私募投资基金监督管理暂行办法》第三十八条。中国证监会未予认定此三项申辩意见，并在复核后一一予以解释。

对于第一项申辩意见，首先，中国证监会引用了《证券投资基金法》第二条的规定，表示无论公募基金还是私募基金从事证券投资活动，均属该法的适用范畴。同时，《证券投资基金法》第三十一条规定：“对非公开募集基金的基金管理人进行规范的具体办法，由国务院金融监督管理机构依照本章的原则制定。”中国证监会据此指出，此处对私募基金“进行规范的具体办法”即指《私募投资基金监督管理暂行办法》，且《私募投资基金监督管理暂行办法》第四十条明确规定：“私募证券基金管理人及其从业人员违反《证券投资基金法》有关规定的，按照《证券投资基金法》有关规定处罚。”故依据《证券投资基金法》对私募“老鼠仓”行为进行规制不存在法律障碍。其次，中国证监会表示，结合前述《证券投资基金法》第二条规定，其第一百二十三条的“基金管理人”亦可以解释为私募基金管理人，故该条能够适用于本案情形。最后，适用《证券投资基金法》第一百二十三条仅要求“有本法第二十条所列行为之一”，意指只要行为人行为符合第二十条所列规定即可，并不要求行为人具有适用第二十条规定的适格身份。综上，中国证监会认为《证券投资基金法》第一百二十三条同时能够适用于公募基金领域与私募基金领域，以该条规定处罚本案三行为人不存在法律障碍。

对于第二项申辩意见，中国证监会认为“新法优于旧法”“特别法优于一般法”原则解决的是同一位阶的法律适用冲突问题，而本案中的《私募投资基金监督管理暂行办法》属于部门规章，《证券投资基金法》属于全国人大常委会制定的法律，二者并非属同一法律层级，不能依照该原则进行适用。同时，中国证监会重申了第一项申辩意见中的观点，认为《证券投资基金法》作为法律，相比《私募投资基金监督管理暂行办法》位阶更高，理应按照“上位法优于下位法”的原则对两部规范进行适用。

对于第三项申辩意见，中国证监会认为私募基金领域的“老鼠仓”行为与发生在公募基金领域的“老鼠仓”行为相比，其在违法性质、违法手段与危害后果等方面并不存在明显差异，均是对诚信原则与“三公”原则的违反，其损害了基金财产与财产份额持有人的利益，更是对基金行业信托关系与信赖利益的损害。依据法治原则，对于同等行为进行相同程度的处理是执法公正与合理性的体现，符合过罚相当原则，对三行为人处以共计一百万元罚款符合《证券投资基金法》第一百二十三条的规定，亦与行为人违法行为的事实、情节、社会危害程度相符。

3. 对中国证监会法律适用问题的讨论

通过研读中国证监会的答复不难看出，本案中中国证监会与行为人目光汇集之处，正是私募基金领域利用未公开信息交易违法行为主体之争在不同层面的呈现，涉及主体适格性与行为危害性的问题。

（1）中国证监会对当事人第一、二项申辩意见的答复，试图解决的是私募基金“老鼠仓”行为人能否适用《证券投资基金法》第一百二十三条的问题。在此问题上，中国证监会实际采取了两种不同的论述路径。

第一种路径，中国证监会以《证券投资基金法》第二条与第三十一条为基础对私募基金“老鼠仓”能够纳入《证券投资基金法》的处罚范围展开了论述。依据行政处罚决定书，中国证监会表示《证券投资基金法》第二条规定了该法的适用范围包括私募基金在内；同时，《证券投资基金法》第三十一条的内容指向《私募投资基金监督管理暂行办法》第四十条，而《私募投资基金监督管理暂行办法》第四十条又将符合规定的行为交由《证券投资基金法》进行处罚，该论证就此实现了规范与规范之间的“跳跃”。但应当看出，《证券投资基金法》第二条后半句明确指出，对于该法未尽事宜应适用《信托法》《证券法》与其他法律、行政法规的规定。同时，《证券投资基金法》第三十一条也仅是规定国务院金融监督管理机构规范私募基金的“具体办法”应依照该章原则进行制定，本质上体现的是一种法律的授权与对行政机关制定“具体办法”边界的框定，并非意指国务院金融监督管理机构所制定的规范能够成为《证券投资基金法》适用的组成部分，这其中既体现了我国《立法法》的要求，亦为建设我国法律体系的必要。故中国证监会从《证券投资基金法》第二条与第三十一条出发，适用《私募投资基金监督管理暂行办法》第四十条进而以此为依据以《证券投资基金法》第一百二十三条第一款对私募基金“老鼠仓”行为人进行处罚的论证逻辑存在间隙，恐难以成立。

第二种路径，中国证监会通过在《证券投资基金法》内部对第二条、第二十条与第一百二十三条进行解释的方法将私募基金“老鼠仓”行为纳入了《证券投资基金法》的处罚范围。基于中国证监会论述的角度，《证券投资基金法》第二条规定该法的适用主体为“公开或者非公开募集资金设立证券投资基金（以下简称基金）”，可见“基金”二字并未将私募基金排除在外。同时，《证券投资基金法》第一百二十三条也仅将主体规定为“基金管理人、基金托管人及其董事、监事、高级管理人员和其他从业人员”，这就为私募基金从业人员适用该条规定留出了解释空间。此外，由于《证券投资基金法》第一百二十三条要求上述主体“有本法第二十条所列行为之一”，但第二十条规定的行为主体为“公开募集基金”的基金管理人及从业人员，对此中国证监会从该内容的文本出发，认为该条仅要求具有第二十条所列行为，并不要求主体适格，故在此种逻辑的论证之下，实现了在《证券投资基金法》内部对私募基金“老鼠仓”行为人适用第一百二十三条进行处罚的问题解释。

笔者认为，在行政违法的层面上，中国证监会为解决私募基金“老鼠仓”处罚畸轻的问题，采取第二种解释路径积极寻求《证券投资基金法》第一百二十三条的适用具有一定合理性。应当看到，与资本市场相对发达的国家相比，我国私募基金起步较晚，但发展十分迅速，监管框架中诸多内容尚在逐步完善中，难免会出现对现实问题应对乏力的状况。2023 年 9 月 1 日，《私募投资基金监督管理条例》正式实施，其中第三十条明确规定了私募基金管理人、私募基金托管人及其从业人员不得“泄露因职务便利获取的未公开信息，利用该信息从事或者明示、暗示他人从事相关的证券、期货交易活动”，并在第五十五条相应罚则的规定上与《证券投资基金法》第一百二十三条的标准进行了统一，该问题在行政违法的层面上已不再存在法律适用的障碍。

（2）中国证监会对于当事人第三项申辩意见的答复，回应的是私募基金“老鼠仓”行为的危害性与处罚必要性的问题。事实上，对于此问题学界与实务界亦多有争议。一方面，传统意义上的“老鼠仓”行为本多见于公募基金领域[①]；另一方面，本案中的三行为人利用未公开信息进行交易，未获利反而出现了亏损的情况并非个案。故，明确私募基金“老鼠仓”行为的危害性与处罚必要性，首先应明确私募基金“老鼠仓”行为的性质与相关规范所欲保护的法益为何。本书将在下文予以展开。

（二）私募基金从业人员应否被认定为利用未公开信息罪主体

2009 年，为贯彻“三公”原则，维护证券、期货市场交易秩序与投资者利益，《刑法修正案（七）》于第一百八十条“内幕交易、泄露内幕信息罪”后第四款增设利用未公开信息交易罪，以预防并打击“老鼠仓”行为。

依据该款规定，“证券交易所、期货交易所、证券公司、期货经纪公司、基金管理公司、商业银行、保险公司等金融机构的从业人员以及有关监管部门或者行业协会的工作人员”，利用职务获知未公开信息进行交易，或明示、暗示他人从事交易，情节严重的，依照内幕交易、泄露内幕信息罪的规定进行处罚。可见，利用未公开信息罪的犯罪主体为特殊主体，即真正身份犯[②]。

---

① 参见彭冰：《重新定性“老鼠仓”——运动式证券监管反思》，载《清华法学》2018 年第 6 期。

② 参见陈晨：《利用未公开信息交易犯罪疑难问题研析：基于理论和实践的双重坐标》，载《证券法苑》2019 年第 1 期。

一般认为，本罪中的“基金管理公司”指公募基金，且就法院作出的判决而言，这些案件中实施老鼠仓的行为人均为公募基金公司从业人员[①]，尚未涉及私募基金领域。但由于老鼠仓行为在公募、私募领域内发生的手段、行为模式与危害结果之间均具有高度的相似性，能否以《刑法》第一百八十条规制私募基金领域发生的老鼠仓行为就成了亟待解决的问题。

1. “老鼠仓”行为性质与主体识别

“老鼠仓”意为“先跑的老鼠”，为证券市场中约定俗成的叫法而非法律概念，用以比喻行为人提前“建仓”，即先行买入或卖出相关的证券、期货，后“先跑”，即相比于其他投资者提前卖出或买入前述证券、期货的行为。一般认为，基金、证券、期货、保险公司等资产管理机构的机构经理及其他从业人员，在用客户的大额资金买入相关金融产品前，以自己的名义或假借他人名义，先行低价建仓，后以客户资金将价格拉升至高位时先行卖出，通过这样“先进先出”的操作来实现获利或避损的目的。[②] 可见，广义上的“老鼠仓”外延十分广泛，可出现于股票、债券、期货及其衍生品、基金等各个市场中。具体到基金行业，由于基金业“受人之托、代人理财”的行业特质，其天然成为了“老鼠仓”的典型高发领域。为解决私募基金“老鼠仓”行为人能否成为我国《刑法》所规定的利用未公开信息罪主体的问题，首先需要对基金“老鼠仓”行为的性质进行明确。

应当看到，在《刑法修正案（七）》颁行前，尽管理论界与司法界基于行为危害性的考量，对“老鼠仓”行为的入罪没有太大争议，但对于如何“入罪”却争论不休。有观点认为，“老鼠仓”行为应以违规运用资金罪论处，重点在于运用资金的违法违规性；也有观点认为，老鼠仓属于特殊的背信行为，应在背信运用受托财产罪下另增设“金融从业人员背信罪”，强调金融从业人员的受托义务与不同背信行为之间的差异性；还有观点认为，可以在内幕交易罪后增设“背信交易罪”，与上一种观点不同之处在于，尽管二者均属于背信行为，但增设于《刑法》第一百八十条后能够侧重于交易行

① 参见张绍谦、颜毅：《论利用未公开信息交易罪的立法完善》，载《上海政法学院学报（法治论丛）》2017 年第 3 期。

② 参见黄太云：《〈刑法修正案（七）〉解读》，载《人民检察》2009 年第 6 期。

为层面对其进行规制，同时对内幕交易罪处罚范围实现进一步的补充。[①] 但是，相关争议并没有在利用未公开信息罪落地时得到平息，对于如何定性“老鼠仓”行为仍莫衷一是，现行较为主流的两种观点分别侧重于“背信”与“交易”，发展出了不同学说。

（1）背信行为说：“老鼠仓”行为属于特殊的背信行为

信义义务作为信义法中耳熟能详的概念，最早可追溯至罗马法，其通常是指，受托人对受信人施予信任与依赖，受信人则有义务为了受托人的最大利益行事，且不得利用受托人的优势损害其利益。[②] 不难看出，信义义务作为一种描述法律关系的概念，可以广泛存在于包括财产法、公司法、信托法等诸多部门法中。基于信义义务理论，“老鼠仓”行为的本质在于行为人违背了金融从业人员的信义义务，更多地体现出“背信”与利益冲突的特征。[③] 具体到基金领域，则为基金经理及其他从业人员违背了对基金份额持有人的信义义务。这种观点能够在以下不同方面得到佐证。

从相关法律规范上看，《证券投资基金法》第九条第一款规定基金管理人、托管人管理运用基金财产，从事基金服务活动，应当恪尽职守，履行诚实信用、谨慎勤勉的义务。《私募投资基金监督管理暂行办法》第四条第二款规定，私募基金从业人员应当恪守职业道德和行为规范。《基金管理公司投资管理人员管理指导意见》亦在第三条规定，投资管理人员应当诚实守信、独立客观、专业审慎、勤勉尽责。可见，相关法律法规均对金融机构从业人员所负有的信义义务作出了规定，而行为人实施“老鼠仓”行为无疑是对其职业操守与相关法律规范的违反。

从中国证监会所作处罚与发布的公告来看，证监会在本案行政处罚决定书中称，行为人所实施的“老鼠仓”行为“损害基金财产和基金份额持有人的利益，也是对基金行业信托关系与信赖利益的巨大损害”。此外，中国证监会曾于 2017 年 7 月发布《证监会通报近年“老鼠仓”执法情况》，认为“老鼠仓”行为“背离受托责任，侵害委托人的利益，破坏财富管理原则，

---

① 参见叶建勋：《关于“老鼠仓”行为入罪的思考》，载《法学杂志》2009 年第 9 期。
② 参见范世乾：《信义义务的概念》，载《湖北大学学报（哲学社会科学版）》2012 年第 1 期。
③ 参见叶建勋：《关于“老鼠仓”行为入罪的思考》，载《法学杂志》2009 年第 9 期。

损害资管行业信誉”[①]，应当予以重点打击。从以上的表达中，均不难看出监管机关在对老鼠仓行为进行表述时的“背信”色彩。

在此语境下，被视为背信行为的“老鼠仓”行为就需通过行为会对受托人的利益造成损害与交易过程中存在“利益冲突”完成其正当性的自证。反驳老鼠仓为背信行为的学者称，在涂某1、涂某2利用未公开信息案[②]中，被告人涂某1为中国证券登记结算有限公司（以下简称中登公司）职员，并不属于金融机构从业人员，[③] 亦与基金份额持有人之间不存在信义关系，不具有信义义务，在法院所作判决中仍被认定为“老鼠仓”行为主体，该案在一定程度上体现出我国司法机关对背信行为理论的否认。另外，“老鼠仓”的交易量通常而言仅有几千股至上万股，“对股价的影响微乎其微，对基金财产的损害微不足道”[④]，难以认定为损害了受托人的利益。认为“老鼠仓”行为属于特殊背信行为的学者对以上问题进行了反驳。首先，作为背信行为的“老鼠仓”行为，在受托人财产是否存在损失的认定上应采取扩大解释的方法，即应将财产损失视为积极损失与消极损失的集合，积极损失指现实财产的减少，而消极损失指应当增加的财产没有增加。[⑤] 在此观点下，“老鼠仓”行为必然侵害了基金财产原本能够获得的部分财产性利益与本可获得的期待利益，对受托人财产造成了损失，与受托人利益存在冲突。此外，该种观点认为应当进一步扩大受信人范畴，将处于支配管理地位的相关工作人员也纳入信义关系中，以中登公司职员为例，其即因监管职责而获知了未公开信息，属于“抽象的、概括的”信义关系一方[⑥]，以此完成了对“老鼠仓”行为属于背信行为理论中“利益冲突”与“受托人财产损失”的论证。

---

① 《证监会通报近年“老鼠仓”执法情况》，载中国证券监督管理委员会官网2017年7月7日，http：//www. csrc. gov. cn/csrc/c100200/c1000390/content. shtml。

② 参见涂某1、涂某2利用未公开信息交易罪案，广东省高级人民法院（2018）粤刑终479号刑事裁定书。

③ 参见彭冰：《重新定性“老鼠仓”——运动式证券监管反思》，载《清华法学》2018年第6期。

④ 彭冰：《重新定性“老鼠仓”——运动式证券监管反思》，载《清华法学》2018年第6期。

⑤ 参见叶建勋：《关于“老鼠仓”行为入罪的思考》，载《法学杂志》2009年第9期。

⑥ 参见叶建勋：《关于“老鼠仓”行为入罪的思考》，载《法学杂志》2009年第9期。

(2) 内幕交易说:“老鼠仓”行为属于特殊的内幕交易行为

在“老鼠仓”行为性质的讨论中，有观点将“老鼠仓”行为作为内幕交易的特殊形式。但是，通过研究该学说观点发现，由于内幕交易行为本身极为复杂，故此处的“内幕交易说”实际意指，“老鼠仓”行为与内幕交易行为均会对市场交易的公平与公正造成严重损害，其本质实则为证券犯罪领域由来已久的信息平等理论。应当看到，我国刑事法规范在有关内幕交易的立法中亦存在较为浓厚的信义义务理论色彩，目前无论是学界还是司法界，对内幕交易行为性质的定性亦不甚明朗。故应当在讨论“老鼠仓”行为的性质时，直接将其归类至兼具两种特质在内的“内幕交易行为”有指代不明之嫌，故笔者将从信息平等理论、老鼠仓行为与内幕交易行为的相似性两个维度来讨论“老鼠仓”的性质问题。

第一，信息平等理论 (equal access of information) 发端于美国，意在“保护投资者利益并增进其对证券市场公平性的信心”[①]，基于确保市场上信息公开具有公正性的目的，要求保护投资者在信息占有权上的平等，即每一位投资者在市场中的行为均应基于平等获取的公开信息，任何在信息获取方面具有优先权的行为均是对市场公平的侵害[②]。由此，一方面，“老鼠仓”行为人“先进先撤”的投资操作，相比普通投资人无疑具有相当的优势，“老鼠仓”行为本身亦有损正常的交易秩序，是对“三公”原则与市场交易环境的损害。故在此语境下，支持“老鼠仓”行为属于内幕交易的学者，实质在于认为“老鼠仓”行为难以被认定为背信行为，又因其与内幕交易行为同样具有损害市场公平性的特点，而将其视为内幕交易行为的形式之一。以前文涂某1、涂某2利用未公开信息交易案为例，我国将监管部门、行业协会与金融机构的从业人员并称，使得信义义务理论在此处难以适用。另一方面，否认“老鼠仓”属于内幕交易的观点则主要基于信义义务理论，认为处罚该类行为是因为基金从业人员违反了受托义务，损害了基金财产与基金份额持

① 傅穹、曹理:《内幕交易规制的立法体系进路：域外比较与中国选择》，载《环球法律评论》2011 年第 5 期。

② 参见曾洋:《证券内幕交易主体识别的理论基础及逻辑展开》，载《中国法学》2014 年第 2 期。

有人利益，从事了与受托人存在利益冲突的行为。

第二，对于“老鼠仓”行为与内幕交易行为具有何种程度的相似性的讨论，主要集中于两行为整体结构与未公开信息的性质问题。反对将“老鼠仓”视为内幕交易行为的学者认为，一方面，“老鼠仓”行为发生在信任关系内部，侵害的是基金及基金份额持有人的利益，为内部侵害，但内幕交易行为完全发生在二级市场中，侵害的是交易对手方的利益，属于外部侵害。另一方面，“未公开信息”与“内幕信息”亦存在很大差别。未公开信息多指持仓与交易信息，仅仅影响证券的供求关系，但就内幕信息而言，多涉及公司内部重要变化，影响证券的内在价格。① 相反，支持将“老鼠仓”视为内幕交易行为的学者提出了相应的反对观点，首先，就两行为整体而言，我国《刑法》第一百八十条同时容纳了内幕交易罪与利用未公开信息罪，并规定利用未公开信息交易应依据内幕交易罪进行处罚。与之相似，我国《证券法》第一百九十一条亦将两种行为捆绑在一起进行规制，使得两行为在构成要件与法律责任上都具有相当的相似性。② 其次，从非公开信息的认定层面，有学者认为，目前中国证监会主导的趋同交易说（基金交易日前五个工作日与交易日后两个工作日均被视为同期交易）即证明了“基金交易本身的影响力将持续一段时间”③，体现出了内幕信息最重要的构成要件即价格敏感性，以此论证未公开信息与内幕信息的同质性，从而证成“老鼠仓”行为属于内幕交易行为的形式之一。

（3）基于上述观点的“老鼠仓”行为主体识别

能够看出，无论是我国立法领域还是司法领域，对于“老鼠仓”行为性质的态度均是模糊不清的，这与我国证券犯罪兼采信义义务理论与信息平等理论密切相关。

马某利用未公开信息交易案即为典型例证，最高人民法院在判决书中首先认为行为人实施的“老鼠仓”行为“严重损害客户投资者或处于信息弱势

① 参见巩海滨、赵涛：《私募基金“老鼠仓”行政处罚研究》，载《证券法苑》2018年第1期。

② 参见翟浩、文勇：《“老鼠仓”法律规制中的问题及对策》，载《中国证券期货》2021年第4期。

③ 彭冰：《重新定性“老鼠仓”——运动式证券监管反思》，载《清华法学》2018年第6期。

的散户利益，严重损害金融行业信誉，影响投资者对金融机构的信任”，又进一步认为，“老鼠仓”行为会“对资产管理和基金、证券、期货市场的健康发展产生严重影响”“严重破坏了公开、公正、公平的证券市场原则”，最后，其表示利用未公开信息交易罪与内幕交易、泄露内幕信息罪规定在同一法条中，“说明两罪的违法与责任程度相当”①。最高人民法院作出的以上论断几乎杂糅了前述“老鼠仓”行为性质讨论中的所有观点。

笔者认为，侧重于信息平等理论展开对我国“老鼠仓”行为主体的识别更加符合我国法律规制的需要与法律体系的固有结构。应当看到，信义义务能够在国外证券司法中长久占据主流地位无疑在于其判例法基础，但对于我国而言，其尚缺乏适用与发展的土壤。

从信义义务理论出发，能够认定的证券犯罪行为主体范围十分狭窄，即仅限于小部分负有信义义务的内部人，但面对现实资本市场中不断出现的复杂情形，该理论在适用过程中不得不在判例中不断作出扩大解释以便涵盖新出现的多元化主体。国外证券司法甚至由此进一步发展出了“盗用理论”。该理论建构于信义义务理论的基础上，将信义义务随着信息的传递赋予新信息受领人，将新的信息受领人拉进了传统信义义务的适用范围内，并将此解释为，信息受领人违反了针对信息源即原本的信义义务人的信义义务，进而构成了证券欺诈。② 其实，从盗用理论中亦不难看出信息平等理论的色彩，无非先对此类行为出现了规制的需要，而后才通过对信义义务理论进行扩大解释将此种情况包括进来。但我国隶属于大陆法系，成文法天然不具有判例法的灵活性，若基于信义义务对“老鼠仓”行为进行解释，难免在面对实务中不断出现的新主体时陷入窘境，亦容易遭到质疑。

一方面，如前文所提到的涂某1、涂某2利用未公开信息交易案，行为人为中登公司职员，本不属于我国《刑法》第一百八十条利用未公开信息交易罪所明确列举的主体之一，但法院仍以利用未公开信息罪论处。原国务院法制办财政金融司工作人员对此解释为，行为人因监管职责而获知了未公开

---

① 最高人民法院指导性案例61号。

② See Dirks v. SEC, 463 U. S. 646 (1982); United States v. O'Hagan, 521 U. S. 642 (1997).

信息，属于“抽象的、概括的”信义关系一方。该观点认为信义义务会随着未公开信息的传递而传递，也即盗用理论的观点，但其合理性与合乎逻辑性值得商榷。在国外证券犯罪中，此种信义义务的传递指的是信息受领人从内部人处继受（inherit）此种信义义务，所以进而负有了派生的信义义务。此处的“继受”并非严格意义上的法律概念，因为在法律中义务的继受应当依法定或依双方意思表示一致发生[①]，故此处信义义务的“继受”并无法律的支撑。同时，信义义务如何附随信息的传递而传递，以及为何会发生信义义务的传递均无明确的法律基础[②]，以此进行论证难以令人信服。相反，若以信息平等理论对中登公司职员是否为利用未公开信息罪主体进行解释，则不存在难点与障碍，即其行为有损正常的市场交易秩序，在其行为模式与损害结果符合法律规定时，应当加以规制。

另一方面，基于信义义务理论规制“老鼠仓”行为要求行为人损害受托人利益，与受托人存在利益冲突，但在中国证监会作出的包括本案在内的诸多处罚中，“老鼠仓”的交易量可能非常小，难以对股价造成影响，从而导致难以对损害基金财产与基金份额持有人利益的问题进行考察。[③] 同时，依据本案及其他行政处罚与法院作出利用未公开信息交易罪的判决，亦未见中国证监会与法院对行为人实施的“老鼠仓”行为与股票价格、基金财产、基金份额持有人所受损失之间的因果关系进行论证。可见，将信义义务理论运用于对“老鼠仓”行为人的识别时，其在受信人与受托人之间存在利益冲突的论证问题上亦不够完善有力。相反，若以信息平等理论展开对“老鼠仓”行为主体的识别，则无须再对此因果关系进行论证，只要行为人占据了一般投资者所不具备的优越条件，以获利为目的实施“老鼠仓”行为符合法律规制的构成要件时，即可对其进行规制。

当然，通过以上分析也能明显注意到，基于信息平等理论对“老鼠仓”

---

① 参见徐子桐：《美国法上内幕交易赔偿责任的理论分析》，载《清华法学》2005年第2期。

② 参见曾洋：《证券内幕交易主体识别的理论基础及逻辑展开》，载《中国法学》2014年第2期。

③ 参见彭冰：《重新定性“老鼠仓”——运动式证券监管反思》，载《清华法学》2018年第6期。

行为主体进行认定，需要警惕其在主体识别过程中的过度扩张趋势。以此为基础，就需要对“老鼠仓”行为本身是否达到法律所规定的情节与对其造成何种程度的危害后果进行严格的认定与判断，并设置类型化的豁免规则对不适宜规制的情形进行排除。

此外，关于“老鼠仓”行为与内幕交易行为具有何种程度的相似性问题，尽管同样属于“老鼠仓”行为性质问题之一部分，但与犯罪主体适格性问题的相关度不高，囿于篇幅在此不作展开。

2. 私募基金从业人员应否被解释为《刑法》第一百八十条行为主体

前文针对两种主体识别理论即信义义务理论与信息平等理论进行了分析，但毕竟只是理论层面的讨论，未能落脚于我国现实的法律规范。在本案中，刘某、杨某、李某作为私募证券投资基金从业人员被中国证监会予以行政处罚并处以共计 100 万元罚款。但此三人能否成为《刑法》利用未公开信息交易罪主体，以及应当如何作出相应解释需要进一步厘清。

(1) 应当入罪：公、私募基金领域与“老鼠仓”行为

由于《刑法》第一百八十条利用未公开信息交易罪中的“基金管理公司”一般被认为是公募基金管理公司，故对于私募基金领域“老鼠仓”行为人能否成为该罪主体的问题，首先应对公募基金与私募基金本身的区别加以明确。二者的主要区别如下：

第一，准入规定不同。依据《证券投资基金法》第十三条规定，设立公募基金管理公司实缴资本不得低于 1 亿元，且需经中国证监会批准。依据《私募投资基金监督管理条例》《私募投资基金登记备案办法》第八条，设立私募投资机构实缴资本不低于 1000 万元，且应向中基协履行登记备案手续。可见，与采取批准制的公募基金相比，核准制下的私募基金准入门槛相对较低。但同时，《私募投资基金监督管理条例》与《私募投资基金登记备案办法》为 2023 年 9 月与 5 月才正式颁行实施的新规，相比旧的法律规范而言，其大幅提高了监管标准与法律责任，一定程度上反映出在我国新的金融监管体制下监管部门对私募基金扶优限劣、加强监管的态度。

第二，募集对象不同。依据《证券法》第九条、《证券投资基金法》第五十条等的规定，公募基金以公开方式募集资金，面向普通大众，其募集对

象可突破200人的人数限制；但私募基金则只能采取非公开募集方式，面向合格投资者开展募资工作，人数不得超过200人。

第三，监管要求不同。正是因为公募基金与私募基金所面向的投资者不同，对其的监管要求亦存在很大差别。公募基金由于面向普通投资者，其基金招募说明书的设置、公司内部控制制度规范与信息披露等各方面的监管要求均较为严格；但私募基金面向的是合格投资者，此类投资者具有一定的风险识别、风险承受能力与相应的资产实力，故私募基金的各项监管要求也相对更加灵活。

尽管，公募基金与私募（证券投资）基金存在上述差异，但二者与投资者之间均为信托关系，本质上都是代投资者从事相关的证券投资活动。依据中国证监会2023年8月公布的公募基金管理机构名录，目前我国共有公募基金公司144家，取得公募资格的资产管理公司有13家，管理基金产品共10,773只①；同时，依据中基协数据，截至2023年8月，我国共有21,996家私募基金管理人，规模共计20.82万亿元，管理基金产品152,878只，从业人员174,276人②。能够看出，尽管私募基金在准入及监管等方面的要求均不如公募基金严格，但就管理人数量和基金产品数量而言，其均远超公募基金数倍。应当看到，私募基金亦为我国资本市场中非常活跃且发展迅速的存在。

如前所述，基金行业属于“老鼠仓”行为的高发领域，监管较为宽松的私募基金领域则更加难以成为“老鼠仓”行为发生的例外。私募基金从业人员与公募基金领域的主体相同，其实施“老鼠仓”的行为亦是对证券、期货交易市场“三公”原则的严重侵害。如果不对私募基金领域“老鼠仓”行为予以与公募基金领域同等程度的规制，无异于默许了私募基金领域的“黑

① 参见中国证监会官网统计信息一栏，载中国证券监督管理委员会官网2023年9月7日，http：//www.csrc.gov.cn/csrc/c101969/zfxxgk_zdgk.shtml。公募基金管理机构名录截至2023年7月，基金产品统计数据截至2023年6月30日。

② 参见中基协官网业务服务中私募基金业务一栏统计数据，载中国证券投资基金业协会官网2023年9月7日，https：//www.amac.org.cn/businessservices_2025/privatefundbusiness/。数据截至2023年8月。

幕”，不仅有损市场与交易的公平，亦不利于私募基金行业的发展。[①] 同时，也有学者指出，如果《刑法》只介入公募基金“老鼠仓”行为而不介入私募基金“老鼠仓”行为，会在一定程度上鼓励公募基金从业人员跳往私募基金领域以逃避严厉监管，不利于我国基金行业长远发展。[②] 另外，也能够从监管的角度对以上观点进行补充。通过检索中国证监会对公募、私募基金不同领域“老鼠仓”行为所作出的行政处罚发现，自 2018 年中国证监会适用《证券投资基金法》对文某作出“没一罚一”的处罚以来，私募基金“老鼠仓”行为作为中国证监会的重点执法对象之一，对其进行处罚的力度与处罚公募领域“老鼠仓”已不存在明显差异，如日期较近的刘某利用非公开信息交易案[③]，刘某作为某公募基金管理公司从业人员，趋同交易 1,760.24 万元，合计亏损 365,095.09 元，被浙江省证监局认定为利用未公开信息交易的违法行为，依据《证券投资基金法》第一百二十三条第一款处以了 30 万元罚款。同时，中国证监会早期在相关通报中亦表示，明确禁止私募基金从业人员实施老鼠仓行为是从严监管的要求，同样是对法律制度的完善。可见，在相关监管部门看来，私募基金“老鼠仓”行为与公募基金“老鼠仓”行为在行为危害性上高度相似。

不可否认，无论学界还是实务界一直以来均存在私募基金“老鼠仓”行为不应入罪的观点，主要论点在于，现实中“老鼠仓”并不像人们想象中的“牟取暴利”。例如，有学者指出，在其所统计的 38 起“老鼠仓”行为案件中，亏损 3 起，盈利率超过 5% 的仅有 6 起，超过 10% 的仅有 4 起。[④] 同时，也有观点认为私募基金面向合格投资者募集，基金持有人数较少，刑法没有必要介入此领域。但笔者认为，私募基金是否“牟取暴利”并非主体识别层面应解决的问题，也非否认私募基金“老鼠仓”行为应当入罪的理由。“牟

---

① 参见刘宪权、林雨佳：《利用未公开信息交易共同犯罪的认定》，载《政治与法律》2019 年第 4 期。

② 参见赵磊：《“老鼠仓”行为的法律规制——以基金管理公司已处理的老鼠仓案件为例》，载《金融理论与实践》2010 年第 7 期。

③ 中国证监会浙江监管局行政处罚决定书，〔2023〕21 号（刘炜）。

④ 参见彭冰：《重新定性“老鼠仓”——运动式证券监管反思》，载《清华法学》2018 年第 6 期。

取暴利”与否，属于行为模式、情节是否严重等构成要件判断的任务，也只有当私募基金“老鼠仓”行为符合了刑法规定的构成要件时，刑法才会对此类行为加以规制，将私募基金从业人员识别为利用未公开信息罪主体并不会造成罪不当罚的情形。此外，对于由于私募基金持有人数较少故刑法不应介入的观点，笔者认为，这并非私募基金“老鼠仓”行为人免责的理由，应当看到，尽管合格投资人的确不如公募基金所面向的普通投资者人数众多，但其利益亦应得到严格保护，这既是证券、期货市场“三公”原则的体现，也是我国社会主义法制建设的需求。

（2）能否入罪：“基金管理公司”“违反规定”“等金融机构”

《刑法》第一百八十条第四款规定：“证券交易所、期货交易所、证券公司、期货经纪公司、基金管理公司、商业银行、保险公司等金融机构的从业人员以及有关监管部门或者行业协会的工作人员，利用因职务便利获取的内幕信息以外的其他未公开的信息，违反规定，从事与该信息相关的证券、期货交易活动，或者明示、暗示他人从事相关交易活动，情节严重的，依照第一款的规定处罚。”

私募基金“老鼠仓”主体能否在我国现行法律规范下入罪，第一个需要解决的问题是，私募基金是否属于“基金管理公司”。

在传统语境下，我国《刑法》第一百八十条所称基金管理公司仅指公募基金，笔者认为，这是基于原规范体系下即《证券投资基金法》与《私募投资基金监督管理暂行办法》对公私募领域内“老鼠仓”行为监管力度不一而推导得出的结果。也就是说，尽管《证券投资基金法》第二条规定的是“在中华人民共和国境内，公开或者非公开募集资金设立证券投资基金（以下简称基金）”，即“基金”一词能够同时适用于公募基金与私募基金。但是，《私募投资基金监督管理暂行办法》第三十八条对于私募基金老鼠仓仅规定了“责令改正，给予警告并处三万元以下罚款”的罚则，与《证券投资基金法》对公募基金老鼠仓行为设置罚则的严厉程度差异巨大，从中能够看出立法机关对于公、私募领域“老鼠仓”行为不同的监管态度，故在以往针对公、私募基金监管规范下，仅将“基金管理公司”认定为公募基金公司符合刑法谦抑性的要求。

但是，过罚相当原则要求对不同程度的违法或犯罪行为作出与其程度相符的处罚。近十余年来，我国私募基金领域飞速发展，行业内出现了诸多新的问题，故相关监管部门均出于监管的需要纷纷出台各类规范，仅2023年以来就出台了包括《私募投资基金监督管理条例》《私募投资基金登记备案办法》《私募证券投资基金运作指引（征求意见稿）》等在内的诸多重要规范。2023年9月1日，作为行政法规的《私募投资基金监督管理条例》正式颁行实施，对齐了公私募领域基金的监管标准，这就为将私募基金老鼠仓行为纳入利用未公开信息交易罪提供了理论空间。如前所述，由于我国《刑法》对于利用未公开信息交易罪的主体已从普通意义上的金融从业人员扩张到金融监管部门与行业协会工作人员，继续适用信义义务理论将造成更多的问题，故基于信息平等理论，私募基金从业人员实施老鼠仓行为是对正常市场交易秩序的扰乱，具备了普通投资者所不具备的优势，将其认定为利用未公开信息交易罪中的“基金管理公司”不会超出该法律条文的语义范畴，同样亦符合该条文的规范保护目的。

第二个需要解决的问题是，如何理解“违反规定”。

显然，利用未公开信息罪属于典型的行政犯，即对其刑事违法性考察需要借助前置行政法规范的规定，通过概念界定与空白罪状的填补完成刑法规范中构成要件的判断。[①] 换言之，对于私募基金“老鼠仓”行为人是否属于本罪主体的考察，需要该行为人首先“违反规定”，也即实施了前置行政法规范的违法行为。在现行监管体制下，即为私募基金从业人员违反《私募投资基金监督管理条例》第三十条第四项、《私募投资基金监督管理暂行办法》第二十三条第五项所共同规定的，不得“泄露因职务便利获取的未公开信息，利用该信息从事或者明示、暗示他人从事相关的证券、期货交易活动”。

此外，《刑法》第一百八十条利用未公开信息罪要求行为人“违反规定”，依据行政犯原理，仅违反前置金融监管法规内容即可，并不一定要求前置法规明确规定了“构成犯罪的，依法追究刑事责任”。对于公募基金“老鼠仓”行为，《证券投资基金法》第一百四十九条设置了“违反本法规

① 参见刘艳红、周佑勇：《行政刑法的一般理论》，北京大学出版社2020年版，第9－10页。

定，构成犯罪的，依法追究刑事责任”的条款，属于补充刑法规范的明文指示，类似于附属刑法。对于私募基金“老鼠仓”行为而言，《私募投资基金监督管理条例》仅规定了行政处罚，而未作出“构成犯罪的，依法追究刑事责任”的指示，这并不意味该行为不存在入罪空间，只是需要基于罪刑法定原则，严格判断违反前置法即《私募投资基金监督管理条例》的私募老鼠仓行为是否符合《刑法》的构成要件即可。[①]

第三个需要解决的问题是，私募基金是否属于“等金融机构”。

有学者主张将私募基金解释为“等金融机构”，并表示，私募基金“买卖股票、债券、期货、期权、基金份额及投资合同约定的其他投资标的”，所从事的“是典型的金融业务”[②]。同时，该学者引用了《非居民金融账户涉税信息尽职调查管理办法》第六条第一款规定“本办法所称金融机构，包括存款机构、托管机构、投资机构、特定的保险机构及其分支机构：……3. 证券投资基金、私募投资基金等以投资、再投资或者买卖金融资产为目的而设立的投资实体……”另外，还引用了《关于进一步明确规范金融机构资产管理业务指导意见有关事项的通知》，通知开头列明了通知对象为“……各证券公司、基金公司、期货公司、私募投资基金管理机构；各保险资产管理机构”，并以此举例论证私募基金属于“金融机构”，进而能够被列入《刑法》第一百八十条利用未公开信息交易罪主体中的“等金融机构”，从而成为该罪名主体。

笔者不赞同此解释路径。诚然，如果按照以上思路对“私募基金是否属于金融机构”的问题进行检索，在包括但不限于最高人民法院《关于上海金融法院案件管辖的规定》等诸多规范中，私募基金的确与其他机构并列，均被称为金融机构。但是，“金融机构”并非严格意义上的法律概念，将私募基金解释为“等金融机构”的方式有违反罪刑法定之嫌。另有学者在对此处的“等金融机构”进行研究时称：“由于法条采用了‘等’的表述，因此，这里的金融机构甚至还包括现尚不存在，未来可能出现的新型

---

① 参见李文吉：《论我国行政犯罪定罪的限缩》，苏州大学2020年博士学位论文。

② 陈晨：《利用未公开信息交易犯罪疑难问题研析：基于理论和实践的双重坐标》，载《证券法苑》2019年第1期。

金融业务机构。"[①] 笔者亦不赞同此观点。应当看到，《刑法》第一百八十条利用未公开信息交易罪所共计罗列七种主体类型并后跟"等"字。此处的"等"明显属于"等内等"，即在列举完毕后煞尾，而并非旨在表述除了列举的七种金融机构外还有诸多金融机构未予列明。故笔者不主张以"等金融机构"解释私募基金管理机构。

（3）余论：保持刑法的谦抑性

基于信息平等理论，笔者主张将私募基金从业人员纳入《刑法》第一百八十条利用未公开信息交易罪的主体范畴，出发点在于解决信义义务理论与现行条文中主体包括金融监管部门与行业协会人员之间逻辑不协调的问题。同时，由于我国私募基金快速发展，行业规模高度扩张，相关监管部门对于私募基金"老鼠仓"行为的要求不断提高，在作为行政法规的《私募投资基金监督管理条例》先行拉齐对公私募领域内"老鼠仓"处罚标准的前提下，笔者主张以私募基金"老鼠仓"行为侵害了证券、期货交易市场交易秩序与"三公"原则为基础，将其纳入"基金管理公司"范畴而成为本罪的适格主体。然而，信息平等理论在运用于证券犯罪主体识别时本就具有扩张的趋势，同时刑法也应保持克制与谦抑，故笔者仅是认为私募基金从业人员应当被列为本罪主体，具体对于私募基金从业人员实施的"老鼠仓"行为是否入罪，还应严格考察其行为方式，是否达到"情节严重"的程度进行综合认定。另外，笔者认为，将私募基金从业人员列为利用未公开信息交易罪主体，亦应同时设置与行业特性相吻合的类型化豁免规则，避免出现罪不当罚的情形，从而实现对公私募领域完善且适当的监管，促进我国基金行业持续健康发展。

▷ 相关法律法规 ◁

➢ **《立法法》**（中华人民共和国主席令第3号，2023年3月13日施行）

第十二条 本法第十一条规定的事项尚未制定法律的，全国人民代表大

① 缑泽昆：《〈刑法修正案（七）〉中"老鼠仓"犯罪的疑难问题》，载《政治与法律》2009年第12期。

会及其常务委员会有权作出决定，授权国务院可以根据实际需要，对其中的部分事项先制定行政法规，但是有关犯罪和刑罚、对公民政治权利的剥夺和限制人身自由的强制措施和处罚、司法制度等事项除外。

➢ **《刑法》**（2023 年修正，2024 年 3 月 1 日施行）

第一百八十条　【内幕交易、泄露内幕信息罪】证券、期货交易内幕信息的知情人员或者非法获取证券、期货交易内幕信息的人员，在涉及证券的发行，证券、期货交易或者其他对证券、期货交易价格有重大影响的信息尚未公开前，买入或者卖出该证券，或者从事与该内幕信息有关的期货交易，或者泄露该信息，或者明示、暗示他人从事上述交易活动，情节严重的，处五年以下有期徒刑或者拘役，并处或者单处违法所得一倍以上五倍以下罚金；情节特别严重的，处五年以上十年以下有期徒刑，并处违法所得一倍以上五倍以下罚金。

单位犯前款罪的，对单位判处罚金，并对其直接负责的主管人员和其他直接责任人员，处五年以下有期徒刑或者拘役。

内幕信息、知情人员的范围，依照法律、行政法规的规定确定。

【利用未公开信息交易罪】证券交易所、期货交易所、证券公司、期货经纪公司、基金管理公司、商业银行、保险公司等金融机构的从业人员以及有关监管部门或者行业协会的工作人员，利用因职务便利获取的内幕信息以外的其他未公开的信息，违反规定，从事与该信息相关的证券、期货交易活动，或者明示、暗示他人从事相关交易活动，情节严重的，依照第一款的规定处罚。

➢ **《证券法》**（中华人民共和国主席令第 37 号，2020 年 3 月 1 日施行）

第九条　公开发行证券，必须符合法律、行政法规规定的条件，并依法报经国务院证券监督管理机构或者国务院授权的部门注册。未经依法注册，任何单位和个人不得公开发行证券。证券发行注册制的具体范围、实施步骤，由国务院规定。

有下列情形之一的，为公开发行：

（一）向不特定对象发行证券；

（二）向特定对象发行证券累计超过二百人，但依法实施员工持股计划的员工人数不计算在内；

（三）法律、行政法规规定的其他发行行为。

非公开发行证券，不得采用广告、公开劝诱和变相公开方式。

第一百九十一条 证券交易内幕信息的知情人或者非法获取内幕信息的人违反本法第五十三条的规定从事内幕交易的，责令依法处理非法持有的证券，没收违法所得，并处以违法所得一倍以上十倍以下的罚款；没有违法所得或者违法所得不足五十万元的，处以五十万元以上五百万元以下的罚款。单位从事内幕交易的，还应当对直接负责的主管人员和其他直接责任人员给予警告，并处以二十万元以上二百万元以下的罚款。国务院证券监督管理机构工作人员从事内幕交易的，从重处罚。

违反本法第五十四条的规定，利用未公开信息进行交易的，依照前款的规定处罚。

➢ **《证券投资基金法》**（中华人民共和国主席令第23号，2015年4月24日施行）

第二条 在中华人民共和国境内，公开或者非公开募集资金设立证券投资基金（以下简称基金），由基金管理人管理，基金托管人托管，为基金份额持有人的利益，进行证券投资活动，适用本法；本法未规定的，适用《中华人民共和国信托法》、《中华人民共和国证券法》和其他有关法律、行政法规的规定。

第九条 基金管理人、基金托管人管理、运用基金财产，基金服务机构从事基金服务活动，应当恪尽职守，履行诚实信用、谨慎勤勉的义务。

基金管理人运用基金财产进行证券投资，应当遵守审慎经营规则，制定科学合理的投资策略和风险管理制度，有效防范和控制风险。

基金从业人员应当具备基金从业资格，遵守法律、行政法规，恪守职业道德和行为规范。

第十三条 设立管理公开募集基金的基金管理公司，应当具备下列条件，并经国务院证券监督管理机构批准：

（一）有符合本法和《中华人民共和国公司法》规定的章程；

（二）注册资本不低于一亿元人民币，且必须为实缴货币资本；

（三）主要股东应当具有经营金融业务或者管理金融机构的良好业绩、良好的财务状况和社会信誉，资产规模达到国务院规定的标准，最近三年没有违法记录；

（四）取得基金从业资格的人员达到法定人数；

（五）董事、监事、高级管理人员具备相应的任职条件；

（六）有符合要求的营业场所、安全防范设施和与基金管理业务有关的其他设施；

（七）有良好的内部治理结构、完善的内部稽核监控制度、风险控制制度；

（八）法律、行政法规规定的和经国务院批准的国务院证券监督管理机构规定的其他条件。

第二十条　公开募集基金的基金管理人及其董事、监事、高级管理人员和其他从业人员不得有下列行为：

（一）将其固有财产或者他人财产混同于基金财产从事证券投资；

（二）不公平地对待其管理的不同基金财产；

（三）利用基金财产或者职务之便为基金份额持有人以外的人牟取利益；

（四）向基金份额持有人违规承诺收益或者承担损失；

（五）侵占、挪用基金财产；

（六）泄露因职务便利获取的未公开信息、利用该信息从事或者明示、暗示他人从事相关的交易活动；

（七）玩忽职守，不按照规定履行职责；

（八）法律、行政法规和国务院证券监督管理机构规定禁止的其他行为。

第三十一条　对非公开募集基金的基金管理人进行规范的具体办法，由国务院金融监督管理机构依照本章的原则制定。

第五十条　公开募集基金，应当经国务院证券监督管理机构注册。未经注册，不得公开或者变相公开募集基金。

前款所称公开募集基金，包括向不特定对象募集资金、向特定对象募集资金累计超过二百人，以及法律、行政法规规定的其他情形。

公开募集基金应当由基金管理人管理，基金托管人托管。

第一百二十三条 基金管理人、基金托管人及其董事、监事、高级管理人员和其他从业人员有本法第二十条所列行为之一的，责令改正，没收违法所得，并处违法所得一倍以上五倍以下罚款；没有违法所得或者违法所得不足一百万元的，并处十万元以上一百万元以下罚款；基金管理人、基金托管人有上述行为的，还应当对其直接负责的主管人员和其他直接责任人员给予警告，暂停或者撤销基金从业资格，并处三万元以上三十万元以下罚款。

基金管理人、基金托管人及其董事、监事、高级管理人员和其他从业人员侵占、挪用基金财产而取得的财产和收益，归入基金财产。但是，法律、行政法规另有规定的，依照其规定。

第一百四十九条 违反本法规定，构成犯罪的，依法追究刑事责任。

➢ **《私募投资基金监督管理条例》**（中华人民共和国国务院令第762号，2023年9月1日施行）

第三十条 私募基金管理人、私募基金托管人及其从业人员不得有下列行为：

（一）将其固有财产或者他人财产混同于私募基金财产；

（二）利用私募基金财产或者职务便利，为投资者以外的人牟取利益；

（三）侵占、挪用私募基金财产；

（四）泄露因职务便利获取的未公开信息，利用该信息从事或者明示、暗示他人从事相关的证券、期货交易活动；

（五）法律、行政法规和国务院证券监督管理机构规定禁止的其他行为。

第五十五条 私募基金管理人、私募基金托管人及其从业人员有本条例第三十条所列行为之一的，责令改正，给予警告或者通报批评，没收违法所得，并处违法所得1倍以上5倍以下的罚款；没有违法所得或者违法所得不足100万元的，并处10万元以上100万元以下的罚款。对直接负责的主管人员和其他直接责任人员给予警告或者通报批评，并处3万元以上30万元以下的罚款。

➢ **《国务院关于贯彻实施〈中华人民共和国行政处罚法〉的通知》**（国发〔1996〕13号，1996年4月15日施行）

二、修订规章的工作要在1997年12月31日前完成。在这之前，现行规章已规定的行政处罚仍然有效。但是，行政处罚法施行后制定的规章新设定行政处罚，必须依照行政处罚法的规定执行。国务院各部门制定的规章对非经营活动中的违法行为设定罚款不得超过1000元；对经营活动中的违法行为，有违法所得的，设定罚款不得超过违法所得的3倍，但是最高不得超过30000元，没有违法所得的，设定罚款不得超过10000元；超过上述限额的，应当报国务院批准。地方政府规章设定罚款的限额，由省、自治区、直辖市人大常委会规定，可以不受上述规定的限制。

➢ **《私募投资基金监督管理暂行办法》**（中国证券监督管理委员会令第105号，2014年8月21日施行）

第四条　私募基金管理人和从事私募基金托管业务的机构（以下简称私募基金托管人）管理、运用私募基金财产，从事私募基金销售业务的机构（以下简称私募基金销售机构）及其他私募服务机构从事私募基金服务活动，应当恪尽职守，履行诚实信用、谨慎勤勉的义务。

私募基金从业人员应当遵守法律、行政法规，恪守职业道德和行为规范。

第二十三条　私募基金管理人、私募基金托管人、私募基金销售机构及其他私募服务机构及其从业人员从事私募基金业务，不得有以下行为：

（一）将其固有财产或者他人财产混同于基金财产从事投资活动；

（二）不公平地对待其管理的不同基金财产；

（三）利用基金财产或者职务之便，为本人或者投资者以外的人牟取利益，进行利益输送；

（四）侵占、挪用基金财产；

（五）泄露因职务便利获取的未公开信息，利用该信息从事或者明示、暗示他人从事相关的交易活动；

（六）从事损害基金财产和投资者利益的投资活动；

（七）玩忽职守，不按照规定履行职责；

（八）从事内幕交易、操纵交易价格及其他不正当交易活动；

（九）法律、行政法规和中国证监会规定禁止的其他行为。

第三十八条 私募基金管理人、私募基金托管人、私募基金销售机构及其他私募服务机构及其从业人员违反本办法第七条、第八条、第十一条、第十四条至第十七条、第二十四条至第二十六条规定的，以及有本办法第二十三条第一项至第七项和第九项所列行为之一的，责令改正，给予警告并处三万元以下罚款；对直接负责的主管人员和其他直接责任人员，给予警告并处三万元以下罚款；有本办法第二十三条第八项行为的，按照《证券法》和《期货交易管理条例》的有关规定处罚；构成犯罪的，依法移交司法机关追究刑事责任。

第四十条 私募证券基金管理人及其从业人员违反《证券投资基金法》有关规定的，按照《证券投资基金法》有关规定处罚。

➢ **中国人民银行办公厅《关于进一步明确规范金融机构资产管理业务指导意见有关事项的通知》**（2018年7月20日施行）

中国人民银行上海总部，各分行、营业管理部、省会（首府）城市中心支行、副省级城市中心支行；国家开发银行，各政策性银行、国有商业银行、股份制商业银行，中国邮政储蓄银行；各证券公司、基金公司、期货公司、私募投资基金管理机构；各保险资产管理机构：

➢ **国家税务总局、财政部、人民银行、原银监会、证监会、原保监会《非居民金融账户涉税信息尽职调查管理办法》**（公告2017年第14号，2017年7月1日施行）

第六条 本办法所称金融机构，包括存款机构、托管机构、投资机构、特定的保险机构及其分支机构：

（一）存款机构是指在日常经营活动中吸收存款的机构；

（二）托管机构是指近三个会计年度总收入的百分之二十以上来源于为客户持有金融资产的机构，机构成立不满三年的，按机构存续期间计算；

（三）投资机构是指符合以下条件之一的机构：

1. 近三个会计年度总收入的百分之五十以上来源于为客户投资、运作金融资产的机构，机构成立不满三年的，按机构存续期间计算；

2. 近三个会计年度总收入的百分之五十以上来源于投资、再投资或者买卖金融资产，且由存款机构、托管机构、特定的保险机构或者本项第1目所述投资机构进行管理并作出投资决策的机构，机构成立不满三年的，按机构存续期间计算；

3. 证券投资基金、私募投资基金等以投资、再投资或者买卖金融资产为目的而设立的投资实体。

（四）特定的保险机构是指开展有现金价值的保险或者年金业务的机构。本办法所称保险机构是指上一公历年度内，保险、再保险和年金合同的收入占总收入比重百分之五十以上的机构，或者在上一公历年度末拥有的保险、再保险和年金合同的资产占总资产比重百分之五十以上的机构。

本办法所称金融资产包括证券、合伙权益、大宗商品、掉期、保险合同、年金合同或者上述资产的权益，前述权益包括期货、远期合约或者期权。金融资产不包括实物商品或者不动产非债直接权益。

➢ **《基金管理公司投资管理人员管理指导意见》**（中国证券监督管理委员会公告〔2009〕3号，2009年4月1日施行）

第三条　投资管理人员应当诚实守信、独立客观、专业审慎、勤勉尽责。

➢ **《私募投资基金登记备案办法》**（中基协发〔2023〕5号，2023年5月1日施行）

第八条　私募基金管理人应当是在中华人民共和国境内依法设立的公司或者合伙企业，并持续符合下列要求：

（一）财务状况良好，实缴货币资本不低于1000万元人民币或者等值可自由兑换货币，对专门管理创业投资基金的私募基金管理人另有规定的，从其规定；

（二）出资架构清晰、稳定，股东、合伙人和实际控制人具有良好的信用记录，控股股东、实际控制人、普通合伙人具有符合要求的相关经验；

（三）法定代表人、执行事务合伙人或其委派代表、负责投资管理的高级管理人员直接或者间接合计持有私募基金管理人一定比例的股权或者财产份额；

（四）高级管理人员具有良好的信用记录，具备与所任职务相适应的专业胜任能力和符合要求的相关工作经验；专职员工不少于5人，对本办法第十七条规定的私募基金管理人另有规定的，从其规定；

（五）内部治理结构健全、风控合规制度和利益冲突防范机制等完善；

（六）有符合要求的名称、经营范围、经营场所和基金管理业务相关设施；

（七）法律、行政法规、中国证监会和协会规定的其他情形。

商业银行、证券公司、基金管理公司、期货公司、信托公司、保险公司等金融机构控制的私募基金管理人，政府及其授权机构控制的私募基金管理人，受境外金融监管部门监管的机构控制的私募基金管理人以及其他符合规定的私募基金管理人，不适用前款第三项的规定。

案例16　期货领域基金从业人员利用未公开信息交易案

一、基本案情

2020年1月15日，中国证监会查明，时任某投资管理有限公司（以下简称Z公司）期货投资总监及某组合私募证券投资基金（以下简称“一号基金”）基金经理杨某东实施以下行为：“一号基金”期货账户于2017年8月2日开立于HZ期货有限公司，Z公司是该基金管理人，杨某东担任基金经理负责交易决策，日盘交易由Z公司交易员负责下单，夜盘交易经Z公司授权由杨某东本人下单操作。“王某才”期货账户于2016年11月23日开立于DH期货有限责任公司，王某才与杨某东系同学关系，该期货账户资金主要来源于杨某东，且开户后一直由杨某东实际控制使用，由杨某东决策并使用Z公司办公电脑或其个人电脑下单。2016年12月至2018年5月，在“bu1809” "ag1809" "zn1809" "zn1810" "zn1812" "zn1904" "sn1809" "sn1901" "cu1812" "cu1902" "au1804" "pb1809" "pb1810" "ni1812" "ni1810" "sm1809" "sr1905" "j1901" "jd1808" "jd1810" "jm1809" "jm1901" 等22个合约上，杨某东实际控制案涉账户于当日日盘交易时间建仓，然后于夜盘交易时间，利用其管理的账户从事方向相反的对向交易。从资金进出情况看，其个人实际控制账户在对向交易中获利，基金管理账户平仓亏损。上述期间，"王某才"与"一号基金"对上述合约相互交易共918手，导致"一号基金"账户亏损1,147,261.14元。最终，中国证监会认为，杨某东的上述行为违反《私募投资基金监督管理暂行办法》第二十三条第三项的相关规定，构成利益输送违法行为；依据《私募投资基金监督管理暂行办法》第三十八条规定，对杨某东给予警告并处3万元罚款。

二、主要问题

1. 关于"一号基金"账户的交易决策是否为未公开信息？
2. 如何理解"因职务便利获取"未公开信息？
3. 如何认定行为人"利用"未公开信息？
4. 如何认定期货交易活动与未公开信息存在关联性？
5. 如何理解"情节严重"的性质及其判断标准？

三、法律分析

基金经理负责基金的投资策略和方向，进行投资组合的管理和风险控制，其专业水平和决策直接影响到基金的运作和投资者的收益。基金经理手中往往握有大量资金，可能出现道德风险，即为了个人利益或者为了满足其他方面的需求，而作出不利于投资者的投资决策。[①] 从"一号基金"账户平仓亏损逾百万元、"王某才"账户获利的结果来看，本案基金经理杨某东涉嫌从事为牟取私利损害客户利益的行为。

---

① 参见许多奇：《论全周期视野下私募基金管理人的信义义务》，载《武汉大学学报（哲学社会科学版）》2022年第5期。

我国《刑法》第一百八十条第四款规定了利用未公开信息交易罪："证券交易所、期货交易所、证券公司、期货经纪公司、基金管理公司、商业银行、保险公司等金融机构的从业人员以及有关监管部门或者行业协会的工作人员，利用因职务便利获取的内幕信息以外的其他未公开的信息，违反规定，从事与该信息相关的证券、期货交易活动，或者明示、暗示他人从事相关交易活动，情节严重的，依照第一款的规定处罚。"本案中杨某东为Z公司的基金经理，其实际控制的"王某才"账户于日盘建仓，于夜盘利用"一号基金"账户进行对向交易。案件虽未进入刑事司法程序，但杨某东的行为似已牵涉利用未公开信息交易罪风险，值得深入解析和探讨。

（一）关于"一号基金"账户的交易决策是否为未公开信息

2018年最高人民法院、最高人民检察院发布《关于办理利用未公开信息交易刑事案件适用法律若干问题的解释》第一条采用"列举+兜底规定"的模式解析"内幕信息以外的其他未公开的信息"，包括：证券、期货的投资决策、交易执行信息；证券持仓数量及变化、资金数量及变化、交易动向信息；以及其他可能影响证券、期货交易活动的信息。同时，该解释第二条规定对于难以认定的其他未公开的信息，司法机关可以在有关行政主（监）管部门的认定意见的基础上，根据案件事实和法律规定作出认定。

《关于办理利用未公开信息交易刑事案件适用法律若干问题的解释》第一条第二项，将"持仓数量及变化、资金数量及变化、交易动向信息"规定为证券业未公开信息而将期货市场排除在外。然而，持仓量可以作为一种警示工具，当价格达到或接近特定价位时，会对期货投资者的买卖能力构成影响；资金数量往往决定投资者可以承受的杠杆比例；交易动向信息直接与期货买卖行为相挂钩，此三类信息显然对于期货交易活动影响显著却未被司法解释所"认可"，原因是否为《期货和衍生品法》第十四条第三项已将期货交易者的资金和交易动向划归为内幕信息？另外，在期货领域，目前的两部前置性法律法规《期货和衍生品法》与《期货交易管理条例》仅涉及"内幕信息"，尚未对未公开信息作细化规定。解释条文兜底项的"其他可能影响期货交易活动的信息"这一表述不确定性显著，行政部门和司法机关认定未公开信息都缺乏参考依据。因此，有必要分析并提炼未公开信息的司法特征，以求对交易决策进行准确定性。

对于未公开信息的特征，学界尚有不同理解。有观点认为“未公开信息”应具备差别性、未公开性、真实性、专属性、可利用性五个特性。[①] 也有观点认为五个特性应为差别性、未公开性、关联性、价格敏感性、可利用性，其中未公开性与价格敏感性尤为值得探讨。[②] 还有观点认为因证明困难，价格敏感性的判断价值在司法实践中已被弱化，未公开性与职务关联性才是关键特性。[③] 首先，未公开信息与证券、期货市场的联系体现在对证券、期货合约价格的影响上，关联性可被价格敏感性包含在内。其次，进入刑事司法程序的案件往往木已成舟，信息已被利用，行为人或其亲友已获收益，真实性、可利用性无判断必要。最后，因证明困难弱化价格敏感性，将“利用未公开信息交易”转化为“背弃职业道德和义务”有向一般条款逃避的嫌疑。因此，笔者认为，未公开性、价格敏感性与差别性应是司法认定未公开信息的三项标准。

1. 未公开性判定

“未公开性，是指金融机构、监管部门以及行业协会按照规定采取规范管理的投资经营、技术分析、监督管理、行业资讯等信息未在公开市场上被公布或者尚未被投资者知悉。”[④] 未公开性指的是相关信息的实然状态，即交易活动发生时相关信息处于秘密状态。在应然层面上，法律规范是否要求将来公开相关信息不属于所论“未公开”的范畴。值得注意的是，相关信息只要在市场上合法公开便丧失了未公开性，刑法不再禁止金融机构从业人员或有关工作人员从事相关交易或明示、暗示他人从事相关交易。

相关信息的未公开性体现于法律法规等要求相关从业人员遵守保密义务，又体现在基金管理公司等金融机构对工作人员的内部保密要求。在公募与私

---

① 参见刘宪权：《涉证券、期货犯罪研究》，上海人民出版社2021年版，第131－132页。

② 参见钱列阳、谢杰：《证券期货犯罪十六讲》，法律出版社2019年版，第197页。

③ 参见潘庸鲁：《利用未公开信息交易罪的判断规则与证据标准》，载《人民司法》2021第22期。

④ 钱列阳、谢杰：《证券期货犯罪十六讲》，法律出版社2019年版，第197页。

募领域，基金从业人员都有维持未公开信息处于秘密状态的法定义务。公募方面的要求见于《证券基金经营机构董事、监事、高级管理人员及从业人员监督管理办法》第二十六条第七项，证券基金经营机构董事、监事、高级管理人员及从业人员不得泄露因职务便利获取的未公开信息、利用该信息从事或者明示、暗示他人从事相关的交易活动。《私募投资基金监督管理条例》第三十条规定了对私募基金从业人员的保密要求：私募基金经理人、私募基金托管人及其从业人员不得泄露因职务便利获取的未公开信息，利用该信息从事或者明示、暗示他人从事相关的证券、期货交易活动。可见，基金业务中的未公开信息应处于秘密状态，其范围应仅限于职务便利获取的相关从业人员，不得被其他人员获悉，更不得公开于市场。

除法定义务外，基金管理公司通常也会建立信息保密制度、在聘用合同中设计保密条款，严格对从业人员设定保密义务。中国证监会在 2009 年发布了《基金管理公司投资管理人员管理指导意见》，其中第十五条①、第二十一条②、第三十二条③分别规定基金管理公司的投资管理人员所签订的聘用合同必须详细约定保密事项、入职后应严格遵守公司保密制度以及聘用合同中的保密条款、离职后应认真履行保密义务。例如，诺安基金管理有限公司建立了公司员工保密制度，不允许基金经理及公司员工将其因职务之便得知的公司任何内部机密信息泄露给公司之外的任何人，不得向他人提供非公开披露的信息。④ 所有未公开披露的信息都不得泄露，可见公司对于内部员工的保

---

① 《基金管理公司投资管理人员管理指导意见》第十五条规定："公司聘用投资管理人员应当签订聘用合同。公司应当按照相关法律法规和规章的要求，结合基金行业的特点认真研究、制订聘用合同的各项内容，对双方的权利、义务、投资管理人员的聘任期限、投资管理目标与考核、保密事项、竞业禁止事项、违约条款等方面进行详细约定。"

② 《基金管理公司投资管理人员管理指导意见》第二十一条规定："公司应当建立信息管理及保密制度，加强风险隔离。投资管理人员应当严格遵守公司信息管理的有关规定以及聘用合同中的保密条款，不得利用未公开信息为自己或者他人谋取利益，不得违反有关规定向公司股东、与公司有业务联系的机构、公司其他部门和员工传递与投资活动有关的未公开信息。"

③ 《基金管理公司投资管理人员管理指导意见》第三十二条第三款规定："投资管理人员提出辞职时，应当按照聘用合同约定的期限提前向公司提出申请，并积极配合有关部门完成工作移交。已提出辞职但尚未完成工作移交的，投资管理人员应认真履行各项义务，不得擅自离职；已完成工作移交的投资管理人员应当按照聘用合同的规定，认真履行保密、竞业禁止等义务。"

④ 参见重庆市第一中级人民法院刑事判决书，(2020) 渝 01 刑初 24 号。

密义务要求高于法定，规范层面上严格将未公开信息控制于保密状态。

值得注意的是，与证券市场不同的是，期货市场上大多是投资者可以自行获取的公开信息而非未公开信息。然而，这并不意味着期货市场不存在未公开信息。某一期货投资者的投资决策并不会在交易完成前主动公布于公开市场，是典型的未公开信息。并且，商业秘密类别是未公开信息的重要组成部分。[①]《期货和衍生品法》第五十五条规定了对于期货从业人员的法定保密义务，即期货经营机构、期货交易场所、期货结算机构、期货服务机构及其工作人员应当依法为交易者的信息保密，不得非法买卖、提供或者公开交易者的信息。期货经营机构、期货交易场所、期货结算机构、期货服务机构及其工作人员不得泄露所知悉的商业秘密。期货市场的商业秘密可能同时担当“未公开信息”角色。

在本案中，杨某东作为基金经理负责交易决策，日盘交易由 Z 公司交易员负责下单，夜盘交易由杨某东本人下单操作。交易决策知悉范围限于杨某东与 Z 公司交易员。根据中国证监会查明的事实，交易决策信息并未被公布于期货市场也未被技术人士分析得出后公开，决策信息一直处于秘密状态，满足未公开性标准。

2. 价格敏感性判定

2009 年，《刑法修正案（七）》通过，于《刑法》第一百八十条增加第四款，即利用未公开信息交易罪。增设该罪的背景为，自 2007 年起，陆续爆出多起“老鼠仓”案，典型代表有上投摩根唐某案与南方基金王某敏案。然而在 2009 年“老鼠仓”行为入刑前，我国并没有专门规制“老鼠仓”行为的条文，导致中国证监会在处罚唐某、王某敏等基金经理时面临法律适用难题。[②] 2009 年“老鼠仓”行为入刑，但对其法律性质的认识，学界和实务界都存在争议，主要有背信行为说[③]和内幕交易说两种观点。背信行为说认为，

① 参见浙江省丽水市人民检察院课题组、陈海鹰：《利用未公开信息交易罪疑难问题探析》，载《河北法学》2011 第 5 期。

② 参见彭冰：《重新定性“老鼠仓”——运动式证券监管反思》，载《清华法学》2018 年第 6 期。

③ 参见叶建勋：《关于“老鼠仓”行为入罪的思考》，载《法学杂志》2009 年第 9 期。

“老鼠仓”行为的本质在于行为人违背了作为受托人的忠诚义务，积极追求私利。[①] 内幕交易说认为，《刑法》增设利用未公开信息交易罪以打击内幕交易、泄露内幕信息罪无法涵摄的证券、期货交易行为。[②] 背信行为说认为，行为人忠诚义务的基础是投资人与行为人之间的委托关系。但是，在基金业务中，与投资人直接建立关系的通常为基金管理公司而非直接控制基金账户、负责交易的基金经理等相关从业人员。因此背信行为说并不契合当下基金业务操作模式，不可取。从条文解释角度来看，利用未公开信息交易罪强调的是行为人利用内幕信息以外的其他未公开信息从事相关交易活动，两种行为的区别在于所利用信息的性质不同。未公开信息的范围大小在一定程度上取决于内幕信息的外延界限，可以说，利用未公开信息交易罪的增设以内幕交易罪为基础。因此，内幕交易说更符合立法现状。如此，“老鼠仓”行为的规制与内幕交易的规制根生同源，未公开信息的判断标准依托于内幕信息的界定，重大性是内幕信息认定的核心之一，由重大性延伸出的价格敏感性，是确定未公开信息的重要标准，是未公开信息的本质属性之一。[③]

价格敏感性，是指相关信息对证券、期货的交易价格产生重要影响。如果说未公开性是认定未公开信息的门槛标准，那么价格敏感性因素则是重要把关。有学者认为，价格敏感性的认定可以借鉴国外判断内幕信息重大性的标准。[④] 目前存在客观标准、主观标准两种范式。欧盟采用的是客观标准，即一旦信息公开，证券、期货合约价格会发生明显变化，投资人的投资决策可能受到影响，不考虑信息所涉事项是否真正落地。[⑤] 美国采用的是主观标准，即理性投资者在进行投资时，可能认为当时其未知的信息是重要的，那

---

① 参见叶建勋：《关于“老鼠仓”行为入罪的思考》，载《法学杂志》2009年第9期。

② 参见古加锦：《利用未公开信息交易罪司法适用的疑难问题研究》，载《政治与法律》2015年第2期。

③ 参见彭冰：《重新定性“老鼠仓”——运动式证券监管反思》，载《清华法学》2018年第6期。

④ 参见王涛、汤琳琳：《利用未公开信息交易罪的认定标准》，载《法学》2013年第2期。

⑤ 参见李有星、董德贤：《证券内幕信息认定标准的探讨》，载《浙江大学学报（人文社会科学版）》2009年第6期。

么该信息即重大。[1] 我国学界多主张借鉴主观标准[2]，司法实践与学界倾向性统一，多有适用主观标准，不过由于该种标准的主观性强、复杂性高，实务裁判中面临证明难题。[3] 目前，《刑法》第一百八十条对于证券、期货领域利用未公开信息交易罪进行同一模式规定，《私募投资基金监督管理条例》的条文亦采用相同设计，《期货交易管理条例》这一专门规制期货领域的行政法规完全缺失对利用未公开信息交易的规制制度，内幕交易规范也直接套用证券市场内幕交易立法表述。在利用未公开信息交易规范上，期货领域的交易似乎成为了证券市场交易不起眼的后缀，导致缺乏适应期货市场交易逻辑的制度设计。事实上，期货市场与证券市场在交易目的、经济职能、保证金制度、市场结构、交易方向和交易机制等方面存在明显差异，因而价格敏感性反应机制也有所不同，因此有必要厘清期货市场的价格波动机制，理顺价格敏感性的个性化判断要点。

根据《期货和衍生品法》，期货交易是指以期货合约或者标准化期权合约为交易标的的交易活动。期货领域价格敏感性与证券市场表现不同的原因主要在于期货领域的信息具有市场分散、跨市场作用、杠杆效应三个特性。首先，利用未公开信息交易行为获利的本质是行为人享有其他投资者不具备的信息优势，通过信息差预判交易价格的走势选择投资策略攫取利益。因此，凡是有价格关联的市场都可能是利用未公开信息交易的场域，在期货领域具体包括“期货合约市场、与期货合约挂钩的现货市场、与该期货合约挂钩的其他期货合约市场”[4] 等。其次，期货合约依托于基础资产，基础资产的产量、价值、供求信息与期货交易的交易及监管规则都可能会对期货合约价格产生重大影响。这导致现行政策、现货市场信息都会传导至期货市场，导致期货合约价格变动。最后，杠杆效应会放大相关信息对于合约价格的变动程

---

① 参见于莹：《证券法中的民事责任》，中国法制出版社2004年版。

② 参见李有星、董德贤：《证券内幕信息认定标准的探讨》，载《浙江大学学报（人文社会科学版）》2009年第6期。

③ 参见潘庸鲁：《利用未公开信息交易罪的判断规则与证据标准》，载《人民司法》2021第22期。

④ 谢杰：《期货市场内幕交易犯罪的机理解构与刑法规制》，载《上海政法学院学报（法治论丛）》2022年第4期。

度的影响，使得期货交易高收益与高风险并存。杠杆效应的基础——保证金制度，是期货交易的核心机制之一。交易者被要求按照其所买卖期货合约价值的一定比例（通常为5%～10%）缴纳保证金，这意味着一般交易者仅需缴纳五万元到十万元的保证金就可完成价值一百万元的合约交易。利用未公开信息进行的交易对于价格的微弱影响在杠杆作用下会成数倍放大。可见，在市场分散、跨市场作用、杠杆效应的同时作用下，期货领域的未公开信息对交易价格的影响表现为来源多样性、作用复杂性、程度严重性。

鉴于期货交易价格波动的上述特点，在判断价格敏感性时应特别注意行为人所利用信息对于期货交易价格影响的确定性，否则稍有不慎便可能错误评估交易行为的性质和严重程度，导致本罪的行为规制范围过度放大或裁判过重。未公开信息与内幕信息基本特征相同，可借鉴内幕信息影响的确定性标准。《刑法》第一百八十条第一款规定，内幕信息是对“证券、期货交易价格有重大影响的信息”，并未表明是可能有还是确定有。《期货和衍生品法》第十四条规定，内幕信息“是指可能对期货或者衍生品交易的交易价格产生重大影响的尚未公开的信息”，将“重大影响”明确为“可能产生”。笔者认为，应将《期货和衍生品法》中的“可能”解释为确实可能性，以防利用未公开信息交易罪打击范围无限扩张。确实可能性，是指利用相关信息交易会对期货市场的交易价格产生确定性影响，只是不要求影响实际发生。在期货领域，相关信息对交易价格的影响应采确实可能性标准。虽然事实上供求关系、经济周期、政治事件、政策措施、投资者心理预期等因素都会对期货市场的交易价格产生影响，导致难以评估某一信息对期货合约价格的影响。不过，从发生概率来看，基金管理公司在期货市场中的投资决策信息、金融机构所服务的客户的交易信息等，往往会对期货交易活动有确定性影响，满足价格敏感性的要求。

本案中，中国证监会认为杨某东的做法违反《私募投资基金监督管理暂行办法》第二十三条第三项规定，“利用基金财产或者职务之便，为本人或者投资者以外的人谋取利益，进行利益输送”；中国证监会同时查明，从资金进出情况看，杨某东个人实际控制账户在对向交易中获利，“一号基金”账户平仓亏损。可见，中国证监会强调的是杨某东谋取私利、其负责的账户有所亏损两项事实，并未认定杨某东的交易活动与期货价格变化之间存在确定性影响关系。单纯从行政处罚文书中无法认定杨某东获取的信息是否具有影响期货价格的确实可能性。不过，基于上述分析，并且鉴于《关于办理利用未公开信息交易刑事案件适用法律若干问题的解释》已将期货的投资决策直接归类为未公开信息，本案中的交易决策信息符合价格敏感性的可能性较高。

3. 差别性

差别性是用以区分未公开信息与内幕信息的特性，强调未公开信息应为内幕信息以外的其他信息。未公开性、价格敏感性衍生自内幕信息的未公开性、重大性，其认定标准也多有相似，因此应对两类信息进行细化区分，以明晰司法实务中未公开信息的认定标准。

目前，内幕信息的内容、类别在前置性法律、法规、规章等中已有较为完备的条文规范。在期货领域，《期货和衍生品法》《期货交易管理条例》都有规定内幕信息的具体范围。例如，《期货和衍生品法》第十四条规定："本法所称内幕信息，是指可能对期货交易或者衍生品交易的交易价格产生重大影响的尚未公开的信息。期货交易的内幕信息包括：（一）国务院期货监督管理机构以及其他相关部门正在制定或者尚未发布的对期货交易价格可能产生重大影响的政策、信息或者数据；（二）期货交易场所、期货结算机构作出的可能对期货交易价格产生重大影响的决定；（三）期货交易场所会员、交易者的资金和交易动向；（四）相关市场中的重大异常交易信息；（五）国务院期货监督管理机构规定的对期货交易价格有重大影响的其他信息。"《期货交易管理条例》第八十一条第十一项规定："内幕信息，是指可能对期货交易价格产生重大影响的尚未公开的信息，包括：国务院期货监督管理机构以及其他相关部门制定的对期货交易价格可能发生重大影响的政策，期货交易所作出的可能对期货交易价格发生重大影响的决定，期货交易所会员、客户的资金和交易动向以及国务院期货监督管理机构认定的对期货交易价格有显著影响的其他重要信息。"《期货管理条例》是国务院于 2017 年出台的行政法规，《期货和衍生品法》是全国人大常委会于 2022 年制定的法律，后者是新法，且是前者的上位法，优先适用。另外，值得注意的是，《期货和衍生品法》将“国务院期货监督管理机构认定的对期货交易价格有显著影响的其他重要信息”改为“国务院期货监督管理机构规定的对期货交易价格有重大影响的其他信息”。也就是说，期货监管机构以后只能发布部门规章或其他规范性文件统一划分内幕信息的类别，而不能在个案中单独认定。而根据2019年发布的《关于办理利用未公开信息交易刑事案件适用法律若干问题的解释》第二条规定，司法机关可以在“有关行政主（监）管部门的认定意见”的基础上作出认定，即期货主（监）管部门可以对未公开信息进行个案认定。根据《刑法》第一百八十条，内幕信息以外的符合前述未公开性、价格敏感性的信息即为未公开信息。也就是说确定未公开信息存在双重审查。第一重审查，从特性出发，审查相关信息是否满足未公开性、价格敏感性标准；第二重审查，反向排除，排除法定为内幕信息的相关信息。

上述通过解释《刑法》及相关法律法规的条文，可以得出“特性符合+内幕信息排除”的未公开信息认定路径，不过笔者认为仍可进一步解析内幕交易罪与利用未公开信息交易罪背后的规则设计基础，以增加双重审查模式的说服力与可信度。内幕信息与未公开信息的公开要求有所不同。内幕信息为应当及时向社会公开但尚未公开的信息，属于信息披露制度规制范畴。未公开信息“主要是指证券、期货等金融机构使用客户资金购买证券、期货的投资交易信息，一般属于单位内部的商业秘密，法律并未要求此类信息应当公开，不属于内幕信息的范围”①。并且，从对交易价格的影响来看，内幕信息能够直接影响期货合约的价格，使其产生大幅波动；未公开信息通过影响投资交易行为导致合约价格“短期且有限”地波动。

本案中，杨某东利用的是“一号基金”的期货交易决策，根据《期货和衍生品法》对内幕信息的分类进行逐一判断，某个基金的期货交易决策并不属于行政部门的政策、信息或数据；也并非期货交易所、结算机构的决定；该信息并不异常；也不是期货监管机构规定的其他信息；一次或几次交易决策与整体交易动向②也存在规模差距。以双重判定路径分析，杨某东利用的

① 参见姜永义、陈学勇、王尚明：《〈关于办理利用未公开信息交易刑事案件适用法律若干问题的解释〉的理解与适用》，载《人民法院报》2020年4月30日，第5版。

② 一般认为，交易动向是指期货市场的交易活动，即买入和卖出期货合约的交易方向。

交易决策尚未公开、具备价格敏感性的概率较高，不是内幕信息，而是未公开信息。

（二）如何理解“因职务便利获取”未公开信息?

《刑法》第一百八十条要求未公开信息必须“因职务便利获取”，“职务便利”一词在《刑法》中共出现四次，仅本罪为“因职务便利”，其他条文中皆是“利用职务便利”，因此有必要明确“因职务便利获取”的内涵和外延，以防概念混淆、乱用。刑法理论上对此有三种理解。第一种理解是因职务经办、经受或主管未公开信息而获知其内容，典型情形有负责下单的交易员获取的交易执行信息。① 而利用职务以外的便利条件，如仅工作环境便利偷窥到的投资决策信息不属于“因职务便利获取”。第二种理解认为直接利用行为人因职务获取的未公开信息、间接利用与职务有关的便利条件所获悉的未公开信息都符合“因职务便利获取”。② 第三种理解认为“职务便利”与获悉“未公开信息”之间必须存在因果关系，强调应当对“职务便利”和“工作便利”进行区分，基于工作便利获取未公开信息进行交易活动，不符合利用未公开信息交易罪的构成要件。③ 笔者认为，虽然第一种理解关注职务作为原因，第三种理解关注因果逻辑关系，但其理解本质相同，即侧重职务因素与获取未公开信息的链接，排除工作地点或职务身份等工作上的便利获知信息的情况。此种理解符合刑法的严格解释原则，可以有效防止肆意扩大利用未公开信息交易罪的打击范围。

“职务”活动的根本在于其管理性，具体体现为对事务、事物或财物的组织、领导、协调、支配、经手等。④ 因此，“因职务便利获取”就意味着对于未公开信息具有管理职能。基金从业人员的职务范围较为广泛，具体到期货领域对于未公开信息的管理，常见于以下业务板块：（1）交易策略制定，

---

① 参见缑泽昆：《〈刑法修正案（七）〉中“老鼠仓”犯罪的疑难问题》，载《政治与法律》2009 年第 12 期。

② 参见徐春：《利用未公开信息交易罪的司法认定》，载《南昌大学学报（人文社会科学版）》2010 年第 6 期。

③ 参见钱列阳、谢杰：《证券期货犯罪十六讲》，法律出版社 2019 年版，第 197 页。

④ 参见郭泽强：《关于职务侵占罪主体问题的思考——以对“利用职务上的便利”之理解为基点》，载《法学评论》2008 第 6 期。

交易员或投资经理负责制定并执行期货交易策略，根据研究分析结果、市场动态、标的信息及个人经验决定买入或卖出期货合约的时机和规模，履职过程中对其生成的未公开信息进行管理。（2）风险管理、合规管理等支持性职务，该类职能部门分别管理投资组合的风险敞口、期货投资的合规性，虽不直接生成却会因履职知悉未公开信息。本案中，杨某东作为基金经理，参与交易策略的制定，负责夜间交易，其知悉的若为未公开信息则确因职务便利所获取。

（三）如何认定行为人“利用”未公开信息？

本案中，仅因杨某东知悉交易决策不足以认定其交易活动是利用决策信息，对于是否构成利用未公开信息交易罪的“利用”要件仍需单独探讨。然而，在实践中难以证明行为人是否利用未公开信息，利用未公开信息开展哪笔或哪几笔交易。[①] 行为人一旦否认利用，将会使检察机关的指控寸步难行。

根据《关于办理内幕交易、泄露内幕信息刑事案件具体应用法律若干问题的解释》第二条以及学者解释，内幕信息的受密人可以被划入不同范畴，检察机关对两种归类负有不同的证明责任，从而可以适用不同的推定规则。[②] 在内幕信息交易罪中，推定规则有适用余地；对于与之具有高相似度的利用未公开信息交易罪，推定规则也应有适用空间。并且我国刑法已经通过“明知”“以非法占有为目的”的认定证明规则确立了推定规则。刑事推定规则确立的功能之一便是减轻检察机关的证明压力，解决特定事实的证明困难，使某些刑法罪刑落到实处，避免犯罪之人逃脱刑事制裁。[③] 因此，在利用未公开信息交易罪的利用要件上，只要检察机关能够证明行为人因职务便利获取了未公开信息，该信息公开前基于该信息的利好或利空可能进行证券期货交易，即完成举证责任。除非行为人有足够证据证明其交易行为并非基于所

---

① 参见浙江省丽水市人民检察院课题组、陈海鹰：《利用未公开信息交易罪疑难问题探析》，载《河北法学》2011 第 5 期。

② 参见朱大旗、陈鹏：《反欺诈论下泄露型内幕交易推定的适用及其限度》，载《法律适用》2022 第 4 期。

③ 参见陈瑞华：《论刑事法中的推定》，载《法学》2015 年第 5 期。

获悉的信息，否则应认定“利用”要件证明完成。[①]

在本案中，从行政处罚文书查明的事实来看，杨某东因职务便利获取未公开信息，在信息公开前进行了多次指向性明确的交易，可以初步推定杨某东的行为符合“利用”要件。

（四）如何认定期货交易活动与未公开信息存在关联性

金融机构从业人员以及有关监管部门或者行业协会工作人员获取未公开信息后的交易行为有两种样态，一种是本人从事与未公开信息相关的证券、期货交易活动，另一种是明示、暗示他人从事相关交易活动。鉴于本案中杨某东以王某才名义开设的期货账户一直由杨某东本人控制并使用，不存在明示、暗示他人进行交易的行为，分析仅限于相关人员本人从事的交易活动。刑法要求利用未公开信息从事的交易活动，要与该信息相关。那如何判断未公开信息与交易活动之间的关联性呢？

如果行为人的交易行为是在未公开信息的指引下进行的，所买卖的证券期货与未公开信息内容相对应，可以认定交易行为与未公开信息之间存在关联性。[②] 例如，在本案中，杨某东根据获取的交易决策，分别针对沥青1809（bu1809）、白银1809（ag1809）、沪锌1809（zn1809）、沪锡1809（sn1809）等多个特定品种的期货合约，日间交易时间在其控制的“王某才”账户建仓，夜间在“一号基金”账户进行对向交易。交易决策、日间交易、夜间交易在交易品种上实现一一对应，可以认定交易行为与所获信息之间具有直接关联性。

前文已提及，期货市场具有跨市场性，行为人有机会利用不同市场上的未公开信息开展交易。期货市场与现货市场相互依存，二者之间存在价格关系；期货市场与股票市场、债券市场等其他金融市场也存在密切联系。影响期货价格变动的信息可能通过市场间的传导作用影响现货市场价格。与期货市场挂钩的现货市场的价格变动又会波及上下游与横向现货、证券市场。例

---

① 参见钱列阳、谢杰：《证券期货犯罪十六讲》，法律出版社2019年版，第197页；参见彭冰：《重新定性“老鼠仓”——运动式证券监管反思》，载《清华法学》2018年第6期。

② 参见钱列阳、谢杰：《证券期货犯罪十六讲》，法律出版社2019年版，第197页。

如，大豆期货价格下降可能预示着大豆未来供应量预期增加，导致现货市场的大豆价格相应下降。大豆是饲料的主要原料，大豆降价，市场可能预期饲料行业公司的盈利能力增强，从而导致饲料行业公司股票价格上升。行为人完全可以利用大豆期货市场的未公开信息在饲料行业股票市场做多，从而攫取大额收益。在此情况下，未公开信息的内容与实际交易活动之间为间接关联。由于信息信号在不同市场之间传导的复杂性，实务中难以设定一套标准对间接联系的构成和危害程度进行判断，司法机关应根据不同市场一般投资者所具备的知识及经验法则在个案中分析判断。①

（五）如何理解“情节严重”的性质及其判断标准

《刑法》利用未公开信息交易罪的条文中有“情节严重”表述，实务及理论界对于该表述的性质存在争议。一种观点是入罪条款说，认为“情节严重”是入罪条款，利用未公开信息交易罪为情节犯，行为只有达到情节严重的程度才应被追诉。另一种观点是量刑条款说，认为“情节严重”为量刑条款，《刑法》并未规定“情节特别严重”情形，因此利用未公开信息交易罪只有“情节严重”一档量刑标准，按照第一百八十条第一款内幕交易、泄露内幕信息罪的“情节严重”量刑档次适用刑罚。②

针对该问题的争议鲜明体现在马某利用未公开信息交易案中。该案中，马某为博时公司证券投资经理，因职务便利获取了公司基金交易的标的股票、交易时间和数量等未公开信息，操作其实际控制的三个股票账户，从事与未公开信息相关的交易活动，非法获利1800余万元。一审法院认为马某的行为构成利用未公开信息交易罪，但由于《刑法》中无“情节特别严重”量刑档次，按照“情节严重”量刑处罚。二审驳回检察院抗诉，维持原判。最高人民检察院抗诉，认为“情节严重”为入罪条款而非量刑档次规定，最高人民法院采纳抗诉意见，依照“情节特别严重”对马某进行改判。

对“情节严重”的理解关系到对行为人的定罪量刑，因此有必要详细探

① 参见钱列阳、谢杰：《证券期货犯罪十六讲》，法律出版社2019年版，第197页。

② 参见原审被告人马某利用未公开信息交易案，最高人民法院（2015）刑抗字第1号刑事判决书。

讨其性质。

对问题产生的原因进行理顺有助于探明“情节严重”的实意。第一，两种观点产生分歧的原因在于对刑法条文结构的拆解不同。《刑法》第一百八十条第一款详细规定内幕交易、泄露内幕信息罪“情节严重”“情节特别严重”的对应刑罚；第四款表述为“情节严重的，依照第一款的规定处罚”对于情节严重性质的探讨，实际上是在争论“依照第一款的规定处罚”应如何“依照”。[①] 量刑条款说对应仅能依照第一款“情节严重”档处以刑罚。入罪条款说对“情节严重的”与“依照第一款的规定处罚”进行切割，两部分分别对应一般刑法条文中“罪状 + 法定刑”结构中的罪状、法定刑。也就是说，利用未公开信息交易罪存在两个量刑档次，情节严重的，处五年以下有期徒刑或者拘役，并处或者单处违法所得一倍以上五倍以下罚金；情节特别严重的，处五年以上十年以下有期徒刑，并处违法所得一倍以上五倍以下罚金。第二，司法解释规则的缺失导致观点的差异进一步加深，难以达成共识。《刑法》中采第一百八十条类似立法结构的，还有第二百八十五条第二款、第三款非法获取计算机信息系统数据、非法控制计算机信息系统罪与提供侵入、非法控制计算机信息系统程序、工具罪，后者条文也采取了“情节严重的，依照前款的规定处罚”模式。《关于办理危害计算机信息系统安全刑事案件应用法律若干问题的解释》第三条[②]，同时明确了“情节严重”与“情节特别严重”标准。入罪条款说认为，利用未公开信息交易罪只有“情节严

---

① 参见谢杰：《利用未公开信息交易罪量刑情节的刑法解释与实践适用——“老鼠仓”抗诉案引发的资本市场犯罪司法解释反思》，载《政治与法律》2015 年第 7 期。

② 《关于办理危害计算机信息系统安全刑事案件应用法律若干问题的解释》第三条规定：“提供侵入、非法控制计算机信息系统的程序、工具，具有下列情形之一的，应当认定为刑法第二百八十五条第三款规定的‘情节严重’：（一）提供能够用于非法获取支付结算、证券交易、期货交易等网络金融服务身份认证信息的专门性程序、工具五人次以上的；（二）提供第（一）项以外的专门用于侵入、非法控制计算机信息系统的程序、工具二十人次以上的；（三）明知他人实施非法获取支付结算、证券交易、期货交易等网络金融服务身份认证信息的违法犯罪行为而为其提供程序、工具五人次以上的；（四）明知他人实施第（三）项以外的侵入、非法控制计算机信息系统的违法犯罪行为而为其提供程序、工具二十人次以上的；（五）违法所得五千元以上或者造成经济损失一万元以上的；（六）其他情节严重的情形。实施前款规定行为，具有下列情形之一的，应当认定为提供侵入、非法控制计算机信息系统的程序、工具‘情节特别严重’：（一）数量或者数额达到前款第（一）项至第（五）项规定标准五倍以上的；（二）其他情节特别严重的情形。”

重的”才能被追诉，情节严重的标准已规定于最高人民检察院、公安部《关于公安机关管辖的刑事案件立案追诉标准的规定（二）》第三十一条[①]；“情节特别严重”的标准有待进一步明确，在相关解释未出台前可参考《关于办理内幕交易、泄露内幕信息刑事案件具体应用法律若干问题的解释》中的认定。而从量刑条款说的角度出发，类似立法模式下的计算机类犯罪对于“情节严重”“情节特别严重”皆有规定，却不存在任何关于利用未公开信息交易罪“情节特别严重”的规则，恰恰证明上述追诉标准是对是否立案问题的指引，而非将“情节严重”落实为该罪的构成要件。因此，对于条文结构的不同拆解及司法解释的模糊性处理导致两派观点僵持不下，一度引起广泛热议。

笔者认为，入罪条款说更符合刑法立法技术与罪责刑相适应原则。在立法技术上，将“情节严重的”理解为犯罪构成要件更符合《刑法》的条文设计模式。首先，《刑法》规定罪名的条文采取“罪状 + 法定刑”的形式，利用未公开信息交易罪也不应例外。“依照第一款的规定处罚”就意味着依照内幕交易、泄露内幕信息罪的量刑标准处罚利用未公开信息交易行为。前款罪的量刑本身就包括“情节严重”与“情节特别严重”两个档次，如果仅取“情节严重”档次适用，本身就与“依照第一款”相悖。在罪责刑相适应原则上，如果认为利用未公开信息交易行为永远不可能达到“情节特别严重”的程度，显然与某些行为的社会危害性相错位。其次，罪责相适应原则要求

---

① 最高人民检察院、公安部《关于公安机关管辖的刑事案件立案追诉标准的规定（二）》第三十一条［利用未公开信息交易案（刑法第一百八十条第四款）］规定：“证券交易所、期货交易所、证券公司、期货公司、基金管理公司、商业银行、保险公司等金融机构的从业人员以及有关监管部门或者行业协会的工作人员，利用因职务便利获取的内幕信息以外的其他未公开的信息，违反规定，从事与该信息相关的证券、期货交易活动，或者明示、暗示他人从事相关交易活动，涉嫌下列情形之一的，应予立案追诉：（一）获利或者避免损失数额在一百万元以上的；（二）二年内三次以上利用未公开信息交易的；（三）明示、暗示三人以上从事相关交易活动的；（四）具有其他严重情节的。利用未公开信息交易，获利或者避免损失数额在五十万元以上，或者证券交易成交额在五百万元以上，或者期货交易占用保证金数额在一百万元以上，同时涉嫌下列情形之一的，应予立案追诉：（一）以出售或者变相出售未公开信息等方式，明示、暗示他人从事相关交易活动的；（二）因证券、期货犯罪行为受过刑事追究的；（三）二年内因证券、期货违法行为受过行政处罚的；（四）造成其他严重后果的。”

“刑罚的轻重必须与罪行的轻重以及犯罪嫌疑人的再犯可能性相适应”[①]。《刑法》将内幕交易行为与利用未公开信息交易行为放在同一法条中进行规制，虽然二者侵犯的权益有所不同，但社会危害性不存在孰轻孰重之分。内幕交易行为以违反信息披露制度为底层架构，以滥用应披露未披露的信息价值为操作模式，主要损害不特定社会公众投资者的合法权益。而利用未公开信息交易以“老鼠仓”交易为雏形，滥用的是本应仅服务于客户利益的信息，主要损害资产管理机构客户的利益。[②] 但是，两类行为在实质危害的核心方面，即市场信息效率与市场参与者权益上具有明确的共性[③]，利用未公开信息交易的社会危害性并不轻于内幕交易，完全有“情节特别严重”的利用未公开信息交易行为存在的可能性。《刑法》为内幕交易罪设计两层量刑档次，那么对利用未公开信息交易罪的规制就不应仅仅停留在处罚较轻的“情节严重”上。因此，入罪条款说应被采纳。在2019年最高人民法院、最高人民检察院联合发布《关于办理利用未公开信息交易刑事案件适用法律若干问题的解释》在第五、六、七条分别规定构成“情节严重”与“情节特别严重”的情形，给出倾向入罪条款说的答案。

本案中，杨某东控制的“王某才”期货账户进行的交易行为是否满足情节严重要件，应依据《关于办理利用未公开信息交易刑事案件适用法律若干问题的解释》进行判断。杨某东利用其个人控制的账户进行交易，并未明示或暗示他人从事相关交易。因此，《关于办理利用未公开信息交易刑事案件适用法律若干问题的解释》第五条第三项不具有发挥空间。行政处罚文书中仅查明“王某才”期货账户与“一号基金”对上述合约相互交易共918手，导致“一号基金”期货账户亏损1,147,261.14元，未说明“王某才”账户的违法所得数额。然而根据《关于办理利用未公开信息交易刑事案件适用法律若干问题的解释》第五条第一项规定，违法所得数额直接决定了交易行为是否入罪，因此有必要谨慎计算期货市场交易所得数额。目前有加减法和评

---

① 张明楷：《刑法学》（第六版），法律出版社2021年版，第544页。

② 参见黄太云：《〈刑法修正案（七）〉解读》，载《人民检察》2009年第6期。

③ 参见谢杰：《期货市场内幕交易犯罪的机理解构与刑法规制》，载《上海政法学院学报（法治论丛）》2022年第4期。

估法两种方式计算违法所得。加减法仅适用于交易过程一直亏损或一直盈利两种情形。如果交易过程有盈有亏，简单加减得出的获利额或亏损额难以与行为的社会危害性相匹配，进而有观点认为应以“过程性”而非“结果性”获利额认定违法所得数额。[①] 值得注意的是，对于期货交易，“过程性”获利额的说服力也不强。原因在于，期货合约在卖出前，价格一直处于波动状态，若以“过程性”计算获利额，应如何确定一个过程的时间？以月或以日为单位计算，在很大程度上会影响最后得出的所谓“过程性”盈亏数额。反而是交易平仓后，行为人利用未公开信息交易的违法所得才真正转为实际获利，反映行为人的犯罪预期及社会危害性。因此，加减法适用于行为人将期货平仓后有实际盈利时的违法所得计算。对于仅建仓未来得及平仓而导致无法计算出获利额的情况，以及行为人建仓平仓是为避免损失的情况，可以借鉴评估法计算违法所得数额。确认价格计算的基准日，按照一定的标准对获利额或避免的损失额进行评估。

另外，杨某东的行为是否符合第五条第二项“二年内三次以上利用未公开信息交易的”？此问题的关键在于如何理解交易的次数。类似次数表述多见于《刑法》“侵犯财产罪”一章及相关司法解释中。此处二年三次的规定与最高人民法院、最高人民检察院《关于办理盗窃刑事案件适用法律若干问题的解释》中“二年内盗窃三次以上的”立法模式相同，都使原本不构成犯罪的行为构成了犯罪。因此，可以参考学界对于单次盗窃的理解。对于单次盗窃行为，存在形式解释、实质解释两种观点。[②] 最高人民检察院在《关于〈关于多次盗窃中“次”如何认定的法律适用的请示〉的答复意见》中采实质解释说，多次盗窃中“次”的判断，可以参照2005年最高人民法院《关于审理抢劫、抢夺刑事案件适用法律若干问题的意见》中“多次抢劫”的规定认定，实践中应结合具体案件的具体情况，从主观方面考量行为人的盗窃故意；结合客观方面的行为方式、实施行为的条件以及行为所造成的后果等综合判断。回归到期货领域的交易行为，买卖双方对未来某一时期交割的期

---

① 参见孙万怀、江奥立：《我国刑法罚金适用的理念和规则——以利用未公开信息交易罪现实争议为视角》，载《东南大学学报（哲学社会科学版）》2022年第5期。

② 参见任涛：《多次盗窃的教义学分析及司法认定》，载《学术交流》2021年第3期。

货合约达成协议进行买卖即为一次期货交易。投资者基于增加收益、分散风险的考虑可能为达成某一交易目的进行多次期货交易活动。在利用未公开信息交易上，体现为行为人基于同一个犯罪目的、利用相同的未公开信息，达成多个期货合约买卖协议。因此，不能认为进行一次期货交易活动就满足一次利用未公开信息交易。利用未公开信息交易次数的认定应结合个案，考量行为人的主观故意；同时，结合多次客观行为的关联性、时间地点、行为方式、实施条件、行为后果等综合判断。例如，行为人的犯意只有一个，在特定时空进行指向性相同的期货交易，共同造成同一期货账户特定时间段内收益损害，应认定为利用未公开信息交易一次。

本案中，杨某东在 2016 年 12 月至 2018 年 5 月，分别针对沥青 1809（bu1809）、白银 1809（ag1809）、沪锌 1809（zn1809）、沪锡 1809（sn1809）等 22 个特定品种的期货合约，进行交易。对杨某东的多个交易行为，应从主观、客观角度进行考量，判断具体交易次数。

四、小结

“老鼠仓”行为入刑已十四年，截至目前，利用未公开信息交易罪多发于证券市场，期货领域尚未见利用未公开信息交易罪的刑事判决。无论是在证券还是在期货市场上，投资者都会根据不同的信息来调整自己的投资品种、投资形式、投资方向、投资期限和投资规模等，对于金融机构的从业人员来说，两市场信息皆有被利用攫取利益的可乘之机。然而，两领域利用未公开信息交易罪的司法查处现况有差别。这背后的原因离不开期货领域价格波动机制复杂、未公开信息认定标准不确定、公诉机关证明难度高等因素。笔者立足于杨某东行政处罚案，针对期货领域基金从业人员利用相关信息进行期货交易获取利益，损害客户权益行为进行利用未公开信息交易罪的刑法构罪分析。杨某东为基金管理公司基金经理，符合构罪主体要件。因此，笔者围绕未公开信息的认定标准、“因职务便利获取”认定、“利用”证明、未公开信息与期货交易的关联性、“情节严重”要件辨析五方面展开，探讨满足条件，对杨某东的行为进行判定。

未公开信息是构罪核心和基础，是否是未公开信息直接决定认定其他要素的必要性。笔者总结归纳未公开信息双重审查标准，第一重审查相关信息是否满足未公开性、价格敏感性特点，第二重反向排除作为法定内幕信息的相关信息。未公开性要求在交易活动发生时，投资经营、技术分析、监督管理、行业资讯等信息处于秘密状态，尚未被公开市场的投资者所知悉。价格敏感性衍生于内幕信息的重大性。由于期货领域信息市场分散、跨市场作用、杠杆效应特性，相关信息对期货交易活动具有确定性影响才具备价格敏感性。差别性要求对未公开信息与内幕信息进行区分，采取反向排除内幕信息的方式确定未公开信息。“因职务便利获取”要求基金等相关从业人员是因“职务”获知信息，即要对未公开信息具有管理职能。相关从业人员必须对因职务获取的相关信息加以采用，才符合《刑法》规定的行为要件。鉴于“利用”行为的证明难度，可以借助推定规则减轻证明困难。利用未公开信息交易罪要求交易活动与未公开信息存在关联性，直接关联性往往显而易见。然而，由于期货领域价格波动的跨市场性明显，价格信号在不同市场之间传导，统一认定标准难度极大，司法机关在个案中进行分析判断间接关联。并非所有利用因职务便利获取的未公开信息从事相关交易活动的行为都受刑法规制，对于情节轻微、危害性不大的行为并无必要倾注司法资源。“情节严重”为入罪条款的性质已由《关于办理利用未公开信息交易刑事案件适用法律若干问题的解释》通过细化判断标准予以确定。罪名成立有赖于具体案件中对证据的支撑，虽然基于行政处罚书的有限信息尚无法确定杨某东是否触犯刑法，但期待笔者在分析过程中总结的构罪判断标准能为复杂的期货市场利用未公开信息交易行为判断提供些许参考。

▷ 相关法律法规 ◁

➢ **《刑法》**（2023 年修正，2024 年 3 月 1 日施行）

第一百八十条 【内幕交易、泄露内幕信息罪】证券、期货交易内幕信息的知情人员或者非法获取证券、期货交易内幕信息的人员，在涉及证券的发行，证券、期货交易或者其他对证券、期货交易价格有重大影响的信息尚未公开前，买入或者卖出该证券，或者从事与该内幕信息有关的期货交易，或者泄露该信息，或者明示、暗示他人从事上述交易活动，情节严重的，处五年以下有期徒刑或者拘役，并处或者单处违法所得一倍以上五倍以下罚金；情节特别严重的，处五年以上十年以下有期徒刑，并处违法所得一倍以上五倍以下罚金。

单位犯前款罪的，对单位判处罚金，并对其直接负责的主管人员和其他直接责任人员，处五年以下有期徒刑或者拘役。

内幕信息、知情人员的范围，依照法律、行政法规的规定确定。

【利用未公开信息交易罪】证券交易所、期货交易所、证券公司、期货经纪公司、基金管理公司、商业银行、保险公司等金融机构的从业人员以及有关监管部门或者行业协会的工作人员，利用因职务便利获取的内幕信息以外的其他未公开的信息，违反规定，从事与该信息相关的证券、期货交易活动，或者明示、暗示他人从事相关交易活动，情节严重的，依照第一款的规定处罚。

第二百八十五条　【非法侵入计算机信息系统罪】违反国家规定，侵入国家事务、国防建设、尖端科学技术领域的计算机信息系统的，处三年以下有期徒刑或者拘役。

【非法获取计算机信息系统数据、非法控制计算机信息系统罪】违反国家规定，侵入前款规定以外的计算机信息系统或者采用其他技术手段，获取该计算机信息系统中存储、处理或者传输的数据，或者对该计算机信息系统实施非法控制，情节严重的，处三年以下有期徒刑或者拘役，并处或者单处罚金；情节特别严重的，处三年以上七年以下有期徒刑，并处罚金。

【提供侵入、非法控制计算机信息系统程序、工具罪】提供专门用于侵入、非法控制计算机信息系统的程序、工具，或者明知他人实施侵入、非法控制计算机信息系统的违法犯罪行为而为其提供程序、工具，情节严重的，依照前款的规定处罚。

单位犯前三款罪的，对单位判处罚金，并对其直接负责的主管人员和其他直接责任人员，依照各该款的规定处罚。

➢ **《期货和衍生品法》**（中华人民共和国主席令第111号，2022年8月1日施行）

第十四条 本法所称内幕信息，是指可能对期货交易或者衍生品交易的交易价格产生重大影响的尚未公开的信息。

期货交易的内幕信息包括：

（一）国务院期货监督管理机构以及其他相关部门正在制定或者尚未发布的对期货交易价格可能产生重大影响的政策、信息或者数据；

（二）期货交易场所、期货结算机构作出的可能对期货交易价格产生重大影响的决定；

（三）期货交易场所会员、交易者的资金和交易动向；

（四）相关市场中的重大异常交易信息；

（五）国务院期货监督管理机构规定的对期货交易价格有重大影响的其他信息。

第五十五条 期货经营机构、期货交易场所、期货结算机构、期货服务机构及其工作人员应当依法为交易者的信息保密，不得非法买卖、提供或者公开交易者的信息。

期货经营机构、期货交易场所、期货结算机构、期货服务机构及其工作人员不得泄露所知悉的商业秘密。

➢ **最高人民法院、最高人民检察院《关于办理利用未公开信息交易刑事案件适用法律若干问题的解释》**（法释〔2019〕10号，2019年7月1日施行）

第一条 刑法第一百八十条第四款规定的“内幕信息以外的其他未公开的信息”，包括下列信息：

（一）证券、期货的投资决策、交易执行信息；

（二）证券持仓数量及变化、资金数量及变化、交易动向信息；

（三）其他可能影响证券、期货交易活动的信息。

第二条 内幕信息以外的其他未公开的信息难以认定的，司法机关可以在有关行政主（监）管部门的认定意见的基础上，根据案件事实和法律规定作出认定。

第五条　利用未公开信息交易，具有下列情形之一的，应当认定为刑法第一百八十条第四款规定的“情节严重”：

（一）违法所得数额在一百万元以上的；

（二）二年内三次以上利用未公开信息交易的；

（三）明示、暗示三人以上从事相关交易活动的。

第六条　利用未公开信息交易，违法所得数额在五十万元以上，或者证券交易成交额在五百万元以上，或者期货交易占用保证金数额在一百万元以上，具有下列情形之一的，应当认定为刑法第一百八十条第四款规定的“情节严重”：

（一）以出售或者变相出售未公开信息等方式，明示、暗示他人从事相关交易活动的；

（二）因证券、期货犯罪行为受过刑事追究的；

（三）二年内因证券、期货违法行为受过行政处罚的；

（四）造成恶劣社会影响或者其他严重后果的。

第七条　刑法第一百八十条第四款规定的“依照第一款的规定处罚”，包括该条第一款关于“情节特别严重”的规定。

利用未公开信息交易，违法所得数额在一千万元以上的，应当认定为“情节特别严重”。

违法所得数额在五百万元以上，或者证券交易成交额在五千万元以上，或者期货交易占用保证金数额在一千万元以上，具有本解释第六条规定的四种情形之一的，应当认定为“情节特别严重”。

> **最高人民法院、最高人民检察院《关于办理内幕交易、泄露内幕信息刑事案件具体应用法律若干问题的解释》**（法释〔2012〕6号，2012年6月1日施行）

第二条　具有下列行为的人员应当认定为刑法第一百八十条第一款规定的“非法获取证券、期货交易内幕信息的人员”：

（一）利用窃取、骗取、套取、窃听、利诱、刺探或者私下交易等手段获取内幕信息的；

（二）内幕信息知情人员的近亲属或者其他与内幕信息知情人员关系密切的人员，在内幕信息敏感期内，从事或者明示、暗示他人从事，或者泄露内幕信息导致他人从事与该内幕信息有关的证券、期货交易，相关交易行为明显异常，且无正当理由或者正当信息来源的；

（三）在内幕信息敏感期内，与内幕信息知情人员联络、接触，从事或者明示、暗示他人从事，或者泄露内幕信息导致他人从事与该内幕信息有关的证券、期货交易，相关交易行为明显异常，且无正当理由或者正当信息来源的。

➢ **最高人民法院、最高人民检察院《关于办理危害计算机信息系统安全刑事案件应用法律若干问题的解释》**（法释〔2011〕19号，2011年9月1日施行）

第三条 提供侵入、非法控制计算机信息系统的程序、工具，具有下列情形之一的，应当认定为刑法第二百八十五条第三款规定的“情节严重”：

（一）提供能够用于非法获取支付结算、证券交易、期货交易等网络金融服务身份认证信息的专门性程序、工具五人次以上的；

（二）提供第（一）项以外的专门用于侵入、非法控制计算机信息系统的程序、工具二十人次以上的；

（三）明知他人实施非法获取支付结算、证券交易、期货交易等网络金融服务身份认证信息的违法犯罪行为而为其提供程序、工具五人次以上的；

（四）明知他人实施第（三）项以外的侵入、非法控制计算机信息系统的违法犯罪行为而为其提供程序、工具二十人次以上的；

（五）违法所得五千元以上或者造成经济损失一万元以上的；

（六）其他情节严重的情形。

实施前款规定行为，具有下列情形之一的，应当认定为提供侵入、非法控制计算机信息系统的程序、工具“情节特别严重”：

（一）数量或者数额达到前款第（一）项至第（五）项规定标准五倍以上的；

（二）其他情节特别严重的情形。

> **最高人民检察院、公安部《关于公安机关管辖的刑事案件立案追诉标准的规定（二）》**（公通字〔2022〕12号，2022年5月15日施行）

第三十一条 ［利用未公开信息交易案（刑法第一百八十条第四款）］证券交易所、期货交易所、证券公司、期货公司、基金管理公司、商业银行、保险公司等金融机构的从业人员以及有关监管部门或者行业协会的工作人员，利用因职务便利获取的内幕信息以外的其他未公开的信息，违反规定，从事与该信息相关的证券、期货交易活动，或者明示、暗示他人从事相关交易活动，涉嫌下列情形之一的，应予立案追诉：

（一）获利或者避免损失数额在一百万元以上的；

（二）二年内三次以上利用未公开信息交易的；

（三）明示、暗示三人以上从事相关交易活动的；

（四）具有其他严重情节的。

利用未公开信息交易，获利或者避免损失数额在五十万元以上，或者证券交易成交额在五百万元以上，或者期货交易占用保证金数额在一百万元以上，同时涉嫌下列情形之一的，应予立案追诉：

（一）以出售或者变相出售未公开信息等方式，明示、暗示他人从事相关交易活动的；

（二）因证券、期货犯罪行为受过刑事追究的；

（三）二年内因证券、期货违法行为受过行政处罚的；

（四）造成其他严重后果的。

> **最高人民法院《关于审理抢劫、抢夺刑事案件适用法律若干问题的意见》**（法发〔2005〕8号，2005年6月8日施行）

三、关于“多次抢劫”的认定

刑法第二百六十三条第（四）项中的“多次抢劫”是指抢劫三次以上。

对于“多次”的认定，应以行为人实施的每一次抢劫行为均已构成犯罪为前提，综合考虑犯罪故意的产生、犯罪行为实施的时间、地点等因素，客观分析、认定。对于行为人基于一个犯意实施犯罪的，如在同一地点同时对在场的多人实施抢劫的；或基于同一犯意在同一地点实施连续抢劫犯罪的，如在同一地点连续地对途经此地的多人进行抢劫的；或在一次犯罪中对一栋居民楼房中的几户居民连续实施入户抢劫的，一般应认定为一次犯罪。

➢ **《私募投资基金监督管理条例》**（中华人民共和国国务院令第 762 号，2023 年 9 月 1 日施行）

第三十条 私募基金管理人、私募基金托管人及其从业人员不得有下列行为：

（一）将其固有财产或者他人财产混同于私募基金财产；

（二）利用私募基金财产或者职务便利，为投资者以外的人牟取利益；

（三）侵占、挪用私募基金财产；

（四）泄露因职务便利获取的未公开信息，利用该信息从事或者明示、暗示他人从事相关的证券、期货交易活动；

（五）法律、行政法规和国务院证券监督管理机构规定禁止的其他行为。

➢ **《期货交易管理条例》**（中华人民共和国国务院令第 676 号，2017 年 3 月 1 日施行）

第八十一条 本条例下列用语的含义：

（一）商品期货合约，是指以农产品、工业品、能源和其他商品及其相关指数产品为标的物的期货合约。

（二）金融期货合约，是指以有价证券、利率、汇率等金融产品及其相关指数产品为标的物的期货合约。

（三）保证金，是指期货交易者按照规定交纳的资金或者提交的价值稳定、流动性强的标准仓单、国债等有价证券，用于结算和保证履约。

（四）结算，是指根据期货交易所公布的结算价格对交易双方的交易结果进行的资金清算和划转。

（五）交割，是指合约到期时，按照期货交易所的规则和程序，交易双方通过该合约所载标的物所有权的转移，或者按照规定结算价格进行现金差价结算，了结到期未平仓合约的过程。

（六）平仓，是指期货交易者买入或者卖出与其所持合约的品种、数量和交割月份相同但交易方向相反的合约，了结期货交易的行为。

（七）持仓量，是指期货交易者所持有的未平仓合约的数量。

（八）持仓限额，是指期货交易所对期货交易者的持仓量规定的最高数额。

（九）标准仓单，是指交割仓库开具并经期货交易所认定的标准化提货凭证。

（十）涨跌停板，是指合约在1个交易日中的交易价格不得高于或者低于规定的涨跌幅度，超出该涨跌幅度的报价将被视为无效，不能成交。

（十一）内幕信息，是指可能对期货交易价格产生重大影响的尚未公开的信息，包括：国务院期货监督管理机构以及其他相关部门制定的对期货交易价格可能发生重大影响的政策，期货交易所作出的可能对期货交易价格发生重大影响的决定，期货交易所会员、客户的资金和交易动向以及国务院期货监督管理机构认定的对期货交易价格有显著影响的其他重要信息。

（十二）内幕信息的知情人员，是指由于其管理地位、监督地位或者职业地位，或者作为雇员、专业顾问履行职务，能够接触或者获得内幕信息的人员，包括：期货交易所的管理人员以及其他由于任职可获取内幕信息的从业人员，国务院期货监督管理机构和其他有关部门的工作人员以及国务院期货监督管理机构规定的其他人员。

➤ **《证券基金经营机构董事、监事、高级管理人员及从业人员监督管理办法》**（中国证券监督管理委员会令第195号，2022年4月1日施行）

第二十六条　证券基金经营机构董事、监事、高级管理人员及从业人员不得从事下列行为：

（一）利用职务之便为本人或者他人牟取不正当利益；

（二）与其履行职责存在利益冲突的活动；

（三）不正当交易或者利益输送；

（四）挪用或者侵占公司、客户资产或者基金财产；

（五）私下接受客户委托从事证券基金投资；

（六）向客户违规承诺收益或者承担损失；

（七）泄露因职务便利获取的未公开信息、利用该信息从事或者明示、暗示他人从事相关的交易活动；

（八）违规向客户提供资金、证券或者违规为客户融资提供中介、担保或者其他便利；

（九）滥用职权、玩忽职守，不按照规定履行职责；

（十）法律法规和中国证监会规定禁止的其他行为。

➢ **《私募投资基金监督管理暂行办法》**（中国证券监督管理委员会令第 105 号，2014 年 8 月 21 日施行）

第二十三条 私募基金管理人、私募基金托管人、私募基金销售机构及其他私募服务机构及其从业人员从事私募基金业务，不得有以下行为：

（一）将其固有财产或者他人财产混同于基金财产从事投资活动；

（二）不公平地对待其管理的不同基金财产；

（三）利用基金财产或者职务之便，为本人或者投资者以外的人牟取利益，进行利益输送；

（四）侵占、挪用基金财产；

（五）泄露因职务便利获取的未公开信息，利用该信息从事或者明示、暗示他人从事相关的交易活动；

（六）从事损害基金财产和投资者利益的投资活动；

（七）玩忽职守，不按照规定履行职责；

（八）从事内幕交易、操纵交易价格及其他不正当交易活动；

（九）法律、行政法规和中国证监会规定禁止的其他行为。

➢ **《基金管理公司投资管理人员管理指导意见》**（中国证券监督管理委员会公告〔2009〕3 号，2009 年 4 月 1 日施行）

第十五条 公司聘用投资管理人员应当签订聘用合同。公司应当按照相关法律法规和规章的要求，结合基金行业的特点认真研究、制订聘用合同的各项内容，对双方的权利、义务、投资管理人员的聘任期限、投资管理目标与考核、保密事项、竞业禁止事项、违约条款等方面进行详细约定。

第二十一条　公司应当建立信息管理及保密制度，加强风险隔离。

投资管理人员应当严格遵守公司信息管理的有关规定以及聘用合同中的保密条款，不得利用未公开信息为自己或者他人谋取利益，不得违反有关规定向公司股东、与公司有业务联系的机构、公司其他部门和员工传递与投资活动有关的未公开信息。

第三十二条　公司应当加强对投资管理人员离职的管理，对投资管理人员解聘、辞职的程序、工作交接、离任审查等作出明确规定。

公司应当依照有关规定及时对拟离职投资管理人员进行离任审查，自其离职之日起30个工作日内为其出具工作经历证明及真实客观的离任审查报告或鉴定意见，并采取切实有效的措施，确保投资业务正常进行。

投资管理人员提出辞职时，应当按照聘用合同约定的期限提前向公司提出申请，并积极配合有关部门完成工作移交。已提出辞职但尚未完成工作移交的，投资管理人员应认真履行各项义务，不得擅自离职；已完成工作移交的投资管理人员应当按照聘用合同的规定，认真履行保密、竞业禁止等义务。

第九讲

合同诈骗罪

案例17　私募证券投资基金从业人员合同诈骗案

一、基本案情

被害人徐某经朋友介绍认识了某私募基金实际控制人、犯罪嫌疑人李某，李某在与被害人徐某的联系过程中，不断向被害人徐某宣称：（1）其十分擅长证券交易且为投资者取得巨大收益。（2）若将资金或者证券账户交由其进行“理财”“财富管理”“资产管理”，其承诺保本保收益（现有证据证明其根本没有资金能力保本保收益）。（3）其管理的“产品”在“过去三年全国排行第四，三年做了20倍”（现有证据证明系李某编造的虚假陈述）。（4）针对被害人徐某量身打造“基金产品”，以“家族办公室”“资产管理”、预期收益率30%～35%等概念迷惑、诱骗被害人徐某。

基于犯罪嫌疑人李某编造的上述谎言、虚构的事实、虚假的陈述、虚构包装“基金产品”，被害人徐某信以为真，与李某个人签订名为“万点资本”《万点家族办公室证券专户投资委托理财协议》（以下简称案涉《协议》）的合同，将巨额资金及证券账户交付给犯罪嫌疑人李某。

案涉《协议》落款时间为2021年9月；理财期限为2021年9月15日至2022年9月14日；被害人徐某投资本金为2.1967亿元；李某承诺保本、承诺收益（8%）；证券交易账户开户机构为首创证券股份有限公司上海共和新路证券营业部。

被害人徐某按照李某的要求先后投入本金2.1967亿元（包括被害人徐某自有资金与亲朋借款资金），将证券交易账户操作权、密钥等完全交由李某；被害人徐某按照李某的要求，不能过问证券交易、证券交易账户情况。

李某获得被害人徐某资金并交易被害人徐某证券账户期间，被害人徐某所开户的证券公司来电提示被害人徐某，账户有“高买低卖”的异常交易风险。被害人徐某通过微信询问李某，李某谎称系交易“盈利”“应该是近期涨幅过大，交易所提示风险”等欺骗被害人徐某。

同期，被害人徐某收到开户证券公司的短信，告知被害人徐某融资融券账户存在未了结负债，证券公司将于（T+1）交易日对其账户进行强行平仓以清偿债务。被害人徐某通过微信询问李某，犯罪嫌疑人李某继续谎称系每半年更新一次业务展期，并称他会处理。

其间，犯罪嫌疑人李某从未按照承诺向被害人徐某发送投资报告、公布净值、披露投资策略，从未告知被害人徐某出现巨额损失、融资杠杆交易被平仓等重大事项。

案涉《协议》到期日，被害人徐某联系犯罪嫌疑人李某办理账户结算、兑付事宜，其陆续以做手术（但其半夜还在发朋友圈）、开会、盯盘等拖延。

2022年9月17日，犯罪嫌疑人李某微信告知被害人徐某：交由李某操作的证券账户出现巨额亏损，从本金2.1967亿元亏损至只剩4000万元左右，亏损约82%。李某在明知已经出现大规模亏损的情况下，仍然严重不负责任造成巨额资金损失。李某造成被害人徐某账户惊人亏损，与其操作的其他账户形成巨大反差。李某继续编造信息欺骗被害人徐某——“过去三年多，我管理的‘万点资本进取2号’净值为20，排在全国三年期产品第二名，在业界也算打出了名声，我们刚刚发行了‘万点资本进取3号’。我也将于年底发行进取4号，预计20亿~30亿元规模，除了管理费每年有3000万~4500万元，业绩提成预计会有2亿~3亿元。这些收入第一时间都会清还给您……”——在明知自己毫无能力弥补资金窟窿的情况下继续编造保本保收益的谎言。

被害人徐某在案涉《协议》到期、获悉证券账户出现巨额亏损后，查询账户明细，发现如下事实：犯罪嫌疑人李某故意“高买低卖”，疑似通过恶意交易方式，以被害人徐某证券账户中的资金损失为代价，获取个人持仓利益，非法占有巨额资金。犯罪嫌疑人李某的行为具体表现为：(1) 故意通过短线交易制造亏损。T 日巨额买入某只股票之后，T+1 无任何正当理由亏损卖出。同时，T 日买入价接近当日最高价（高价买入），T+1 卖出价接近当日最低价（低价卖出）。(2) 故意制造月度交易亏损。例如，在月度最高点陆续巨额买入某只股票，在当月最低点全部卖出。无任何理由亏损卖出，交易没有任何合理的市场与经济逻辑。(3) 在某只股票的阶段性最高点巨额且使用融资杠杆买入，在下跌趋势中的任何一个时间节点都可以卖出止损，但蓄意不作为，故意等待融资账户被强制平仓卖出。

被害人徐某多次要求李某按照其承诺兑现本金，但其始终以在外地出差（口头所在 A 地，朋友圈定位显示在 B 地）、盯盘、陪客户应酬、流动资金紧张等理由予以搪塞。同时，在与其沟通过程中，被害人徐某也尝试提及通过法律途径解决，犯罪嫌疑人李某以各种形式表达自己背后有“关系”“关系比较猛”，被害人徐某因此害怕其利用“关系”打击伤害自己，故选择继续追讨而没有立即报案。

在被害人徐某的一再追讨下，犯罪嫌疑人李某多次以毫无保障的所谓“还款计划”“兑付计划”拖延，甚至多次直白地表示，继续通过虚构、包装的“基金产品”融资、运作，实则“借新还旧”兑付前期债务，不断流露出合同诈骗的各种事实与特征。时至今日，犯罪嫌疑人李某并未兑付其承诺的任何金额。

二、主要问题

1. 案涉《协议》下，委托理财出现“亏损”何以构成犯罪？
2. 私募证券投资基金从业人员如何实现尽职免责？

三、法律分析

（一）案涉《协议》下，委托理财出现“亏损”何以构成犯罪？

1. 犯罪嫌疑人李某行为在行政监管视角下的违法性认定

在私募证券投资基金行业快速发展的同时，由于其所涉法律关系性质较难界定，加之配套规范供给及执法、司法相对迟滞，部分从业人员因违反行政监管规范及行业自律要求致使投资者遭受损失，进而产生相应民事责任、行政责任，甚至刑事责任的追究问题。在本讲所讨论的基金从业人员犯合同诈骗罪这一问题上，在对基金从业人员相关行为作是否构成犯罪的刑法评价之前，应对其行为是否违反有关行政监管规范及行业自律要求作前置性认定。若基金从业人员行为不具有行政监管视角下的违法性，则几乎没有构成刑事犯罪的可能。具体到本案中，犯罪嫌疑人李某行为在行政监管视角下的违法性认定有如下几点：

（1）从业人员不得私下接受客户委托从事证券基金投资

《证券基金经营机构董事、监事、高级管理人员及从业人员监督管理办法》（以下简称《从业人员监督管理办法》）第二十六条第五项规定，证券基金经营机构董事、监事、高级管理人员及从业人员不得私下接受客户委托从事证券基金投资。本案中，犯罪嫌疑人李某作为某私募基金实际控制人及证券基金从业人员，却以其个人名义与被害人徐某签订案涉《协议》并约定由李某代徐某理财等事宜，且徐某的证券交易账户操作权、密钥亦完全交由李某控制，故李某以个人名义接受委托进行理财的行为违反了《从业人员监督管理办法》的相关禁止性规定。

（2）从业人员不得向客户违规承诺收益或者承担损失

虽然关于禁止承诺收益的相关规定，主要体现在资金募集、产品销售、投顾服务、信息披露等私募证券投资基金设立、运行环节的合规要求中，但《从业人员监督管理办法》亦通过采取主体监管的模式，于第二十六条第六项明确规定，证券基金经营机构董事、监事、高级管理人员及从业人员不得向客户违规承诺收益或者承担损失。本案虽未涉及任何私募证券投资基金产品，而是以委托理财合同的形式建立法律关系，但李某作为证券基金从业人员本身即应受禁止承诺收益要求的限制，因此李某在案涉《协议》中向徐某承诺保本、承诺收益（8%），属违规保本承诺及收益许诺行为。

（3）从业人员应当避免个人利益、相关方利益与投资者利益相冲突

《从业人员监督管理办法》第二十二条第三项规定，证券基金经营机构董事、监事、高级管理人员及从业人员应恪尽职守、勤勉尽责，切实维护投

资者合法权益，公平对待投资者，有效防范并妥善处理利益冲突；第二十六条第二项明确规定，从业人员不得从事与其履行职责存在利益冲突的活动。《基金从业人员管理规则》（2023 年修订，现为第二十二条）第二十条进一步明确规定，从业人员应当忠实于投资者利益，将投资者利益置于个人及机构利益之上，公平对待投资者。本案中，李某操作徐某证券账户故意“高买低卖”，疑似通过恶意交易方式，以徐某证券账户中的资金损失为代价，获取其个人持仓利益。换言之，李某明知其操作徐某证券账户所作交易与其个人持仓存在利益冲突，却并未作任何防范或处理，而是通过明显不符合逻辑的交易方式，将自身利益置于徐某利益之上，以徐某证券账户中的交易损失作为其自身获利的代价，违背其作为基金从业人员本应遵守的执业准则。

2. 犯罪嫌疑人李某存在“非法占有目的”的刑法认定

在犯罪嫌疑人李某的行为已具有行政违法性的情况下，进一步讨论其是否构成合同诈骗罪的关键是认定其对徐某交付的投资款是否存在“非法占有目的”的主观动机，而如何考察行为人“非法占有目的”的内心意思是司法实践中的难点。对此，《全国法院审理金融犯罪案件工作座谈会纪要》明确，认定行为人是否具有“非法占有目的”，应坚持主客观相一致的原则，既要避免单纯根据损失结果客观归罪，也不能仅凭行为人自己的供述，而应根据案件具体情况具体分析。其中“主客观相一致”原则的确立，为认定行为人有无“非法占有目的”提供了指引，但同时因其过于抽象以致难以回应司法实践需要。在此基础上，通过对近年来涉私募基金类合同诈骗罪的典型案件作分析，笔者亦总结出一些审判实践中已形成通识的裁判规则，结合本案例展开如下：

（1）行为人通过虚构事实、隐瞒真相，在明知自身履约能力欠缺的情况下，与投资者订立合同并骗取财物

《全国法院审理金融犯罪案件工作座谈会纪要》明确，行为人明知没有归还能力而大量骗取资金的，可以认定为具有非法占有的目的。具体到涉私募基金类合同诈骗案件中，行为人通过虚构事实、隐瞒真相，在明知自身履约能力欠缺的情况下，与投资者订立合同并骗取财物，主要存在以下几种具体形式：

①夸大过往业绩：在本案中，犯罪嫌疑人李某向被害人徐某介绍自身理财能力时，谎称其管理的“产品”在“过去三年全国排行第四，三年做了20倍”，即为通过夸大、编造过往业绩，使投资者对行为人履约能力错误高估的情形。

②虚构项目情况：在（2019）辽刑终323号案中，[①] 行为人虚构“泰诚资本王朝系列8号私募证券投资基金”“内部优先级股权短期理财产品”等基金项目；在（2018）京刑终54号案中，[②] 行为人编造东方华垦公司与中融国际信托有限公司、财达证券北京牡丹园营业部、光大银行等数家机构共同发起设立投资A股二级市场的集合资金信托计划；在（2019）京刑终8号案中，[③] 行为人以所谓“汇金丰赢”“汇金稳赢”基金名义收纳投资款；在（2018）鄂刑终27号案中，[④] 行为人谎称发行一年期中润融盛程序化策略交易私募基金；在（2016）沪刑终42号案中，[⑤] 行为人隐瞒接力宝项目被中国银行叫停这一关键信息。在上述涉私募基金类合同诈骗案件中，行为人大多存在虚构项目设立或隐瞒项目未能设立的情形，进而使投资者错误相信所谓项目存在或存续的情况。

③承诺保本、保收益：在本案中，犯罪嫌疑人李某承诺保本、承诺收益（8%）；在（2019）辽刑终323号案、[⑥]（2020）沪01刑终589号案中，[⑦] 行为人均承诺“保本保息”；在（2018）京刑终54号案中，[⑧] 行为人保证“投资零亏损”；在（2016）晋01刑初31号案中，[⑨] 行为人确保年投资收益率25%；在（2018）鄂刑终27号案中，[⑩] 行为人以保证本金和年税后收益率12%为饵。在上述涉私募基金类合同诈骗案件中，行为人普遍存在承诺保本、

---

① 参见辽宁省高级人民法院刑事裁定书，（2019）辽刑终323号。
② 参见北京市高级人民法院刑事裁定书，（2018）京刑终54号。
③ 参见北京市高级人民法院刑事裁定书，（2019）京刑终8号。
④ 参见湖北省高级人民法院刑事裁定书，（2018）鄂刑终27号。
⑤ 参见上海市高级人民法院刑事裁定书，（2016）沪刑终42号。
⑥ 参见辽宁省高级人民法院刑事裁定书，（2019）辽刑终323号。
⑦ 参见上海市第一中级人民法院刑事裁定书，（2020）沪01刑终589号。
⑧ 参见北京市高级人民法院刑事裁定书，（2018）京刑终54号。
⑨ 参见山西省太原市中级人民法院刑事判决书，（2016）晋01刑初31号。
⑩ 参见湖北省高级人民法院刑事裁定书，（2018）鄂刑终27号。

保收益的情况。这些刚性兑付条款通过不合理地分配金融市场投资风险，诱导投资者误判投资风险，进而成为促使投资者作出非理性投资决策的重要因素。

④编造募资情况：在（2020）沪01刑终589号案中，[①] 行为人谎称项目募集金额为4000万元，已经募集3700万元，尚缺300万元就能募集成功；在（2016）晋01刑初31号案中，[②] 行为人谎称自有资金投入7000万元；在（2018）鄂刑终27号案中，[③] 行为人伪造募集资金凭证并虚构自己已提供400万元资金投入，且已募集到发行规模2000万元中的绝大部分资金，仅差几百万元即可发行基金的事实。在上述涉私募基金类合同诈骗案件中，行为人还可能存在虚构募资规模、编造已募资情况、谎称自有资金投入、伪造募资凭证等情形，使投资者产生所谓投资项目可靠的错误认识。

（2）行为人未将资金用于合同约定的投资项目，而将资金用于挥霍、偿债、投机活动、违法犯罪活动、其他投资项目等

在上述行为人对其自身履约能力、履约基础有无虚构之外，考察行为人是否具有“非法占有目的”，还应着重查明投资款是否用于行为人个人挥霍、偿债、投机活动、违法犯罪活动、其他投资项目等非合同约定的投资款既定用途。例如，在（2019）辽刑终323号案中，[④] 行为人将投资款用于偿还个人欠款及个人赌博挥霍；在（2018）京刑终54号案中，[⑤] 行为人未按照协议约定将资金用于投资A股二级市场，而是部分用于公司增资、公司经营、偿还公司债务，大部分用于购买期货、自营证券交易等；在（2020）沪01刑终589号案中，[⑥] 行为人将投资款用于购买期货；在（2016）晋01刑初31号案中，[⑦] 行为人将投资款用于偿还个人债务及炒期货；在（2019）京刑

---

① 参见上海市第一中级人民法院刑事裁定书，（2020）沪01刑终589号。
② 参见山西省太原市中级人民法院刑事判决书，（2016）晋01刑初31号。
③ 参见湖北省高级人民法院刑事裁定书，（2018）鄂刑终27号。
④ 参见辽宁省高级人民法院刑事裁定书，（2019）辽刑终323号。
⑤ 参见北京市高级人民法院刑事裁定书，（2018）京刑终54号。
⑥ 参见上海市第一中级人民法院刑事裁定书，（2020）沪01刑终589号。
⑦ 参见山西省太原市中级人民法院刑事判决书，（2016）晋01刑初31号。

终8号案中,[①] 行为人未按照约定将投资款用于优质企业未贴现的银行承兑汇票的收益权以及其他低风险的投资品种、丹阳天华房地产开发有限公司所拥有的天华商业广场物业经营权和收益权收购及流动资金委托贷款项目的运营，而是将投资款用于偿还投资人本息、以其个人或公司名义投资期货、证券等高风险业务以及短期理财、拆借给镇江国宏汇金中心、归还个人欠款等用途；在（2018）鄂刑终27号案中,[②] 行为人将投资款用于偿还前期债务和个人消费；在（2016）沪刑终42号案中,[③] 行为人未按照约定将投资款用于住房按揭过桥贷款的收益权转让，而是将3.36亿元划入润泰置业银行账户用于吾思一、二、三期的还本付息，将5.9亿元划入吾思十八期，准备提前归还金元百利募集的资管计划本息；另有290万元划入李志刚控制的银行账户作为顾问费，1455万元划入景泰基金用于支付管理费，1277万元打给万家共赢作为预分配款。在上述涉私募基金类合同诈骗案件中，行为人违反合同约定侵占、挪用投资款亦可体现其对受托事项、受托资金未勤勉尽责的主观心态，进而反映出行为人订立合同仅是为了骗取财物而无履约计划的内心意思。

（3）行为人的投资、交易方式明显不合逻辑

除考察投资款的流向之外，对行为人对受托资金是否勤勉尽责的主观心态考证，还可以通过对其投资、交易方式有无明显不合逻辑进行验证。在本案中，犯罪嫌疑人李某故意“高买低卖”，疑似通过恶意交易方式，以被害人徐某证券账户中的资金损失为代价，获取个人持仓利益，非法占有巨额资金，其行为具体表现为：①故意通过短线交易制造亏损。T日巨额买入某只股票之后，T+1无任何正当理由亏损卖出。同时，T日买入价接近当日最高价（高价买入），T+1卖出价接近当日最低价（低价卖出）。②故意制造月度交易亏损。例如，在月度最高点陆续巨额买入某只股票，在当月最低点全部卖出。无任何理由亏损卖出，交易没有任何合理的市场与经济逻辑。③在某只股票的阶段性最高点巨额且使用融资杠杆买入，在下跌趋势中的任何一个时间节点都可以卖出止损，但蓄意不作为，故意等待融资账户被强制平仓

---

① 参见北京市高级人民法院刑事裁定书，（2019）京刑终8号。

② 参见湖北省高级人民法院刑事裁定书，（2018）鄂刑终27号。

③ 参见上海市高级人民法院刑事裁定书，（2016）沪刑终42号。

卖出。类似地，在（2018）京刑终 54 号案中，[①] 行为人在无能力按合同履约且具备极大金融风险的情况下，将巨额钱款随意投入股市，致使大部分钱款因股市行情暴跌而损失；在（2019）京刑终 8 号案中，[②] 行为人将投资款用于清偿梧桐创启公司 6000 万元的债务，并主动支付年利率 20% 的高额利息，最终导致无法按期归还后期投资者的资金。值得注意的是，考察行为人在投资款发生亏损后有无积极挽回损失、防止损失扩大等有效补救措施，是对行为人投资、交易方式有无明显不合逻辑评判的关键。若行为人对其违约事实采取掩盖、隐瞒、放任的态度，能采取而未采取补救、挽回损失的措施等，则倾向于认定其具有诈骗故意。

（4）行为人未将资金用途变更、投资盈亏情况等重要信息及时、完整地告知投资者

在投资者基于信任将投资款交付行为人后，两者之间客观上即存在对资金情况信息的掌握不对称。基于信义义务，行为人应将资金投向、产品盈亏、收益分配、因关联交易而可能存在的利益冲突等可能影响投资者合法权益的重大信息，及时、完整地向投资者披露。若行为人未及时、充分地履行信息披露义务，甚至故意隐瞒或者提供虚假信息，则可以作为其具有“非法占有目的”的佐证。在本案中，犯罪嫌疑人李某不仅从未按照承诺向被害人徐某发送投资报告、公布净值、披露投资策略，从未告知被害人徐某出现巨额损失、融资杠杆交易被平仓等重大事项，甚至在徐某收到证券公司账户异常交易风险、强制平仓提示时，谎称系交易“盈利”“应该是近期涨幅过大，交易所提示风险”“每半年更新一次业务展期”等，以此欺骗徐某。类似地，在（2016）晋 01 刑初 31 号案中，[③] 当约定的理财期限快到期时，被害人向行为人询问基金交易情况，并要求提供交易明细，行为人却利用虚假客户交易日报进行掩饰。上述行为人未履行信息披露义务，隐瞒、虚构资金用途变更、投资盈亏情况等重要信息，应认定其对投资款存在“非法占有目的”。

① 参见北京市高级人民法院刑事裁定书，（2018）京刑终 54 号。
② 参见北京市高级人民法院刑事裁定书，（2019）京刑终 8 号。
③ 参见山西省太原市中级人民法院刑事判决书，（2016）晋 01 刑初 31 号。

（5）行为人在明知投资亏损，无能力履约的情况下，以“发行新产品”“扩大募资规模”等“借新还旧”方式兑付前期债务

行为人在明知投资亏损、已无力履约后的态度，也是对其主观上有无“非法占有目的”的反映。在本案中，当投资出现巨额亏损后，犯罪嫌疑人李某不仅在明知自己毫无能力弥补资金窟窿的情况下，继续编造其已发行“万点资本进取 3 号”新产品，并即将发行“进取 4 号”新产品，未来将以相应管理费和业绩提成等收入履行案涉《协议》中保本、保收益的承诺，以此继续欺骗被害人徐某；还向徐某表达自己背后有“关系”，“关系比较猛”以此恐吓徐某，使徐某因害怕李某利用“关系”打击伤害而未立即报案。此外，李某还多次以毫无保障的所谓“还款计划”“兑付计划”拖延，甚至多次直白地表示，继续通过虚构、包装的“基金产品”融资、运作，实则“借新还旧”兑付前期债务。类似地，在（2019）京刑终 8 号案中，[①] 行为人在明知公司投资资金出现问题，无法通过正常经营偿还投资本息、无偿还能力的情况下，仍一直以发行基金的名义收取投资人资金并扩大资金募集范围。此种“拆东墙补西墙”“借新还旧”的运作模式，亦能揭示行为人明知自身无力履约，却继续骗取资金的诈骗故意。

（6）行为人无免责事由

对行为人未实际履约、无能力履约，并最终导致合同违约、投资亏损后果的评价，也应注意其是否出于客观原因（如不可抗力等）以致无法履约。针对此种行为人免责事由，应综合案件情况，考虑免责事由对合同违约、投资亏损后果的原因力贡献，并在相应程度上排除行为人存在诈骗故意的可能。

通过对涉私募基金类合同诈骗罪典型案件的梳理，笔者提炼出上述对行为人是否具有“非法占有目的”的判断要点。具体到个案中，应对行为人在合同订立、履行、变更、解除、终止各阶段的主观心态作综合分析。若行为人在合同订立时虚构履约能力、隐瞒已知风险，履行合同时未按照合同约定使用投资款、交易方式明显不合逻辑、对投资款的使用随意、对风险的预防缺失、对损失的发生放任，履约情况发生变化时未向投资者及时、完整地披

---

① 参见北京市高级人民法院刑事裁定书，（2019）京刑终 8 号。

露资金用途变更、投资盈亏情况等重要信息，合同违约时仍以“借新还旧”方式欺骗投资者，且无任何免责事由，则行为人对投资者未尽信义义务，未对受托事项及投资款作审慎管理，可以认定其明知自身履约能力欠缺，且对投资款具有“非法占有目的”，却以与投资者订立合同的方式骗取财物，进而可能构成合同诈骗罪。

（二）私募证券投资基金从业人员如何实现尽职免责？

当前司法实践中，合同诈骗罪相较集资类犯罪、挪用资金罪等，虽非私募证券投资基金从业人员所面临的高发罪名，但由于实务中合同诈骗罪呈现涉众化趋势，且合同诈骗罪和集资诈骗罪均以行为人具有“非法占有目的”为构成要件，因此两罪之间的界限逐渐模糊。加之，合同诈骗罪立案追诉标准（2 万元）相较集资诈骗罪（10 万元）更低，且合同诈骗罪的构成要件中无“公众性”“社会性”的要求，使私募证券投资基金从业人员如何审慎履职，以避免合同诈骗罪相关刑事追责的重要性增加。通过对本案及近年来涉私募基金类合同诈骗罪典型案件的分析，笔者总结出私募证券投资基金从业人员在开展业务、订立并履行合同过程中，避免刑事风险的如下关键点：

1. 严格遵守不得私下接受投资者委托从事理财活动的要求，在与投资者建立合同关系、销售基金产品时保持审慎态度。此外，还应规范履行投资者适当性义务，提高对投资者和基金产品风险等级评定的合理性和精确性。

2. 审核销售基金产品、建立合同关系时的宣传用语，尤其是警惕存在夸大过往业绩、业绩基准、发行规模、已募集资金规模等，可能引发投资者对预期收益、预计风险、产品性质等产生错误认知的不当表述。此外，还应严格遵守不得承诺保本、许诺收益的要求，不得通过设置保底约定、签订回购协议、出具保证函等直接或间接方式，与投资者约定刚性兑付条款。

3. 严控募集资金流向，应尽量设立托管账户保管募集资金，并按照合同约定的投资范围运用受托资金，防止侵占、挪用基金财产的发生。此外，运用募集资金进行投资、交易时，应保持审慎态度，尤其是对待亏损应积极采取有效的止损措施，避免因怠于行动导致交易逻辑不清。

4. 履行信息披露义务，在按照合同约定及监管要求进行定期信息披露的基础上，还应完整、及时地向投资者披露在履行合同、产品运行过程中，如资金用途变更、投资盈亏情况、触发巨额赎回、重大关联交易等影响合同履约基础的重大事项。

四、小结

在私募证券投资基金行业快速发展的同时，加强合规审慎经营的重要性也愈加凸显。由于私募基金法律关系尚无法完全纳入《信托法》范畴，因此私募基金合同之法律性质仍不明晰，导致基金管理人、基金托管人、投资顾问、销售机构等私募证券投资基金从业人员尽责履职的义务范围外延不清。因合同诈骗罪入罪门槛较低、构成要件简单，使私募证券投资基金从业人员如何审慎履职，以避免合同诈骗罪相关刑事追责的重要性增加。通过本案及类似典型案例的分析，从业人员在强化诚信履约和勤勉尽责意识的基础上，还应切实做好投前尽职调查、投后管理、到期清算等各项工作，避免合同从订立到终止的各环节产生刑事风险。

▷ 相关法律法规 ◁

➤ **《刑法》**（2023 年修正，2024 年 3 月 1 日施行）

第二百二十四条　【合同诈骗罪】有下列情形之一，以非法占有为目的，在签订、履行合同过程中，骗取对方当事人财物，数额较大的，处三年以下有期徒刑或者拘役，并处或者单处罚金；数额巨大或者有其他严重情节的，处三年以上十年以下有期徒刑，并处罚金；数额特别巨大或者有其他特别严重情节的，处十年以上有期徒刑或者无期徒刑，并处罚金或者没收财产：

（一）以虚构的单位或者冒用他人名义签订合同的；

（二）以伪造、变造、作废的票据或者其他虚假的产权证明作担保的；

（三）没有实际履行能力，以先履行小额合同或者部分履行合同的方法，诱骗对方当事人继续签订和履行合同的；

（四）收受对方当事人给付的货物、货款、预付款或者担保财产后逃匿的；

（五）以其他方法骗取对方当事人财物的。

➢ **《全国法院审理金融犯罪案件工作座谈会纪要》**（法〔2001〕8号，2001年1月21日施行）

（三）关于金融诈骗罪

1. 金融诈骗罪中非法占有目的的认定

金融诈骗犯罪都是以非法占有为目的的犯罪。在司法实践中，认定是否具有非法占有为目的，应当坚持主客观相一致的原则，既要避免单纯根据损失结果客观归罪，也不能仅凭被告人自己的供述，而应当根据案件具体情况具体分析。根据司法实践，对于行为人通过诈骗的方法非法获取资金，造成数额较大资金不能归还，并具有下列情形之一的，可以认定为具有非法占有的目的：

（1）明知没有归还能力而大量骗取资金的；

（2）非法获取资金后逃跑的；

（3）肆意挥霍骗取资金的；

（4）使用骗取的资金进行违法犯罪活动的；

（5）抽逃、转移资金、隐匿财产，以逃避返还资金的；

（6）隐匿、销毁账目，或者搞假破产、假倒闭，以逃避返还资金的；

（7）其他非法占有资金、拒不返还的行为。但是，在处理具体案件的时候，对于有证据证明行为人不具有非法占有目的的，不能单纯以财产不能归还就按金融诈骗罪处罚。

➢ **最高人民检察院部分罪案《审查逮捕证据参考标准（试行）》**（高检侦监发〔2003〕107号，2003年11月27日施行）

八、合同诈骗罪案审查逮捕证据参考标准

合同诈骗罪，是指触犯（刑法）第224条的规定，以非法占有为目的，在签订合同、履行合同过程中，骗取对方当事人财物，数额较大的行为。

对提请批捕的合同诈骗案件，应当注意从以下几个方面审查证据：

（一）有证据证明发生了合同诈骗犯罪事实。

重点审查：

1. 查获的合同、工商部门出具的工商登记资料等证明有以虚构的单位或者冒用他人名义签订合同的行为的证据。

2. 查获的伪造、变造、作废的票据或虚假的产权证明、双方签订的合同、担保合同或担保条款等，证明有以伪造、变造、作废的票据或者虚假的产权证明作担保的行为的证据。

3. 犯罪嫌疑人没有履行能力、犯罪嫌疑人部分履行合同、双方先后签订的多份合同等证明没有实际履行能力，以先履行小额合同或者部分履行合同的方法，诱骗对方当事人继续签订和履行合同的行为的证据。

4. 双方签订的合同、犯罪嫌疑人收受被害人给付的货物、预付款或者担保财产、犯罪嫌疑人逃匿等，证明有收受对方当事人给付的货物、货款、预付款或者担保财产后逃匿的行为的证据。

5. 证明犯罪嫌疑人有以其他方法骗取对方当事人财物的行为的证据。

6. 证明合同诈骗事实发生的被害人陈述、证人证言、犯罪嫌疑人供述等。

7. 证明犯罪嫌疑人的合同诈骗行为以非法占有为目的的证据，如具有逃匿、躲避或者出走不归，或者以其他方法逃避承担民事责任的；以隐匿等方法占有财物的；对骗得财物进行私分、挥霍使用的；用于归还欠债或者抵偿债务的；用于进行其他违法犯罪活动（包括非法经营活动）的；其他企图使他人丧失对财物占有的情形。

（二）有证据证明合同诈骗犯罪事实系犯罪嫌疑人实施的。

重点审查：

1. 被害人的指认。

2. 犯罪嫌疑人的供认。

3. 证人证言。

4. 同案犯罪嫌疑人的供述。

5. 对合同、收条或伪造票据上的签名笔迹所做的能够证明犯罪嫌疑人实施合同诈骗犯罪的鉴定。

6. 其他能够证明犯罪嫌疑人实施合同诈骗犯罪的证据。

（三）证明犯罪嫌疑人实施合同诈骗犯罪行为的证据已有查证属实的。

重点审查：

1. 其他证据能够印证的被害人的指认。
2. 其他证据能够印证的犯罪嫌疑人的供述。
3. 能够相互印证的证人证言。
4. 能够与其他证据相互印证的证人证言或者同案犯供述。
5. 其他证据能够印证的涉案合同文本。
6. 查证属实的证明犯罪嫌疑人实施合同诈骗犯罪的其他证据。

➢ **《证券投资基金法》**（中华人民共和国主席令第23号，2015年4月24日施行）

第九条 基金管理人、基金托管人管理、运用基金财产，基金服务机构从事基金服务活动，应当恪尽职守，履行诚实信用、谨慎勤勉的义务。

基金管理人运用基金财产进行证券投资，应当遵守审慎经营规则，制定科学合理的投资策略和风险管理制度，有效防范和控制风险。

基金从业人员应当具备基金从业资格，遵守法律、行政法规，恪守职业道德和行为规范。

➢ **《私募投资基金监督管理暂行办法》**（中国证券监督管理委员会令第105号，2014年8月21日施行）

第四条 私募基金管理人和从事私募基金托管业务的机构（以下简称私募基金托管人）管理、运用私募基金财产，从事私募基金销售业务的机构（以下简称私募基金销售机构）及其他私募服务机构从事私募基金服务活动，应当恪尽职守，履行诚实信用、谨慎勤勉的义务。

私募基金从业人员应当遵守法律、行政法规，恪守职业道德和行为规范。

第二十三条 私募基金管理人、私募基金托管人、私募基金销售机构及其他私募服务机构及其从业人员从事私募基金业务，不得有以下行为：

（一）将其固有财产或者他人财产混同于基金财产从事投资活动；

（二）不公平地对待其管理的不同基金财产；

（三）利用基金财产或者职务之便，为本人或者投资者以外的人牟取利益，进行利益输送；

（四）侵占、挪用基金财产；

（五）泄露因职务便利获取的未公开信息，利用该信息从事或者明示、暗示他人从事相关的交易活动；

（六）从事损害基金财产和投资者利益的投资活动；

（七）玩忽职守，不按照规定履行职责；

（八）从事内幕交易、操纵交易价格及其他不正当交易活动；

（九）法律、行政法规和中国证监会规定禁止的其他行为。

第二十四条　私募基金管理人、私募基金托管人应当按照合同约定，如实向投资者披露基金投资、资产负债、投资收益分配、基金承担的费用和业绩报酬、可能存在的利益冲突情况以及可能影响投资者合法权益的其他重大信息，不得隐瞒或者提供虚假信息。信息披露规则由基金业协会另行制定。

➢ **《关于加强私募投资基金监管的若干规定》**（中国证券监督管理委员会公告〔2020〕71号，2020年12月30日施行）

第六条　私募基金管理人、私募基金销售机构及其从业人员在私募基金募集过程中不得直接或者间接存在下列行为：

（一）向《私募办法》规定的合格投资者之外的单位、个人募集资金或者为投资者提供多人拼凑、资金借贷等满足合格投资者要求的便利；

（二）通过报刊、电台、电视、互联网等公众传播媒体，讲座、报告会、分析会等方式，布告、传单、短信、即时通讯工具、博客和电子邮件等载体，向不特定对象宣传推介，但是通过设置特定对象确定程序的官网、客户端等互联网媒介向合格投资者进行宣传推介的情形除外；

（三）口头、书面或者通过短信、即时通讯工具等方式直接或者间接向投资者承诺保本保收益，包括投资本金不受损失、固定比例损失或者承诺最低收益等情形；

（四）夸大、片面宣传私募基金，包括使用安全、保本、零风险、收益有保障、高收益、本金无忧等可能导致投资者不能准确认识私募基金风险的表述，或者向投资者宣传预期收益率、目标收益率、基准收益率等类似表述；

（五）向投资者宣传的私募基金投向与私募基金合同约定投向不符；

（六）宣传推介材料有虚假记载、误导性陈述或者重大遗漏，包括未真实、准确、完整披露私募基金交易结构、各方主要权利义务、收益分配、费用安排、关联交易、委托第三方机构以及私募基金管理人的出资人、实际控制人等情况；

（七）以登记备案、金融机构托管、政府出资等名义为增信手段进行误导性宣传推介；

（八）委托不具有基金销售业务资格的单位或者个人从事资金募集活动；

（九）以从事资金募集活动为目的设立或者变相设立分支机构；

（十）法律、行政法规和中国证监会禁止的其他情形。

私募基金管理人的出资人、实际控制人、关联方不得从事私募基金募集宣传推介，不得从事或者变相从事前款所列行为。

私募基金募集完毕，私募基金管理人应当按照规定到基金业协会履行备案手续。私募基金管理人不得管理未备案的私募基金。

第九条 私募基金管理人及其从业人员从事私募基金业务，不得有下列行为：

（一）未对不同私募基金单独管理、单独建账、单独核算，将其固有财产、他人财产混同于私募基金财产，将不同私募基金财产混同运作，或者不公平对待不同私募基金财产；

（二）使用私募基金管理人及其关联方名义、账户代私募基金收付基金财产；

（三）开展或者参与具有滚动发行、集合运作、期限错配、分离定价等特征的资金池业务；

（四）以套取私募基金财产为目的，使用私募基金财产直接或者间接投资于私募基金管理人、控股股东、实际控制人及其实际控制的企业或项目等自融行为；

（五）不公平对待同一私募基金的不同投资者，损害投资者合法权益；

（六）私募基金收益不与投资项目的资产、收益、风险等情况挂钩，包括不按照投资标的实际经营业绩或者收益情况向投资者分红、支付收益等；

（七）直接或者间接侵占、挪用私募基金财产；

（八）不按照合同约定进行投资运作或者向投资者进行信息披露；

（九）利用私募基金财产或者职务之便，以向私募基金、私募基金投资标的及其关联方收取咨询费、手续费、财务顾问费等名义，为自身或者投资者以外的人牟取非法利益、进行利益输送；

（十）泄露因职务便利获取的未公开信息、利用该信息从事或者明示、暗示他人从事相关的交易活动；

（十一）从事内幕交易、操纵证券期货市场及其他不正当交易活动；

（十二）玩忽职守，不按照监管规定或者合同约定履行职责；

（十三）法律、行政法规和中国证监会禁止的其他行为。

私募基金管理人的出资人和实际控制人，私募基金托管人、私募基金销售机构及其他私募基金服务机构及其出资人、实际控制人，不得有前款所列行为或者为前款行为提供便利。

> **《证券基金经营机构董事、监事、高级管理人员及从业人员监督管理办法》**（中国证券监督管理委员会令第195号，2022年4月1日施行）

第二十二条 证券基金经营机构董事、监事、高级管理人员及从业人员应当遵守法律法规和中国证监会的有关规定，切实履行公司章程、公司制度和劳动合同等规定的职责，并遵守下列执业行为规范：

（一）具有良好的守法合规意识，自觉抵制违法违规行为，配合中国证监会及其派出机构依法履行监管职责；

（二）诚实守信，廉洁自律，公平竞争，遵守职业道德和行业规范，履行向中国证监会及其派出机构的书面承诺；

（三）恪尽职守、勤勉尽责，切实维护投资者合法权益，公平对待投资者，有效防范并妥善处理利益冲突；

（四）审慎稳健，牢固树立风险意识，独立客观，不受他人非法干预；

（五）中国证监会规定的其他执业行为规范。

第二十六条 证券基金经营机构董事、监事、高级管理人员及从业人员不得从事下列行为：

（一）利用职务之便为本人或者他人牟取不正当利益；

（二）与其履行职责存在利益冲突的活动；

（三）不正当交易或者利益输送；

（四）挪用或者侵占公司、客户资产或者基金财产；

（五）私下接受客户委托从事证券基金投资；

（六）向客户违规承诺收益或者承担损失；

（七）泄露因职务便利获取的未公开信息、利用该信息从事或者明示、暗示他人从事相关的交易活动；

（八）违规向客户提供资金、证券或者违规为客户融资提供中介、担保或者其他便利；

（九）滥用职权、玩忽职守，不按照规定履行职责；

（十）法律法规和中国证监会规定禁止的其他行为。

➢ **《基金从业人员管理规则》**（中基协发〔2023〕23号，2023年11月24日施行）

第二十二条 从业人员应当恪尽职守，诚实守信，守法合规，忠实于投资者利益，将投资者利益置于个人及机构利益之上，公平对待投资者。

第二十三条 从业人员应当谨慎勤勉，具备从事基金业务所必需的专业知识和技能，加强自身职业道德教育，学习法律、行政法规、监管规定、自律规则及机构规章制度，积极参加法规及业务培训，不断提高专业胜任能力，以投资者最佳利益出发，审慎稳健开展业务，保持独立性与客观性。

第二十五条 从业人员应当避免个人利益、相关方利益与投资者利益相冲突，可能发生冲突或者发生冲突时，应当及时向机构报告。机构应当及时向投资者充分披露发生冲突的可能性、冲突有关情况；当无法避免时，应当确保投资者利益得到公平的对待。

第二十六条 从业人员应当及时充分向投资者提供和说明与基金业务有关的重要信息或者资料，并保证信息或者资料的真实性、准确性和完整性。

第二十七条　从业人员在销售产品或者提供服务的过程中应当坚持投资者适当性原则，全面了解投资者情况，根据投资者的投资需求和目标、财务状况、投资经验、流动性要求和风险承受能力等，将适当的产品或者服务销售或者提供给适合的投资者，并充分揭示投资风险。

➢ **《私募投资基金信息披露管理办法》**（2016 年 2 月 4 日施行）

第二条　本办法所称的信息披露义务人，指私募基金管理人、私募基金托管人，以及法律、行政法规、中国证券监督管理委员会（以下简称中国证监会）和中国证券投资基金业协会（以下简称中国基金业协会）规定的具有信息披露义务的法人和其他组织。

同一私募基金存在多个信息披露义务人时，应在相关协议中约定信息披露相关事项和责任义务。

信息披露义务人委托第三方机构代为披露信息的，不得免除信息披露义务人法定应承担的信息披露义务。

第三条　信息披露义务人应当按照中国基金业协会的规定以及基金合同、公司章程或者合伙协议（以下统称基金合同）约定向投资者进行信息披露。

第四条　信息披露义务人应当保证所披露信息的真实性、准确性和完整性。

第九条　信息披露义务人应当向投资者披露的信息包括：

（一）基金合同；

（二）招募说明书等宣传推介文件；

（三）基金销售协议中的主要权利义务条款（如有）；

（四）基金的投资情况；

（五）基金的资产负债情况；

（六）基金的投资收益分配情况；

（七）基金承担的费用和业绩报酬安排；

（八）可能存在的利益冲突；

（九）涉及私募基金管理业务、基金财产、基金托管业务的重大诉讼、仲裁；

（十）中国证监会以及中国基金业协会规定的影响投资者合法权益的其他重大信息。

第十一条 信息披露义务人披露基金信息，不得存在以下行为：

（一）公开披露或者变相公开披露；

（二）虚假记载、误导性陈述或者重大遗漏；

（三）对投资业绩进行预测；

（四）违规承诺收益或者承担损失；

（五）诋毁其他基金管理人、基金托管人或者基金销售机构；

（六）登载任何自然人、法人或者其他组织的祝贺性、恭维性或推荐性的文字；

（七）采用不具有可比性、公平性、准确性、权威性的数据来源和方法进行业绩比较，任意使用“业绩最佳”、“规模最大”等相关措辞；

（八）法律、行政法规、中国证监会和中国基金业协会禁止的其他行为。

第十八条 发生以下重大事项的，信息披露义务人应当按照基金合同的约定及时向投资者披露：

（一）基金名称、注册地址、组织形式发生变更的；

（二）投资范围和投资策略发生重大变化的；

（三）变更基金管理人或托管人的；

（四）管理人的法定代表人、执行事务合伙人（委派代表）、实际控制人发生变更的；

（五）触及基金止损线或预警线的；

（六）管理费率、托管费率发生变化的；

（七）基金收益分配事项发生变更的；

（八）基金触发巨额赎回的；

（九）基金存续期变更或展期的；

（十）基金发生清盘或清算的；

（十一）发生重大关联交易事项的；

（十二）基金管理人、实际控制人、高管人员涉嫌重大违法违规行为或正在接受监管部门或自律管理部门调查的；

（十三）涉及私募基金管理业务、基金财产、基金托管业务的重大诉讼、仲裁；

（十四）基金合同约定的影响投资者利益的其他重大事项。

➢ **最高人民检察院、公安部《关于公安机关管辖的刑事案件立案追诉标准的规定（二）》**（公通字〔2022〕12号，2022年5月15日施行）

第六十九条　［合同诈骗案（刑法第二百二十四条）］以非法占有为目的，在签订、履行合同过程中，骗取对方当事人财物，数额在二万元以上的，应予立案追诉。

➢ **最高人民法院、最高人民检察院《关于常见犯罪的量刑指导意见（试行）》**（法发〔2021〕21号，2021年7月1日实行）

（六）合同诈骗罪

1. 构成合同诈骗罪的，根据下列情形在相应的幅度内确定量刑起点：

（1）达到数额较大起点的，在一年以下有期徒刑、拘役幅度内确定量刑起点。

（2）达到数额巨大起点或者有其他严重情节的，在三年至四年有期徒刑幅度内确定量刑起点。

（3）达到数额特别巨大起点或者有其他特别严重情节的，在十年至十二年有期徒刑幅度内确定量刑起点。依法应当判处无期徒刑的除外。

2. 在量刑起点的基础上，根据合同诈骗数额等其他影响犯罪构成的犯罪事实增加刑罚量，确定基准刑。

3. 构成合同诈骗罪的，根据诈骗手段、犯罪数额、损失数额、危害后果等犯罪情节，综合考虑被告人缴纳罚金的能力，决定罚金数额。

4. 构成合同诈骗罪的，综合考虑诈骗手段、犯罪数额、危害后果、退赃退赔等犯罪事实、量刑情节，以及被告人主观恶性、人身危险性、认罪悔罪表现等因素，决定缓刑的适用。

第十讲

非法经营罪

案例18 私募基金从业人员私自委托理财非法经营证券案

一、基本案情

犯罪嫌疑人吴某系某私募基金实际控制人，其除了通过该私募基金管理人正常发行私募基金产品并进行证券投资管理之外，还以虚构的“基金产品”为幌子，以其个人名义，与多名投资者签订“万点资本”《万点家族办公室财富管理“尧金一号”证券投资委托理财协议》《万点家族办公室财富管理“尧金二号”证券投资委托理财协议》《万点家族办公室财富管理“尧金三号”证券投资委托理财协议》《万点家族办公室财富管理“尧金四号”证券投资委托理财协议》《“尧投九号”证券投资委托理财协议》《万点家族办公室证券专户投资委托理财协议》等多份所谓证券投资委托理财协议，非法承诺保本、保收益。

投资者向其个人银行账户转账巨额资金，上述协议陆续到期后，犯罪嫌疑人吴某编造各种理由继续予以非法占有投资者巨额资金，以编造的净值（正收益）欺骗本人但实则不予兑付本金。犯罪嫌疑人吴某从未披露其收取的投资者资金使用去向，从未披露收取资金进行所谓股票交易的任何交易资料。

犯罪嫌疑人吴某在没有经营证券业务资质、未经中国证监会批准的情况下，非法从事证券业务的犯罪嫌疑——通过宣称自己拥有丰富的私募基金管理经验，掌握高超的股票交易技术、能够给客户带来高额股票交易利润，在实际并无能力保本保收益的情况下，承诺保证本金与8%的收益，诱骗客户委托其个人进行财富管理、理财等。犯罪嫌疑人吴某通过个人账户收取客户资金后，以交易佣金、收益分成等方式获取非法利益，并造成投资者损失高达3亿余元。

二、主要问题

1. 吴某与其客户签订的协议属于委托理财协议还是私募投资基金协议？
2. 吴某的行为是否属于非法经营证券业务？
3. 吴某的行为是否构成非法经营罪？
4. 吴某的行为是否满足诈骗类犯罪的构成要件？

三、法律分析

（一）吴某与其客户签订的协议属于委托理财协议还是私募投资基金协议

本案中，吴某的身份较为特殊，系某私募基金的实际控制人，其日常工作是发行私募基金产品并进行证券投资管理。吴某除正常工作外还以虚构的“基金产品”为幌子，与多名投资者签订多份“证券投资委托理财协议”，能否直接认定这些协议属于私募投资基金协议？实践中，存在以“某某委托理财协议”为基金名称的私募基金产品，例如在中基协备案过的《武冈赧水河防洪整治信托项目第一期委托理财协议》[①]；同样，实践中亦存在名为投资基金，实为委托理财的情况。例如，（2020）浙02民终3430号案[②]中，演音公司（管理人）、叶某鸥（基金认购人）与许某峰（投资顾问）签订的《李健

① 参见中国证券投资基金业协会私募基金公示信息，https：//gs. amac. org. cn/amac－infodisc/res/pof/fund/351000135762. html。

② 参见浙江省宁波市中级人民法院二审民事判决书，（2020）浙02民终3430号。

演唱会投资基金认购协议》，因演音公司未进行基金管理人备案登记，且涉案的李健演唱会投资基金未经登记备案，即使合同内容较为完整地涵盖了法律规定的私募基金合同基本要素也被法院否定其基金实质，认定当事人间构成委托理财关系。因此仅凭协议名称并不能认定该协议是委托理财协议还是私募基金投资协议，应当结合受托人的资质、合同约定及事实履行情况等因素综合认定。

笔者认为，虽然吴某的公司进行了私募基金管理人备案登记，且吴某本人具有私募基金实际控制人的外观并向投资者虚构他们所投资的是“基金产品”，但笔者认为上述表象不足以使投资者误以为其与吴某签订的是私募基金投资协议。在我国，私募基金的投资门槛较高，受众主要是一些高净值人士。[①] 这类人群通常拥有较强的经济实力，具有相对较高的风险承受能力、风险识别能力以及一定的投资经验，期望通过投资私募基金更好地实现资产增值。本案中，投资者应当知晓合法证券期货经营机构只能以公司名义对外开展业务，也只能以公司的名义开立银行账户，而吴某以其个人名义与投资者签订委托理财协议，并随后要求向其个人银行账户转账巨额资金明显不是通过合法正规渠道募集私募基金的行为。此外，根据《私募投资基金监督管理暂行办法》第八条、第十五条，私募基金募集完毕后应当进行基金备案手续，且私募基金管理人、私募基金销售机构不得向投资者承诺投资本金不受损失或者承诺最低收益。而在本案中，吴某虚构的“基金产品”不仅未在中国证监会备案，还非法承诺保本、保收益，结合私募基金的投资者年龄、能力、社会经验、知识，可以推定其等应当认识到私募基金投资存在高风险，不可能稳赚不赔。投资者主观上是基于信任吴某丰富的私募基金管理经验和高超股票交易技术能为其带来高额收益，而委托其个人进行财富管理、理财，在客观的协议中也未展现出私募基金合同的基本要素，因此本案中吴某与其客户间应当是委托理财关系。

---

① 《私募投资基金监督管理暂行办法》第十二条规定，私募基金只能销售给合格投资者，且投资于单只私募基金的金额不得低于100万元。个人合格投资者须具有相应风险识别能力和风险承担能力，且金融资产不低于300万元或者最近三年个人年均收入不低于50万元。

（二）吴某的行为是否属于非法经营证券业务？

刑法中对非法经营罪的表述可参照《刑法》第二百二十五条的规定："违反国家规定，有下列非法经营行为之一，扰乱市场秩序，情节严重的……（三）未经国家有关主管部门批准非法经营证券、期货、保险业务的，或者非法从事资金支付结算业务；（四）其他严重扰乱市场秩序的非法经营行为。"

首先，从上述规定来看，非法经营证券、期货行为的犯罪客体为正常的证券、期货市场交易秩序。非法经营罪属于行政犯，具有违反行政许可的行政违法性，表现为侵害国家对特定经营活动实行的行政许可制度，破坏市场交易正常秩序的行为。构成证券型非法经营罪首先要求证券业经营主体明确违反了"国家规定"，而根据我国《刑法》第九十六条的规定，这里的国家规定包括"全国人民代表大会及其常务委员会制定的法律和决定，国务院制定的行政法规、规定的行政措施，发布的决定和命令"。所谓违反国家规定，也即违反上述几种类型的法律文件的规定。

结合本罪的实质内容来看，这里的"规定"应当是与证券市场经营许可和审批相关的法律规定。我国《证券法》是由全国人大常委会制定并且表决通过的法律，属于非法经营罪罪状中所说的"国家规定"。《证券法》第二百零二条第一款规定："违反本法第一百一十八条、第一百二十条第一款、第四款的规定，擅自设立证券公司、非法经营证券业务或者未经批准以证券公司名义开展证券业务活动的，责令改正，没收违法所得……"根据此条之规定，刑法也对应明确了相应的刑事责任，擅自设立证券公司的要以擅自设立金融机构罪论处，非法从事证券业务的则要依法按照非法经营罪定罪量刑。鉴于证券业务具有较高的专业性要求，国家规定了经营证券业务必须实行许可制度。履行法定的申请审批程序，经过主管机关的审核批准是开展证券业务经营的必要前置条件。没有经过许可而从事任何一项证券业务的经营行为都属于非法经营行为，情节严重的即构成证券型非法经营罪。

其次，《刑法》第二百二十五条第三项中的"未经国家有关主管部门批准非法经营证券业务"中的"国家有关主管部门"应当是指对证券市场行使监督管理行政职能的中国证监会。中国证监会作为国务院直属机构，是全国证券、期货市场的主管部门，按照国务院的授权行使行政管理职能，按规定对证券期货监管机构实行垂直领导，依照有关法律法规，对全国的证券、期货市场进行集中的统一监管，从而保障和维护证券市场合法运行的秩序。根据《证券法》第一百六十八条的规定："国务院证券监督管理机构依法对证券市场实行监督管理，维护证券市场公开、公平、公正，防范系统性风险，维护投资者合法权益，促进证券市场健康发展。"最高人民法院、最高人民检察院、公安部、中国证监会2008年1月2日联合制发的《关于整治非法证券活动有关问题的通知》规定："任何单位和个人经营证券业务，必须经证监会批准。未经批准的，属于非法经营证券业务，应予以取缔；涉嫌犯罪的，应当依照《刑法》第二百二十五条之规定，以非法经营罪追究刑事责任。"根据上述四部门联合文件的精神，在证券市场上经营证券业务并不是一项无门槛的行为，而是需要符合经过了"证监会批准"这一项硬性要求，冲破这一条件限制的经营活动其性质应当认为属于非法经营证券业务。由此可知，非法证券经营包含两个条件：一是经营主体未依国家注册登记或许可，或者合法经营主体超越登记或者许可范围从事证券业务；二是该行为为法律所禁止，通常在非正规市场进行。主要表现为无经营主体资格经营证券业务或者有经营主体资格违法经营证券业务。

本案中，吴某虽系某私募基金实际控制人，但其除了通过该私募基金管理人正常发行私募基金产品并进行证券投资管理之外，还以虚构的"基金产品"为幌子，以其个人名义与多名投资者签订证券投资委托理财协议。根据中国证监会2020年公布的《关于加强私募投资基金监管的若干规定》第四条规定："私募基金管理人不得直接或者间接从事民间借贷、担保、保理、典当、融资租赁、网络借贷信息中介、众筹、场外配资等任何与私募基金管理相冲突或者无关的业务，中国证券监督管理委员会（以下简称中国证监会）另有规定的除外。"本案中吴某非法接受投资人委托经营证券理财业务，明显是与其私募基金管理无关的业务，超出了其作为私募基金管理人的业务范围。

此外，根据国务院证券委员会1997年发布的《证券、期货投资咨询管理暂行办法》第三条，"从事证券、期货投资咨询业务，必须依照本办法的规定，取得中国证监会的业务许可。未经中国证监会许可，任何机构和个人均不得从事本办法第二条所列各种形式证券、期货投资咨询业务”。同时，该办法的第六条对单位从事证券投资咨询业务所要具备的条件作了具体规定，而第十二条对个人从事证券投资咨询业务所要具备的条件作了具体规定①。

证券投资咨询业务是特许业务，有着极为严格的准入条件。从证券法律法规的规定来看，证券业务包括证券核心业务和证券外延业务，核心业务包括证券承销、证券自营、证券经纪等；外延业务是除核心业务之外，围绕证券发行、交易所产生的业务，如证券投资咨询、财务顾问、资产管理等。我国证券市场实行证券业务许可证管理制度，只有经过国务院证券监督管理机构批准的证券公司才能经营证券业务，其他任何单位和个人均不得经营证券业务。综上可知，从事证券投资咨询业务的单位，必须经国务院证券监督管理机构批准，取得中国证监会的业务许可，甚至还须得到有关主管部门的批准；而从事证券投资咨询业务的人员，不仅应当取得证券投资咨询从业资格，还必须加入一家有从业资格的证券投资咨询机构。吴某所在的私募基金并不具有证券投资咨询业务资格，且吴某本人从事该业务也未经中国证监会许可。

如果吴某所在公司的经营范围并不包括须经中国证监会批准方能从事的证券投资咨询业务，吴某也并未获得中国证监会授予的从事证券投资咨询业务的资格证书或者执业证书，那就是在既无经营资质又无从业资格的情况下从事证券投资咨询业务。根据中国证监会2016年发布的《证券经营机构参与打击非法证券活动工作指引》第二条，非法证券活动是指违反《证券法》等法律行政法规的规定，未经有权机关批准，擅自公开发行证券，设立证券公司，或者从事证券经纪、证券承销、证券投资咨询等证券业务的行为。非法

---

① 《证券、期货投资咨询管理暂行办法》第十二条规定：“从事证券、期货投资咨询业务的人员，必须取得证券、期货投资咨询从业资格并加入一家有从业资格的证券、期货投资咨询机构后，方可从事证券、期货投资咨询业务。任何人未取得证券、期货投资咨询从业资格的，或者取得证券、期货投资咨询从业资格，但是未在证券、期货投资咨询机构工作的，不得从事证券、期货投资咨询业务。”

经营证券业务主要包括非法证券投资咨询以及非法经纪业务。[①] 吴某打着发行“基金产品”的幌子，实际上并不是发行私募基金产品，而是以自己具有丰富的私募基金管理经验、高超的股票交易技术及非法承诺保本、保收益等话术诱骗委托人委托其从事代客理财行为，以此达到谋取非法利益的目的。因此，吴某在没有经营证券业务资质、未经中国证监会批准的情况下，擅自与投资者或客户签订代客理财协议，代理客户从事证券投资理财活动，并直接或者间接获取经济利益，属于非法证券投资咨询行为，应当认定为非法经营证券业务。

（三）吴某的行为是否构成非法经营罪

《刑法》第二百二十五条关于非法经营罪的规定，只能适用于扰乱市场秩序，情节严重的非法经营行为。该条第三项有关非法经营证券行为的适用，也不能脱离这个基本前提。全国人大常委会法工委刑法室有关《刑法》第二百二十五条第四项的解读意见也指出：“这里所说的其他非法经营行为应当具备以下条件：（1）这种行为发生在经营活动中，主要是生产、流通领域；（2）这种行为违反法律、法规的规定；（3）具有社会危害性，严重扰乱市场经济秩序。”[②] 本案若以非法经营罪论处，必须符合以下几个条件。

1. 该行为是一种经营行为。作为破坏社会主义市场经济秩序罪中规定的非法经营行为，“经营”一词应理解为经济领域中、市场经济意义上的营业活动，而不是在语言习惯中所泛指的“筹划并管理”“计划和组织”等含义，即经营是一种以营利为目的的经济活动。本罪中“经营行为”指的是以提供

① 根据中国证监会发布的《非法证券活动定义及表现形式》规定，非法证券投资咨询的表现形式主要有：（1）设立网站或利用网络聊天工具以招揽会员或客户为名，提供证券投资分析、预测或建议的方式，非法代理客户从事证券投资理财活动。（2）设立网站或利用网络聊天工具以保证收益、高额回报为诱饵，代客操盘，公开招揽客户，与投资者签订委托协议，从事非法证券活动。（3）假冒合法证券经营机构网站或博客，发布非法证券活动信息，招揽会员或客户。（4）使用虚构的证券公司名称，利用门户网站的博客发布非法证券活动信息，招揽会员或客户，提供证券投资分析、预测或建议服务，变相从事非法证券投资咨询业务。（5）以门户网站、网站博客、QQ等为平台，散布非法证券活动信息，提供证券投资分析、预测或建议服务，收取咨询费、服务费。（6）以“荐股软件”形式，散布非法证券活动信息，提供证券投资分析、预测或建议服务，收取咨询费、服务费。（7）通过开办“股民学校”、举办投资报告会，从事非法证券投资咨询。

② 全国人大常委会法制工作委员会刑法室编：《中华人民共和国刑法条文说明、立法理由及相关规定》，北京大学出版社2009年版，第458页。

合法的商品与服务为主要内容，在时间上具有持续性，发生在市场生产与流通领域的营利活动。也就是说，如果行为人不具有持续性的营利行为或者不以提供商品、服务为内容进行牟利活动，以及行为人提供的商品或服务本身是被法律所禁止的牟利行为，均不属于市场经济中的"经营行为"，自然也不应构成非法经营罪。[①] 因此结合实践来看，要构成非法经营罪中的非法证券咨询行为，应至少在行为的客观表现形式上具有"经营"的外观，即在外观上满足与证券法中合法的证券咨询行为相类似的特点，并且还要求行为实质特征属于市场经济意义上的"经营行为"。

本案中，吴某利用其自身身份的特殊性、影响力等向客户提供非法证券投资咨询服务并收取投资者的交易佣金、获利分成，其从未披露收取资金的使用去向，也从未披露收取资金之后进行所谓股票交易的任何交易资料，即吴某在代客理财活动中并未提供自己证券交易的依据与理由，亦未告知交易的对象，仅宣称凭借其经验和能力可以帮助客户保本保收益，此时行为的侧重点其实是以其"专家"身份和高额收益为诱饵，引诱投资人与其签订委托理财合同，其行为事实上已具有"经营活动"的特点。首先，吴某打着私募基金实际控制人的旗号并宣称自己有丰富经验、高超技术，其目的是让投资人对其能力产生信任，相信其能够提供正规证券咨询机构提供的服务，但事实上吴某不仅不具备证券法所要求的正规证券咨询资质，提供的也并非正规证券咨询服务；其次，吴某提供有偿证券投资咨询业务的对象是社会不特定公众，属于发生在市场生产与流通领域的营利活动；最后，如果吴某仅是偶尔以其股市经验丰富、交易技巧高超等缘由向周围的亲朋好友提供证券投资建议，事后收受对方给付的报酬，应当考虑其行为属于日常生活中的"咨询"行为，具有偶然性，不是"经营活动"，不应认定为证券法中的"证券咨询经营性行为"。但本案中吴某长期从事该业务，并与多人签订委托理财合同，表明其营利活动具有时间上的持续性，符合"经营活动"的实质特征。综上，本案吴某已经在实质意义上从事了证券市场中的经营活动，扰乱了国家对证券市场交易秩序的管理。如果吴某的非法经营数额或获利数额较

---

① 参见张伟：《非法经营罪的限制适用及其方法》，载《法律方法》2018 年第 2 期。

大，达到非法经营罪的追诉标准，则属于“严重扰乱市场秩序”，构成非法经营罪。

2. 非法经营罪属于典型的法定犯，而法定犯首先必须违反了相关行政法规的规定，之后又违反了刑法的规定，具有双重违法性的特征。在非法经营罪中，犯罪行为侵害的法益主要是国家对证券市场进行监督管理的社会主义市场经济制度与市场交易秩序。结合前文对法律法规的梳理，在我国设立从事证券投资咨询业务的机构，必须经过国务院证券监督管理部门的审查批准，取得中国证监会的业务许可；而在机构内部从事证券咨询业务的人员，则需要具备证券咨询业务的从业资格，并且需要加入一家有资质的证券投资咨询公司。如果行为人与其所挂靠的机构均未经过国家有关主管部门的审查批准，在不具备投资咨询资质的情况下，违规向客户、投资者提供证券投资咨询业务，则属于非法经营行为。本案中的吴某非法从事证券投资咨询业务的行为违反了国家规定，在公司未取得中国证监会经营证券投资咨询业务许可、自己未获得证券投资咨询从业资格的情况下，违反国家限制经营、特许经营以及法律、行政法规禁止经营规定，超越其经营范围提供委托理财服务，违反了证券法、国务院及中国证监会有关证券市场管理相关规定的非法经营证券业务的行为，其行为侵害了国家对证券市场的管理审查制度与社会主义市场经济秩序，如果达到“情节严重”的法定追诉标准，应当以非法经营罪论处。

3. 行为的危害性需要达到“严重扰乱市场秩序”的程度。我国刑法对于本罪不只描述了犯罪本质的行为特征，同时还规定了本罪具有的情节属性。因此，就非法经营罪而言，构成此罪不仅需要行为人实施了非法经营的行为，符合本罪“质”的要件，还需要达到本罪“量”的条件，即“情节严重”的程度。是否达到了情节严重的程度是区分非法经营证券业务行为构成罪与非罪的一个重要界限，没有达到情节严重程度的非法经营行为一般只能作为普通的行政违法行为处理。

“情节严重”是一项内涵丰富但又较为模糊的概括性规定，刑法学界大多数学者认为，犯罪数额是认定非法经营罪情节严重的重要因素，考虑到非法经营罪是典型的贪利型犯罪，所以该罪的情节严重首先表现为犯罪数额较大。因而，犯罪数额大小也就成为了认定非法经营行为是否构成犯罪的重要标准。虽然刑法学界一致认为犯罪数额是认定非法经营罪情节严重的重要标准，但是对于如何认定非法经营活动的犯罪数额仍存在分歧。有观点认为，应将行为的违法所得视为非法经营罪的犯罪数额；也有观点认为，应以非法经营数额确定非法经营罪的犯罪数额；还有采取折中观点的，认为应当以经营数额为主要认定依据，同时兼顾考量违法所得与其他犯罪情节。不过在具体司法实践中，我国司法机关对于非法经营罪犯罪数额的认定采取的是双轨制标准：2022 年 5 月，最高人民检察院、公安部联合发布修订后的《关于公安机关管辖的刑事案件立案追诉标准的规定（二）》，其中第七十一条①对于非法经营活动在何种情形下需要立案追诉作了详细规定，即经营数额与违法所得二者满足其一即可构成犯罪，当然在未达到数额标准的情况下也有被立案追诉的情形，如两年内因非法经营活动受过行政处罚两次以上，又从事非法经营活动的。对于非法经营罪的数额认定采取双轨制的好处也是显而易见的，在实践中便于操作，同时又可以避免经营数额与违法所得差异严重情况下的平衡定罪、量刑公正性等问题。

然而，在办理非法经营罪的司法实践中，仍然会经常出现将“违法所得”和“非法经营数额”混同的情况，实际上二者是完全不同的概念。最高人民法院对此也给出了明确的答复，在《关于非法经营罪中“违法所得”认定问题的研究意见》（以下简称《研究意见》）中，最高人民法院认为：“如将‘违法所得数额’混同于‘非法经营数额’，势必会引发认识混乱，并影响对相关案件的正确处理。”关于非法经营罪中“违法所得数额”的认定，我国司法、行政机关主张获利说。最高人民法院《关于审理生产、销售伪劣产品刑事案件如何认定“违法所得数额”的批复》《关于审理非法出版物刑事案件具体应用法律若干问题的解释》以及上述《研究意见》都有相应的规定。《研究意见》认为，非法经营罪中的“违法所得”应是指获利数额，即以行为人违法生产、销售商品或者提供服务所获得的全部收入（非法经营数

① 根据 2022 年修订的最高人民检察院、公安部《关于公安机关管辖的刑事案件立案追诉标准的规定（二）》第七十一条第二项规定，未经国家有关主管部门批准，非法经营证券业务，数额在一百万元以上，或者违法所得数额在十万元以上的，应予立案追诉。

额），扣除其直接用于生产经营活动的合理支出部分后剩余的数额。

基于上述法律规定和分析，对于非法经营证券的行为人，若其非法经营数额达到一百万元以上，或者违法所得数额在十万元以上的，即符合《刑法》第二百二十五条第三项规定的入罪标准，应当认定为“情节严重”。此外，《刑法》及其司法解释都未对“情节特别严重”的量刑标准作出具体规定，刑法理论上认为，“情节特别严重”属于量刑规则，即客观上发生的特定事实系作为其法定刑升格的条件，对于该量刑情节的适用只有符合与不符合的问题。既然是符合与不符合的问题，那应当存在一个标准供审判人员参考，以此来判定犯罪情节是否符合该量刑规则。但在本案中未说明吴某非法经营证券业务的非法经营数额或违法所得数额，仅提到吴某以交易佣金、收益分成等方式获取非法利益，并造成投资者损失高达 3 亿余元。如果需要对本案中的吴某进行入罪，还需进一步收集分析其非法经营证券业务的非法经营数额或非法所得数额是否达到入罪的标准，无法以所造成的投资者损失巨大为由直接认定其非法经营行为达到“情节严重”或“情节特别严重”而入罪。

综上，本案的行为主体吴某缺乏合法的证券投资咨询资质，且向社会不特定公众提供了非法证券投资咨询行为，在客观表现形式上具有“经营”的外观，属于市场经济意义上的“经营活动”，如果能够证明其行为的违法所得或者经营数额满足证券型非法经营罪的追诉标准，即行为的危害性达到了“严重扰乱市场秩序”的程度，则应当以非法经营罪追究吴某的刑事责任。

（四）本案中，吴某的行为是否满足诈骗类犯罪的构成要件

本案中，吴某在没有资质、未经批准的情况下，非法从事证券业务从而收取交易佣金、收益分成，并且在委托理财协议到期后继续非法占有投资者巨额资金、不予兑付的行为似乎既满足非法经营罪的构成要件，又满足诈骗类犯罪的构成要件。如果以诈骗类犯罪来追究吴某刑事责任，由于吴某在非法开展证券投资咨询业务过程中与投资者签订了多个委托理财合同，应遵循特别法优于普通法的原则，构成合同诈骗罪。合同诈骗罪，是指行为人以非法占有为目的，在签订、履行合同过程中，骗取对方当事人财物，数额较大

的行为。非法经营罪和合同诈骗罪的区分主要体现在客观方面的行为表现不同和主观方面的目的内容不同，如果仅从行为模式上看，二者都包含了虚构事实隐瞒真相、诱导对方进行证券期货投资、使对方产生错误认识的情况，且可能最终都造成了受害人财产损失，很难直接将二者作出准确区分。笔者认为，对于本案是构成非法经营罪还是合同诈骗罪，或是两罪的想象竞合，还需要结合案件的具体客观情况与行为人在行为时的主观心理态度加以分析。

1. 欺骗行为与认识错误

诈骗类犯罪要求行为人实施了虚构事实或隐瞒真相等欺骗行为。最典型的欺骗行为就是针对事实进行欺骗，其中事实不仅包括自然事实，还包括行为人或者他人已经实施的行为、行为人的身份与能力等。本案吴某在并不具有证券投资咨询资质，也未经中国证监会批准的情形下，以虚构的“基金产品”为幌子与投资者以个人名义签订委托理财协议，并让投资者向其个人银行账户转账巨额资金，且在实际并无能力保本保收益的情况下，承诺保证本金与8%的收益，以此收取交易佣金、收益分成，当然构成欺骗行为。

但本文在前述分析中提到，该案的投资者门槛较高，根据其在资本市场中的阅历、经验以及风险意识，其具有较高的谨慎注意义务发现与吴某签订的并非“基金产品”合同，而是委托理财合同。因此该欺骗行为并没有使投资者陷入错误认识，投资者明知自己签订合同的对象是吴某个人，并且投资资金也是向吴某的个人账户转入，即投资者与吴某签订投资合同是出于对吴某个人能力和经验的信任，吴某对合同的名称或性质的欺骗并不妨碍投资者对自己的财产作出处分。那吴某在实际无能力保本保收益的情况下，向客户承诺保证本金与8%的收益的欺骗行为，是否使投资者陷入了认识错误，导致受害人后续作出了财产处分呢？本案中的投资者信任吴某的身份、能力和经验，但对其承诺保本保收益的欺骗行为，事实上是陷入了怀疑状态，即投资者既可能认为对方的欺骗行为所指事项为真，也可能为假，而在这种“半信半疑”的心态下仍然做出财产处分行为，是否属于“认识错误”的范围呢？

我国传统刑法理论认为，诈骗罪既遂要考虑是否存在欺骗行为、欺骗行为是否导致对方陷入认识错误、对方是否基于认识错误而处分财物，此时不管对方是出于侥幸、投机取巧或其他动机，只要最终法益受损的危害结果是由行为人的欺骗行为导致的，就成立诈骗罪（既遂）。[①] 通常，在我国的司法实践中，被害人陷入怀疑状态也不会影响司法机关对认识错误的认定，只要其他环节满足诈骗罪的构成要件，就可以成立诈骗罪（既遂）。[②] 被害人怀疑状态一般不进入司法诉讼的视野内，主要是因为取证难问题，在实践操作中，被害人自述时往往会回避对自我内心怀疑状态的描述，侦查人员现有的取证方法也很难对被害人的内心状态进行探知。因此司法实践中往往看重被害人财产法益侵害的结果，而忽视被害人共同过错可能对诈骗罪定罪量刑产生的影响。

但相对于上述刑法理论和司法实践中的观点，笔者更赞同被害人信条学的主张，即在诈骗罪中，如果被害人对诈骗行为针对的事项已经产生了“具体怀疑”，被害人在此状态下可以较为容易地实现法益的自我保护。我国学者黎宏认为，如果被害人基于投机、侥幸等动机，放弃自我保护而任意处分其财产，其受到刑法介入保护的必要性就已失去。在解决被害人怀疑问题时，应当以被害人的自我决定权为出发点，运用被害人自我答责来解决被害人怀疑对诈骗罪认定的影响。被害人有“具体怀疑”时，应当运用危险接受法理对诈骗罪成立范围进行限缩；再根据谨慎注意义务的有无，将诈骗发生领域划分为无须谨慎注意义务的一般生活领域和应当具有谨慎注意义务的市场、投资、投机和违法领域，对前者实行无差别的、严格的保护，对后者适用被害人自我答责，从而在限缩的基础上适当扩大诈骗罪的处罚范围。[③]

对应到本案中，被害人参与的是具有较大风险的投资或投机性的领域，参与者也会对市场风险存在大体的认知。“股市有风险，入市需谨慎。”正是说明了股票市场存在较大的不确定性，即使是有丰富专业知识、多年交易经验的正规机构投资咨询人员，也只能结合经验和规律进行分析，给出股票或

① 参见张明楷：《诈骗罪与金融诈骗罪研究》，清华大学出版社2006年版，第116－117页。

② 参见黎宏、刘军强：《被害人怀疑对诈骗罪认定影响研究》，载《中国刑事法杂志》2015年第6期。

③ 参见黎宏、刘军强：《被害人怀疑对诈骗罪认定影响研究》，载《中国刑事法杂志》2015年第6期。

股市的大致走向，并对投资者进行风险提示，表明其绝无可能对市场作出完全准确的预测。诈骗罪中的虚构事实是虚构与客观事实相反的事实，并不包括行为人不能控制、存在或然性、对将来事实的预测。吴某承诺保证本金与8%的收益，实际上是对未来股票组合或理财产品价值会上涨一定幅度的判断，而这种价值判断是对将来事实的预测，不属于诈骗罪中的虚构事实。证券市场是高风险伴随高回报的行业，投资者应该负有比一般民事交易更高的注意义务，时刻秉持谨慎的投资态度，虽然吴某非法承诺保本、保收益的行为确实会对投资者的判断造成一定影响，使被害人陷入怀疑状态，但最终是否将资金交给吴某管理仍是投资者的独立判断。

如果行为人毫无依据地宣称自己能够给客户带来高额收益，随意地推荐股票甚至不披露所投资的股票，被害人仅凭行为人的只言片语或烘托气氛的发言，在没有看到任何可供参考的计算数据与预测数据时，便盲目作出投资决定，与行为人个人签订了委托理财协议并向其个人账户转账巨额资金。在此种情境下，我们有理由认为被害人对行为人的这种“完全信任”是不符合生活常识与社会一般人通常认知的，是一种缺乏合理依据的“任意信任”。因为此时的被害人虽然知道投资有风险，但往往处于一种“半信半疑”的状态，后续作出处分财务的决定是基于其投机心理。[①] 根据被害人信条学的观点，被害人应对后续遭受到的财产损害进行自我答责，行为人的行为不构成诈骗罪。相反，如果行为人实施的欺骗行为可以使被害人陷入错误认识或者排除“具体怀疑”，如行为人伪造相关证明文件并对外宣称其所管理的私募基金公司可以合法经营证券投资咨询业务且自己持有证券投资咨询执业证书，使被害人误以为其提供的服务是合规、专业的证券投资咨询服务，或在签订投资咨询合同时告知投资者其是以个人名义代表公司签订合同并收取款项。在上述情形中，被害人对行为人的咨询资质或签订合同的主体身份陷入了认识错误，排除了被害人的“具体怀疑”，如果被害人知道真相便不会处分自己的财产，此时被害人损失的财产便不属于自我答责的范畴，行为人可能构

---

① 参见岳竹筠：《假冒专家荐股行为的刑法规制研究》，武汉大学2020年硕士学位论文，第13页。

成诈骗罪。

2. 诈骗类犯罪的主观目的与非法经营罪存在本质区别

从客观行为上看，本案与诈骗类犯罪的犯罪手段十分相似，因此需要从行为人的主观目的方面作出进一步区分。在主观目的上，诈骗类犯罪与非法经营罪存在本质的区别。合同诈骗罪要求行为人具有非法占有的目的，在签订、履行合同过程中，通过虚构事实、隐瞒真相的方式，实施欺骗行为使得被害人在认识错误的情况下“自愿”处分财物，意图将被害人的资金或财产置于自己的控制之下。而我国刑法对于非法经营罪的主观目的并没有明文规定，有的学者认为该罪的犯罪目的是牟取利益，也有学者认为应是牟取非法利益，还有学者认为营利才是非法经营罪的主观目的①，但归结来说都是“牟取利益”。因此，非法经营证券投资咨询业务活动的主观目的是诱使投资者进行投资，进而向投资者收取费用，以达到谋取非法利益的目的。

本案中，吴某虽然是以其个人名义与投资者签订合同，投资者的资金也是通过银行转账转入其个人账户，但此时吴某并不是假借公司名义，实则是将投资者的资金占为己有。因为根据前述分析，投资者实际上是基于对吴某身份和能力的信任而委托其个人进行投资理财，吴某也没有故意使投资者认为自己是与其所在的私募基金公司签订合同，所以并不能推断出吴某对投资者的资金具有非法占有的目的。

此外，对于吴某在委托理财协议到期后，编造各种理由继续予以非法占有投资者巨额资金，以编造的净值（正收益）欺骗投资者但实则不予兑付本金以及从未披露其收取投资者资金的去向，从未披露收取资金之后进行所谓股票交易的任何交易资料的行为，笔者认为也不能推断出吴某具有非法占有投资者资金的目的。吴某刻意隐瞒投资者资金去向以及股票交易具体资料的行为，可能是出于对其投资组合保密的目的，也可能是股票处于亏损状态，吴某以编造的正收益先安抚投资者情绪，不希望将具体亏损情况公之于众以免引来投资者的不满或谩骂，待投资组合取得一定收益后再向投资者公开。

① 参见彭辅顺、陈鹏展编著：《非法经营罪专题整理》，中国人民公安大学出版社 2007 年版，第 47 页。

如果能证明吴某在签订或履行其与客户的委托理财协议过程中有隐匿、转移占有投资人资金的证据，或有证据表明吴某积极制造、追求被害人投资的亏损，或吴某有携款逃匿、转移隐匿赃款等行为，则可以推断其具有非法占有目的。如果事后查明吴某在收取客户资金后确实在利用资金进行证券投资，但因其无法预测交易行情走势，无法准确判断交易结果而导致投资者本金的亏损或因频繁交易所需的多项手续费等费用导致投资者本金大量消耗等，则不宜认为其对投资者的资金有非法占有目的。

四、小结

在证券型非法经营案件中，有的行为人在不具有证券咨询资质的情形下假冒专家提供证券投资咨询，以此收取服务费、咨询费、会员费等；有的行为人打着投资正规“基金产品”的旗号吸引被害人与其签订投资合同；有的行为人搭建虚假的证券、期货交易平台自主坐庄与投资者进行交易。上述行为似乎既满足诈骗罪的构成要件，又满足非法经营罪的构成要件，很难作出准确的区分。对于这类案件，在审判过程中，有的法院将其认定为诈骗罪，有的法院将其作为非法经营罪进行定罪量刑。通过对比我国《刑法》第二百六十六条关于诈骗罪的处罚规定以及第二百二十五条关于非法经营罪的处罚规定，我们可以发现，将行为性质认定为诈骗罪或非法经营罪，对案件的立案追诉标准与法定刑量刑幅度影响较大。实际上，要想厘清上述行为究竟是构成诈骗罪还是非法经营罪抑或是两罪的想象竞合，必须结合案件的具体客观情况与行为人在行为时的主观心理态度，具体案件具体分析，准确适用刑法条文。在考察非法证券投资咨询活动是否构成非法经营罪时，需要满足三个条件：首先，行为主体缺乏合法的证券投资咨询资质，未经中国证监会的批准；其次，行为属于市场经济意义上的“经营行为”；最后，行为的危害性还需达到“严重扰乱市场秩序”的程度。在认定行为人的行为是诈骗类犯罪，如合同诈骗罪时，首先需要证明行为人与投资者之间曾经签订过合同，其次需要证明行为人以虚构事实、隐瞒真相的方式骗取投资者的财物，再次需要证明投资者因行为人的欺骗陷入认识错误而自愿处分其财产，最后需要证明行为人具有非法占有的目的。在非法开展投资咨询业务案件的认定处理过程中，如果能够证明行为人的行为符合上述内容，那么可以合同诈骗罪追究其刑事责任；如果无法证明，则只能将其认定为非法经营罪。

▷ 相关法律法规 ◁

➢ **《刑法》**（2023 年修正，2024 年 3 月 1 日施行）

第九十六条 【违反国家规定之含义】本法所称违反国家规定，是指违反全国人民代表大会及其常务委员会制定的法律和决定，国务院制定的行政法规、规定的行政措施、发布的决定和命令。

第二百二十五条 【非法经营罪】违反国家规定，有下列非法经营行为之一，扰乱市场秩序，情节严重的，处五年以下有期徒刑或者拘役，并处或者单处违法所得一倍以上五倍以下罚金；情节特别严重的，处五年以上有期徒刑，并处违法所得一倍以上五倍以下罚金或者没收财产：

（一）未经许可经营法律、行政法规规定的专营、专卖物品或者其他限制买卖的物品的；

（二）买卖进出口许可证、进出口原产地证明以及其他法律、行政法规规定的经营许可证或者批准文件的；

（三）未经国家有关主管部门批准非法经营证券、期货、保险业务的，或者非法从事资金支付结算业务的；

（四）其他严重扰乱市场秩序的非法经营行为。

第二百六十六条 【诈骗罪】诈骗公私财物，数额较大的，处三年以下有期徒刑、拘役或者管制，并处或者单处罚金；数额巨大或者有其他严重情节的，处三年以上十年以下有期徒刑，并处罚金；数额特别巨大或者有其他特别严重情节的，处十年以上有期徒刑或者无期徒刑，并处罚金或者没收财产。本法另有规定的，依照规定。

➢ **《证券、期货投资咨询管理暂行办法》**（证委发〔1997〕96 号，1998 年 4 月 1 日施行）

第二条 在中华人民共和国境内从事证券、期货投资咨询业务，必须遵守本办法。

本办法所称证券、期货投资咨询，是指从事证券、期货投资咨询业务的机构及其投资咨询人员以下列形式为证券、期货投资人或者客户提供证券、期货投资分析、预测或者建议等直接或者间接有偿咨询服务的活动：

（一）接受投资人或者客户委托，提供证券、期货投资咨询服务；

（二）举办有关证券、期货投资咨询的讲座、报告会、分析会等；

（三）在报刊上发表证券、期货投资咨询的文章、评论、报告，以及通过电台、电视台等公众传播媒体提供证券、期货投资咨询服务；

（四）通过电话、传真、电脑网络等电信设备系统，提供证券、期货投资咨询服务；

（五）中国证券监督管理委员会（以下简称中国证监会）认定的其他形式。

第三条 从事证券、期货投资咨询业务，必须依照本办法的规定，取得中国证监会的业务许可。未经中国证监会许可，任何机构和个人均不得从事本办法第二条所列各种形式证券、期货投资咨询业务。

证券经营机构、期货经纪机构及其工作人员从事超出本机构范围的证券、期货投资咨询业务，应当遵守本办法的规定。

➤ **《私募投资基金监督管理暂行办法》**（中国证券监督管理委员会令第105号，2014年8月21日施行）

第八条 各类私募基金募集完毕，私募基金管理人应当根据基金业协会的规定，办理基金备案手续，报送以下基本信息：

（一）主要投资方向及根据主要投资方向注明的基金类别；

（二）基金合同、公司章程或者合伙协议。资金募集过程中向投资者提供基金招募说明书的，应当报送基金招募说明书。以公司、合伙等企业形式设立的私募基金，还应当报送工商登记和营业执照正副本复印件；

（三）采取委托管理方式的，应当报送委托管理协议。委托托管机构托管基金财产的，还应当报送托管协议；

（四）基金业协会规定的其他信息。

基金业协会应当在私募基金备案材料齐备后的20个工作日内，通过网站公告私募基金名单及其基本情况的方式，为私募基金办结备案手续。

第十二条 私募基金的合格投资者是指具备相应风险识别能力和风险承担能力，投资于单只私募基金的金额不低于100万元且符合下列相关标准的单位和个人：

（一）净资产不低于1000万元的单位；

（二）金融资产不低于300万元或者最近三年个人年均收入不低于50万元的个人。

前款所称金融资产包括银行存款、股票、债券、基金份额、资产管理计划、银行理财产品、信托计划、保险产品、期货权益等。

第十五条 私募基金管理人、私募基金销售机构不得向投资者承诺投资本金不受损失或者承诺最低收益。

➢ **《关于加强私募投资基金监管的若干规定》**（中国证券监督管理委员会公告〔2020〕71号，2020年12月30日施行）

第四条 私募基金管理人不得直接或者间接从事民间借贷、担保、保理、典当、融资租赁、网络借贷信息中介、众筹、场外配资等任何与私募基金管理相冲突或者无关的业务，中国证券监督管理委员会（以下简称中国证监会）另有规定的除外。

➢ **最高人民检察院、公安部《关于公安机关管辖的刑事案件立案追诉标准的规定（二）》**（公通字〔2022〕12号，2022年5月15日施行）

第七十一条 ［非法经营案（刑法第二百二十五条）］违反国家规定，进行非法经营活动，扰乱市场秩序，涉嫌下列情形之一的，应予立案追诉：

……

（二）未经国家有关主管部门批准，非法经营证券、期货、保险业务，或者非法从事资金支付结算业务，具有下列情形之一的：1. 非法经营证券、期货、保险业务，数额在一百万元以上，或者违法所得数额在十万元以上的；

……

➢ **最高人民法院《关于准确理解和适用刑法中“国家规定”的有关问题的通知》**（法发〔2011〕155号，2011年4月8日施行）

一、根据刑法第九十六的规定，刑法中的“国家规定”是指，全国人民代表大会及其常务委员会制定的法律和决定，国务院制定的行政法规、规定的行政措施、发布的决定和命令。其中，“国务院规定的行政措施”应当由国务院决定，通常以行政法规或者国务院制发文件的形式加以规定。以国务院办公厅名义制发的文件，符合以下条件的，亦应视为刑法中的“国家规定”：

（1）有明确的法律依据或者同相关行政法规不相抵触；

（2）经国务院常务会议讨论通过或者经国务院批准；

（3）在国务院公报上公开发布。

二、各级人民法院在刑事审判工作中，对有关案件所涉及的“违反国家规定”的认定，要依照相关法律、行政法规及司法解释的规定准确把握。对于规定不明确的，要按照本通知的要求审慎认定。对于违反地方性法规、部门规章的行为，不得认定为“违反国家规定”。对被告人的行为是否“违反国家规定”存在争议的，应当作为法律适用问题，逐级向最高人民法院请示。

➢ **《私募投资基金监督管理条例》**（中华人民共和国国务院令第762号，2023年9月1日施行）

第十二条　私募基金管理人的股东、实际控制人、合伙人不得有下列行为：

（一）虚假出资、抽逃出资、委托他人或者接受他人委托出资；

（二）未经股东会或者董事会决议等法定程序擅自干预私募基金管理人的业务活动；

（三）要求私募基金管理人利用私募基金财产为自己或者他人牟取利益，损害投资者利益；

（四）法律、行政法规和国务院证券监督管理机构规定禁止的其他行为。

第二十条　私募基金不得向合格投资者以外的单位和个人募集或者转让；

不得向为他人代持的投资者募集或者转让；不得通过报刊、电台、电视台、互联网等大众传播媒介，电话、短信、即时通讯工具、电子邮件、传单，或者讲座、报告会、分析会等方式向不特定对象宣传推介；不得以虚假、片面、夸大等方式宣传推介；不得以私募基金托管人名义宣传推介；不得向投资者承诺投资本金不受损失或者承诺最低收益。

第三十条 私募基金管理人、私募基金托管人及其从业人员不得有下列行为：

（一）将其固有财产或者他人财产混同于私募基金财产；

（二）利用私募基金财产或者职务便利，为投资者以外的人牟取利益；

（三）侵占、挪用私募基金财产；

（四）泄露因职务便利获取的未公开信息，利用该信息从事或者明示、暗示他人从事相关的证券、期货交易活动；

（五）法律、行政法规和国务院证券监督管理机构规定禁止的其他行为。